Les Romantiques

Du même auteur

La Place des bonnes, la domesticité féminine à Paris en 1900, Grasset, 1979 ; Biblio-Essais, 1985.

« La bonne » et « La maîtresse de maison », dans *Misérable et glorieuse, la femme du XIXe siècle*, Fayard, 1980 ; Complexe, 1984.

La Bourgeoise, femme au temps de Paul Bourget, Grasset, 1983 ; Biblio-Essais, 1988.

Le Visage de ma mère, roman, en collaboration avec Jean-Paul Martin-Fugier, Grasset, 1984.

Les Indépendantes, essai, Grasset, 1985.

Les Lettres parisiennes du vicomte de Launay par Delphine de Girardin, préface et notes (2 vol.), Mercure de France, coll. « Le Temps retrouvé », 1986.

« Les rites de la vie privée bourgeoise », dans *Histoire de la vie privée*, t. IV, Le Seuil, 1987.

La Vie élégante ou la formation du Tout-Paris, 1815-1848, Fayard, 1990 ; Points-Seuil, 1993. Prix d'histoire de la Vallée-aux-Loups-Maison de Chateaubriand, 1990.

« Les lettres célibataires », dans *La Correspondance, les usages de la lettre au XIXe siècle*, Fayard, 1991.

La Vie quotidienne de Louis-Philippe et de sa famille, 1830-1848, Hachette, 1992.

Anne Martin-Fugier

Les Romantiques
Figures de l'artiste
1820-1848

HACHETTE
Littératures

Introduction

Mil huit cent trente! Aurore
Qui m'éblouis encore,
Promesse du destin,
Riant matin!

Ainsi commence l'*Aube romantique*, que Théodore de Banville adressa à Charles Asselineau, grand collectionneur des œuvres romantiques. On pourrait penser, d'après ces vers, que Banville faisait partie des jeunes gens qui avaient défendu *Hernani* au Théâtre-Français en février 1830. Or, il n'avait que sept ans... Mais les aubes sont peut-être d'autant plus éblouissantes qu'elles sont rêvées.

Le poème évoque successivement tous les acteurs de l'époque dans les lettres et les arts. Hugo en tête, puis le sculpteur David d'Angers, George Sand et Musset, Balzac, Sainte-Beuve, Auguste Barbier, Marceline Desbordes-Valmore, Théophile Gautier, Alphonse Karr, Gérard de Nerval et les frères Deschamps. Le catalogue se poursuit avec les comédiens Frédérick Lemaître et Marie Dorval, les musiciens Berlioz et Meyerbeer, Préault le sculpteur, les peintres Tony Johannot, Louis Boulanger, Célestin Nanteuil, Delacroix, Daumier, Gavarni, Devéria, et même l'éditeur Renduel. Banville charge Asselineau de garder la mémoire du combat :

Comme le vieil Homère
Savamment énumère
Les princes, les vassaux,
Et leurs vaisseaux,
Redis-nous cette guerre !
[...]
Dis-nous mil huit cent trente,
Epoque fulgurante,
Ses luttes, ses ardeurs
Et les splendeurs
De cette apocalypse...

Dans les années 1870-1880, ceux qui étaient jeunes à l'avènement du romantisme publient leurs mémoires. Et tous leurs témoignages restituent un enthousiasme, une ardeur. Même s'ils ne trouvent plus guère de charme aux textes qui les faisaient autrefois vibrer, ils se souviennent de la vibration : « Il y a, dans *René* et dans *Le Génie du christianisme*, écrit en 1885 Armand de Pontmartin, des pages que je relis aujourd'hui assez froidement, et qui me rendaient fou [1]. » Tel autre, qui s'était enflammé pour le style « étincelant, excitant » de Hugo et ses « descriptions inimitables qui font vivre et palpiter les pierres », s'interroge cinquante ans plus tard : « Est-ce que le goût change avec les années ? Serait-il vrai qu'un sexagénaire a le cœur racorni, ossifié ? J'ai voulu relire *Notre-Dame de Paris* et je suis resté froid. Tout cela m'a paru forcé [2]. »

Mais l'enthousiasme a beau avoir disparu, tous attestent leur éblouissement passé. Ils se représentent 1830 comme une Renaissance, une époque foisonnante qui s'oppose à ce qui l'a précédée et à ce qui l'a suivie. Edgar Quinet parle du « grand vide » de 1820. Il avait alors dix-sept ans et son père voulait à tout prix qu'il entre à Polytechnique. Il était donc troublé de se sentir une vocation littéraire. Et cela d'autant plus qu'il ne disposait d'aucun modèle. Les modèles ont été créés ensuite, par les hommes de sa génération, qui, sous la Restauration, allaient élaborer les nouveaux cadres mentaux. Quinet décrit le monde de 1820 comme désert et sans repères : « Je sentais ce vide dans la poésie, dans l'histoire, dans la philosophie, en toutes choses ; j'en souffrais parce que j'étais incapable de le combler, et je ne savais pas que d'autres esprits souffraient du même mal [...] Je rencontrais la même aridité, la même stérilité à travers tout le monde moral, sans qu'aucune œuvre eût marqué la direction à parcourir, sans qu'aucun homme eût dit encore avec force : “ C'est ici le chemin [3] ”. » Deux grandes figures pourtant, Chateaubriand et Mme de Staël, auraient pu jouer le rôle de repères. Mais leur position était paradoxale : Chateaubriand, qui séduisait par un style ample et nouveau, était tourné vers le passé ; Mme de Staël avait un esprit beaucoup plus moderne mais son expression était confuse. Eux mis à part, la langue et la pensée étaient en berne.

Cependant, le désespoir qu'éprouvait l'adolescent devant l'univers intellectuel à rebâtir était un sentiment actif, à l'inverse du spleen et de l'ennui : « C'était plutôt une aveugle impatience de vivre, une attente fiévreuse, une ambition prématurée d'avenir, une sorte d'enivrement de la pensée renaissante, une soif effrénée de l'âme après le désert de l'Empire. Tout cela joint à un désir consumant de produire, de créer, de faire quelque chose, au milieu d'un monde vide encore. » Etrange représentation du monde vide auquel sa génération a dû donner sens, accouchant de ce sens dans la douleur. Ce qui était à reconstruire, c'était la France. Exsangue, après les deux invasions qu'elle avait subies, elle était comme la terre au sortir d'un long hiver. Chacun de ses jeunes contemporains, selon Quinet, voulait panser les plaies de sa patrie, pour la faire renaître. Chacun souffrait de solitude, tout en ressentant « cette profonde végétation morale qui travaillait alors sourdement, obscurément l'esprit français, d'une frontière à l'autre [4] ».

1830 contrastait également avec ce qui a suivi. A quelques années de distance, le mouvement se pétrifiait, comme le confiait à Ernest Prarond, l'ami de jeunesse de Baudelaire, Eugène Crépet, un biographe du poète : « Dans quelle atmosphère chaude, chargée d'une électricité qui nous a été inconnue, vous avez eu le bonheur de naître à la vie littéraire ! De là une influence congéniale qui a été féconde pour les plus robustes d'entre vous. Moi qui suis venu près de dix ans plus tard [il est né en 1827, Baudelaire et Prarond en 1821], j'ai été saisi tout d'abord, glacé par le froid politique [...] Baudelaire, comme vous [...] a recueilli à temps l'étincelle vivifiante [5]. »

Au cœur des années romantiques, « on était fou de lyrisme et d'art [6] ». Ernest Legouvé faisait partie des aficionados du Théâtre-Italien : « Une soixantaine d'hommes, différents d'âges, de professions, avocats, magistrats, écrivains, formaient au milieu du parterre, sous le lustre, une phalange de Romains volontaires dont la première loi était de ne jamais manquer une seule représentation [7]. » Lui-même avait vu soixante fois l'*Othello* de Rossini... La phalange jouait très sérieusement son rôle. D'abord en se concentrant avant le spectacle : « On arrivait une heure avant le commencement, et cette heure d'attente, on l'employait à se préparer à la représentation. Les plus vieux, qui avaient vu Garcia, Pellegrini, la Pasta, les comparaient à nos trois grands artistes actuels, et nous marquaient les traits caractéristiques de leur talent ; un jeune magistrat, aujourd'hui conseiller à la Cour de cassation, fort bon musicien, avait noté sur un calepin les plus beaux passages de virtuosité des grands artistes qu'il avait entendus, et nous les chantait à mi-voix. » Ensuite, pendant l'opéra, les aficionados se conduisaient comme un jury dont le public suivait les approbations ou les silences. Si quelqu'un se permettait d'applaudir contre leur jugement, il s'attirait une cinglante remarque : « Est-ce qu'il y a ici un habitué de l'Opéra-Comique ? » Aussi les soixante étaient-ils remarqués et craints par les chanteurs. La première fois qu'Ernest rencontra Lablache, l'homme à la célèbre voix de basse lui dit : « Ah ! monsieur, je vous connais bien ! Second rang du parterre, à la sixième place. Oh ! j'ai bien souvent chanté pour vous. » Tout cela était un peu fou et excessif, conclut Legouvé, « mais on y retrouve bien cet enthousiasme, cette passion pour l'art, qui caractérisent 1830 [8] ».

En 1832, Ernest va écouter le *Freischütz* de Weber dans une salle comble : « Au milieu de la ritournelle de l'air de Gaspard, un de mes voisins se lève, se penche vers l'orchestre et s'écrie d'une voix tonnante : " Ce ne sont pas deux flûtes, misérables ! Ce sont deux petites flûtes ! Deux petites flûtes ! Oh ! Quelles brutes ! " – Et il se rassied indigné. Au milieu du tumulte général, je me retourne et je vois à mes côtés un jeune homme tout tremblant de colère, les mains crispées, les yeux étincelants, et une coiffure, une coiffure ! ... On eût dit un immense parapluie de cheveux, surplombant, en auvent mobile, au-dessus d'un bec d'oiseau de proie [9]. » Le lendemain, le jeune et ardent puriste sonne à sa porte : c'était Berlioz !

« La première des popularités, écrit Désiré Nisard, était celle de l'écrivain. Plus tard, la faveur publique a passé aux sciences [...] A l'époque de mes premières tentations littéraires, le nom de Cuvier n'était que célèbre ; celui de Chateaubriand était célèbre et populaire. Il n'y avait pas d'écolier intelligent qui ne rêvât la gloire des lettres. Et comme tous les écrivains alors en réputation étaient plus ou moins journalistes et que Chateaubriand illuminait de sa prose enflammée les colonnes du *Journal des Débats*, écrire dans un journal était, en 1824, la première ambition du futur écrivain. C'était la mienne ; mais je n'osais me l'avouer, tant je la trouvais exorbitante [10]. » La trace lumineuse de Chateaubriand, c'est aussi le souvenir qu'évoque Armand de Pontmartin : « Mes contemporains et surtout mes très rares aînés [il a soixante-quatorze ans] peuvent seuls savoir ce que fut Chateaubriand pour la génération qui s'ouvrit à la vie intellectuelle entre les débuts du ministère Villèle et la chute des Bourbons. Il personnifiait, avec un éclat et un prestige incomparables, notre politique, notre poésie, nos aspirations libérales, nos songeries d'adolescents, tout jusqu'aux visions romanesques qui se mêlaient à nos lectures et troublaient notre sommeil. Nos imaginations presque enfantines se nourrissaient, s'abreuvaient et s'enivraient de son génie. Cymodocée, Amélie, Atala, Bianca, Velléda, furent nos premières amours [11]. »

Les collégiens nourrissaient une passion toute particulière pour la littérature et le théâtre romantiques. Ils n'achetaient pas les nouveautés – un livre coûtait sept francs cinquante, c'était beaucoup trop pour leur bourse – mais ils les dévoraient dans les cabinets de lecture du Quartier latin. Chez Mme Cardinal, rue des Canettes, ou chez Mme Gondar, rue Saint-Jacques, ils découvrirent, au début des années 1830, les premiers romans d'Eugène Sue, *Atar Gull* et *La Salamandre*, et les romans médiévaux à la mode, *L'Ecolier de Cluny* de Roger de Beauvoir, *Les Mauvais Garçons* d'Alphonse Royer et *Notre-Dame de Paris*. Chez Mme Gondar, ils trouvèrent, dès le 3 décembre 1832, jour de sa sortie en librairie, *Le Roi s'amuse*, la pièce de Victor Hugo dont la représentation avait été suspendue en novembre. Ces parutions étaient accueillies avec fièvre, « comme l'étaient autrefois les Bulletins de la grande armée [12] ».

Ils étaient même tellement bouleversés par la lecture de Hugo qu'ils partaient à la découverte des lieux décrits par le poète. Un ancien du collège Charlemagne se souvient que *Le Dernier Jour d'un condamné*, en 1829, les avait poussés à aller assister à une exécution capitale en place de Grève, ce qui les avait rendus malades. *Notre-Dame de Paris*, deux ans plus tard, les avait incités à « bouziller » (faire l'école buissonnière) pour se rendre à la cathédrale : « Le volume à la main, comme si nous espérions refaire en imagination et sur place le chapitre III du livre IV, où Quasimodo est représenté sonnant ses cloches " aux jours de grande volée ", nous demandions à pénétrer dans la cage du bourdon, et puis là, en face de la *grosse Marie*, il nous semblait voir encore le terrible monstre borgne et bossu, " saisissant alors les oreillettes, l'étreignant par les genoux, l'éperonnant de ses talons... le vertige à cheval sur le bruit... esprit cramponné à une croupe [13] "... » Au bout de plusieurs équipées de ce genre, à force de s'identifier à Quasimodo, et faute de pouvoir chevaucher les cloches, ils établirent dans les tours de Notre-Dame une balançoire « qui pouvait, avec un peu de bonne volonté de notre part, lorsque nous étions lancés à toute volée, nous rappeler Quasimodo s'abandonnant à la course effrénée de ses cloches ».

Les jeunes gens lisaient jusqu'à être « fatigués d'enthousiasme [14] ». Sous le coup du même enthousiasme, ils faisaient des vers, comme s'il y avait continuité parfaite entre lecture et écriture. Bien mieux : composer des poèmes n'était pas pour eux une activité privée et confidentielle, ils les faisaient connaître à leurs condisciples, à leurs professeurs, à leurs parents, et rêvaient de les voir imprimés. Armand de Pontmartin, élève au collège Saint-Louis, fréquentait le cabinet de lecture de Malvina Vermot, place de l'Odéon. Un dimanche, muni d'un couteau de buis acheté exprès pour l'occasion, il se jette sur la *Revue de Paris* dès que Malvina l'a posée sur la table : il avait, quelques jours auparavant, envoyé des vers de son cru au journal et s'impatientait de les trouver. Il n'était pas le seul : « Au même instant, ô surprise ! sept ou huit autres nourrissons des Muses, armés eux aussi d'un couteau, exécutèrent le même mouvement avec la même fougue [15]. » Tous avaient envoyé leurs poèmes et chacun espérait couper les feuilles de la revue pour y découvrir son œuvre... Ils ne trouvèrent que du Scribe, du Casimir Delavigne et du Nodier.

Leurs vers procédaient de l'actualité politique ou de la mode littéraire. L'insurrection polonaise de 1831 écrasée par les Russes provoqua des « torrents de poésie » dans les collèges. Quant aux romans médiévaux, ils accoutumaient les adolescents à trouver naturelles les pires atrocités. Ainsi Augustin Challamel écrit-il à quinze ans des poèmes intitulés *L'Anthropophage, Le Serment de mort* ou *Le Désespoir*. Et le 1er janvier 1833, il lit à ses parents *Le Supplicié*, composé pour célébrer la nouvelle année ! Charles Desprez, à Louis-le-Grand, passe son temps à versifier : « Une débauche de mots sonores, ronflants, dans le goût du jour : Jéhova, rêves d'or, ailes d'azur, cœurs de flamme [16]... » Un jour, son professeur de violon lui suggère d'écrire une romance qu'il mettra en musique : « D'abord, le titre. Ouvrons ce dictionnaire au hasard. Fantôme. Bon ! *Le Fantôme*. Une jeune villageoise a commis, un soir, l'imprudence d'aller seule se promener dans les bois. Un fantôme lui est apparu au clair de la lune. Demi-morte, elle n'a dû la vie qu'au dévouement de son parrain qui, par hasard, l'avait suivie. Vie, suivie, déjà deux rimes. Elle raconte sa mésaventure à ses compagnes et finit en leur disant : Au bois, le soir, n'allez jamais ! vers tout fait. C'est moral au superlatif. Cela vous vaudra des compliments, le prix Montyon. » Tout fonctionna selon la prédiction. Un mois plus tard, la chanson paraissait chez un marchand-éditeur du passage des Panoramas. Charles exultait de voir son nom imprimé. Mais quelque chose manquait à son bonheur : l'aval de Victor Hugo. Pour l'obtenir, il composa spécialement un poème en cinq chants intitulé *Luciola*, histoire d'un amour malheureux dont toutes les péripéties se passaient de nuit ! Alors commença la douloureuse attente : « Plus d'appétit, un sommeil agité, et la fièvre toutes les fois qu'entrait dans la cour le surveillant chargé de la distribution des lettres. » Un mois se passa. L'adolescent désespérait quand son professeur de violon décida de l'emmener un dimanche chez Hugo. Le poète était à table avec des amis, Charles reconnut aussitôt « son grand front magnifiquement modelé, ses cheveux abondants et longs, mais peu bouclés... » Hugo promit au collégien de lire ses vers et de lui répondre. Charles descendit l'escalier dans un état second. Il n'attendit plus jamais de lettre de Hugo : « J'avais vu le jeune et glorieux chef de l'école romantique, le plus grand poète de l'époque, j'avais entendu sa voix, touché sa main, que m'importait après cela son autographe [17] ! » L'épiphanie du dieu l'avait comblé, il n'avait plus rien à désirer.

L'amour de l'art, de la littérature et particulièrement de la poésie, allait de pair avec la haine de la vie prosaïque. Agé de quinze ans à la mort de sa mère, Augustin Challamel abandonne ses études. Placé par son père comme commis dans un magasin de nouveautés, le jeune homme tombe de haut : « Auner du calicot ! Quel supplice, quand on a enfourché Pégase ! Vivre au milieu de commis prosaïques, toujours prêts à se moquer de mes sentimentales jérémiades ! En être réduit à se cacher derrière une pile de percalines pour faire des sonnets ou des élégies [18] ! » Cherchant à qui confier ses plaintes, il se met à tenir son journal, « que je ne puis relire aujourd'hui sans quelque émotion, tant il contient de phrases à la Werther et à la Chatterton ! »

Pour supporter cette boutique qu'il déteste, le jeune homme accumule les activités intellectuelles et artistiques. La nuit, il prépare le baccalauréat ès lettres ; le dimanche, il chante chez un de ses amis, assiste à des drames romantiques ou visite des ateliers d'artistes. Il fait surtout du théâtre en amateur avec des garçons qui, comme lui, ont dû entrer dans le commerce tout en aspirant à une vie dédiée à la littérature. La petite troupe interprète des pièces enfantines empruntées au répertoire du théâtre Comte, sur une scène dressée dans le jardin d'un papetier de la montagne Sainte-Geneviève. Augustin, enfin, continue à écrire des vers. Un jour, il est présenté aux frères Deschamps, tout ému de contempler deux membres du cénacle de Victor Hugo. C'est sans doute par leur entremise qu'il publie un poème dans une petite revue. Ce premier succès lui donne l'élan dont il avait besoin : « Une idée fixe s'empara de mon cerveau : quitter le comptoir, jeter l'aune pardessus les moulins, passer l'examen du baccalauréat, étudier le droit, et voguer à pleines voiles dans cet océan aux mirages trompeurs qu'on nomme la littérature [19]. » Le jeune commis délaisse alors de plus en plus le magasin pour aller suivre les cours de poésie française de Saint-Marc Girardin à la Sorbonne et ceux de législations comparées donnés par Lerminier au Collège de France. Il quitte brusquement son emploi et, n'osant affronter son père, se réfugie chez son frère aîné. Mais, à sa surprise, son père, au lieu de se fâcher, lui propose de rentrer à la maison et lui promet de ne plus lui parler de commerce. L'épisode aura duré dix-huit mois.

Religion de l'art et mépris pour les mœurs boutiquières, telle est la mythologie de ce temps-là : « Je partage avec les hommes de 1830, écrit Banville, la haine invétérée et irréconciliable de ce que l'on appela alors les *bourgeois*, mot qu'il ne faut pas prendre dans sa signification politique et historique, et comme signifiant le tiers état : car, en langage romantique, *bourgeois* signifiait l'homme qui n'a d'autre culte que celui de la pièce de cent sous, d'autre idéal que la conservation de sa peau, et qui en poésie aime la romance sentimentale, et dans les arts plastiques la lithographie coloriée [20]. » Si le poète se reconnaît dans la « race de 1830 », c'est donc à cause de son idéalisme : elle avait foi dans l'art et pourfendait l'épicier.

A la vie bourgeoise s'oppose la « vie d'artiste », concept qui se forge à l'époque romantique. Style d'existence qui n'est pas forcément celui des artistes (dont certains vivent bourgeoisement) mais qui tient à une allure, à des lieux, à des activités, à des fréquentations. L'allure : le négligé, jusqu'à la provocation, comme celui du peintre Paul Huet, quelques jours avant la bataille d'*Hernani*, « plus hirsute que jamais, la barbe mal peignée, les cheveux en désarroi, avec un béret rouge et une vareuse écarlate [21] ». Il a tout du bohème mais le mot n'existait pas encore en 1830 pour caractériser un style débraillé et peu conventionnel. Les lieux, c'étaient les ateliers, les chambres minables et les mansardes haut perchées, de préférence au Quartier latin. Apercevoir Notre-Dame par sa lucarne était un rêve. Mais l'inoubliable était d'habiter un véritable édifice gothique, comme Alexandre Schanne qui, avant de devenir un « bourgeois du Marais », avait logé à l'hôtel de Sens, dans le donjon autrefois occupé par Marguerite de

Valois. Les activités de cette « vie d'artiste » ? Musique, peinture, poésie, rencontres, flâneries et conversations dans les cafés avec les copains, du côté de la rue de La Harpe ou du jardin du Luxembourg. Art, liberté, amitié et misère joyeuse composent la carte postale romantique. Vie d'artiste du passé et de la jeunesse d'un côté, vie bourgeoise du présent et de l'âge mûr de l'autre : cette opposition va régir pour longtemps la représentation du déroulement de la vie.

On peut mesurer la force de l'aspiration à la vie d'artiste à travers le parcours de George Sand. Aurore Dudevant s'installe à Paris en janvier 1831. Elle a vingt-sept ans et a trouvé un arrangement avec Casimir, son mari : elle vivra six mois par an à Nohant et six mois à Paris, où elle emmènera sa fille Solange, son fils Maurice restant à Nohant avec son père. La jeune femme a besoin de gagner de l'argent parce que Nohant coûte cher et que Casimir ne veut ni ne peut lui procurer un revenu convenable. Dans un premier temps, elle a essayé de faire des traductions, puis des portraits, enfin de décorer des tabatières et des étuis à cigares : « Malgré moi, je me sentais artiste, sans avoir jamais songé à me dire que je pouvais l'être [22]. » Puis elle a pensé à la littérature, poussée par ceux qu'elle appelle « mes jeunes amis berrichons ». En tête, Jules Sandeau, son amant, qui faisait son droit à Paris, tout en cherchant à écrire.

A Paris, Aurore change radicalement de style de vie, elle rajeunit. La châtelaine de Nohant adopte l'existence que mènent les jeunes gens qu'elle fréquente, des étudiants en droit ou en médecine et un rapin. Elle habite le Quartier latin, quai Saint-Michel, « dans une des mansardes de la grande maison qui fait le coin de la place, au bout du pont, en face de la Morgue [23] ». Elle dispose de trois petites pièces et d'un balcon, d'où elle voit à la fois Notre-Dame et la Sainte-Chapelle :

« J'avais du ciel, de l'eau, de l'air, des hirondelles, de la verdure sur les toits ; je ne me sentais pas trop dans le Paris de la civilisation, qui n'eût convenu ni à mes goûts ni à mes ressources, mais plutôt dans le Paris pittoresque et poétique de Victor Hugo, dans la ville du passé. » Mais elle y gèle et déménage, l'année suivante, dans une autre « mansarde », mieux orientée, quai Malaquais.

Comme les étudiants, pour économiser ses bûches, elle essaie d'aller lire à la bibliothèque Mazarine, où il fait tellement froid qu'elle ne peut tenir. Comme eux encore, elle veut courir la ville pour se mettre au courant : « Les événements littéraires et politiques, les émotions des théâtres et des musées, des clubs et de la rue, ils voyaient tout, ils étaient partout [24]. » Mais c'est une femme, et une femme ne peut tout faire à pied, parce que sa tenue n'est pas conçue pour cela : ses jupes se crottent, ses fines chaussures craquent et ses petits chapeaux de velours périssent sous les gouttières. Rester élégante revient trop cher. Aurore décide donc de s'habiller en garçon, se fait fabriquer une redingote, un pantalon et un gilet en gros drap gris. Avec un chapeau, gris lui aussi, une cravate de laine et des bottes, elle peut aller partout, par tous les temps, et particulièrement aux parterres des théâtres, où personne ne la remarque au milieu des jeunes gens. Sous son uniforme masculin, elle peut assister au spectacle de la société en fréquentant des lieux divers, « du club à l'atelier, du café à la mansarde [25] ». Elle adopte, en même temps, un pseudonyme masculin. En décembre 1831 paraît *Rose et Blanche*, un roman écrit en commun avec Jules Sandeau et signé J. Sand. Lorsqu'en 1832 elle publie *Indiana*, qu'elle a écrit seule, l'éditeur voulant garder le nom Sand, elle décide de lui accoler le prénom George.

Elle se décrit comme un « pauvre apprenti poète [26] », un « écolier littéraire » ou encore un « apprenti littéraire ». Elle fait ses gammes avec Hyacinthe de Latouche, alors directeur du *Figaro* : il lui donne un sujet, avec ordre de faire court ; elle, au contraire, barbouille dix pages, qu'elle jette au feu ensuite, faute d'avoir traité la question. Pourvu d'un esprit caustique, Latouche se moque des délires romantiques et empêche son écolière de céder à la mode débridée qui sévit. Elle apprécie la verve, l'ironie, la drôlerie des jeunes collaborateurs du journal. Latouche, qui pourrait être leur père, se laisse séduire par leurs plaisanteries de potaches. Un soir, ils le promènent au clair de lune à travers le Quartier latin, sans le laisser partir dans le fiacre qu'il a loué et qui les suit jusqu'à minuit, tandis que Félix Pyat donne une sérénade aux épiciers du quartier, s'arrêtant devant chaque boutique pour entonner « Un épicier c'est une rose [27] ». Tout cela, George Sand le raconte dans *Histoire de ma vie* en 1854. Mais il faut lire en parallèle sa correspondance de 1831, pour saisir la puissance du désir qui l'attirait vers la vie d'artiste.

D'avril à juillet 1831, Sand est à Nohant et écrit à « son petit Jules » et à ses amis restés dans la capitale. Ayant retrouvé ses enfants et sa grande demeure, elle rêve de bonheur auprès de son amoureux et de leurs copains, au Quartier latin : « Tout mon bonheur ici, quand mes enfants sont endormis, confie-t-elle à Emile Regnault, c'est de m'enfermer dans mon cabinet et de penser tout à mon aise à cette petite chambre sur le quai, où je vous vois, Jules en redingote d'artiste crasseuse et déguenillée, sa cravate sous son derrière et sa chemise débraillée, étalé sur trois chaises, tapant du pied, ou cassant la pincette dans la chaleur de la discussion ; le Gaulois dans un coin tramant une grande conspiration et vous sur une table faisant votre éloge à votre manière [...] Ah ! maudits soient-ils, ceux qui nous empêchent de vivre à Nohant comme à Paris ! Et quoi, un jour ne viendra-t-il pas où nous aurons la chambre du Gaulois, la chambre d'Emile et la table des amis ? Faisons des romans et tâchons surtout de les vendre [28]. » On voit bien ce qu'est la vie d'artiste : Paris, un amant, un phalanstère d'amis, la production littéraire pour gagner son indépendance financière. Cette vie-là n'existe qu'à Paris. A sa mère, qui lui reproche de trop aimer le plaisir et l'amusement, Sand répond : « Ce n'est pas du monde, du bruit, des spectacles, de la parure qu'il me faut [...] c'est de la liberté. Etre toute seule dans la rue, et me dire à moi-même : " Je dînerai à quatre heures ou à sept suivant mon bon plaisir ; je passerai par le Luxembourg pour aller aux Tuileries, au lieu de passer par les Champs-Elysées, si tel est mon caprice [29] ". » Son indépendance commence à la configuration de l'appartement : elle a besoin de plus d'une chambre et de deux entrées pour ne pas risquer d'être prise en flagrant délit, avec « le petit Jules ». Mais elle ne sépare jamais son amant de ses amis. Elle rêve sur les plans de son futur logement : « Je voudrais bien trouver un moyen de dîner tous quatre ensemble [Sand et Sandeau, Fleury et Regnault] [...] Voyez donc comme ce serait commode d'avoir là tous les jours notre couvert mis, dans cette première chambre dont nous ferions la salle à manger, et de pouvoir faire notre tapage, rire, nous griser, nous battre, assassiner les voisins, jeter *leurs* meubles par la fenêtre [30]... » Elle fait même du prosélytisme, proposant à Charles Duvernet qui vit au château du Coudray de rejoindre leur petite communauté : « Tant que vous pourrez sans fâcher trop vos parents, venez près de nous, dans notre Paris où règne sinon la liberté publique, du moins la liberté individuelle. Nous aurons une chambre pour vous, une place à table entre nous quatre, de temps en temps un billet de parterre aux Allemands ou à l'Opéra. Quand nous n'aurons pas le sou, nous irons voir les cathédrales, ça ne coûte rien et c'est toujours intéressant à étudier. Ou bien nous prendrons le frais sur notre balcon, nous verrons passer l'émeute nouvelle, nous cracherons sur tout cela [...] Si vous ne vous trouvez pas bien de notre vie de garçon, il sera toujours temps de vous marier [31]... » En 1831, Sand loge son utopie dans une vie libre et communautaire qui est aussi bien une vie d'étudiant qu'une vie d'artiste.

La « vie d'artiste » est une utopie romantique et ce livre est une promenade à travers le romantisme pour essayer d'en rendre compte. Il ne s'agit pas ici d'une sociologie des milieux artistiques, ni d'une analyse de la vie que menaient les artistes, bien que beaucoup y soient présents. Mais il s'agit d'évoquer une génération de jeunes gens imprégnés de romantisme, qui furent bouleversés par la jeune école, se reconnurent dans ses valeurs, adorèrent Hugo, mirent la poésie au-dessus de tout, se crurent poètes. Certains se sont fait un nom, d'autres sont restés obscurs ; ils constituent un monde qui, sans avoir de véritable cohérence, a néanmoins un credo commun : la passion pour l'art, la littérature et la poésie, avec ses admirations, ses haines, ses représentations.

Après avoir retracé l'avancée dans la société française de la sensibilité nouvelle qui, à partir de 1830, devient le modèle dominant, j'ai cherché à cerner cette nébuleuse romantique, à saisir les personnages connus et moins connus dans leur vie concrète, le fourmillement de leurs activités, de leurs rencontres, de leur sociabilité et à suivre leur imaginaire. Tous partagent largement la mystique de l'artiste créateur, désigné, quelle que soit son activité, du nom de Poète : « Nous entendons par artiste le *poète* dans toute l'étendue de ce mot ; le mot *artiste* [...] signifie donc l'homme *à imagination*, et il embrasse à la fois les travaux du peintre, du musicien, du poète, du littérateur, etc. [32]. » Ce personnage quasi mythologique du Poète se trouve confronté à la société bourgeoise qui prend le pouvoir sous la monarchie de Juillet [33]. La confrontation a engendré une opposition devenue traditionnelle entre bourgeois et artistes. D'autant que l'utopie humanitaire de ces années-là assignait au Poète la mission d'éduquer le Peuple et d'exalter sa créativité. Mais on ne peut se contenter du lieu commun. Car la mystique de l'artiste a touché tout le monde, y compris le bourgeois qui, lui aussi, revendique le droit à être un artiste, ou tout au moins à mener la « vie d'artiste », qu'on appellera bientôt la vie de bohème. A l'époque romantique se met en place le couple bourgeois/artiste qui structure encore en partie notre imaginaire social.

La sensibilité romantique

Au Salon de 1819, le public s'arrêtait, fasciné, devant une grande toile. Elle représentait une scène de naufrage, illustrant un fait divers tragique de 1816. Elle étonnait par sa dimension : le grand format était d'habitude réservé aux tableaux d'histoire héroïque. Elle étonnait par son style : il y avait en elle quelque chose de puissant, de fougueux, de lugubre aussi, qui contrastait violemment avec les scènes à l'antique accrochées alentour, par exemple la vaporeuse *Galatée* de Girodet. La construction énergique, mêlant les diagonales et la pyramide, le clair-obscur, les tons verdâtres des corps nus, comme pétrifiés, évoquant d'une manière à la fois réaliste et théâtrale l'horreur vécue par les naufragés, impressionnaient. Géricault, avec *Le Radeau de la Méduse*, ouvrait la décennie romantique en France.

1820 : Vogue des influences étrangères

« Walter Scott est décidément l'auteur à la mode », affirme le *Journal des Débats* du 8 mai 1820. Defauconpret vient de faire paraître, un mois avant, la première traduction française d'*Ivanhoe*. Le public va se passionner pour le Moyen Age et la chevalerie, comme il se passionnait déjà pour le drame historique. Le Théâtre-Français donne la *Marie Stuart* de Schiller depuis le 6 mars 1820. Traduite en français en 1818, elle a été adaptée pour la scène par Pierre Lebrun et connaît un vif succès puisqu'elle tient l'affiche toute l'année. Par ailleurs, la mode est au fantastique, spécialement aux vampires depuis la parution, en avril 1819, du *Vampire*, écrit par le docteur Polidori mais fondé, dit-on, sur une histoire racontée par Byron. Charles Nodier s'en est inspiré pour écrire, avec Carmouche, un mélodrame en trois actes joué à la Porte Saint-Martin à partir du 13 avril 1820. Il a préfacé un roman de Cyprien Bérard paru en février, *Lord Ruthwen ou les vampires*.

Les traductions des œuvres complètes des poètes étrangers sont en chantier. En 1819, Amédée Pichot a commencé celle de Byron, dont la publication, chez Ladvocat, en dix volumes, s'achèvera en 1821. En 1821 vont paraître également les traductions de Shakespeare par Letourneur, revue par Guizot, et de Schiller par Barante. Même si les jeunes gens cultivés avaient déjà lu ces textes anglais ou allemands dans leur langue d'origine (en 1818, un éditeur parisien s'était lancé dans la publication *en anglais* des œuvres complètes de Byron), la traduction les rendait, bien sûr, accessibles à un plus grand nombre de lecteurs. Que Guizot et Barante, doctrinaires membres de l'opposition (tous deux avaient été révoqués en juillet 1820 de leur poste de conseillers d'Etat) appelés à avoir un jour des responsabilités politiques, se consacrent à des traductions littéraires, est un signe de l'époque. Il est vrai que le travail sur Shakespeare s'inscrivait dans l'intérêt général de Guizot pour l'histoire de l'Angleterre et que Barante, ayant été très proche de Mme de Staël, s'intéressait forcément à la littérature allemande. Mais, plus largement, l'évolution politique en France passait alors par l'évolution intellectuelle et la connaissance de l'importante révolution romantique qui s'était produite à l'étranger.

La poésie élégiaque

En 1819 paraissent les poésies d'André Chénier. De Chénier, guillotiné en 1794, le public ne connaissait jusque-là que quelques poèmes insérés dans des journaux et l'éloge que Chateaubriand avait fait de lui dans *Le Génie du christianisme.* Le seul Chénier célèbre alors était le frère d'André, Marie-Joseph, auteur dramatique mort en 1811, dont la famille fit publier le *Théâtre complet* en 1818. A cette occasion, on proposa au libraire Baudouin d'acquérir les manuscrits d'André. Baudouin accepta et fit appel au jeune journaliste Hyacinthe de Latouche pour classer ces papiers en vue de leur publication. Les poèmes d'André Chénier reçurent un accueil enthousiaste auprès des jeunes gens. Victor Hugo écrivit qu'il fallait « jeter le livre ou se résoudre à le relire souvent [1] ». Après avoir rencontré Vigny, en 1823, Edmond Géraud, homme de lettres bordelais, note dans son Journal : « C'est encore un de ces hommes que la lecture d'André Chénier a gâtés pour le reste de ses jours [2]. »

Le 11 mars 1820 parut chez Nicolle, sans nom d'auteur, un petit recueil de vers intitulé *Méditations poétiques.* La première édition, tirée à cinq cents exemplaires, fut épuisée en dix jours. L'éditeur réimprima, à mille cinq cents exemplaires cette fois-ci, et avec le nom de l'auteur, dont tout Paris bruissait, Alphonse de Lamartine. Les *Méditations* eurent neuf éditions jusqu'en décembre 1822. A la fin de 1820, la cinquième était épuisée et dix mille exemplaires avaient été vendus.

Victor Hugo, jeune critique de dix-huit ans, rendit compte de l'ouvrage dans *Le Conservateur littéraire* du mois de mai : « Voici donc enfin des poèmes d'un poète, des poésies qui sont de la poésie [3] ! » Ces vers lui ont semblé proches de ceux d'André Chénier : « Même originalité, même fraîcheur d'idées, même luxe d'images neuves et vraies, seulement l'un est plus grave et même plus mystique dans ses peintures. » Mais Chénier a repris « les formes simples et sévères de la muse antique », tandis que l'auteur des *Méditations* « ne dédaigne pas de suivre quelquefois la muse rêveuse d'Ossian et les déesses fantastiques de Klopstock et de Schiller ». On peut donc dire du premier qu'il est « romantique parmi les classiques » et du second qu'il est « classique parmi les romantiques ». Et Hugo de conclure par son hommage resté fameux : « Je fus tenté de dire à l'auteur : " Courage, jeune homme ! Vous êtes de ceux que Platon voulait combler d'honneurs et bannir de sa république. Vous devez vous attendre aussi à vous voir bannir de notre terre d'anarchie et d'ignorance... " »

Le succès des *Méditations* fut universel : Louis XVIII lui-même les aurait appréciées ; Talleyrand aurait passé la nuit à les lire et aurait écrit à la princesse de Talmont : « Il y a là un homme, nous en reparlerons. » L'anecdote était peut-être inventée de toutes pièces mais elle se colportait. On avait vraiment l'impression d'assister à la naissance d'un poète. Les jeunes gens étaient particulièrement réceptifs. Michelet, alors âgé de vingt-deux ans, note, le 8 mai 1820 : « *Le Lac* de M. de Lamartine m'a fait pleurer [4] » et, le 22 juillet, cite, pour commenter ce qu'il éprouve, le « O temps, suspends ton vol [5] ». Quarante-cinq ans plus tard, Sainte-Beuve, qui avait quinze ans en 1820, se souvient du choc éprouvé à la lecture des *Méditations* : « On y passait subitement d'une poésie sèche, maigre, pauvre, ayant de temps en temps un petit souffle à peine, à une poésie large, vraiment intérieure, abondante, élevée et toute divine. Les comparaisons avec le passage d'une journée aigre, variable et désagréable de mars, à une tiède et chaude matinée de vrai printemps, ou encore d'un ciel gris, froid, où le bleu paraît à peine, à un vrai ciel pur, serein et tout éthéré du Midi, ne rendraient que faiblement l'effet poétique et moral de cette poésie si neuve sur les âmes, qu'elle venait charmer et baigner de ses rayons. D'un jour à l'autre, on avait changé de climat et de lumière, on avait changé d'Olympe : c'était une révélation [6]. »

Lamartine avait trente ans et c'était son premier livre. Mais ce gentilhomme bourguignon, qui passait sa vie entre son château de Saint-Point et Paris, n'était pas un inconnu des salons du grand monde. Bel homme, grand, mince, fin et racé, il plaisait beaucoup aux dames. Il avait eu de nombreuses maîtresses ; parmi elles, Julie Charles dont la mort (elle succomba à la phtisie), en décembre 1817, fut à l'origine de certaines pièces des *Méditations.* Lamartine, qui faisait partie de la garde de Louis XVIII, se décrit comme un poète de hasard, qui écrivait des vers « de temps en temps par trop plein et par oisiveté [7] ». Ses amis les faisaient circuler à son insu : d'abord « dans les mains de quelques jeunes femmes », ils se retrouvaient bientôt dans le cabinet du roi. L'éditeur Didot avait refusé ses *Elégies* trois ans plus tôt, en lui conseillant d'étudier les poètes que le public aimait : Delille, Parny, Michaud, Raynouard... Mais ses amis catholiques, le duc de Rohan-Chabot, MM. de Bonald et de Genoude, avaient tellement vanté ses talents poétiques qu'on lisait ses vers dans les salons. Le duc de Rohan avait même fait imprimer et tirer à vingt exemplaires quelques *Méditations* [8].

Les vers de Lamartine s'inscrivaient dans la grande tradition lyrique illustrée depuis des décennies par des prosateurs, de Rousseau à Chateaubriand et Mme de Staël, et faisaient oublier la sécheresse de la poésie du XVIIIe siècle et des premières années du XIXe. Lyrisme très personnel, spleen, tristesse. Le premier poème, « L'Isolement », annonce les thèmes développés dans le recueil. Le poète, seul dans la montagne, face à une nature pourtant grandiose, ne ressent que vide et souffrance : « Un seul être vous manque et tout est dépeuplé. » Indifférent au spectacle du monde, il n'aspire qu'à la mort qui, seule, comblerait le manque douloureux.

L'expression de la souffrance reste suffisamment vague pour que chacun s'y reconnaisse. L'absence est peut-être celle de la femme aimée, mais peut-être aussi, plus largement, celle d'un idéal, d'une perfection, à quoi l'on aspire et qu'on rêve de trouver dans l'au-delà. De manière générale, Lamartine a gommé ce qui était anecdotique et trop précis : « L'Ode au lac du Bourget » est devenue « Le Lac », immuable témoin du bonheur qui fuit et du temps qui passe. Il aborde, dans les *Méditations*, tous les grands thèmes de la poésie romantique : l'amour, la mort, la nature, l'inspiration poétique, Dieu, le temps, l'éternité, le destin douloureux de l'homme. Le ton est un mélange de solennité :

> Mon cœur, lassé de tout, même de l'espérance,
> N'ira plus de ses vœux importuner le sort...
>
> (« Le Vallon »)

et de mélodie créatrice d'émotion :

> Je suis d'un pas rêveur le sentier solitaire...
>
> (« L'Automne »).

Poésie grave et émouvante, qui séduisait non seulement les jeunes gens mais aussi les femmes. Comme l'avoue la comtesse Dash : « Lamartine est assurément coupable d'une moitié de nos folies... Ses vers nous ont fait attraper bien des rhumes en regardant la lune au bord des lacs ou sous les grands arbres, par les nuits fraîches et limpides [9]... »

Vitalité intellectuelle sous la Restauration

« Il fallait, écrit Lamartine, que la tyrannie de Napoléon fût bien âpre pour que le retour de l'ancien régime parût rendre la liberté et le souffle à l'âme. Il en fut ainsi cependant. A peine était-il renversé que l'on recommença à penser, à écrire et à chanter en France [...] La liberté de la presse rendit la respiration aux lettres. Tout ce qui se taisait reprit la voix ; les esprits humiliés de compression, la société affamée d'idées, la jeunesse impatiente de gloire intellectuelle, se vengeaient du long silence par une éclosion soudaine et presque continue de philosophie, d'histoire, de poésie, de polémique, de mémoires, de drames, d'œuvres d'art et d'imagination. Le siècle de François Ier eut plus d'originalité, le siècle de Louis XIV eut plus de gloire ; ni l'un ni l'autre n'eurent plus d'enthousiasme et de mouvement que ces premières années de la Restauration [10]. »

La fin de l'Empire et l'établissement du régime constitutionnel avaient provoqué le retour de la conversation et, avec elle, de la vie intellectuelle et de la sociabilité. La bonne société parisienne se retrouvait dans les salons, aux débats de la Chambre, aux séances de réception à l'Académie, aux cours du trio de la Sorbonne, Cousin-Guizot-Villemain. Cette période de curiosité et de bouillonnement, où les jeunes gens étaient présents et actifs, était propice à la diffusion et au triomphe du romantisme en France.

La situation politique au début des années 1820 poussait par ailleurs les jeunes libéraux à trouver de nouveaux moyens de lutte. En effet, l'assassinat du duc de

Berry en février 1820 porta un coup au gouvernement des constitutionnels. Le duc de Richelieu fut remplacé en décembre 1821 par le ministère ultraroyaliste de Villèle, qui allait rester en place jusqu'en janvier 1828. L'opposition sentit alors le besoin d'élargir son domaine de réflexion. Et, au premier chef, les plus intellectuels de ses membres, les doctrinaires : « C'est maintenant un dire universel parmi tous nos jeunes gens, écrit Charles de Rémusat à Prosper de Barante le 7 décembre 1823, que, les moyens politiques étant usés ou ajournés, c'est sur les esprits qu'il faut agir, c'est par la philosophie, les arts, l'histoire, la critique, et, s'il se peut, la création littéraire, qu'il faut les attaquer ; et le public, de son côté, m'y semble assez disposé. La nécessité d'un renouvellement fondamental de doctrine est partout reconnue [11]... » Le lendemain, la duchesse de Broglie tient à Barante le même genre de propos : « Il y a toujours un grand mouvement dans les jeunes esprits, il est possible que la nécessité de porter son ardeur sur des sujets théoriques et de se détourner momentanément de la politique active ait quelques avantages pour eux. Leurs idées s'étendent et se mûrissent ; ils arriveront à s'occuper des affaires après s'être un peu adonnés à des pensées graves et sérieuses, cela en vaudra mieux [12]. » Il faut donc se battre sur des terrains intellectuels, la littérature apparaît comme une chose sérieuse, à l'égal de la science politique : cette nouvelle donne favorise la pénétration dans la société du mouvement romantique.

Mais, dans la diffusion auprès d'un large public de la sensibilité romantique, une technique va jouer un grand rôle : la lithographie. Découverte en 1796 par un Bavarois, Aloys Senefelder, elle a été introduite dix ans après avec succès à Londres et à Rome. Il faut attendre 1814 pour qu'un premier établissement lithographique s'ouvre en France [13]. Le développement de la lithographie a été immense sous la Restauration, encouragé par le gouvernement : les Tuileries avaient leur presse, la duchesse de Berry aimait à dessiner sur pierre. Les peintres Girodet, Prudhon, Carle et Horace Vernet, Géricault s'adonnent tous à la lithographie dont l'utilisation se répand rapidement, puisqu'elle permet d'éditer des gravures à bien meilleur marché. Elle contribue beaucoup au processus de démocratisation de l'œuvre d'art. Les illustrateurs de textes romantiques comme Louis Boulanger, Célestin Nanteuil ou Achille Devéria ont donc une importance considérable : grâce à leurs gravures, les objets, les costumes et les poses caractéristiques du romantisme – ruines gothiques, nature sauvage, attitudes rêveuses... – sont bientôt vulgarisés.

La lithographie joue également un rôle dans la découverte du patrimoine national. En 1820 commence en effet une longue aventure éditoriale : Taylor (qui, en 1825, est fait baron et nommé commissaire royal au Théâtre-Français) et ses deux amis, le peintre Alphonse de Cailleux et Charles Nodier, publient les premières livraisons des *Voyages pittoresques dans l'ancienne France*. La publication se poursuivra pendant plus d'un demi-siècle ; cet ouvrage de titan comportera trois à quatre mille planches d'illustrations, lithographiques au début, photographiques à la fin. Le projet était de parcourir la France, province après province, de repérer les monuments dignes d'intérêt, de les dessiner, de les décrire et d'en raconter l'histoire. Taylor, depuis qu'il avait visité la Bretagne en 1808 (il n'avait pas vingt ans), rêvait de consacrer un ouvrage à la défense des vieux monuments français [14]. Les *Voyages* s'inscrivaient dans la mode archéologique et, plus largement, dans le mouvement d'exploration, de recensement et de sauvetage du patrimoine architectural, qui allait aboutir à la création par Guizot en 1830 de l'Inspection générale des monuments historiques [15] (brillamment représentée par Mérimée, de 1834 à 1860). Ils contribuèrent à alerter l'opinion en faveur des « ruines de la patrie » et à se mobiliser contre les déprédations de la « Bande noire », société de spéculation qui rachetait les vieux châteaux et les abbayes désaffectées pour les démolir et en vendre les matériaux. Victor Hugo, en janvier 1824, publiera dans *La Muse française* une ode sur le sujet :

O Français ! respectons ces restes !
Le ciel bénit les fils pieux
Qui gardent, dans les jours funestes,
L'héritage de leurs aïeux...

Les origines de la sensibilité romantique

Au XVIIIe siècle s'est formée une sensibilité nouvelle dont on trouve les premières traces en Angleterre, dans les années 1740, avec les romans de Richardson (*Pamela, Clarisse Harlowe*) et les poésies de Young *(Les Nuits)*. Sentimentalisme bourgeois, goût de la nature, rêverie mélancolique : tous ces thèmes se retrouvent dans *Julie ou la Nouvelle Héloïse* de Rousseau (1761) et dans les drames de Diderot. Les poèmes d'Ossian, publiés à Londres en 1760, témoignent d'un goût marqué pour le Moyen Age, le mystère et le surnaturel.

Sous l'influence de Young et d'Ossian se constitua en Allemagne, vers 1770, le mouvement Sturm und Drang (Tempête et Ardeur), véritable révolution littéraire qui, contre l'imitation classique de l'Antiquité païenne, redécouvrait le Moyen Age et le merveilleux chrétien. De ces années-là datent des ballades qui allaient se populariser en France cinquante ans plus tard, comme la *Ballade de Lénore* de Gottfried Bürger. Lénore cherche son fiancé parmi les soldats revenus de la guerre de Sept Ans. A minuit, un chevalier frappe à sa porte : elle reconnaît son amoureux et monte en croupe, derrière lui. Il file au galop, en murmurant « les morts vont vite, les morts vont vite ». Une fois arrivé au cimetière, il redevient squelette et la terre l'engloutit, en même temps que Lénore [16].

En 1774 parut le *Werther* de Goethe, où le héros, blessé par le monde, exalté par une passion impossible, les nerfs malades, choisit de se donner la mort. Delécluze prétend que ce roman, comme *Hermann et Dorothée*, contribua à « modifier le caractère naturel des Français, en leur donnant une teinte de tristesse qui domina longtemps dans les productions de notre littérature, sous la forme vague et insaisissable de ce que l'on appela alors la *mélancolie* [17] ». Le critique se souvient de l'emprise qu'exerçait *Werther*, vers 1800, sur les jeunes gens de sa génération (il était alors âgé de dix-neuf ans). Son ami Adolphe Lullin relisait sans cesse le roman et en récitait parfois « les passages les plus navrants ». Mais si Lullin est mort en 1806, c'est qu'il était poitrinaire : il ne s'est pas suicidé. Réédité quinze fois en vingt ans et traduit dans toutes les langues, *Werther* aura un très grand retentissement en Europe, comme plus tard *Faust* (1808).

Chateaubriand a intitulé « Du vague des passions » un chapitre du *Génie du christianisme*. Ce livre, publié en 1802, est véritablement fondateur de la sensibilité romantique en France. L'auteur y fait l'apologie de la religion chrétienne qui, plus que toute autre, est favorable non seulement à la morale, la liberté, l'humanité, mais aussi à la création poétique et artistique. La littérature nouvelle, qui est à la recherche d'une spiritualité, doit chercher son inspiration dans l'idéal chrétien et faire de la Bible sa source principale, tout comme Homère avait été celle du classicisme.

Le péché, le mal, réside dans le « vague des passions ». Ce sentiment, qui augmente avec le degré de civilisation, naît du contraste entre l'imaginaire et le réel : « On habite, avec un cœur plein, un monde vide; et, sans avoir usé de rien, on est désabusé de tout [18]. » Pour illustrer ce « vague des passions », Chateaubriand avait introduit dans sa réflexion un court récit autobiographique, *René*, qu'il publiera à part en 1805. René, après une enfance triste et exaltée, se sent mal à l'aise au milieu des hommes. Il se réfugie à la campagne, pour y retrouver une solitude qui est à la fois jouissance et souffrance. Il est atteint par une tristesse vague et inconsolable, s'exalte d'un rêve d'ailleurs qui lui fait désirer la mort : « Levez-vous vite, orages désirés, qui devez emporter René dans les espaces d'une autre vie! »

En 1803, Chateaubriand rédige une *Défense du Génie du christianisme*, où il se justifie, entre autres, d'un reproche qui lui a été fait à propos de *René*. Il nie avoir voulu magnifier la rêverie : « L'auteur y combat en outre le travers particulier des jeunes gens du siècle, le travers qui mène directement au suicide. C'est J.-J. Rousseau qui introduisit le premier parmi nous ces rêveries si désastreuses et si coupables. En s'isolant des hommes, en s'abandonnant à ses songes, il a fait croire à une foule de jeunes gens qu'il est beau de se jeter ainsi dans le *vague* de la vie. Le roman de *Werther* a développé depuis ce germe de poison [19]. » Rousseau et Goethe sont donc les grands coupables du « vague des passions » dont *René* cherchait, à l'inverse, à dénoncer les ravages. Ces « rêveries criminelles » seront bientôt désignées comme « le mal du siècle ».

Romantique et classique

« Maintenant tout le monde parle de classicisme et de romantisme, alors que nul n'y songeait il y a cinquante ans [20]. » C'est Goethe qui s'exprime ainsi le 21 mars 1830. Il est alors âgé de quatre-vingt-un ans et, on le sait grâce à Eckermann qui recueille pieusement ses propos, il est très attentif à la jeune littérature, française en particulier, et aux débats d'idées qui agitent ses contemporains. Il reçoit à Weimar tout ce qui paraît à Paris, est un fidèle lecteur du *Globe* et un admirateur des trois conférenciers de la Sorbonne, Cousin, Villemain et Guizot [21]. Ainsi constate-t-il en janvier 1827 : « Il est très intéressant de voir que les mêmes éléments qui ont pénétré chez nous depuis longtemps commencent à influer chez eux [...] Tout se passe chez les Français de la même façon que chez nous, jusqu'à ces inclinations religieuses toutes récentes ; sauf que cela prend chez eux des airs un peu plus aimables et spirituels [22]. »

Mme de Staël, en 1810, avait, à partir du modèle allemand, donné une définition de la littérature romantique (écrit en 1810, *De l'Allemagne* ne parut qu'en 1814 parce que la première édition avait été détruite par Napoléon). Pour la première fois, l'adjectif qualifiait une école littéraire : « Le nom de *romantique* a été introduit nouvellement en Allemagne pour désigner la poésie dont les chants des troubadours ont été l'origine, celle qui est née de la chevalerie et du christianisme [23]. » Il fallait élargir notre horizon littéraire et philosophique, car découvrir les productions allemandes récentes, c'était réfléchir sur notre propre histoire ; c'était constater – et Mme de Staël rejoignait là Chateaubriand – que le merveilleux médiéval et la religion chrétienne nous étaient bien moins étrangers que la mythologie de l'Antiquité grecque à laquelle se référait la tradition classique.

Goethe et Byron

Deux grandes figures ont dominé la génération de 1830, Faust et Don Juan, c'est ce qu'affirme Armand de Pontmartin dans ses *Mémoires* : un témoignage parmi d'autres, de quelqu'un qui avait dix-neuf ans en 1830. Musset ne dit pas autre chose au début de *La Confession d'un enfant du siècle.* Evoquant sa génération « ardente, pâle, nerveuse », il accuse Goethe et Byron d'avoir fait son malheur : « Deux poètes, les deux plus beaux génies du siècle après Napoléon, venaient de consacrer leur vie à rassembler tous les éléments d'angoisse et de douleur épars dans l'univers. Goethe, le patriarche d'une littérature nouvelle, après avoir peint dans *Werther* la passion qui mène au suicide, avait tracé dans son *Faust* la plus sombre figure humaine qui eût jamais représenté le mal et le malheur [...] Byron lui répondit par un cri de douleur qui fit tressaillir la Grèce, et suspendit Manfred sur les abîmes, comme si le néant eût été le mot de l'énigme hideuse dont il s'enveloppait [24]. » Ainsi Goethe et Byron seraient-ils responsables du « désenchantement » ou de la « désespérance » qui accable les « enfants du siècle ».

Les deux écrivains sont, dans les années 1820, des puissances auxquelles on rend visite, à Weimar ou à Gênes. Ils se rendent d'ailleurs mutuellement hommage, sans s'être rencontrés. A Jean-Jacques Coulmann qui vient le voir le 7 janvier 1823, Byron déclare : « Un des hommes que je désirerais le plus voir, c'est Goethe. C'est là un génie excentrique. » Et il témoigne d'une très grande admiration pour ses œuvres, qu'il a beaucoup étudiées : « Nous sommes, dit-il, en relation, sans nous être jamais serré la main ; mais je me propose bien de l'aller chercher quelque jour à Weimar [25]. » Quant à Goethe, il parle souvent de Byron à Eckermann, et pas seulement après la mort du poète à Missolonghi. Quelques mois auparavant, il conseillait vivement à son jeune interlocuteur d'apprendre l'anglais, « surtout à cause de lord Byron, personnalité, selon lui, d'une grandeur comme on n'en avait jamais vu et comme on en reverra difficilement [26] ». Goethe revient à de multiples reprises sur le caractère exceptionnel, hors norme, du poète anglais. Le 5 juillet 1827, après avoir affirmé qu'il est « le plus grand génie du siècle », Goethe ajoute : « Et puis, Byron n'est ni antique ni romantique, il est comme le jour qui se lève [27]. »

Et, contrairement à Chateaubriand qui consacre un chapitre des *Mémoires d'outre-tombe* à montrer en quoi Byron est son suiveur, Goethe fait preuve de générosité. Le 8 novembre 1826, il a relu *The Deformed Transformed*, dernière œuvre dramatique de Byron, restée inachevée : « Je dois dire que son génie m'apparaît de plus en plus grand. Son diable est dérivé de mon Méphistophélès, mais ce n'est point une imitation. Tout est original et neuf d'un bout à l'autre, tout est concis, vigoureux et plein d'esprit [28]. » Si Byron n'est pas universel, la faute n'en revient pas à son génie mais à son caractère : « Rien ne l'arrête si ce n'est son hypocondrie et son esprit de négation ; sans cela il serait aussi grand que Shakespeare et les anciens. »

Goethe a bien pointé là ce qui le sépare de Byron. Lui est un homme intégré, chargé de fonctions officielles à la cour de Weimar, auprès du grand-duc dont il est l'ami. Byron, en comparaison, fait figure de maudit. Et sans doute est-il le héros le plus parfait de la période romantique parce qu'il y a adéquation entre ses personnages et lui, entre son œuvre et sa vie.

Byron, un héros romantique

Né en 1788, Byron publia son premier recueil de poésies à dix-neuf ans, mais c'est en 1812 qu'il devint célèbre, avec *Le Pèlerinage de Childe Harold*, dont cinq cents exemplaires furent vendus en trois jours [29].

Byron était fait d'extrêmes et de contrastes. Aristocrate, membre de la Chambre des lords, il était révolté et épris de liberté, manifestant une admiration passionnée pour Napoléon. Remarquablement beau, et très sportif, malgré une malformation congénitale qui le faisait boiter, il séduisait les hommes autant que les femmes. Fascinant la société par ses tenues de dandy et sa conversation, il habitait une abbaye solitaire dans les bois. Irritable et changeant, il était mélancolique avec des accès de violence. Il ajoutait à tous ces traits un parfum d'exotisme, puisque, en 1812, il rentrait de deux ans de voyages en Grèce et en Turquie en passant par l'Espagne, la Sardaigne, la Sicile et l'Albanie.

Les personnages créés par Byron lui ressemblent tous : Chateaubriand parle du « personnage unique mis en scène sous des noms divers dans *Childe Harold*, *Conrad*, *Lara*, *Manfred*, *Le Giaour* [30] ». Childe Harold est « inquiet et fatigué, sombre et lassant les autres de son ennui », Conrad (le héros du *Corsaire*) « farouche, bizarre, solitaire ». Même mélancolie orgueilleuse chez Lara :

> Il y avait en lui un mépris total de toutes choses
> Comme si le pire l'avait déjà atteint
> C'était un étranger parmi les vivants
> Un Esprit errant tombé d'un autre monde [31].

Il existe une relation étroite entre l'œuvre de Byron et sa vie tumultueuse. En 1813, il rencontre sa demi-sœur

Augusta, qu'il ne connaissait jusque-là que par lettres, et en devient très amoureux. De cet inceste naîtra une fille, Medora, en avril 1814. Mais, dès la fin de l'année 1813, le poète publie *La Fiancée d'Abydos*, histoire tragique d'un frère et d'une sœur qui s'aiment. Le scandale aidant, six mille exemplaires se vendent en un mois (le succès sera plus prodigieux encore avec *Le Corsaire* : dix mille exemplaires vendus le 1er février 1814, jour même de sa publication). Byron fait, en 1815, un mariage désastreux. L'année suivante, sa femme retourne chez ses parents en emmenant leur fille Ada. Lui, rendu très amer par ses déboires conjugaux, repart pour un long voyage. Il quitte définitivement l'Angleterre.

Il séjourne d'abord en Suisse, où il fait la connaissance de Shelley et de sa compagne. Il écrit *Manfred*, poème dramatique d'un romantisme échevelé. Le héros, aristocrate passionné d'ésotérisme, vit dans un château des Alpes, domptant les esprits de l'air et de la terre, mais hanté par le souvenir du meurtre d'Astarté, qu'il aimait. Byron gagne ensuite l'Italie – Milan, Venise, Rome, Ravenne, Pise. Grâce aux Gamba, père et frère de sa dernière maîtresse, Teresa Guiccioli, il s'enflamme pour la cause des Carbonari, qui voulaient libérer l'Italie de l'occupation autrichienne, et, en 1820, rejoint leur société. En 1819, il publie les premiers chants de *Don Juan*, sur lequel il travaillera jusqu'en 1823 et qui restera inachevé. Ses personnages ont abondamment inspiré les romantiques : rien qu'au Salon de 1827, Delacroix expose un Sardanapale, un doge Marino Faliero et un combat du Giaour et du Pacha.

Une occasion va enfin lui être offerte de terminer sa vie en accordant ses actes et ses paroles. Lui qui avait tellement prêché pour la liberté est contacté en 1823 par les Grecs en lutte contre le joug turc. Il finance donc une expédition – non sans avoir commandé, pour toute sa compagnie, des uniformes resplendissants et, pour lui, un casque inspiré de celui d'Hector au sixième chant de *L'Iliade*! – et se retrouve à Missolonghi début janvier 1824. Il entraîne une petite troupe de Souliotes, est harcelé par les demandes d'argent du prince Mavrocordato et exaspéré par les lenteurs du Comité philhellène de Londres. Il reçoit d'Athènes une nouvelle flatteuse : les chefs insurgés projettent de le mettre à la tête de la Grèce... Mais il a contracté en Italie une fièvre des marais et meurt le 19 avril 1824.

Mazeppa, un mythe romantique

« Quel autre que Byron aurait osé composer un poème avec le simple récit d'un homme emporté par un cheval sauvage ? » écrit Vigny dans *Le Conservateur littéraire* en décembre 1820. Byron a publié, l'année précédente, à Londres, *Mazeppa*, rendant ainsi célèbre un héros qui frappera vivement les imaginations romantiques.

Mazeppa, page de Jean Casimir, roi de Pologne au XVIIe siècle, fut, d'après un épisode décrit par Voltaire dans *L'Histoire de Charles XII*, cruellement puni par un mari trompé. Il fut attaché, nu, sur un cheval fougueux qui l'emporta dans son pays d'origine, l'Ukraine. Epuisé, affamé, il fut recueilli par des Cosaques et finit par être nommé prince de l'Ukraine par le tsar. L'histoire avait tout pour séduire les foules. Dès janvier 1825, le cirque Franconi en fit un mimodrame, *Mazeppa ou le cheval tartare*.

Au Salon de 1827 étaient exposés deux tableaux représentant Mazeppa : l'un, très grand, de Louis Boulanger, aujourd'hui conservé au musée de Rouen, l'autre, plus petit, d'Horace Vernet, que l'on peut voir au musée Calvet d'Avignon. Boulanger a peint Mazeppa au moment où on le lie sur le cheval. La composition est impressionnante : le cheval se cabre, crinière au vent et œil fou. Le héros de Byron raconte : « La crinière hérissée, se débattant avec violence mais en vain, écumant de fureur et de crainte, cet enfant du désert fut amené devant moi. Une troupe de valets mercenaires m'attachèrent sur son dos avec des courroies nombreuses, puis le lâchèrent en lui donnant un coup de fouet – En avant! – en avant [32] ! » Tandis que l'un d'eux tente de retenir la bête par la bride, deux hommes aux dos nus et musclés, de part et d'autre, ont beaucoup de peine à entraver Mazeppa qui se débat. Bel hommage à Caravage que ces corps masculins puissants et tendus dans la lutte. Victor Hugo qui, en mai 1828, pour le recueil des *Orientales*, compose un « Mazeppa », évoque, dans les deux premières strophes, la scène peinte par son ami Boulanger :

Ainsi quand Mazeppa, qui rugit et qui pleure,
A vu ses bras, ses pieds, ses flancs qu'un sabre effleure,
Tous ses membres liés
Sur un fougueux cheval, nourri d'herbes marines,
Qui fume, et fait jaillir le feu de ses narines
Et le feu de ses pieds;

Quand il s'est dans ses nœuds roulé comme un reptile,
Qu'il a bien réjoui de sa rage inutile
Ses bourreaux tout joyeux,
Et qu'il retombe enfin sur la croupe farouche,
La sueur sur le front, l'écume dans la bouche,
Et du sang dans les yeux [33]...

Horace Vernet, lui, a illustré deux autres épisodes : *Mazeppa aux chevaux*, disparu dans un incendie, et *Mazeppa aux loups*. Ce dernier est une réplique de l'original, endommagé par un coup de sabre dans l'atelier –

on sait, d'après une toile de Vernet représentant son atelier, qu'il s'y trouvait même des escrimeurs [34] ! La scène peinte par Vernet se situe au moment où, après avoir traversé un désert, cheval et cavalier sont entrés dans la forêt sauvage : « Nous bruissions comme le vent à travers le feuillage, laissant les arbrisseaux, les arbres et les loups derrière nous [35]. » Mazeppa est bizarrement alangui, les yeux levés au ciel, sur le cheval lancé au galop, au-dessus d'un tronc d'arbre abattu, tandis que deux loups le guettent de part et d'autre.

Hugo dédie son poème à Boulanger et place en exergue le « Away ! – Away ! » qui scandait, chez Byron, la course du cheval. Dans une première partie, Hugo évoque longuement la fuite en avant du coursier, puis sa chute :

> Ils vont. Dans les vallons comme un orage ils passent,
> Comme ces ouragans qui dans les monts s'entassent,
> Comme un globe de feu ;
> Puis déjà ne sont plus qu'un point noir dans la brume,
> Puis s'effacent dans l'air comme un flocon d'écume
> Au vaste océan bleu.
> Ils vont. L'espace est grand. Dans le désert immense,
> Dans l'horizon sans fin qui toujours recommence,
> Ils se plongent tous deux [36]...

Dans une seconde partie plus brève, Hugo donne la clé de la scène : le coursier, c'est le génie ; Mazeppa, c'est le poète, emporté par ce génie loin du monde réel, dans un univers plus large. Il parcourt « tous les champs du possible, et les mondes de l'âme [37] ». Comme Mazeppa, le poète souffre, a peur, mais sort grandi de l'épreuve :

> Enfin le terme arrive... il court, il vole, il tombe,
> Et se relève roi !

Louis Boulanger reprend le sujet vers 1830, pour le traiter en lithographie. Il suit cette fois Hugo plutôt que Byron : la monture et le cavalier sont à terre, guettés par une nuée d'oiseaux, corbeaux, grand-duc, aigle, orfraie, « obliques hiboux » et « grand vautour fauve »; chez Byron, il n'y avait qu'un corbeau [38].

Mais les deux plus belles illustrations de Mazeppa sont celles que firent Géricault en 1823 et Chassériau en 1851. Le petit tableau de Géricault, aujourd'hui dans une collection particulière à Paris, représente une scène de nuit. Cheval et cavalier sont dans un fleuve d'où ils tentent de sortir. Sur le fond bleu sombre et intense du ciel, l'animal portant l'homme quasi confondu avec lui occupe tout le premier plan, en diagonale, tendu dans son effort pour gravir la rive, jambes avant glissant sur les rochers, jambes arrière encore dans l'eau. La lumière est concentrée sur le torse de Mazeppa et sur l'une de ses cuisses. La scène est dramatique, mystérieuse et voluptueuse [39].

Mazeppa, jusque-là, c'est une affaire d'hommes : hommes bourreaux, homme victime. Il revient à Chassériau d'avoir introduit une présence féminine, en choisissant d'illustrer le seul épisode du poème de Byron où apparaisse une femme. Mazeppa est évanoui, renversé sur sa monture morte : « Nous restions là, gisants, le mourant sur le mort. » Lorsqu'il reprend ses esprits, une jeune fille « aux yeux noirs et brillants » veille sur lui. La belle Cosaque aux longues nattes brunes et aux grands yeux écartés, debout, au centre, qui tend vers lui sa main droite tutélaire, a un charme très troublant [40] (musée de Strasbourg). 1851, l'année où Chassériau réalise ce tableau, est aussi celle où Liszt trouve la forme définitive de son *Mazeppa* pour piano. Il y travaillait depuis plusieurs années, puisqu'il écrivait en 1843 à Marie d'Agoult : « A propos, vous ai-je dit que j'ai fait un

Mazeppa qui s'élance au quadruple galop [41] ? » Le compositeur s'inspirera encore de Mazeppa pour un poème symphonique créé à Weimar en 1854 ; sur la partition, en exergue, le poème de Victor Hugo.

On peut voir en Mazeppa un nouveau Saint Sébastien, beau jeune homme enchaîné et victime. Fantasme (homo)sexuel qui fait rêver. Mais si l'histoire a particulièrement inspiré les romantiques, c'est que Mazeppa, nu et enchaîné à un destin aveugle, au sein d'une nature hostile, est aussi une image de l'homme subissant son destin. Variante de la représentation de Hugo, du poète enchaîné à son génie. Belle vision de l'artiste emporté par le souffle de son inspiration.

Trois itinéraires : Berlioz, Delacroix, Hugo, 1820-1830

1820-1823

Ils sont jeunes et beaux. Berlioz a dix-sept ans, Hugo dix-huit, Delacroix vingt-deux. Berlioz et Delacroix ont une allure romantique telle qu'on la caractérise encore aujourd'hui : minces, le teint pâle, avec une belle crinière de cheveux bruns, visages expressifs, mobiles, tourmentés. Hugo, lui, fascine par une particularité qui n'est plus guère à la mode de nos jours : un front immense. Lorsqu'il sera devenu célèbre, ses jeunes admirateurs raseront même leurs cheveux implantés trop bas pour élargir leur front.

Delacroix et Hugo sont parisiens, Berlioz ne viendra à Paris que l'année suivante; en 1820, il habite encore là où il est né, à La Côte-Saint-André, dans l'Isère. Tous trois appartiennent à un milieu bourgeois : le père de Berlioz est médecin; celui de Delacroix, mort en 1805, avait été ministre du Directoire puis préfet de l'Empire; celui de Hugo était un général d'Empire. Delacroix et Hugo ont achevé leurs études secondaires à Louis-le-Grand, le premier en 1815, le second en 1818 ; Berlioz, qui avait son père pour précepteur, allait devenir bachelier en 1821.

Vocation artistique

Delacroix, du côté maternel, descendait d'une famille d'artistes : son grand-père était Jean-François Œben, le célèbre ébéniste de Louis XV. Par son oncle, le peintre Riesener, il fut présenté à Guérin, dans l'atelier duquel il songeait à entrer dès 1813 : « J'ai du regret de ne pouvoir cette année étudier chez lui. Mais quand je ne serai plus à ce Lycée, je veux y passer quelque temps pour avoir au moins un petit talent d'amateur [1]. » Deux ans plus tard, il devint effectivement l'élève de Guérin, chez qui il prépara le concours d'entrée à l'École des beaux-arts. Reçu le 23 mars 1816, il eut pour condisciples Jean-Pierre Alaux, Léon Cogniet, Paul Delaroche, Xavier Sigalon, Paul Huet, les frères Ary et Henry Scheffer et surtout Géricault, de sept ans son aîné, qui allait exercer sur sa peinture une influence considérable.

Delacroix fut très impressionné par *Le Radeau de la Méduse*, à la composition duquel il assista en partie, Géricault lui ayant demandé de poser pour l'homme nu de dos, au premier plan et au centre, replié sur lui-même et la tête appuyée contre le radeau. Géricault, par ailleurs, aidait comme il le pouvait son jeune ami. En 1820, alors que celui-ci se trouvait dans une situation financière difficile – il avait perdu sa mère en 1814 et sa famille était ruinée –, Géricault le tira d'affaire en lui confiant une commande qu'il avait reçue d'un tableau religieux (Delacroix eut d'ailleurs beaucoup de peine à réaliser cette peinture, qu'il ne livra qu'en mai 1822).

Hugo et Berlioz avaient chacun une vocation bien ancrée mais ils étaient obligés de composer avec les désirs de leurs pères respectifs. Hugo, qui, en 1819, a obtenu un prix de poésie important, le Lys d'or de l'Académie des Jeux floraux de Toulouse, et a fondé un journal, a dû s'inscrire à la faculté de droit. Son père, qui vit en exil à Blois, s'inquiète auprès du doyen, le 28 avril 1820 : « Je paie, depuis deux ans, à mes jeunes fils Eugène et Victor une pension pour qu'ils étudient en droit à l'Université de Paris, mais je n'ai jamais pu apprendre d'eux s'ils suivent les cours avec exactitude et quelque distinction. J'ignore même si une entreprise littéraire que les journaux seuls m'ont apprise [...] n'a pas entièrement arraché mes fils à leurs études [2]. » Berlioz, qui chantait à première vue et jouait de deux instruments, composa deux quintettes à l'âge de quinze ans. Mais son père ne lui avait pas permis d'apprendre le piano, de peur qu'il n'y prît un goût trop vif, car il souhaitait qu'Hector devînt médecin, comme lui. Comprenant que la musique faisait à la médecine une concurrence sérieuse, il passa un marché avec son fils : le jeune homme accepterait de s'initier, sous sa direction, à l'ostéologie et, en retour, recevrait en cadeau une flûte garnie de toutes les nouvelles clés dont il rêvait.

Hugo, l'« enfant sublime »

Des trois artistes, c'est Hugo qui fait parler de lui le plus rapidement. Dès 1819, il apparaît comme le chantre de la royauté et le jeune espoir du camp ultra, avec l'ode couronnée par les Jeux floraux, qui célébrait *Le Rétablissement de la statue de Henri IV*. En 1820, à la suite de l'assassinat du 13 février, il publie un poème sur *La Mort du duc de Berry*, qui lui vaut une gratification de cinq cents francs de la part de Louis XVIII. En janvier 1821, il est l'un des premiers écrivains à s'inscrire à la Société royale des bonnes lettres devant laquelle il lit, en février, une ode sur *Quiberon*, en mai, une autre sur *Le Baptême du duc de Bordeaux* et, en décembre de l'année suivante, son *Louis XVII* à la célèbre épigraphe : « Capet, éveille-toi ! »

Très tôt, le jeune Hugo se pose en héritier de Chateaubriand, comme écrivain royaliste, et comme journaliste. En décembre 1819, Victor a fondé, avec son frère Eugène, *Le Conservateur littéraire*, sur le modèle du *Conservateur*, qui datait de 1818, dans lequel Chateaubriand occupait une place centrale. Hugo tient le rôle clé dans cette nouvelle publication puisque, pendant toute son existence (11 décembre 1819-31 mars 1821), il rédige, à lui seul, plus de la moitié des textes (poésies, critiques, etc.).

Victor Hugo prête allégeance à Chateaubriand qui, de son côté, le reconnaît pour son successeur. En mars 1820, Chateaubriand, parlant avec enthousiasme de l'ode sur la mort du duc de Berry, proclame que Hugo est un « enfant sublime [3] » et invite le jeune poète à lui rendre visite. Il lui assure qu'il y a dans ses vers « des choses qu'aucun poète de ce temps n'aurait pu écrire ». Le maître couronne l'élève. Premier succès pour celui qui a l'ambition d'« être Chateaubriand ou rien ». En juillet, Hugo dédie à Chateaubriand *Le Génie*. Il y exalte la stature du grand homme qui, tel l'albatros, plane, inaccessible aux mesquineries humaines :

> Pour lui, loin des bruits de la terre,
> Bercé par son vol solitaire,
> Il va s'endormir dans les cieux [4] !

Il l'appelle « géant », « déplacé parmi nous ». Il le déclare immortel : « Quand ton nom doit survivre aux âges... » En célébrant la gloire du maître, Hugo se sacre lui-même. Il y aura toujours des passages de témoin symboliques entre ces deux-là. Dix ans plus tard, Chateaubriand écrira à Hugo : « J'ai vu, Monsieur, la première représentation d'*Hernani*. Vous connaissez mon admiration pour vous, ma vanité s'attache à votre lyre, vous savez pourquoi. Je m'en vais, Monsieur, et vous venez. Je me recommande au souvenir de votre muse. Une pieuse gloire doit prier pour les morts [5]. »

Hugo, à dix-huit ans, est, comme Marius, son héros des *Misérables*, « royaliste, fanatique, austère [6] ». Alfred de Vigny, qui fut son intime dans les années 1820, au point d'avoir été l'un des témoins à son mariage, écrit en 1829 : « Le Victor que j'aimais n'est plus. Il était un peu fanatique de dévotion et du royalisme ; chaste comme une jeune fille, un peu sauvage aussi, tout cela lui allait bien ; nous l'aimions ainsi [7]. » Hugo est effectivement un jeune homme sérieux et préoccupé, par la séparation de ses parents, leur mésentente et la mort de sa mère, en 1821, par son amour contrarié pour Adèle Foucher, qu'à force de persévérance il épousera en octobre 1822, par son ambition enfin.

Chez les Deschamps, rue Saint-Florentin

En 1820, le jeune Hugo fréquente le salon des frères Deschamps, où se côtoient « classiques » et futurs « romantiques », pour l'instant réunis par une passion commune, la poésie. Emile et Antoni, nés respectivement en 1791 et 1800, recevaient avec leur père, Jacques Deschamps, vieux monsieur cultivé qui, tout en poursuivant sa carrière dans l'administration, avait été un grand amateur de théâtre et de littérature. Emile, lui aussi, menait parallèlement une carrière administrative – entré aux Domaines en 1812, il y resta jusqu'en 1848 – et des activités littéraires. Il avait écrit, avec Hyacinthe de Latouche, deux pièces, *Selmours de Florian* et *Un tour de faveur*, jouées à l'Odéon en 1818 ; la seconde était désormais inscrite au répertoire. Antoni se consacrait entièrement à la littérature et aux arts. De tempérament neurasthénique, il séjourna à de multiples reprises, dès les années 1830 et jusqu'à sa mort en 1869, dans la maison de santé du Dr Blanche, à Passy.

Hugo retrouvait dans ce salon, outre Latouche, qui avait édité Chénier l'année précédente, trois poètes toulousains d'une quinzaine d'années plus âgés que lui, Jules de Rességuier, Alexandre Soumet et Alexandre Guiraud, qu'il connaissait grâce aux Jeux floraux. Ces trois-là s'étaient rapprochés pendant leurs études de droit à Toulouse et avaient fondé une sorte d'académie, le Gymnase littéraire. Tous trois avaient été couronnés par les Jeux floraux. Soumet, arrivé à Paris en 1808, à l'âge de vingt-deux ans, avait attiré l'attention de l'Empereur en publiant *Le Conquérant de la paix* et obtenu bientôt une reconnaissance publique. En 1820, il était le plus célèbre des familiers du salon Deschamps. Guiraud, obligé de reprendre la fabrique de drap de son père à Limoux, n'avait pas pour autant renoncé à la poésie : il venait dès qu'il le pouvait à Paris et entretenait avec Soumet une correspondance assidue. Quant à Rességuier, devenu en 1816 mainteneur des Jeux floraux, il avait quitté Toulouse pour Paris lorsqu'il avait été nommé auditeur au Conseil d'Etat. Chaque samedi, il accueillait dans son salon, rue du Helder puis rue Taitbout, ses amis poètes : c'était le « Cénacle de l'aube romantique ».

Rue Saint-Florentin, Hugo rencontra Vigny, voisin et ami d'enfance d'Emile et Antoni Deschamps. Jeune officier, il avait introduit chez eux deux camarades appartenant comme lui à la Maison militaire du roi, France d'Houdetot et Gaspard de Pons. Ce dernier, dont les premiers poèmes avaient été édités en 1818, quand il avait vingt ans, était déjà un fidèle de Hugo et se dévouait au *Conservateur littéraire* depuis sa fondation. Hugo amenait souvent rue Saint-Florentin un autre collaborateur du journal, Saint-Valry, fils d'un militaire qui avait servi sous les ordres du général Hugo. Celui-ci, avec Vigny et Pons, fut l'intime de Hugo, avant que ses opinions ultras ne les séparent. C'est dans *Le Conservateur littéraire* que Vigny publia pour la première fois, en décembre 1820 : un poème et un texte sur Byron.

On trouvait encore chez les Deschamps un jeune homme de l'âge de Vigny, Jules Lefèvre, dont le père était, lui aussi, un ami de la maison. Lefèvre, comme Emile Deschamps, partageait sa vie entre l'administration – il était surnuméraire au ministère des Finances – et la poésie. Passionné par Byron, il avait fait une imitation en vers de *Parisina* et de *Manfred*, en 1819, et allait écrire, en 1823, *Le Parricide*, empreint de réminiscences du poète anglais. Il se prenait d'ailleurs pour un de ses héros : « Il avait l'attitude byronienne, la mèche au vent, l'œil enfoncé et la voix caverneuse ; il faisait de beaux vers obscurs ; il parlait peu, il était mystérieux, fatal et funeste [8]. » Quelques années plus tard, sur les traces de Byron, il mit son bras au service des Polonais insurgés [9].

Et puis, rue Saint-Florentin, Hugo rencontra Sophie et Delphine. Sophie Gay, romancière à succès depuis l'Empire et femme de grand esprit, emmenait dans les salons sa fille de seize ans, qui manifestait des dons poétiques précoces. Delphine devint bientôt une poétesse officielle, pensionnée par le roi, se disant elle-même « Muse de la Patrie » en 1825, au moment du sacre, et reconnue par les plus grands – Lamartine lui rendit hommage. Journaliste sous la monarchie de Juillet, après son mariage avec Emile de Girardin, elle sera pour Hugo une amie très fidèle, soutenant constamment sa candidature à l'Académie. Mais pour l'instant, chez les Deschamps, un amour naissait entre elle et Vigny, qui ne devait pas se terminer par un mariage, car, les deux jeunes gens étant pauvres, la mère de Vigny s'y opposa.

Du Conservateur littéraire *à* La Muse française

Faute d'argent, *Le Conservateur littéraire* cesse de paraître le 31 mars 1821 et fusionne avec les *Annales de la littérature et des arts*, auxquelles Hugo collabore de manière irrégulière jusqu'en 1823. En 1822, le jeune homme, qui publie en juin son premier recueil de vers, les *Odes et Poésies diverses*, fait des projets en commun avec les poètes du salon Deschamps : un drame avec Alexandre Soumet [10] et une revue.

La nouvelle école de poésie a besoin d'une publication où s'exprimer : voici donc *La Muse française* le 15 juillet 1823. Les fondateurs du mensuel sont sept, chacun ayant apporté mille francs : Emile Deschamps, Guiraud, Soumet, Hugo, Vigny, Saint-Valry et Desjardins, un critique qui allait mourir peu après. Le prospectus situe d'emblée *La Muse* comme un instrument de défense de la poésie : « Peu à peu, l'amour de la poésie, comme tout autre amour, pourrait bien languir et s'éteindre, faute d'aliments. *La Muse française* est instituée principalement pour rallumer et entretenir ce feu sacré. » Elle publiera beaucoup de vers mais aussi de la critique littéraire, qui consiste « à saisir et à déterminer les nouveaux rapports d'une littérature qui se modifie avec le type éternel du *beau* ». La littérature, à l'image de la société, ayant beaucoup changé depuis la Révolution, la critique n'a pas suivi ; elle doit maintenant rattraper son retard. *La Muse* se veut ouverte sur le monde, elle proposera des informations sur les littératures étrangères, car « un patriotisme étroit, en littérature, est un reste de barbarie [11] ».

Au sommaire des numéros de *La Muse française* se retrouve le salon Deschamps. Le premier numéro, par exemple, publie des poésies d'Alexandre Soumet, Saint-Valry, Hortense Céré-Barbé, Alexandre Guiraud. Victor Hugo y fait la critique de *Quentin Durward*, le roman de Walter Scott, et « le jeune moraliste », alias Emile Deschamps, traite « De l'instruction et de l'éducation ». Le ton de *La Muse française* reste très mesuré, même quand Alexandre Guiraud, en janvier 1824, définit « Nos doctrines ». Il affirme à nouveau que la littérature doit être en accord avec son temps : « Nous ne doutons pas que notre littérature ne se ressente aussi poétiquement de cette vie nouvelle qui anime notre société. Celle-ci est devenue plus vraie, la littérature le sera aussi : il est entré violemment du sérieux dans les esprits ; elle sera sérieuse. » Stendhal, l'année précédente, écrivait que le romantisme était la modernité en art [12].

Dans les réunions de *La Muse*, l'atmosphère était plutôt feutrée, ainsi que l'évoque Sainte-Beuve : « L'on était là tout entre soi dans la loge grillée... C'était, au premier abord, dans ces retraites mondaines, quelque chose de doux, de parfumé, de caressant et d'enchanteur [13]... » Mais, comme dans tout groupuscule, il y eut aussi des règlements de compte, avec l'extérieur d'abord, à l'intérieur ensuite. On se brouilla avec Lamartine. On lui avait demandé de participer à la fondation et il avait répondu par une proposition très maladroite à Hugo : « Entrez comme fondateur, et moi, qui ne puis y mettre ni nom ni esprit, j'y mettrai bien volontiers les mille francs convenus. Cela restera entre nous deux ; vous me les rendrez quand ils seront couverts, et au-delà, par les bénéfices de l'ouvrage [14]. » Hugo n'avait pas donné suite. Mais *La Muse française* fit, en octobre, une mauvaise critique des *Nouvelles Méditations* et de *La Mort de Socrate* (article signé Durangel, alias Holmondurand).

Vigny, absent de Paris, s'inquiéta : « On dit que vous tous l'avez excommunié. Je ne puis le croire [15]. » Lamartine préserva ses relations avec Hugo, en prenant soin de le distinguer de ses camarades, mais lui en garda malgré tout rancune : dans une lettre de mars 1824, il proteste contre les « doctrinaires de la poésie, qui siègent sur le canapé de la rue Cherche-Midi ». Allusion au groupe politique des Doctrinaires, auxquels on reprochait leur dogmatisme et dont on disait qu'ils étaient si peu nombreux que leur parti tenait sur un canapé. Hugo habitait alors chez ses beaux-parents, rue du Cherche-Midi.

Au bout de douze numéros, *La Muse française* disparut à la suite de dissensions internes. Le numéro de juin 1824 comportait en effet un éloge de Chateaubriand, qui venait de perdre son poste de ministre des Affaires étrangères. Rédigé par Saint-Valry, cet éloge avait été voulu par Hugo qui, d'ailleurs, allait écrire en son nom un hommage dans le *Journal des Débats* du 26 juillet. Or, Soumet se présentait à l'Académie et, déjà, le fait d'appartenir à la revue qui défendait les romantiques le desservait ; mais, en plus, le soutien à Chateaubriand condamné par la Congrégation aggravait son cas. Désavouer *La Muse* dans le parti qu'elle avait pris de Chateaubriand était le seul moyen pour retourner la situation à son profit. Il convainquit donc Emile Deschamps, Rességuier et Guiraud de démissionner en même temps que lui. Comme Hugo, Saint-Valry, Nodier et quelques autres voulaient, malgré ces démissions, continuer à faire paraître le journal, Emile Deschamps écrivit à Rességuier le 24 juillet : « Il nous faut porter le coup à *La Muse* chez Tardieu à neuf heures du matin lundi ; sinon le numéro paraîtra et nous sommes tous compromis [16]. » La revue fut sabordée et Soumet élu à l'Académie le 29 juillet 1824.

Delacroix jusqu'à La Barque de Dante *(1822)*

En 1820, Delacroix continue de travailler dans l'atelier de Guérin dans le but de se présenter aux différents concours de l'Ecole des beaux-arts. La logique d'une carrière aurait voulu qu'il tente d'obtenir le prix de Rome. D'autant qu'il rêvait d'Italie : « Il m'arrive aussi, écrit-il le 6 novembre 1818, que dans mes rêveries, je pense à un temps que mes vœux appellent certainement : c'est celui de mon séjour à Rome [17]. » Mais il ne concourra jamais pour le prix de Rome, pas plus d'ailleurs qu'il n'ira en Italie. Il s'en explique le 30 juillet 1821. Il n'a pas besoin de la Villa Médicis : « Comme je ne désire pas aller à Rome pour y bien manger et y loger dans un palais, je saurai aussi m'y contenter de peu comme je le fais ici. » Et surtout, il a une bonne raison de ne pas partir : « Je désirerais vivement faire un tableau pour le Salon prochain, surtout s'il pouvait quelque peu me faire connaître. »

Sans doute ressentait-il la nécessité de concentrer ses forces sur une œuvre personnelle plutôt que de les user dans la préparation d'un concours. Bien plus tard, il le dira nettement : « Ils [les concours] sont un leurre pour une foule de jeunes gens qui passent dans les concours jusqu'à trente ans : pendant ce temps et pour obtenir ce prix qui s'accorde si rarement au mérite, ils manquent le moment de donner une idée de leurs forces [18]. » Peut-être aussi que, choqué par le manque de raffinement qui régnait à l'Ecole des beaux-arts, il n'avait pas envie de passer plusieurs années encore dans cette atmosphère plutôt grossière, même si c'était à la Villa Médicis [19].

La Barque de Dante : « *C'est un coup de fortune que je tente...* »

Une barque brune au milieu des eaux déchaînées, sous un ciel d'orage, avec une lueur rougeoyante au fond. Debout, dans cette barque, appuyés l'un sur l'autre, Dante, en robe verte et coiffe rouge, et Virgile, beau jeune homme couronné de lauriers, enveloppé dans un manteau brun, sont conduits par Charon (le livret dit Phlégias), dont on voit le dos nu et puissant, ceint d'un drapé bleu sombre. La barque se fraie un passage avec peine au milieu des damnés qui s'y agrippent pour essayer d'y monter. Corps nus d'un homme et d'une femme qui, accrochant la lumière, au premier plan, font penser aux naïades de Rubens qui accueillent Marie de Médicis à la descente de son bateau. C'est une scène de cauchemar, dramatique, confuse et angoissante.

Le 24 avril 1822, le Salon ouvre ses portes. Delacroix y expose pour la première fois. Il écrivait le 15 avril : « Je sors d'un travail de chien qui me prend tous mes instants depuis deux mois et demi. J'ai fait dans cet espace de temps un tableau assez considérable qui va figurer au Salon. Je tenais beaucoup à m'y voir cette année et c'est un coup de fortune que je tente [20]... » C'est à Gros qu'il doit l'admission et l'accrochage en bonne place de sa *Barque de Dante* violemment discutée par le jury.

Et ce tableau met effectivement Delacroix d'un seul coup sur le devant de la scène. On l'accuse d'avoir plagié *Le Radeau de la Méduse*. Les néoclassiques sont indignés par la dramatisation des couleurs. Delécluze, dans *Le Moniteur universel* du 18 mai, traite l'œuvre de « vraie tartouillade ». Un journaliste lui rend, au contraire, un hommage éclatant dans *Le Constitutionnel* du 11 mai :

« Aucun tableau ne révèle mieux, à mon avis, l'avenir d'un grand peintre que celui de M. Delacroix représentant *Le Dante et Virgile aux Enfers.* C'est là surtout qu'on peut remarquer ce jet de talent, cet élan de la supériorité naissante qui ranime les espérances [...] L'auteur a, outre cette imagination poétique qui est commune au peintre comme à l'écrivain, cette imagination de l'art, qu'on pourrait appeler en quelque sorte l'imagination du dessin, et qui est tout autre que la précédente. Il jette ses figures, les groupe et les plie à volonté avec la hardiesse de Michel-Ange et la fécondité de Rubens. Je ne sais quel souvenir des grands artistes me saisit à l'aspect de ce tableau ; je retrouve cette puissance sauvage, ardente, mais naturelle, qui cède sans effort à son propre entraînement. » Cet article prophétique est d'Adolphe Thiers, jeune avocat arrivé d'Aix-en-Provence l'année précédente, qui fait ses premières armes de critique ; Delacroix garda toute sa vie avec lui des relations d'estime. L'Etat acheta pour mille deux cents francs le tableau (Delacroix en avait demandé le double), qui fut accroché au musée du Luxembourg.

Guérin ne fit que des critiques de *La Barque de Dante*, ce qui n'était guère encourageant. Par ailleurs, il fut nommé, en juin 1822, directeur de la Villa Médicis. Delacroix devait donc se trouver un autre atelier. Comme Gros avait décerné des éloges au tableau et parlé de « Rubens châtié », Delacroix pensa à entrer chez lui, mais il y renonça peu après : « Le torse et le tableau de Debay, élève de M. Gros, élève couronné (au concours de Rome), m'ont dégoûté de l'école de son maître, et hier encore j'en avais envie [21] ! » Delacroix décida alors, encouragé par son oncle Riesener, de travailler seul désormais.

Berlioz : de la médecine à la musique

A l'automne 1821, Hector Berlioz arrive à Paris avec son cousin qui, comme lui, vient faire ses études de médecine. Ce cousin, de deux ans son aîné, était plus raisonnable : il pratiquait la musique en amateur – bon violoniste, il avait pris part à l'exécution des quintettes d'Hector, à La Côte-Saint-André – sans rêver de s'y consacrer. Il poussait donc Hector à être un carabin studieux, le persuadant de surmonter ses répugnances pour la dissection. Celui-ci suivait tant bien que mal les cours d'anatomie quand, un jour, il alla écouter un opéra : le lendemain, au lieu de disséquer son cadavre, il chantait les airs des *Danaïdes* de Salieri.

Et puis il y eut Gluck, qu'Hector Berlioz aimait déjà à la passion. Il copia ses partitions à la bibliothèque du Conservatoire (qui était d'accès libre au public), les apprit par cœur et, enfin, entendit à l'Opéra *Iphigénie en Tauride*. Transporté, il osa écrire à son père qu'il voulait devenir compositeur. Il prit malgré tout ses inscriptions en médecine jusqu'en novembre 1822, tout en consacrant beaucoup de temps à la musique.

Il devint assidu de l'Opéra et fit pour Gluck ce que d'autres jeunes gens allaient faire pour Hugo : « Le Jupiter de notre Olympe était Gluck [...] Si quelques-uns de mes amis étaient de fidèles sectateurs de cette religion musicale, je puis dire sans vanité que j'en étais le pontife. Quand je voyais faiblir leur ferveur, je la ranimais par des prédications dignes des Saint-Simoniens ; je les amenais à l'Opéra bon gré, mal gré, souvent en leur donnant des billets achetés de mon argent, au bureau, et que je prétendais avoir reçus d'un employé de l'administration [22]. » Tantôt ces aficionados manifestaient leur enthousiasme en applaudissant si fort qu'on les prenait pour des claqueurs appointés ; tantôt, lorsque les exécutants trahissaient la partition, ils exerçaient une sévère « critique en action », protestant contre la présence des cymbales ou demandant à tue-tête le solo de violon : c'était presque l'émeute.

Au-delà des manifestations pittoresques, la fréquentation de l'Opéra, où un ami lui donnait régulièrement une place, représentait une partie non négligeable de l'apprentissage musical de Berlioz. Il eut certes des professeurs, à commencer par Jean-François Lesueur, qui, après lui avoir accordé des leçons particulières, l'accepta, en 1825, dans sa classe de composition au Conservatoire. Mais, au parterre de l'Opéra, où il lisait la partition pendant l'exécution, Berlioz apprit ce que personne n'enseignait, le lien entre l'effet musical produit et les instruments utilisés. Il acquit ainsi une véritable intimité avec les œuvres des trois contemporains qu'il révérait, Beethoven, Weber et Spontini – à l'inverse, il détestait Rossini, avec son « éternel et puéril crescendo » et sa « brutale grosse caisse ».

L'année 1824

Le 16 septembre, Charles X succède à Louis XVIII. Mais, si du point de vue du romantisme, 1824 est une année charnière, la mort du roi et l'avènement de son frère n'y sont pas pour grand-chose.

1824 commence et finit par la mort d'un grand peintre. Le 26 janvier, Géricault s'éteint, à trente-trois ans, après avoir beaucoup souffert des suites d'une chute de cheval. Le 9 décembre disparaît, à cinquante-sept ans, Girodet, l'auteur du *Songe d'Ossian* et d'*Atala*. La presse ne commente pas beaucoup la disparition du premier alors qu'elle s'étend longuement sur celle du second. Dans le cortège funèbre de Girodet figuraient de nombreuses personnalités, académiciens, écrivains – en tête, le créateur d'*Atala*, Chateaubriand, qui épingla sur le cercueil la Légion d'honneur qu'il devait remettre à Girodet – et artistes – les peintres Gérard, Gros, Hersent, Schnetz, Ingres, Ary Scheffer, Carle et Horace Vernet, Guérin, Isabey, l'architecte Fontaine, le décorateur Cicéri, etc. Gros improvisa un discours déplorant la perte que l'école de David, la seule bonne selon lui, venait de subir avec la disparition de Girodet. Il aurait, semble-t-il, désigné Horace Vernet en s'écriant : « Bientôt on voudra nous faire croire qu'un morceau de toile sur lequel on a barbouillé de la couleur pendant quinze jours est un chef-d'œuvre digne de consacrer la mémoire d'un prince [23]. » La plupart des assistants applaudirent, seuls protestèrent Delacroix, Sigalon et Ary Scheffer. Gros avait, une fois de plus, laissé libre cours à l'amertume qui finit par le mener au suicide. Mais on ne peut pas dire que Girodet était l'adversaire de la nouvelle école : élève de David, il peignait dans la manière néoclassique, certes, mais ses sujets étaient romantiques.

14 avril 1824 : premier « dimanche » de Nodier à l'Arsenal

Le 14 janvier, Charles Nodier était nommé bibliothécaire à l'Arsenal. Trois mois plus tard, il donne sa première réception dominicale ; l'Arsenal allait figurer parmi les lieux de sociabilité qui comptaient pendant la Restauration.

Nodier a quarante-quatre ans. C'est un érudit, traducteur, adaptateur, préfacier, critique littéraire – il collabore à *La Quotidienne* depuis 1821. Mais il est aussi l'auteur de contes, *Smarra* et *Trilby*, pleins de rêves, de cauchemars et de merveilleux. Sans doute avait-il rencontré le jeune Hugo à la Société des bonnes lettres en 1821 mais il ne s'était lié avec lui qu'en 1823. Le 12 mars, en effet, il avait écrit un article sur *Han d'Islande*, où il faisait des remarques sur la polémique littéraire : « Les classiques ont raison dans les journaux, dans les académies, dans les cercles littéraires. Les romantiques réussissent au théâtre, chez les libraires et dans les salons. On avoue les premiers ; ce sont les autres qu'on lit [24]... » Hugo avait remercié et cherché à rencontrer l'auteur de cette critique. Depuis, les Nodier et les Hugo se fréquentaient beaucoup.

Ce qui caractérisait l'Arsenal était le mélange des romantiques et des classiques dans une atmosphère de parfaite urbanité, qui tenait sans doute à la personnalité du maître de maison. Nodier faisait les honneurs de son salon en compagnie de sa femme, de sa fille Marie – qui épousera en 1830 Jules Mennessier mais continuera à habiter l'Arsenal avec son mari – et de sa belle-sœur, Mme de Tercy. L'Arsenal servit de centre aux artistes de la nouvelle génération, surtout après la disparition de *La Muse française*. Les jeunes gens avaient besoin d'un lieu pour se rencontrer, échanger des idées, lire des vers nouveaux, et le salon de Nodier allait jouer ce rôle de creuset. En conséquence, pendant quelques années, et sans doute sans l'avoir voulu, Nodier apparaît comme le chef de file du romantisme, assurant le relais entre le groupe d'Emile Deschamps et le Cénacle de Victor Hugo.

Mort de Byron à Missolonghi : 19 avril 1824

Depuis qu'à la fin de l'année 1823, Byron s'était embarqué à Gênes pour rejoindre les Grecs en lutte contre les Turcs, on parlait beaucoup de lui : « La gloire du poète s'était ravivée à la flamme du bivac des Grecs [25]. » C'est une occasion de lire ou relire ses textes. Ainsi Delacroix écrit-il dans son *Journal* le 11 mai : « Le poète est bien riche : rappelle-toi, pour t'enflammer éternellement, certains passages de Byron ; ils me vont bien. La fin de *La Fiancée d'Abydos*, la *Mort de Sélim*, son corps roulé par les vagues et cette main surtout, cette main soulevée par le flot qui vient mourir sur le rivage. Cela est bien sublime et n'est qu'à lui. »

Le 18 mai 1824, la nouvelle de sa mort à Missolonghi tombe à Paris, bouleversant les jeunes gens amoureux de la poésie. Elle entraîne des manifestations spontanées. Edouard Charton, futur fondateur du *Magasin pittoresque*, alors âgé de dix-sept ans, suivait des cours de philosophie à la Sorbonne en vue du baccalauréat. Ce jour-là, un ancien élève de l'Ecole normale, après avoir annoncé aux étudiants que le poète n'était plus, leur traduit, livre à la main, les plus beaux passages de *Childe Harold* [26]. De son côté, Ernest Legouvé, lui aussi élève de philosophie, se souvient : « Le jour de cette mort, nous nous réunîmes, trois de mes camarades et moi, dans ma mansarde ; nous passâmes notre journée à relire des passages de *Childe Harold*, du *Corsaire*, de *Manfred* et de *Don Juan*. Que d'émotions ! que d'admirations ! je veux dire que de larmes [27] ! » Alexandre Dumas, lui, ne rencontre pas la même sympathie dans les bureaux du duc d'Orléans où il est employé. Lorsqu'il arrive en criant la nouvelle, l'un des sous-chefs demande : « Qu'est-ce que c'est que cela, Byron [28] ? » Et Dumas d'expliquer pourquoi cette mort était un tel événement, pour lui comme pour tous les jeunes gens : « Je sentais instinctivement qu'il y avait dans Byron plus qu'un poète, qu'il y avait un de ces apôtres dont la bouche inspirée jette, dans le silence des nuits et dans l'obscurité de l'art, de ces grands cris qui sont entendus de toutes les nations, de ces puissantes lueurs qui éclairent tout un monde. Ces hommes-là, en général, sont, non seulement des prophètes, mais encore des martyrs [29]. »

La Muse française publie plusieurs textes en hommage au poète, dont un de Vigny et un de Hugo. Byron était mort d'une maladie dont les symptômes se manifestaient depuis plusieurs mois déjà mais les vers de Vigny nous le montrent mourant les armes à la main :

> Son génie était las des gloires de la lyre,
> Et déjà dédaignant cet impuissant délire,
> Quittant le luth divin qu'il vouait à l'enfer,
> Sa main impatiente avait saisi le fer.
> Deux couronnes sont tout dans les fastes du monde :
> Orné de la première, il voulait la seconde ;
> Il allait la chercher au pays du laurier,
> Et le poète en lui faisait place au guerrier.
> Il tombe au premier pas, mais ce pas est immense [30]
> ...

Hugo, lui aussi, exalte le destin de Byron : « Généreux auxiliaire de la gloire, de la religion et de la liberté, il avait apporté son épée et sa lyre aux descendants des premiers guerriers et des premiers poètes [31]. » Mais il en profite pour faire le point sur la littérature contemporaine en France : « Des esprits faux [...] ont imaginé que la société présente était exprimée en France par deux littératures absolument opposées [...] Ils continuent chaque jour de traiter la littérature qu'ils nomment *classique*, comme si elle vivait encore, et celles qu'ils appellent *romantique*, comme si elle allait périr. » Il n'y a qu'*une* littérature, comme il n'y a qu'une société ; elle est « ce que doit être la commune pensée d'une grande nation après de grandes calamités, triste, fière et religieuse ». Mais cette littérature actuelle, c'est-à-dire romantique, a deux versants. Le versant consolant et plein d'espoir se trouve chez Chateaubriand, qui « voit tout du haut du ciel », c'est le domaine des anges et de l'adoration. Le versant sombre et désespéré est représenté par Byron, qui « voit tout du fond de l'enfer », il est rempli de démons et de malédictions.

Salon de 1824 : Les Massacres de Scio

Le 25 août s'ouvre le Salon, où sont accrochés *Les Massacres de Scio.* Le sujet est tiré de l'histoire contemporaine : en 1822, dans l'île de Scio, les Turcs ont massacré vingt mille Grecs. Mais il s'agit moins d'illustrer un épisode précis que de rendre hommage aux Grecs en lutte pour leur indépendance et par là même à Byron qui, dès 1812, terminait le deuxième chant de *Childe Harold* sur un hymne à la Grèce.

La tonalité est très différente de *La Barque de Dante.* Sur un horizon clair et dégagé, se détachent, au premier plan, des Grecs affaissés ou hagards, en guenilles, blessés ou même morts, comme la jeune femme à laquelle s'accroche un enfant nu. Accablement des vaincus, sous l'œil des vainqueurs, figurés par deux Turcs en turban. L'un, à l'arrière-plan, veille, un fusil à la main. L'autre, monté sur un cheval qui se cabre, brandissant un cimeterre, est en train d'enlever une captive dénudée tandis qu'un homme tente de s'agripper à son cheval. Ce groupe, où se mêlent mouvements et convulsions, contraste avec la prostration de ceux qui sont à terre. Le *Journal* de Delacroix permet de suivre les étapes de la réalisation du tableau, commencé le 12 janvier. Le peintre avait loué, au 118 de la rue de Grenelle, un local suffisamment grand pour accrocher la toile longue de plus de quatre mètres et faire poser ses modèles. Il ne commente jamais le choix de son sujet mais la facture de la peinture et son état d'esprit. Il retravaille sans cesse les personnages et les groupes : « Retouché l'homme qui s'accroche au cheval » (10 avril) ; « Fièvre de travail. Refait et disposé l'homme près du cheval et l'homme à cheval. Entrain complet » (12 avril) ; « Travaillé avec ardeur à la femme du coin, et en général à tout le coin du cheval » (6 mai), etc. Sa vie entière est absorbée : « Voici le quatrième mois depuis le commencement de l'année. Ai-je rêvé pendant ce temps ? Quel éclair ! Je ne finis point mon tableau. Je suis accroché à chaque pas » (4 mai). Pourtant il ne se lasse pas : « Mon tableau acquiert une torsion, un mouvement énergique qu'il faut absolument y compléter, écrit-il le 7 mai. Il y faut ce bon noir, cette heureuse saleté, et de ces membres comme je sais, et comme peu les cherchent. » Et il ajoute : « Je n'aime point la peinture raisonnable. Il faut, je le vois, que mon esprit brouillon s'agite, défasse, essaye de cent manières, avant d'arriver au but dont le besoin me travaille dans chaque chose. » Mais le tableau ne serait pas ce qu'il est sans Constable, dont Delacroix découvre, en juin, à la galerie Arrowsmith, *La Charrette de foin*, qui avait déjà tant impressionné Géricault et Nodier, et la *Vue de Hampstead Heath*. Quelques jours avant l'ouverture du Salon, où Constable était également exposé, alors que sa toile est déjà accrochée au Louvre, Delacroix obtient la permission de la retoucher sur place. En quatre jours, il refait le vaste paysage et le grand ciel ouvert.

Il reçoit les compliments du baron Gérard. Gros manifeste d'abord son enthousiasme pour se rétracter ensuite : « C'est le massacre de la peinture ! » Girodet, qui fait partie du jury, décerne à Delacroix des félicitations mais lui adresse aussi des reproches sévères. Les critiques officiels (Chauvin, Landon, Delécluze) blâment à l'unanimité l'usage de la couleur pure. Delécluze écrit dans le *Journal des Débats* : « Les romantiques sont les sectateurs du laid. » Quant à Stendhal, qui signe de l'initiale A., il dit ses réticences dans le *Journal de Paris et des départements* : « J'ai beau faire, je ne puis admirer M. Delacroix et son *Massacre de Scio.* Cet ouvrage me semble toujours un tableau destiné originairement à représenter une peste, dont l'auteur, sur les récits des gazettes, a fait un *Massacre de Scio* [...] Il me semble que ce tableau est médiocre par la déraison au lieu d'être médiocre par l'insignifiance, comme tant de tableaux classiques que je pourrais citer[32]... » Mais Stendhal reconnaît que l'œuvre a éveillé la curiosité : « Le public est tellement ennuyé du genre académique et des copies de statues si à la mode il y a dix ans, qu'il s'arrête devant les cadavres livides et à demi terminés que nous offre le tableau de Delacroix. » Seul Thiers se déclare à nouveau inconditionnel : « Cette peinture a levé bien des doutes. M. Delacroix est un maître. » Le peintre reçut une médaille de deuxième classe pour ses *Massacres de Scio*, que l'Etat lui acheta six mille francs.

Le Salon de 1824 fut décisif pour le mouvement romantique. Paul Delaroche, qui incarnait l'autre versant de la peinture romantique, celui du réalisme historique, avait, comme Delacroix, exposé pour la première fois au Salon de 1822. Mais c'est en 1824 qu'il remporta son premier succès, avec trois tableaux dont le grand *Jeanne d'Arc malade, interrogée dans sa prison par le cardinal de Winchester*, aujourd'hui au musée de Rouen. Le cardinal, majestueusement assis, au centre, dans sa longue robe rouge, fait un geste impérieux avec son index pointé et tourne un visage irrité vers Jeanne, couchée contre la muraille, mains jointes et yeux au ciel. Delaroche fut beaucoup félicité pour la dimension à la fois réaliste et poétique de la scène – recherche de la vérité historique et symbolisme du combat entre le Bien (l'humilité, la foi et la pureté de Jeanne) et le Mal (la cruauté du cardinal).

Vers le libéralisme : la mission sociale du poète d'après les Odes

Hugo publie des recueils d'*Odes* à partir de 1822 et il y adjoint des préfaces : il y en a cinq entre 1822 et 1828. On mesure, à travers ces préfaces, le chemin parcouru par le poète et l'évolution de sa position politique. Dans la première, Hugo s'affirmait d'emblée comme un poète militant : « L'histoire des hommes ne présente de poésie que jugée du haut des idées monarchiques et des croyances religieuses [33]. » Mais il va s'éloigner des conservateurs. Le 4 décembre 1823, Lacretelle, dans son discours d'ouverture à la Société des bonnes lettres, désavoue publiquement les romantiques qui trahissent l'esprit français : « Irons-nous sacrifier à des dieux étrangers, qui demandent en holocauste les plus grandes et les plus pures renommées du monde littéraire ? [...] Ecrivains royalistes, cœurs pleins de loyauté, pleins de flamme, gardez-vous de prendre un étendard différent du nôtre, quand nous combattons d'une même ardeur les doctrines impies, les fureurs révolutionnaires [34]. » En 1824, Hugo prend position dans la guerre littéraire qui fait rage. Plutôt que d'opposer les deux catégories, « romantiques » et « classiques », mieux vaudrait, dit-il, adopter un autre critère. Ce qui caractérise la littérature nouvelle, c'est qu'elle est « vraie », parce qu'en accord avec son temps, dont elle est le reflet. L'affirmation n'a rien d'original : Stendhal en 1823 et Guiraud en janvier 1824 ne disaient pas autre chose. Après avoir été profondément bouleversée par la Révolution, la littérature retrouve l'ordre, « expression anticipée de la société religieuse et monarchique qui sortira sans doute du milieu de tant d'anciens débris, de tant de ruines récentes ».

Le poète est donc investi d'une mission sociale qu'Hugo définit pour la première fois. Pour qu'advienne la vérité dans l'art, il doit être le guide, le prophète, celui qui montre le chemin. Délaissant le paganisme qu'exaltait le XVIIIe siècle, il doit célébrer les valeurs du christianisme : « Il ne sera jamais l'écho d'aucune parole, si ce n'est de celle de Dieu. Il se rappellera toujours ce que ses prédécesseurs ont trop oublié, que lui aussi il a une religion et une patrie [35]. »

Hugo s'en tient encore, en 1824, à l'horizon religieux et monarchique. Deux ans plus tard, en revanche, apparaît dans son discours la notion de liberté qui donnera, en 1828, la célèbre formule : « Espérons qu'un jour le XIXe siècle, politique et littéraire, pourra être résumé d'un mot : la liberté dans l'ordre, la liberté dans l'art. » En 1826, la liberté est déjà associée à l'ordre, que Hugo cherche à définir. L'ordre n'implique pas de suivre les règles et d'imiter, ce qui est le fait d'un talent médiocre, c'est au contraire un processus créateur, fruit de l'inspiration et de la liberté. Mais liberté n'est pas licence, au contraire : « Plus on dédaigne la rhétorique, plus il sied de respecter la grammaire. » Le poète doit écrire avec sa force vive, son âme et son cœur, et, pour ne pas pétrifier cette force, il n'étudiera que deux livres, la Bible et Homère, emblèmes de la création.

Laissons les préfaces pour considérer les *Odes* elles-mêmes. Une figure du poète s'en dégage. C'est d'abord celui qui entend la douleur des hommes, la partage et contribue à la soulager. Le premier texte du recueil, daté de mars 1821, « Le poète dans les révolutions », exalte ce rôle de témoin compatissant dans les époques troublées qui engendrent la souffrance :

Faut-il donc, en ces jours d'effroi,
Rester sourd aux cris de ses frères?
Ne souffrir jamais que pour soi?
Non, le poète sur la terre
Console, exilé volontaire,
Les tristes humains dans leurs fers;
Parmi les peuples en délire,
Il s'élance, armé de sa lyre,
Comme Orphée au sein des enfers!

Cela peut le mener jusqu'au sacrifice :

Le poète, en des temps de crime,
Fidèle aux justes qu'on opprime,
Célèbre, imite les héros;
Il a, jaloux de leur martyre,
Pour les victimes une lyre,
Une tête pour les bourreaux [36].

Mais le poète est surtout celui à travers qui passe la parole sacrée :

Un formidable esprit descend dans sa pensée.
Il paraît; et soudain, en éclairs élancée,
Sa parole luit comme un feu.
Les peuples prosternés en foule l'environnent;
Sina mystérieux, les foudres le couronnent,
Et son front porte tout un Dieu [37]!

Tel le prophète, le poète parle au nom de Dieu :

J'ai suivi l'humble étoile, aux rois pasteurs pareil.
Le seigneur m'a donné le don de sa parole,
Car son peuple l'oublie en un lâche sommeil;
Et, soit que mon luth pleure, ou menace, ou console,
Mes chants volent à Dieu, comme l'aigle au soleil [38].

Et, comme souvent les prophètes, le poète, ce « voyant de Dieu », n'est pas entendu des hommes auxquels il s'adresse :

> Mais qu'importe ! accomplis ta mission sacrée.
> Chante, juge, bénis ; ta bouche est inspirée !
> Le seigneur en passant t'a touché de sa main [39]...

Charles Nodier, dans *La Quotidienne* du 8 mars 1824, souligne en quoi cette représentation de la figure du poète est nouvelle : « Chez les anciens, ce sont les poètes qui ont fait la religion ; chez les modernes, c'est la religion qui crée enfin les poètes. »

Berlioz : un public pour la première fois

Un musicien a beaucoup plus de mal qu'un poète ou un peintre pour soumettre son œuvre au jugement du public, car il lui faut disposer de moyens matériels considérables. On imagine combien dut sembler alléchante à Berlioz l'offre de M. Masson, maître de chapelle de l'église Saint-Roch : il lui proposa en 1824 d'écrire une messe solennelle qui serait exécutée le jour des Saints-Innocents, à l'occasion de la fête des enfants de chœur. Le jeune homme aurait à sa disposition un orchestre et un chœur, qu'il pourrait faire répéter pendant un mois, et on lui copierait même gratuitement les partitions. La réalité fut tout autre et la répétition générale tourna à la débâcle : orchestre et chœur trop peu fournis, partitions mal copiées... Berlioz faillit mourir de honte devant Valentino, chef de l'orchestre de l'Opéra, qui, sur une intervention de Lesueur, avait accepté de diriger cette messe.

Fort de l'expérience, le compositeur retravailla son œuvre et copia lui-même les partitions. Restait, pour la faire jouer convenablement, à recruter des artistes professionnels. Mais il fallait pouvoir les payer. C'est alors qu'Augustin de Pons, jeune aristocrate amateur de musique, offrit à Berlioz de lui prêter mille deux cents francs. La messe fut donc jouée à Saint-Roch en juillet 1825 : « Je parvins ainsi à m'entendre et à me faire entendre pour la première fois. Tous les compositeurs savent quelles sont l'importance et la difficulté, à Paris, de mettre ainsi le pied à l'étrier [40]. » L'exécution était bonne et obtint dans la presse des échos favorables. Cependant, malgré ce premier succès – qui eut par ailleurs l'inconvénient d'endetter le jeune homme –, son père le rappela en août 1825 et menaça de lui couper les vivres.

15 septembre 1824 : premier numéro du Globe

Le Globe est un journal libéral fondé en 1824 [41]. L'année suivante, Viennet, farouche partisan des classiques, dénonce la « secte romantique du *Globe* », dont le « quartier général » était le salon de Dubois, son directeur. Et, le 2 avril 1825, un article du *Courrier des théâtres* désigne *Le Globe* comme le « corps d'armée principal » du parti romantique. Or le romantisme, nous l'avons vu, fut d'abord défendu par des écrivains catholiques et royalistes conservateurs. Le parti libéral, qui aurait dû prendre position en faveur de la nouvelle école, était resté conservateur en littérature et s'en tenait à Voltaire, Stendhal a bien souligné ce paradoxe. C'est *Le Globe* qui a concilié les goûts politiques et littéraires du parti libéral.

Le journal a été fondé par Pierre Leroux et Paul-François Dubois. Nés respectivement en 1797 et 1793, ils avaient été condisciples au lycée de Rennes. Mais tandis que Dubois entrait à l'Ecole normale puis enseignait, Leroux, issu d'une famille pauvre, dut gagner sa vie comme ouvrier typographe. Ils se retrouvèrent en 1821 dans la même vente de Carbonari qui regroupait de jeunes intellectuels, le peintre Ary Scheffer, l'historien Augustin Thierry et le philosophe Théodore Jouffroy. Après la dissolution de la Charbonnerie en 1823, Dubois, qui, victime de la réaction ultra, avait été suspendu de ses fonctions de professeur, devint journaliste. Il fut, pendant quelques mois, rédacteur aux *Tablettes universelles*, journal libéral qui, après avoir été racheté par le gouvernement, allait cesser de paraître. De son côté, Pierre Leroux avait, dès 1820, projeté de fonder un journal pour rendre compte des découvertes récentes, dans tous les domaines. En juillet 1824, il avait convaincu un imprimeur, Alexandre Lachevardière, d'engager des capitaux dans l'entreprise.

Dubois rédigea le prospectus. L'ambition première du *Globe* était de réformer la critique littéraire devenue « une spéculation d'auteurs et un commerce de librairie », de la rendre juste et indépendante et de répondre sérieusement à la curiosité du public pour les œuvres nouvelles. Par ailleurs, le journal se proposait de renseigner ses lecteurs sur les progrès de l'industrie et sur les travaux scientifiques et artistiques effectués dans les départements et à l'étranger ; il prétendait donc traiter de toutes les productions de l'esprit.

C'est également Dubois qui recruta les rédacteurs, des gens jeunes – en janvier 1825, sept ont moins de vingt-cinq ans, les plus âgés en ont trente – dont bon nombre étaient normaliens. Et d'abord Théodore Jouffroy qui, après avoir été destitué de sa chaire de répétiteur de philosophie à l'Ecole normale, avait ouvert, dans son appartement, un cours privé de philosophie. Ce cours prit le relais de celui de Victor Cousin à la Sorbonne, suspendu jusqu'en 1828. Jouffroy, à son tour, recruta ses meilleurs élèves, Desclozeaux, Vitet, Duchâtel, Lerminier. Dubois fit encore appel à Jean-Jacques Ampère et Marcelin Desloges, Charles Magnin et Duvergier de Hauranne, Rémusat et Guizard, d'anciens rédacteurs des *Tablettes universelles,* et à l'un de ses élèves, Sainte-Beuve, qui avait vingt ans.

La société du Globe

Il existait entre les journalistes et les lecteurs du *Globe* une véritable connivence, donnée par le sentiment d'appartenir à une élite. Le journal, qui paraissait trois fois par semaine, comptait six cents abonnés en août 1825 et neuf cent vingt en juillet 1828. Même si le nombre de ses lecteurs était plus important que celui de ses abonnés (trois lecteurs en moyenne par numéro), il restait réservé à un petit nombre de personnes aisées et cultivées. Aisées, parce que l'abonnement était cher : soixante francs par an. Cultivées, parce qu'il fallait l'être pour apprécier cette lecture austère : le journal s'adressait surtout aux jeunes gens de l'aristocratie la plus éclairée et de la bourgeoisie, auxquels il voulait donner le goût des études sérieuses.

« Un journal est un centre de réunion », écrit Rémusat. Dubois avait compris la nécessité de créer un pôle de rencontres régulières : à partir de novembre 1824, il ouvrit chaque lundi à tous ses collaborateurs le salon de son appartement, qui était attenant au journal, rue Saint-Benoît. Il invitait en même temps des jeunes gens qu'il désirait engager, des hommes qui avaient de la sympathie pour son entreprise et ses idées, comme Thiers et Mignet, Stendhal et son ami le baron de Mareste, Paul-Louis Courier, Ary Scheffer, Delécluze, le poète Pierre Lebrun, et des étrangers de passage à Paris. Ces réunions hebdomadaires ont joué un rôle certain dans le succès du *Globe*, en assurant la cohésion de l'équipe et en l'entourant d'esprits bienveillants. Elles ont, en tout cas, contribué à l'unité de ton et à l'harmonie d'opinions qui régnaient dans le journal, ce que Goethe appelait « le ton de sociabilité[42] ».

Les rédacteurs du *Globe* avaient beaucoup de relations dans la société parisienne. Ils apparaissaient dans les salons de Mme Récamier, du général La Fayette, de la duchesse de Montebello, de Nodier, de Guizot, de Delécluze, de Stapfer. Ils étaient recherchés parce que leur journal était influent. Tous les écrivains désiraient qu'on y parle d'eux. Quand ils avaient obtenu un papier, ils en remerciaient l'auteur : c'est dans ce but que Chateaubriand invita Dubois en 1826 et que Hugo, en 1827, rendit visite à Sainte-Beuve.

Les journalistes ressentaient vivement la nécessité de nouer des liens avec la province et avec l'étranger. Ils constituèrent un réseau de correspondants chargés, d'une part, d'écrire des articles sur la vie locale et provinciale, d'autre part, de distribuer des prospectus et de recruter de nouveaux abonnés. A l'étranger, ils établirent des relations personnelles avec quelques intellectuels allemands, au premier rang desquels Eduard Gans, qui apporta le journal à Goethe le 1er janvier 1826. Goethe devint le lecteur assidu de l'organe qu'il estimait être le meilleur représentant de la culture française. Gans fréquentait à Berlin le salon de Rahel Levin, épouse de Varnhagen von Ense : *Le Globe* fut ainsi largement connu dans l'intelligentsia berlinoise, Hegel en fut un lecteur attentif et Heine le découvrit en 1829.

Le Globe et le romantisme

Les jeunes rédacteurs du journal, tout pétris qu'ils étaient de culture classique, se montraient plus sensibles à la modernité qu'à la tradition. Ludovic Vitet écrit le 15 janvier 1825 : « Sans doute les chefs-d'œuvre antiques ont droit à notre éternelle reconnaissance ; mais, j'ose le dire franchement, jamais ils ne m'inspirent que le sentiment sévère de l'admiration, au lieu que pour les chefs-d'œuvre modernes, c'est de l'amour que je ressens ; ils s'adressent plus directement à ma sympathie ; dans le culte que je leur rends, il y a toujours malgré moi quelque chose de plus affectueux, de plus tendre ; et d'où vient cette prédilection ? Le mot de l'énigme est simple : ils sont du temps où je vis [43]. »

Les journalistes ne pouvaient pas rester indifférents aux violentes attaques lancées par les ultras contre les romantiques, dans les mois qui avaient précédé la fondation du *Globe*. Après Lacretelle à la Société des bonnes lettres, Laurentie dans *La Quotidienne* (21 janvier 1824), Salinis dans *Le Mémorial catholique* (mars 1824) ont dénoncé l'hérésie romantique. Au début d'avril 1824, Viennet, dans *Le Mercure du XIXe siècle*, ridiculise ses adversaires :

> Allons, muses, debout ; faisons du romantique ;
> Extravaguons ensemble, et narguons la critique.
> Livrons-nous sans réserve aux élans vagabonds
> De ce feu créateur [44]...

Les Muses lui demandant ce qu'est le genre romantique, il se moque :

> C'est un je ne sais quoi dont on est transporté ;
> Et moins on le comprend, plus on est enchanté.

C'est surtout le genre à la mode. Le 24 avril 1824, dans la solennelle séance publique annuelle de l'Institut, Hippolyte Auger, le directeur de l'Académie française, prend l'offensive contre « la secte du romantisme », pour empêcher « qu'elle mette en problème toutes nos règles, insulte à tous nos chefs-d'œuvre, et pervertisse, par d'illégitimes succès, cette masse flottante d'opinions dont toujours la fortune dispose [45] ». Le 16 août, à la distribution des prix du Concours général, Mgr Frayssinous, grand maître de l'Université, recommande aux lauréats de se défendre contre le mauvais goût en restant fidèles aux modèles qui leur venaient du siècle de Louis XIV. *Le Globe*, pour qui la liberté est le mot d'ordre dans tous les domaines, se doit de prendre le parti des agressés.

Il le fera, en mars et avril 1825, avec les articles de Duvergier de Hauranne, « Du romantique », et Vitet, « De l'indépendance en matière de goût », sous-titré « Du romantisme ». Ce dernier texte a valeur de manifeste. Vitet lie l'indépendance du goût à la liberté individuelle et soutient que chaque citoyen a le droit d'admirer ce qu'il veut, d'être ému ou amusé par ce qu'il veut, et qu'on n'a pas à lui imposer des règles. Mais cette indépendance est encore à conquérir : « Le goût en France attend son *14 juillet.* Pour préparer cette nouvelle révolution, de nouveaux encyclopédistes se sont élevés : on les appelle *romantiques.* » Et puisque la liberté en matière de goût va de pair avec le libre examen, Vitet peut donner une définition philosophique du romantisme : c'est « le protestantisme dans les lettres et les arts [46] ».

Si donc on peut parler du *Globe* comme du « quartier général » du romantisme, il faut bien voir qu'au-delà d'une simple bataille contre les classiques, il a donné au romantisme un vrai contenu en le rattachant au libéralisme. Jouffroy, à la fin de 1826, dresse le bilan du travail fait par le journal en matière littéraire, depuis ses débuts : « La littérature était dans les entraves d'Aristote et du classicisme : nous avons attaqué cette doctrine intolérante et étroite. Le mot de romantisme existait; il n'avait point de sens; nous lui en avons donné un en le définissant *la liberté de penser en matière de littérature*; et nous nous sommes faits les apôtres du romantisme [47]. »

1825-1830

Shakespeare à l'Odéon en 1827

« Shakespeare, en tombant ainsi sur moi à l'improviste, me foudroya. Son éclair, en m'ouvrant le ciel de l'art avec un fracas sublime, m'en illumina les plus lointaines profondeurs. Je reconnus la vraie grandeur, la vraie beauté, la vraie vérité dramatiques [...] Je vis... je compris... je sentis... que j'étais vivant et qu'il fallait me lever et marcher [48]. » Berlioz avait assisté, le 11 septembre 1827, à la première représentation d'*Hamlet* à l'Odéon, par une troupe anglaise. Shakespeare n'était pas seul responsable du coup de foudre, l'interprète d'Ophélie, Harriett Smithson, y était pour beaucoup.

Cinq ans auparavant, des comédiens anglais, qui avaient tenté la même aventure au théâtre de la Porte Saint-Martin, avaient été sifflés et avaient reçu des pommes cuites. En 1827, les Anglais étaient très attendus et la salle de l'Odéon remplie à craquer par « une foule d'étrangers de toutes classes, un bataillon d'hommes de lettres tant *classiques* que *romantiques* et beaucoup d'acteurs des théâtres de Paris [49] ». Les jeunes gens s'exaltaient, comme l'écrivait avec humour Delacroix à Hugo : « Eh bien, envahissement général. Hamlet lève sa tête hideuse, Othello prépare son oreiller essentiellement occiseur et subversif de toute bonne police dramatique. Qui sait encore ? le roi Lear va s'arracher les yeux devant un public français ! Il serait de la dignité de l'Académie de déclarer incompatible avec la morale publique toute importation de ce genre. Adieu le bon goût. Apprêtez-vous dans tous les cas une bonne cuirasse sous votre habit. Craignez les poignards classiques [50]. » Alexandre Dumas est dans le public, il a quitté son bureau à seize heures pour venir faire la queue. Il connaît *Hamlet* par cœur, si bien qu'il peut se traduire à mesure le texte que disent les acteurs. Pour lui, comme pour Berlioz, c'est une révélation : « A partir de cette heure, seulement, j'avais une idée du théâtre, et, de tous ces débris des choses passées, que la secousse reçue venait de faire dans mon esprit, je comprenais la possibilité de construire un monde [51]. »

Etienne Delécluze, à l'enthousiasme toujours plus mesuré, analyse longuement le jeu de Charles Kemble et Harriett Smithson tout au long de la pièce. Celle-ci a été très applaudie : « Ce qu'il y a de plus remarquable dans son jeu est la pantomime ; elle prend des postures fantastiques ; elle a des inflexions de voix mourante, sans cesser d'être naturelle, qui produisent un grand effet. » Quelques jours plus tard, il voit les mêmes acteurs jouer *Roméo et Juliette* : « La qualité du jeu de Kemble et de Mlle Smithson est la vérité. Le défaut est la vérité poussée jusqu'à la laideur. Les acteurs anglais imitent avec un art particulier toutes les nuances de l'agonie et les détails d'une mort lente et douloureuse [52]. »

Berlioz est amoureux et déprimé, « comparant avec accablement, écrit-il, l'éclat de sa gloire à ma triste obscurité... » Il essaie par tous les moyens d'attirer l'attention de Harriett Smithson, y compris en composant l'ouverture musicale d'une représentation où elle se produit. En vain. Il lui sera présenté en 1832. Elle est alors directrice d'un théâtre anglais qui la ruine. Elle avait en effet compté conserver l'enthousiasme du public parisien et l'appui des romantiques. Mais son temps était passé : « Shakespeare n'était plus une nouveauté pour ce public frivole et mobile comme l'onde ; la révolution littéraire appelée par les romantiques était accomplie [53]. » En plus, elle est victime d'une très mauvaise fracture à la jambe et Berlioz l'épouse, en 1833, ruinée, éclopée, contre la volonté de leurs deux familles.

Sardanapale *au Salon de 1827-1828*

Un homme brun, barbu, portant turban et vêtu d'une tunique blanche, est allongé sur un lit de couleur pourpre. La tête appuyée sur sa main droite, il contemple une ronde infernale qui se déploie autour de lui : on tue et on pille, dans une profusion d'orfèvrerie, de bijoux, de tissus précieux. Sardanapale, dernier roi assyrien de Ninive que les Mèdes ont prise d'assaut, est couché sur le bûcher où il va se donner la mort, après avoir ordonné qu'on égorge ses favorites et ses chevaux. Les corps nacrés des esclaves nues contrastent fortement avec le noir, le rouge et l'or de la scène. L'une gît, déjà assassinée, aux pieds du roi. Une autre, agenouillée, au premier plan, se cambre sous la poigne d'un homme au visage farouche qui s'apprête à lui plonger un poignard dans la poitrine. Ce tableau, que Delacroix appelle « Mon massacre n° 2 », en référence aux *Massacres de Scio*, est plein de luxuriance, de violence et de sensualité. Le peintre en a trouvé chez Byron le thème et la lumière rouge qui « fait ressembler les mortels aux dieux dans leur soleil couchant ».

Le Salon de 1827 est, pour Delacroix, un moment crucial. Il a envoyé treize tableaux, dans lesquels il place son espoir de sortir d'une situation financière difficile : « Ma misère m'embête fort [...] Ce Salon devrait bien amener un peu d'eau au moulin. – La propriété ! La propriété [54] ! » Il a tout particulièrement travaillé à *La Mort de Sardanapale*, qui n'étant pas terminé pour l'ouverture du Salon, le 4 novembre, est accroché en février 1828, après avoir subi « les tribulations assez nombreuses de Messieurs les très ânes membres du jury ». Le peintre s'est tellement investi dans ce tableau que, lorsqu'il le voit accroché, il a une réaction de rejet : « J'ai éprouvé en arrivant là-devant un effet abominable, et je ne souhaite pas que l'excellent public ait mes yeux pour juger mon chef-d'œuvre [...] Quel exécrable métier que de faire consister son bonheur dans des choses de pur amour-propre ! Voilà six mois de travail qui aboutissent à me faire passer la plus foutue des journées [55]. »

Le pire était à venir. Le tableau fit sensation et scandale et fut éreinté par la critique. *Le Moniteur universel* du 27 février 1828 : « Il y a de l'âme, des idées neuves, une exécution franche et hardie dans le *Sardanapale* : c'est Rubens, avec un dessin négligé, sa couleur chaude et vivante ; mais que de défauts se réunissent pour balancer des qualités ! Où sommes-nous ? Sur quel sol la scène est-elle assise ?... Quelle confusion sur les premiers plans [56] ! » Delécluze se montra très sévère : « L'intelligence du spectateur n'a pu pénétrer dans un sujet dont tous les détails sont isolés, où l'œil ne peut débrouiller la confusion des lignes et des couleurs, où les premières règles de l'art semblent avoir été violées de parti pris. Le *Sardanapale* est une erreur du peintre [57]. » Et puis il y eut les plaisanteries bien connues : « M. Delacroix a commandé deux voitures de l'entreprise des déménagements pour enlever le mobilier de Sardanapale, trois corbillards pour les morts et deux omnibus pour les vivants », ou encore : « Dix portefaix ont été employés à déménager Sardanapale et toute sa cour. Ecrasés sous la lourde composition de M. Delacroix, ces pauvres gens s'écriaient : “ Quelle charge [58] ! ” »

La polémique autour du tableau accable Delacroix : « Je suis ennuyé de tout ce Salon, écrit-il le 11 mars. Ils finiront par me persuader que j'ai fait un véritable fiasco. Cependant je n'en suis pas tout à fait convaincu. Les uns disent que c'est une chute complète ; que *La Mort de Sardanapale* est celle des romantiques, puisque romantiques il y a... » Et les romantiques sont encore plus virulents que les autres : « *Le Globe*, c'est-à-dire M. Vitet, dit que quand un soldat imprudent tire sur ses amis comme sur ses ennemis, il faut le mettre hors des rangs. Tant il y a que ceux qui me volent et vivent de ma substance crieraient plus fort que les autres [59]. » Il est vrai que *Le Globe* se défiait des excès, ce qui lui permettait, pour reprendre l'expression d'Adèle Hugo, de garder un rôle de médiateur. Vitet avait écrit que, pour se sauver elle-même, la jeune école devrait avoir le courage de « renier » Delacroix [60]. *Sardanapale* pouvait certes passer pour le comble du romantisme, en ce qu'il mélangeait la volupté et la mort, comme les drames de Shakespeare et, plus tard, de Hugo, dans un tourbillon de couleurs et de gestes violents (pas encore suffisants, cependant, pour Hugo, qui émettait une seule réserve : il aurait fallu mettre le feu au bûcher !). Auguste Jal, dans sa critique du Salon, disait de Delacroix : « Le poète Hugo est peut-être le seul homme qui puisse être dans le secret du génie de ce peintre, que Dante aurait si bien compris [61]. »

Mais le peintre était très agacé par l'étiquette de « romantique » qu'on lui collait. Trente ans plus tard, il témoigne encore du même sentiment : « Ils m'ont enrégimenté bon gré mal gré dans la coterie romantique, ce qui signifie que j'étais responsable de leurs sottises, et ce qui a beaucoup ajouté, dans l'opinion, à la liste de celles que j'ai pu faire [62]. » Ses rapports avec Hugo reflètent d'ailleurs bien ces réticences. Il fit sa connaissance vers 1826, et entretint avec lui des relations assez amicales pour accepter de dessiner les costumes d'*Amy Robsart*, en 1828 ; mais, deux ans plus tard, ils se brouillaient, Hugo lui reprochant de n'être pas assez engagé du côté romantique [63]. La prudence mondaine du peintre agaçait le poète : « Révolutionnaire dans son atelier, il était conservateur dans les salons, reniait toute solidarité avec les idées nouvelles, désavouait l'insurrection littéraire et préférait la tragédie au drame [64]. »

Toujours est-il qu'en 1828, Delacroix se sent l'otage et la victime de la bataille romantique et craint les conséquences financières des attaques contre son tableau : « Tout cela fait pitié et ne mérite qu'on s'y arrête un moment qu'en ce que cela va droit à compromettre les intérêts tout matériels, c'est-à-dire le *cash* [65]. » De fait, l'œuvre n'a pas été achetée par Charles X, le nom du peintre n'a même pas été prononcé lors de la cérémonie des récompenses et Sosthène de La Rochefoucauld, surintendant des Beaux-Arts, l'a prévenu qu'il n'obtiendrait plus de commandes officielles s'il persistait à peindre dans cette veine.

La Mort de Sardanapale était le tableau préféré de Baudelaire qui, en 1862, le revoit exposé à la galerie Martinet : « Bien des fois, mes rêves se sont remplis des formes magnifiques qui s'agitent dans ce vaste tableau, merveilleux lui-même comme un rêve. Le *Sardanapale* revu, c'est la jeunesse retrouvée [...] Une figure peinte donna-t-elle jamais une idée plus vaste du despote asiatique que ce Sardanapale à la barbe noire et tressée, qui meurt sur son bûcher, drapé dans ses mousselines, avec une attitude de femme ? Et tout ce harem de beautés si éclatantes, qui pourrait le peindre aujourd'hui avec ce feu, avec cette fraîcheur, avec cet enthousiasme poétique ? Et tout ce luxe *sardanapalesque* qui scintille dans l'ameublement, dans le vêtement, dans les harnais, dans la vaisselle et la bijouterie, qui ? qui [66] ? »

Décembre 1827 : Cromwell

Le baron Taylor, commissaire royal auprès du Théâtre-Français, pria à dîner, en 1826, Victor Hugo, qui avait commencé un drame sur Cromwell, et Talma : « Dépêchez-vous de finir votre drame, dit le tragédien au poète, j'ai hâte de le jouer. » Mais Talma mourut peu après et ce fut la malchance de Hugo, qui eut le temps de donner à son drame « des développements que n'aurait pas comportés la représentation [67] », le rendant ainsi injouable.

Si *Cromwell* est resté célèbre, c'est à cause de sa préface, où l'auteur expose ses théories sur le drame. Il l'a écrite dans l'enthousiasme pour les pièces de Shakespeare qu'il venait de voir représenter à l'Odéon. Le drame, affirme-t-il, est l'expression adaptée aux temps modernes comme la poésie lyrique l'était aux temps primitifs et l'épopée aux temps antiques. L'homme moderne, façonné par le christianisme, est double, écartelé entre la chair et l'esprit. Le drame est donc, lui aussi, double, mélangeant le grotesque et le sublime. Shakespeare, « ce dieu du théâtre en qui semblent réunis, comme dans une trinité, les trois grands génies caractéristiques de notre scène, Corneille, Molière, Beaumarchais », règne sur le drame, comme la Bible régnait sur les temps primitifs et Homère sur les temps antiques. Au nom de la liberté, Hugo propose d'en finir avec les règles, en particulier avec celles de l'unité de temps et de lieu qui présidaient à la tragédie classique : « Il n'y a d'autres règles que les lois générales de la nature... » Il remet en question la notion de bon goût : le poète ne doit pas chercher le *beau* mais le *caractéristique*, dont le *laid* peut faire partie.

Cette préface fut accueillie comme « une déclaration de guerre aux doctrines reçues » et apparut comme le manifeste de la nouvelle école. Dès le 6 décembre, lendemain de la mise en vente de *Cromwell*, le numéro du *Globe* fut entièrement consacré à l'ouvrage. Par ailleurs, il revenait à Sainte-Beuve, qui assurait la critique littéraire, de parler de la pièce. Mais les deux papiers qu'il rédigea ne parurent jamais et furent remplacés par deux longs articles de Rémusat, un doctrinaire qui engageait politiquement le journal, les 26 janvier et 2 février 1828. C'est dire l'importance accordée à la prise de position de Hugo : « La liberté de la pensée et des arts a gagné sa cause au tribunal de l'opinion. Le mouvement est venu jusqu'à M. Hugo, et tel est le lien qui unit toutes les vérités, qu'en s'initiant aux nouvelles doctrines littéraires, il a modifié, sans le savoir peut-être, l'ensemble de ses opinions philosophiques. » La *Préface de Cromwell* fut vivement critiquée par les ultras, qui ne pardonnaient pas à Hugo de glisser vers le libéralisme : « Il faut être doué de quelque force pour s'attaquer à des géants, déclara la *Gazette de France*, et, lorsqu'on entreprend de détrôner des écrivains que des générations tout entières sont convenues d'admirer, il faudrait les combattre avec des armes, sinon égales, du moins dans un style assez élégant et assez pur pour montrer qu'on les comprend[68]... » La rupture fut aussi officiellement consommée avec les anciens compagnons de *La Muse française*, auteurs de tragédies, héritiers de l'ordre classique et qui avaient maintes fois affirmé leur attachement au bon goût. L'académicien Alexandre Soumet écrivit : « Je lis et relis sans cesse votre *Cromwell*, cher et illustre Victor, tant il me paraît rempli des beautés les plus neuves et les plus hardies ; quoique dans votre préface vous nous traitiez impitoyablement de mousses et de lierres rampants, je n'en rendrai pas moins justice à votre admirable talent et je parlerai de votre œuvre michel-angesque comme je parlais autrefois de vos odes [69]. »

1830 : prix de Rome et Symphonie fantastique *de Berlioz*

Berlioz avait absolument besoin, vis-à-vis de ses parents, d'une preuve officielle de son talent de compositeur : le premier prix de Rome serait la plus éclatante. Il lui fallait aussi une véritable indépendance financière. Il gagnait bien quelque argent en donnant des leçons de solfège, de flûte et de guitare à un franc le cachet ou en se faisant choriste pour cinquante francs par mois au théâtre des Nouveautés, mais les rentrées étaient irrégulières et ces activités alimentaires lui prenaient beaucoup de temps. Obtenir le premier prix de Rome, c'était conquérir l'aisance pour cinq ans : le lauréat, qui séjournait deux ans en Italie, un an en Allemagne puis deux ans en France, recevait chaque année trois mille francs.

Berlioz concourut à quatre reprises avant d'obtenir, en 1830, le premier prix. En 1826, il ne passa pas le cap de l'épreuve préliminaire ; l'année suivante, sa cantate fut déclarée inexécutable. En 1828, il récolta le deuxième prix et le concierge de l'Institut lui raconta qu'il avait manqué de deux voix le premier : le peintre Lethière avait demandé la sienne à Cherubini, au nom de leur vieille amitié, pour un de ses élèves ; un autre musicien avait persuadé un architecte de ne pas voter pour Berlioz : « Ne lui donnez pas votre voix, c'est un jeune homme perdu. Il n'admire que le dévergondage de Beethoven ; on ne le fera jamais rentrer dans la bonne route [70]. » Il faut préciser que le jury était formé de membres appartenant à toutes les sections de l'Académie des beaux-arts.

Tout le monde s'attendait, en 1829, à ce que Berlioz remporte le premier prix. Mais la cantate qu'il avait composée sur le sujet imposé – Cléopâtre juste avant son suicide – effraya le jury par son rythme étrange, sa « sonorité solennelle et funèbre », et sa mélodie « dramatique dans son lent et continuel crescendo [71] ». Le jury préféra donc ne pas décerner de premier prix cette année-là. Boieldieu, qui faisait partie du jury, reprocha le lendemain à Berlioz le style de sa cantate : « Comment pourrais-je approuver de telles choses, moi qui aime par-dessus tout la musique qui me berce ?... » Le jeune compositeur lui ayant rétorqué que, vu le sujet, la scène était forcément tragique, il répondit : « On peut toujours être gracieux [72] ! » Dans la seconde quinzaine de juillet 1830, Berlioz concourut pour la cinquième fois. Le thème imposé pour la cantate, la dernière nuit de Sardanapale, avait été suggéré à la fois par Byron et par Delacroix. Il obtint enfin le grand prix de Rome.

Le 5 décembre, avant de partir pour la Villa Médicis, Berlioz donna un concert au Conservatoire, pour faire rejouer en public son *Sardanapale* et faire entendre pour la première fois la *Symphonie fantastique* que lui avait inspirée le *Faust* de Goethe traduit par Nerval. Un jeune musicien, ayant rencontré la femme idéale, en tombe éperdument amoureux. Elle devient son idée fixe. Sous l'emprise de l'opium, il rêve qu'il l'a tuée et que, condamné, il assiste à sa propre exécution, avant de s'imaginer emporté avec elle dans une infernale ronde du Sabbat. Trois morceaux, « Le Bal », « Le Sabbat » et « La Marche au supplice » déchaînèrent les applaudissements. Le public demanda qu'on bisse « La Marche » mais il était déjà tard et il restait encore les derniers mouvements à jouer ; on poursuivit donc l'exécution. A la fin, parmi les cris et les piétinements, des auditeurs voulaient embrasser l'auteur... Liszt, qui, à dix-neuf ans, était un virtuose déjà célèbre, manifesta son enthousiasme de façon très démonstrative. Le soir même, il emmena dîner Berlioz dont il avait fait connaissance la veille. Il allait rester son ami fidèle.

Il y eut de brefs éloges dans quelques journaux (*Le National*, *Le Figaro*...) mais rien dans *Le Moniteur* ni dans le *Journal des Débats*, dont pourtant le patron, M. Bertin, figurait sur le plan de la salle [73]. *La Revue musicale* reconnut l'originalité de la symphonie tout en ajoutant : « Cette musique excite plutôt l'étonnement que le plaisir [74]. » Berlioz eut surtout l'impression d'avoir été entendu par la jeunesse : « Tout ce qu'il y avait alors à Paris de jeunes gens doués d'un peu de culture musicale et de ce sixième sens qu'on nomme le sens artiste, musiciens ou non, me comprenait [75]... » Il aurait voulu organiser un second concert avec le même programme mais le temps lui manqua.

Les positions de Berlioz, Delacroix et Hugo sont très différentes à la fin de la Restauration. Position sociale, position par rapport au romantisme. Berlioz a de toute façon du retard : il vient de plus loin, d'une part, et, de l'autre, la reconnaissance publique est beaucoup plus longue à obtenir pour un compositeur que pour d'autres artistes. Delacroix est connu pour avoir provoqué au Salon des scandales dont il se serait bien passé. Indépendant et solitaire, il n'aime pas, même si sa peinture est romantique, être embrigadé dans une école. En mai

1830, il dit son scepticisme à son ami Charles Rivet, qui séjourne en Italie : « Pendant que Michel-Ange et Raphaël poursuivent silencieusement leur carrière de vraie gloire, là-bas où vous êtes, ici c'est comme à l'ordinaire. D.E. triomphe dans son petit cercle. A. est le grand peintre de l'époque, pour deux ou trois ans. B. est mieux que Raphaël. H. [Hugo] fait oublier le Dante, qui se passe bien de vivre dans la réunion de ceux qui admirent H. Que je voudrais m'admirer un peu moi-même au milieu de tout cela[76] ! » Son souci est de gagner sa vie avec sa peinture et la révolution de Juillet lui créera autant de difficultés que la polémique autour du *Sardanapale* : il s'agit pour lui d'obtenir le paiement de tableaux commandés par le régime renversé. Hugo, qui a vingt-cinq ans lorsqu'il écrit la *Préface de Cromwell*, apparaît dès lors comme le chef incontesté de l'école romantique. C'est autour de lui que va s'opérer l'unité du mouvement. C'est dans son Cénacle que se prépare la bataille qui rendra le drame romantique maître de la scène française pour quelques années.

Cénacles

Qu'est-ce qu'un cénacle ?

Le mot « cénacle » désigne d'abord la salle où Jésus-Christ réunit ses disciples pour célébrer la Cène. Puis, par métonymie, une réunion de personnes « qui partagent les mêmes idées, ont les mêmes habitudes ou poursuivent un même but [1] ».

C'est Sainte-Beuve, en avril 1829, qui a appliqué le mot *cénacle* aux jeunes gens gravitant autour de Victor Hugo, en intitulant ainsi l'une des poésies de son héros Joseph Delorme. On aurait pu dire, de façon plus mondaine, le *salon* de Hugo, ou, dans un registre plus neutre, le *groupe* de Hugo. Sainte-Beuve y met quelque chose de religieux et de quasi mystique. Il établit un parallèle entre les artistes romantiques et les premiers chrétiens persécutés à Athènes et à Rome : « Quelques disciples saints, les soirs, dans le cénacle, se rassemblaient [2]... » Les poètes, en 1829, ne risquent certes plus le martyre, mais ils sont malgré tout en butte à la société qui ne reconnaît pas la mission du « poète saint, apôtre du mystère ». Pour se défendre, ils doivent se tendre la main, s'aimer et être confiants, « car le siècle est à nous ». Au cœur du cénacle romantique, sans qu'il soit nommé, Victor Hugo règne en maître :

Parmi vous un génie a grandi sous l'orage,
Jeune et fort ; sur son front s'est imprimé l'outrage
En éclairs radieux.
[...]
Oh ! qu'il chante longtemps ! car son luth nous entraîne,
Nous rallie et nous guide...

Auprès de lui, tel l'apôtre Jean auprès du Christ,

Un jeune homme écoute, à la tête pensive,
Au regard triste et doux, silencieux convive [3].

C'est le peintre Louis Boulanger :

... de sa palette ardente
Vont renaître en nos temps Michel-Ange avec Dante,
Et les vieux Florentins.

A partir de cette date, et pour toute l'histoire littéraire, le terme *Cénacle*, avec une majuscule, renverra à Victor Hugo et à ses fidèles dans les dernières années de la Restauration. On dit aussi quelquefois « Grand Cénacle » ou « Cénacle de Joseph Delorme ». Sainte-Beuve reprendra le mot lorsqu'il définira le salon des Deschamps comme « le Premier Cénacle » ou « le cénacle de *La Muse française* ». Il faut d'ailleurs remarquer que Sainte-Beuve, n'ayant pas appartenu à *La Muse française*, en propose une interprétation péjorative *a posteriori*, et toujours par opposition à l'image de sérieux qu'il voulait donner du cénacle de Hugo. Plus largement, après le baptême du groupe romantique, on a volontiers appelé « cénacle » n'importe quelle coterie littéraire, même si elle se situait dans une époque antérieure à 1829. Ce terme implique la présence d'une personnalité centrale ou d'une activité centrale – journal ou revue – qui fédère un groupe d'individus.

Le « grenier » de la rue Chabanais

Charles de Rémusat a vingt-huit ans en 1825. Il est à la fois journaliste, homme du monde et auteur de pièces de théâtre à ses heures. Se trouvant un jour à la campagne chez Mme de Catellan, il proposa, pour divertir son hôtesse, de lire l'une de ses œuvres, *Jean de Montuel.* Il y avait là un parent de la maîtresse de maison, M. Stapfer, ancien diplomate, et son fils Albert, qui avait traduit le théâtre de Goethe. Cette lecture les amusa : « Mme de Catellan en écrivit à Paris et mon talent dramatique s'ébruita. On me demanda des lectures, et je me hasardai à lire même le drame un peu cru de *L'Insurrection de Saint-Domingue.* Le succès fut assez grand. Je lisais assez bien le dialogue. On me fit recommencer mes lectures chez Mme de Broglie, chez Mme de Barante, chez Mme de Nansouty, chez Delécluze, chez Dubois, tantôt pour M. de Talleyrand, tantôt pour M. de Humboldt, pour Manuel, pour Béranger, Lemercier, Beyle, Lamartine, etc. [4]. » Rémusat est une figure de l'opposition libérale et fréquente aussi bien les salons doctrinaires de la duchesse de Broglie et de la baronne de Barante que les cercles libéraux de Paul-François Dubois ou d'Etienne Delécluze, critique artistique au *Journal des Débats* depuis 1822.

Chez Delécluze se tenaient, dans son « grenier » de la rue Chabanais, deux types de réunions : le mercredi soir, on lisait et on traduisait Byron et Shakespeare ; le dimanche après-midi, on venait pour causer. Rémusat y croisait, outre ses collègues du *Globe*, Dubois, Vitet et Duvergier de Hauranne, Albert Stapfer, Jean-Jacques Ampère, Stendhal, Mérimée, Paul-Louis Courier, Viollet-le-Duc, beau-frère de Delécluze et père de l'architecte (qui habitait rue Chabanais, dans le même immeuble que Delécluze, et recevait la même société que lui, le vendredi soir), l'éditeur Sautelet et Cerclet, rédacteur en chef du *Producteur*, le journal saint-simonien.

Les réunions chez Delécluze étaient parties d'un propos studieux, l'étude de la littérature anglaise : « Vers 1821-1822 je formai une petite société de quelques jeunes amis, tous sachant l'anglais et dont les complaisances m'aplanirent les difficultés de l'explication des auteurs » (3 janvier 1827). Mais le groupe de travail élargit son domaine. Stapfer et Ampère suivaient les cours de Victor Cousin et, chaque dimanche, après la lecture de textes anglais, ils répétèrent à leurs camarades ce qu'avait exposé le philosophe. C'est par ces jeunes gens que Delécluze entendit parler pour la première fois de poésie classique et de poésie romantique, dont il aurait désiré une définition claire, sans être jamais parvenu, dit-il, à l'obtenir. Plus tard, les réunions se dédoublèrent en séances de lecture anglaise d'une part et rencontres du dimanche de l'autre.

Périodiquement, Delécluze se déclare insatisfait de ses « dimanches ». Le 5 décembre 1824 : « Ma société du dimanche, qui était si agréable pour moi à Paris il y a deux ans, est détruite [...] Mon cabinet est devenu un théâtre, et les Trissotins romantiques s'y sont traités selon leur mérite [5]. » Il regrette qu'une fois de plus « l'éternelle dispute du classique et du romantique » ait envahi la conversation. Stendhal l'agace, à cause de ses pointes contre les classiques et de son horreur pour la poésie : « Beyle, par son babil et ses paradoxes, étourdit et ennuie tous mes jeunes gens. Cela me contrarie beaucoup » (13 mars 1825). Le 2 janvier 1827, Delécluze explique sa déception : « J'écoute mes discoureurs du dimanche avec la plus grande attention, et, cependant, le résultat de leur entretien est à peu près nul. Nous sommes ordinairement une douzaine, c'est trop. La conversation est toujours flottante et indécise. Les bonnes causeries se font à trois ou quatre tout au plus, parce qu'on varie moins de sujets, et elles deviennent excellentes ou, au moins, profitables, quand on a un sujet déterminé que l'on traite à fond. »

Etudes anglaises, conversation ou lectures de pièces, de toute façon Delécluze reçoit en petit comité et l'atmosphère est plus studieuse que mondaine. Le critique n'a pas un tempérament de vedette. C'est plutôt un inquiet. Plus âgé que les jeunes gens qu'il accueille, il les interroge sur leurs goûts et cherche à préciser sa position intellectuelle sur la mode et le contemporain. Tout autre est le salon de Nodier.

A l'Arsenal, chez Nodier

« Un génie m'a visité et m'a fait entrer dans un rêve dont vous avez été la reine. Le lieu où il m'a conduit, ou plutôt ramené, madame, était bien mieux qu'un palais, était bien mieux qu'un royaume ; c'était cette bonne et excellente maison de l'Arsenal au temps de sa joie et de son bonheur, quand notre bien-aimé Charles en faisait les honneurs avec toute la franchise de l'hospitalité antique, et notre bien respectée Marie avec toute la grâce de l'hospitalité moderne [6]. » Ainsi Alexandre Dumas s'adresse-t-il, en 1846, à Marie Mennessier, la fille de Nodier. Et d'ajouter : « Ce temps a été un heureux temps pour moi. Votre esprit charmant en donnait à tout le monde, et quelquefois, j'ose le dire, à moi plus qu'à tout autre. »

Alexandre Dumas, en 1850, a rendu à Nodier et à l'Arsenal le plus bel hommage qui soit, dans la préface à son roman *La Femme au collier de velours.* Il a rencontré

Nodier en 1827, pour lui avoir demandé un service. Il venait d'achever *Christine* et avait besoin d'une recommandation pour présenter la pièce au Théâtre-Français. Nodier ayant une réputation de « protecteur-né de tout poète à naître [7] », Dumas lui écrivit. Nodier lui envoya une lettre d'introduction pour le baron Taylor : huit jours après, *Christine* était lue au Théâtre-Français. Dumas alla remercier Nodier, qui l'invita aux dimanches de l'Arsenal, et ils devinrent bientôt intimes.

L'Arsenal, nous l'avons dit, n'était pas seulement un repaire de romantiques. Les gens d'opinions les plus opposées, en art comme en politique, s'y côtoyaient en toute urbanité : « Et cependant se trouvaient en présence Théodore Jouffroy, le philosophe, et Augustin Soulié de la *Gazette de France*, Victor Hugo et Ancelot, Alexandre Dumas et Alexandre Duval, Lamartine et l'académicien Auger, Eugène Delacroix et Alaux... » Cette courtoisie tenait au maître de maison. Nodier se moquait des classiques, qui prétendaient défendre la langue française, mais aussi des romantiques, qui prétendaient innover : « Je me tue à leur prouver que leurs prétendus néologismes ne sont que des archaïsmes qui remontent à Saint-Gelais et à Ronsard... Les romantiques sont des jouvenceaux qui ne violent rien du tout et les classiques de vieilles édentées qui voudraient faire marchandise de leur vertu [8]. »

Le cérémonial du dimanche à l'Arsenal était immuable, à ce que raconte Dumas. Après le dîner, qui avait lieu à six heures, on illuminait le salon (lambris peints en blanc, moulures du temps de Louis XV, chaises, fauteuils, canapé et rideaux rouges). De huit heures à dix heures, on causait ou on écoutait Nodier, qui était un merveilleux conteur. Avec les contes de Perrault, les romans de Walter Scott ou les histoires de sa jeunesse, il tenait sous le charme l'auditoire qui ne se résignait jamais à ce que le récit finisse : « On n'applaudit pas le murmure d'une rivière, le chant d'un oiseau, le parfum d'une fleur ; mais, le murmure éteint, le chant évanoui, le parfum évaporé, on écoutait, on attendait, on désirait encore [9] ! » Ensuite, un des poètes présents récitait des vers. Ce pouvait être Hugo, Lamartine ou Vigny, ou encore un jeune provincial qui, ayant écrit de la poésie, venait à Paris avec l'espoir d'être publié. Il n'était pas question, à cette époque, de réussir dans les arts sans avoir été présenté à l'Arsenal. Après dix heures, enfin, Marie Nodier se mettait au piano et chantait des mélodies qu'elle avait composées sur des poésies de Hugo, Marceline Desbordes-Valmore ou Mme Tastu [10]. Puis elle jouait des contredanses et les jeunes gens se mettaient à danser.

Ils se déguisaient même parfois. En 1829, Amaury-Duval est parti pour la Grèce et sa sœur lui envoie des nouvelles de Paris : « Dimanche, il y avait bal masqué chez les Nodier. C'était charmant. Jal était en soldat grec, si bien, si beau, que je ne l'ai pas reconnu, même quand il m'a adressé la parole. C'est comme ça que tu nous reviendras sûrement. Marie était en paysanne Louis XIII [11]... » Amaury lui-même se souvient de ces bals costumés dans une circonstance inattendue. En 1857, il se présente à l'Académie et fait ses visites. Se trouvant face à François-Edouard Picot, peintre « d'un classicisme aimable et froid », il lui revient qu'un jour de bal à l'Arsenal où le déguisement était de rigueur, Picot était arrivé en habit noir, avec deux énormes oreilles d'âne en papier, portant dans le dos une pancarte où était écrit « Pour s'avoir pas déguisé [12] » ! Dans ces bals se nouaient des idylles. Ainsi la sœur d'Amaury-Duval, qui est une jeune veuve, fait-elle la conquête d'Alexandre Dumas. Il se montre galant, la raccompagne à pied chez elle : « Il m'a fait l'honneur de porter mes souliers et mon peigne [13]. » A une heure du matin, il lui propose de marcher, sous la lune, jusqu'à la barrière de l'Etoile. Elle, qui n'en peut plus, lui dit qu'elle préfère un fiacre à une promenade sous la lune.

Les jeunes familiers de l'Arsenal aimaient danser, mais si l'on en croit Amaury-Duval, ils aimaient encore mieux écouter les conversations sérieuses : « La valse finie, nous allions nous joindre avec empressement au groupe qui entourait Lamartine et Hugo [...] J'entends, comme si j'y étais, Victor Hugo émettre sur son art les théories dont je retrouvai plus tard le développement dans la préface de *Cromwell* [14]. » Cependant, on s'amusait aussi beaucoup à l'Arsenal, où l'on se livrait, comme dans tous les salons, à des jeux de mots et des coqs à l'âne [15]. La mode était aux plaisanteries rimées. Citons celles de Hugo :

Quoi donc, juifs et romains
Vont en venir aux mains
Dit Héliogabale,
Qu'on les fusille tous,
A poudre, les plus fous,
Mais Elie, Og, à balle.

Et encore :

Dieu fit de tout l'esprit épars
Mille neuf cent nonante parts ;
Or de ces parts Emile en a
Neuf cent nonante, et mille Anna [16]...

Un poème de Musset donne bien le ton du mélange de gaieté et de sérieux qui faisait le charme de l'Arsenal :

Gais comme l'oiseau sur la branche,
Le dimanche,
Nous rendions parfois matinal
L'Arsenal

[...]
Alors, dans la grande boutique
Romantique,
Chacun avait, maître ou garçon,
Sa chanson.

[...]
Hugo portait déjà dans l'âme
Notre-Dame
Et commençait à s'occuper
D'y grimper.

De Vigny chantait sur sa lyre
Ce beau sire
Qui mourut sans mettre à l'envers
Ses bas verts.

Antony battait avec Dante
Un andante;
Emile ébauchait vite et tôt
Un presto.

Sainte-Beuve faisait dans l'ombre,
Douce et sombre,
Pour un œil noir, un blanc bonnet,
Un sonnet.

Et moi, de cet honneur insigne
Trop indigne,
Enfant par hasard adopté
Et gâté,

Je brochais des ballades, l'une
A la lune,
L'autre à deux yeux noirs et jaloux,
Andalous [17].

Allusion aux *Contes d'Espagne et d'Italie* qu'il écrivait en 1829.

Nodier et Hugo

« Et vous aussi, Charles ! proteste Hugo le 2 novembre 1829. Je voudrais pour beaucoup n'avoir jamais lu *La Quotidienne* d'hier. Car c'est une des plus violentes secousses de la vie que celle qui déracine du cœur une vieille et profonde amitié [18]. » Nodier avait écrit, dans un article sur Byron et Moore : « A la vérité, nos orientalistes, s'ils ont produit quelque chose, n'ont encore rien produit qui approchât des admirables compositions de ces beaux génies ; mais il faut avouer que l'influence de l'Académie des inscriptions et belles-lettres est un peu moins sentie, un peu moins populaire, un peu moins nationale que celle de la Compagnie des Indes. » L'auteur des *Orientales* s'était senti visé. Les rapports de Nodier et de Hugo, malgré l'amitié qu'entretenaient leurs deux familles, ont parfois été difficiles. Nodier semble avoir été blessé de n'être pas cité par Hugo, dans la *Préface de Cromwell*, au nombre des chefs littéraires du Cénacle, en même temps que Vigny et Emile Deschamps, même s'il avait annoncé « qu'il ne se réservait que le rôle de trompette qui sonne la charge et qui annonce la victoire [19] ». Le seul fait de n'être pas mentionné le rejetait du côté des classiques. Aussi, en 1829, sa critique fut-elle sévère pour *Le Dernier Jour d'un condamné*, dans le *Journal des Débats* du 26 février, et injuste pour les *Orientales*.

Mais peut-être le contentieux venait-il de plus loin, d'un échec à l'Académie de Nodier en 1826. Dumas n'est guère crédible lorsqu'il écrit que, nommé à l'Académie à l'issue de sa huitième candidature, le 17 octobre 1833, Nodier leur fit des excuses, à Hugo et à lui [20]. Il avait bien trop fort désiré son élection pour s'excuser de passer avant ses amis. Le 16 avril 1826, alors qu'il se présentait pour la quatrième fois, au fauteuil de Mathieu de Montmorency, il écrivit longuement à Hugo, pour solliciter son aide. Il était en effet en compétition avec Alexandre Guiraud qui était venu lui demander de se retirer. Nodier aurait au contraire voulu que Hugo persuade Guiraud de retirer sa candidature à son profit. Il lui donne ses raisons. L'une concerne l'équilibre de l'Académie : les poètes y sont nombreux, il faudrait cette fois-ci élire un prosateur. Tous les autres arguments sont d'ordre personnel. Nodier se compare à Guiraud : Guiraud est plus jeune que lui, il a le temps ; il est riche et n'a pas besoin, comme lui, de la rétribution académique ; il va se marier alors que lui doit marier sa fille, qui est sans dot ; il a des relations mondaines et pas lui ; enfin, Guiraud est en bonne santé, tandis que lui est malade, « *condamné* à ne pas jouir longtemps de l'immortalité académique » ! Hugo s'entremit mais ne réussit pas. Le 11 mai, Guiraud fut élu.

Le Cénacle : une histoire d'amour avec Hugo

Le Cénacle était constitué d'écrivains et d'artistes que nous avons déjà rencontrés pour la plupart. C'étaient souvent les mêmes qui fréquentaient le salon des Deschamps ou l'Arsenal. Mais la différence tient à l'existence, en son centre, d'un homme au talent, au charisme et au désir de gloire hors du commun : Victor Hugo.

Au clan des amis de longue date, les Deschamps, les Devéria, Vigny, Nodier et des familiers de l'Arsenal comme les graveurs Alfred et Tony Johannot, s'agrègent des amis plus récents comme Alexandre Dumas et la jeune école : Alfred de Musset est amené par son ami Paul Foucher, le beau-frère de Hugo ; Nerval doit sans doute à sa traduction de *Faust* en 1827 d'être reçu et présente son ami Gautier en 1829. C'est évidemment un honneur que d'être admis dans le Cénacle car cela signifie qu'on est reconnu comme vrai soldat de l'armée romantique et adoubé par le Maître. Le Cénacle, c'est d'abord une affaire d'amour avec Hugo. Au premier rang de ces relations amoureuses, celles de Sainte-Beuve et de Hugo.

Au début de 1827, Sainte-Beuve écrivit dans *Le Globe* deux articles sur les *Odes et Ballades*. Dubois avait chaleureusement annoncé le nouveau recueil en novembre 1826, en proclamant : « M. Victor Hugo est en poésie ce que M. Delacroix est en peinture. » Sainte-Beuve, le 2 janvier, situa Hugo dans le contexte historique de la nouvelle poésie, avant de passer, le 9 janvier, à l'analyse des *Odes et Ballades*. Tout en avouant ses réticences pour « La Chauve-souris » ou « Le Cauchemar », au nom du « goût français », il se montra très élogieux pour « La Vendée » ou « Quiberon », portés par « des sentiments de feu, un style de feu, étincelant d'images, bondissant d'harmonie [21] ». Hugo alla tout de suite remercier Dubois et lui demander l'adresse de ce « S.-B. » Le jeune critique était son voisin, il habitait au 94 de la rue de Vaugirard. Hugo monta chez lui, ne le trouva pas, laissa sa carte. Le lendemain, Sainte-Beuve se présentait chez le poète.

Les Hugo, mariés en 1822, avaient d'abord habité chez les parents d'Adèle, rue du Cherche-Midi. Puis, en 1824, ils avaient pris leur indépendance en s'installant dans un petit appartement au 90 de la rue de Vaugirard. Mais la famille s'étant agrandie (Léopoldine avait deux ans et Charles deux mois) et les visiteurs qui venaient rendre hommage au poète se multipliant, ils pensaient à déménager.

Sainte-Beuve avait commencé des études de médecine mais, passionné de littérature, il était allé proposer ses services à son ancien professeur de rhétorique du collège Charlemagne. Dubois accepta que le jeune homme lui rédige des articles mais lui conseilla de ne pas abandonner ses études. Sainte-Beuve prit donc ses inscriptions en médecine jusqu'en novembre 1827, tout en faisant son apprentissage journalistique. Fin 1826, Dubois lui demanda une critique du recueil de Hugo : « C'est ce jeune barbare qui a du talent... » Or Sainte-Beuve, le 8 juillet, avait sévèrement critiqué *Cinq-Mars*, en reprochant à Vigny d'avoir trahi la vérité historique et pris trop de liberté avec ses personnages. Et il n'avait pas été tendre pour la jeune école : « Le langage résiste souvent à la pensée, de là quelque chose de prétentieux, ou, comme d'autres disent, de *romantique*[22]... » Les éloges qu'il décernait à Hugo n'allaient pas de soi.

Ce jour de janvier 1827, Sainte-Beuve éprouva un vrai coup de foudre pour le couple Hugo. Lui qui était laid, petit, voûté, avec des cheveux roux, un long nez et un menton fuyant, resta fasciné par la beauté solaire des deux jeunes gens : Victor, avec sa pâleur et son grand front, l'air altier et la poignée de main puissante, Adèle, brune au teint mat, avec une épaisse chevelure, des cils et des sourcils drus et un beau port de tête. Pendant de longues années, l'existence de Sainte-Beuve allait tourner autour de ce couple triomphant, la liaison avec Adèle, de 1831 à 1836, n'étant qu'un épisode de la relation passionnelle qui l'attachait à Victor.

Rue Notre-Dame-des-Champs, près des Devéria

Les Hugo s'installèrent en avril 1827 au 11 de la rue Notre-Dame-des-Champs, dans une maison à façade du XVIIIe siècle, entourée d'un vaste jardin qu'ombrageaient deux grands ormes – tout cela a disparu au début du

XXe siècle, quand on a prolongé le boulevard Raspail. Ils restaient dans le même quartier et habitaient désormais à deux pas des Devéria, avec lesquels ils s'étaient liés depuis qu'un soir de décembre 1824 ils avaient fait la queue ensemble à l'Odéon pour assister au *Freischütz.* Cet opéra, écrit en 1817 par Weber, représenté à Berlin en 1821, était monté pour la première fois à Paris, arrangé par Castil-Blaze, sous le titre de *Robin des Bois.* Achille Devéria, qui venait de dessiner le frontispice de l'édition des *Odes*, rendit visite dès le lendemain à Victor et Adèle. Il leur présenta son frère Eugène, âgé de vingt ans, et son camarade Louis Boulanger, de deux ans plus jeune, qui allait devenir très proche du poète. L'intimité des deux familles fut telle que, jusqu'en 1830, Achille Devéria fit de nombreux portraits des Hugo, en particulier d'Adèle, seule ou avec ses enfants [23].

Achille, né en 1800, avait fréquenté l'atelier de Girodet et exposé pour la première fois au Salon de 1822, des vignettes illustrant Corneille, Regnard et Rabelais. Avec ses dessins et ses lithographies, il faisait vivre tous les siens, à la place de son père, qui avait, en 1815, perdu son emploi dans les bureaux de la Marine. Il avait à charge une mère et une grand-mère, créoles aux goûts dispendieux, son frère cadet (l'aîné était parti vivre aux Indes) et ses trois sœurs.

La maison des Devéria avait deux entrées, l'une rue Notre-Dame-des-Champs, l'autre rue de l'Ouest. Englobée en 1868 dans le tracé de la rue d'Assas, la rue de l'Ouest était située entre la rue de Vaugirard et l'avenue de l'Observatoire. C'était un quartier d'artistes : « Allez rue de l'Ouest, et vous vous croirez dans une rue de Rome ; et Paris sera loin, Paris bourgeois et positif, avec ses porteurs d'eau, ses ramoneurs, ses marchands de légumes, et ses odeurs de cuisine. Vous vivrez, vous inventerez ; vous deviendrez artiste, si vous ne l'êtes déjà [24]. » On arrivait à la maison entourée d'arbres fruitiers par une longue allée, couverte d'un berceau de vigne. Au charme bucolique de l'endroit s'ajoutait celui des dames Devéria, de Laure surtout, la fille cadette à la beauté orientale, qui chantait au piano des airs de sa composition. Elle mourut de phtisie en 1838, et ce fut la fin des réceptions. Mais le charme tenait aussi au talent des jeunes gens, écrivains et artistes, qui fréquentaient la maison. Au nombre des écrivains, citons les Deschamps, Edgar Quinet, Sainte-Beuve, Nodier, Vigny, Lamartine, Alfred de Musset et son frère Paul, Antoine Fontaney, Gustave Planche, Paul Foucher, la poétesse Mélanie Waldor (qui fut la maîtresse de Dumas), Petrus Borel, Nerval, Gautier, etc. Au nombre des peintres : Delacroix, Chenavard, Amaury Duval, Bonington, Célestin Nanteuil, les frères Johannot, le sculpteur David d'Angers. Parmi les visiteurs, on trouvait encore les musiciens Charles Plantade et Pacini, et l'actrice Marie Dorval.

Pour retrouver le voisinage des Hugo, Sainte-Beuve déménagea à son tour en novembre 1828. Il vint habiter 19, rue Notre-Dame-des-Champs, ce qui lui permettait de rendre chaque jour visite au couple : « Et chaque jour, depuis lors, je me sentis dériver, sans m'en défendre, de cette côte un peu sévère et sourcilleuse du *Globe*, vers l'île enchantée de la Poésie [25]. »

Le salon de Hugo, qui allait devenir le point de ralliement du Cénacle, portait témoignage, dans sa décoration, des amitiés du maître de maison. Appelé « la chambre au lys d'or » en l'honneur de l'emblème qui avait été décerné au poète par l'Académie des Jeux floraux en 1819, il contenait, à côté d'une toile du Caravage, plusieurs peintures d'Eugène Devéria et *Le Feu du ciel*, de Louis Boulanger, dont Hugo ne s'est jamais séparé – il se trouve aujourd'hui encore dans la maison de la place des Vosges.

Eugène Devéria

Eugène Devéria et Louis Boulanger s'étaient connus à l'Ecole des beaux-arts, puis ils avaient loué ensemble un atelier, rue Notre-Dame-des-Champs. Sous la direction d'Achille Devéria, ils travaillaient à deux tableaux qui allaient leur valoir un triomphe au Salon de 1827 (celui précisément où Delacroix fit scandale avec son *Sardanapale*), Eugène à *La Naissance d'Henri IV*, Louis au *Mazeppa* dont nous avons parlé plus haut. La célébrité soudaine d'Eugène fut hors de proportion avec son talent. Il fut proclamé l'espoir de la peinture romantique et, comme le jury ne l'avait pas récompensé, pour venger l'insulte faite à la jeune génération, les étudiants des ateliers se révoltèrent, jetant par les fenêtres tous les plâtres antiques. Eugène devait, toute sa vie, rester l'homme du tableau de 1827, nostalgique de sa gloire éphémère.

En 1827-1828, le jeune peintre brillait de tous ses feux, son frère Achille était fier de lui et Hugo n'était sans doute pas insensible à la dynamique du succès qui le portait. C'était un jeune homme à la mode, tel que Musset l'a croqué : cheveux hérissés « en flamme de punch [26] », moustache et barbe en pointe, veste courte, très ajustée, au-dessus d'une chemise blanche à petit col, avec des pantalons d'autant plus bouffants qu'il enfonce ses mains dans ses poches d'un air crâne. Charles X ayant acheté son tableau six mille francs et l'éditeur Gaugain ayant payé six mille cinq cents francs le droit exclusif de le graver et le lithographier, Eugène put donner libre cours à son goût de l'originalité et du luxe. Il acheta un des baraquements installés près de la Chambre des députés, qui avaient servi à abriter les douze statues colossales du pont de la Concorde (transportées en 1851 dans la cour du château de Versailles), et le déplaça rue Notre-Dame-des-Champs pour en faire son nouvel atelier. Après l'avoir somptueusement aménagé, il pendit la crémaillère en donnant un bal costumé fameux, le « bal Véronèse ».

Le Peintre et le Poète

Louis Boulanger devint, avec Sainte-Beuve, le visiteur le plus assidu de la maison Hugo. Les deux hommes avaient des points communs. Certes, le peintre, au contraire du critique, était un beau ténébreux, avec ses cheveux abondants un peu broussailleux. Mais, comme Sainte-Beuve, il avait fait de bonnes études classiques, avait du goût pour la littérature et écrivait de la poésie, même s'il avait choisi d'entrer aux Beaux-Arts en 1821. Comme Sainte-Beuve surtout, il était fasciné par Hugo. Comme Sainte-Beuve enfin, il était célibataire (le critique vivait avec sa mère et ne se maria jamais ; le peintre vivait avec sa sœur et ne se maria qu'après la mort de celle-ci en 1853) et trouvait auprès des Hugo une famille d'adoption.

Unis dans la même vénération pour le grand homme, Sainte-Beuve et Boulanger devinrent intimes. En 1829, ils partirent en voyage ensemble, accompagnant l'architecte Charles Robelin, autre membre du Cénacle, qui était appelé à Besançon pour embellir la cathédrale (Robelin avait décoré celle de Reims, au moment du sacre de Charles X). Au cours de ce périple, Sainte-Beuve envoya à Hugo des messages brûlants : « Si je vous l'ai déjà dit en vers, souffrez que je vous le dise ici en simple et vraie prose, je ne vis plus que par vous [...] Ma vie domestique n'est encore qu'en vous, et je ne suis heureux et chez moi que sur votre canapé ou à votre coin du feu [27]. »

En mai 1830, Sainte-Beuve et Boulanger se rendent, chacun de leur côté, en Normandie. Hugo, les croyant ensemble, compose un poème qu'il leur dédie :

> Amis, mes deux amis, mon peintre, mon poète!
> Vous me manquez toujours, et mon âme inquiète
> Vous redemande ici.
> Des deux amis, si chers à la lyre engourdie,
> Pas un ne m'est resté
> [...]
> Ils emportent en eux toute ma poésie;
> L'un, avec son doux luth de miel et d'ambroisie,
> L'autre avec ses pinceaux.
> [...]
> Adieu toute la joie à leur commerce unie!
> Car tous deux, ô douceur! si divers de génie,
> Ont la même amitié [28]!

Et Hugo, à son habitude, passe du particulier à l'universel en faisant de chacun de ses amis un symbole de la création :

> Marchez, frères jumeaux, l'artiste avec l'apôtre!
> L'un nous peint l'univers que nous explique l'autre;
> Car, pour notre bonheur,
> Chacun de vous sur terre a sa part qu'il réclame.
> A toi, peintre, le monde! à toi, poète, l'âme!
> A tous deux le Seigneur!

Mais l'égalité qu'instaure ici Hugo entre son peintre et son poète va disparaître. Tandis que Sainte-Beuve se brouillera avec Hugo, Louis Boulanger gardera pour lui un attachement passionné et la plupart de ses lithographies s'inspireront de son œuvre. Le poète continuera à donner un témoignage public de leur intimité : après avoir dédié deux ballades à Boulanger en 1828, il s'adressera directement à lui dans les *Lettres du Rhin* en 1838-1839.

Sur la table du salon de Victor Hugo, un livre témoignait de la ferveur qui l'entourait. Un in-folio du XVIIe siècle contenant les œuvres de Ronsard offert par Sainte-Beuve en 1828. Le critique s'en était servi pour son *Tableau historique et critique de la poésie française et du théâtre au XVIe siècle* (paru en articles dans *Le Globe*, de juillet 1827 à avril 1828, puis en deux volumes en juillet 1828) et il avait inscrit en dédicace : « Au plus grand Inventeur Lyrique que la poésie française ait eu depuis Ronsard, le très humble commentateur de Ronsard. » Hugo et, à sa suite, de nombreux membres du Cénacle écrivirent sur les pages liminaires ou dans les grandes marges de ce volume, aujourd'hui déposé à l'Institut : vers d'Alexandre Dumas, d'Ulrich Guttinguer, d'Ernest Fouinet, de Vigny, phrases de Lamartine, d'Antoine Fontaney, etc. Sur la première page, les seuls vers connus de Louis Boulanger :

> Non, je ne reçus point d'en haut ce don céleste
> Qui fait, lorsque tout meurt et s'efface, que reste
> Debout l'œuvre immortelle [29]...

Sorties

« On reste stupéfait, écrit fort justement la biographe de Sainte-Beuve, en imaginant le temps que ces artistes, tout en nous laissant d'innombrables livres, toiles, partitions, passaient à se rendre visite [30]. » Ils faisaient des incursions les uns chez les autres, se promenaient, discutaient, fréquentaient les cafés et les guinguettes, allaient au théâtre et à l'Opéra, mais ne menaient nullement une vie oisive, puisqu'ils écrivaient et peignaient beaucoup. Habiter à proximité les uns des autres, c'était aussi gagner du temps. On a vu Sainte-Beuve tomber à tout moment chez Hugo. La même chose se produisait avec le sculpteur David d'Angers, présenté au poète en mai 1827. Comme son atelier était rue d'Assas, il se rendait souvent chez Hugo en voisin ou bien Hugo allait le prendre en fin de journée pour l'emmener se promener.

Hugo avait la manie des couchers de soleil et entraînait ses amis dans la plaine de Montrouge ou en haut des tours de Notre-Dame. Certains appréciaient peu et envoyaient des mots d'excuse, comme Musset, le 25 octobre 1828 : il a promis, huit jours avant, de monter à cheval avec d'autres personnes et ne pourra jamais se trouver à dix-sept heures chez Hugo, pour partir à Notre-Dame [31]. Le dimanche, toute la bande allait au Moulin de Beurre, entre les rues de Vanves et Vercingétorix, manger des galettes, puis dîner chez la mère Saguet, au son des violons. Cette guinguette des environs de Vanves avait été découverte par Abel Hugo, qui y emmena son frère et ses amis. La mère Saguet élevait des poules et des poulets et, pour vingt sous, vous servait deux œufs, un poulet sauté, du fromage et du vin blanc.

Lectures

Les lectures étaient, sous la Restauration, une activité très répandue dans les salons et les cénacles [32]. On est étonné de ce que les auditeurs pouvaient supporter. Ecouter un auteur lire, d'affilée, les cinq actes d'un drame ou d'une tragédie semblait, somme toute, assez courant, comme l'écrit Delécluze, après la lecture par Rémusat de son nouveau drame, *La Féodalité* : « Cinq actes fort longs, qui ont cependant paru fort courts » (4 mars 1826).

Les lectures avaient deux fonctions : elles servaient à l'auteur de banc d'essai pour ses nouvelles productions littéraires, auprès d'auditeurs *a priori* bien disposés, en même temps qu'elles lui assuraient de la publicité, car beaucoup des auditeurs écrivaient dans la presse. Mérimée participe pour la première fois à un « dimanche » de Delécluze le 13 mars 1825 : « Il doit revenir demain, écrit le critique, pour me lire un ouvrage dramatique fait d'après les principes dits communément romantiques. Voilà les essais qui se multiplient; cela vaudra un peu mieux que des théories faites par des critiques qui n'ont jamais mis la main à la pâte. » Pendant l'année qui suit, Mérimée et Rémusat viendront à plusieurs reprises lire leurs pièces rue Chabanais, faisant réagir les auditeurs, à commencer par Delécluze, sur ces œuvres qui, certes, répondent à des critères « dits romantiques » mais ne se soucient guère du public.

La stratégie consistait souvent à organiser plusieurs lectures d'une œuvre, devant des publics variés. En février et mars 1827, Hugo lit à trois reprises *Cromwell* chez son beau-père, rue du Cherche-Midi. Le 10 juillet 1829, il lit *Un duel sous Richelieu* (qui deviendra *Marion Delorme*), chez lui, rue Notre-Dame-des-Champs. Edouard Turquety, jeune poète breton venu à Paris pour trouver un éditeur, se souvient : « Victor Hugo lisait lui-même et lisait bien... Il faut avoir vu cette pâle et admirable figure, et surtout ses yeux fixes, un peu égarés, qui dans les moments passionnés brillaient comme des éclairs [33]. » Les auditeurs déliraient d'admiration : « Le petit Sainte-Beuve tournait autour du grand Victor... L'illustre Alexandre Dumas, qui n'avait pas encore fait schisme, agitait ses énormes bras avec une exaltation illimitée. Je me rappelle même qu'après la lecture il saisit le poète et, le soulevant avec une force herculéenne : " Nous vous porterons à la gloire ! ... " s'écria-t-il. Quant à Emile Deschamps, il applaudissait avant d'avoir entendu... » Turquety lui-même est gagné par l'enthousiasme ambiant : « Je croyais assister à la lecture du *Cid* : j'avoue même que je ne rougis pas de le lui [Hugo] dire à la fin. »

Sainte-Beuve met en doute l'utilité pour les poètes de ces soirées de lecture : « On applaudit à tout ; chaque mot qui scintille, chaque accident de la composition, chaque éclair d'image est remarqué, salué, accueilli. Les endroits qu'un ami équitable noterait d'un triple crayon, les faux brillants de verre que la sérieuse critique rayerait d'un trait de son diamant, ne font pas matière d'un doute en ces indulgentes cérémonies [...] Au milieu de cette admiration haletante et morcelée, l'idée de l'ensemble, le mouvement du fond, l'effet général de l'œuvre ne saurait trouver place [...] L'artiste, sur ces réunions, ne fait donc aucunement l'épreuve du public [34]. »

Sainte-Beuve, qui écrit ces lignes après 1830, reconnaît pourtant que, du temps de la Restauration, les soirées intimes entre poètes ont « soutenu et consolé ». Elles ont créé une émulation capable de donner confiance à un jeune homme qui compose de la poésie. Il en fut ainsi pour Musset : « Je le rencontrai un soir chez Hugo, car les familles se connaissaient ; mais on ignorait chez Hugo que Musset fît des vers. C'est le lendemain de cette soirée que Musset vint frapper à ma porte. Il me dit en entrant : " Vous avez récité des vers, eh bien, j'en fais et je viens vous les lire. " Il m'en récita de charmants, un peu dans le goût d'André Chénier. Je m'empressai de faire part à Hugo de cette heureuse recrue poétique [35]. » Le 24 décembre 1829, Musset organisera à son tour une soirée chez son père pour y lire ses *Contes d'Espagne et d'Italie.*

Accueil des jeunes provinciaux

Les cénacles n'étaient pas des groupes fermés, ils accueillaient volontiers les adeptes du romantisme, et plus volontiers encore s'ils étaient provinciaux, moyen le plus sûr pour étendre leur influence.

Edouard Turquety, né en 1807, faisait ses études de droit à Rennes lorsqu'il vint pour la première fois à Paris, en septembre 1828. Il apportait avec lui des poésies qu'il espérait publier. Il avait, l'année précédente, envoyé des textes à Chateaubriand et à Nodier et tous deux lui avaient prodigué leurs encouragements. Il rendit donc visite à Nodier et à Hugo, qui le reçurent avec sympathie. Mais lorsqu'il aborda la question de la publication, Hugo s'exclama : « Croiriez-vous qu'Emile Deschamps, oui, Emile Deschamps ! a pu à peine trouver un libraire pour imprimer gratis ses *Etudes françaises et étrangères*[36] ! » Edouard rentra donc à Rennes pour retravailler ses poèmes. Et sans doute les améliora-t-il puisqu'en juin 1829, lors de son deuxième voyage à Paris, Nodier, après les avoir lus, proposa de le mettre en rapport avec Delangle qui l'avait édité, deux ans auparavant, et venait d'éditer Sainte-Beuve. Les *Esquisses poétiques* de Turquety parurent en septembre chez Delangle. Nodier avait même songé un moment à écrire une préface, mais le projet était resté sans suite.

De retour en Bretagne, Turquety reçoit une lettre de félicitations d'Emile Deschamps : « L'autre soir, chez M. de Vigny, où nous étions rassemblés en grand nombre, vous nous avez fait trouver le temps aussi court que votre livre et nous sommes très fiers et très empressés de vous compter dans nos rangs. Il faut bien que l'école se recrute de jeunes colonels comme vous [...] Il y a de la solidarité entre nous tous : je ne conçois pas l'art sans cette douce fraternité et c'est un grand charme pour moi que de savoir qu'à Rennes, il y a un cœur et une imagination comme les vôtres, et permettez-moi d'ajouter : comme les nôtres... Continuez, Monsieur : prenez courage. Vous m'avez dit que vous étiez quatre à Rennes pour sentir la poésie : votre publication va décupler le nombre des adeptes et vous êtes un missionnaire très utile [37]. » Ainsi, les provinciaux qui viennent à Paris, qui sont admis à lire leurs poésies chez Hugo ou à l'Arsenal et que l'on aide à trouver un éditeur, sont-ils les véritables correspondants des romantiques dans les provinces, chargés de la diffusion des œuvres et de la sensibilité. Les disciples sont perçus par les maîtres comme des rouages essentiels dans la propagation de la foi : c'est bien en termes religieux que s'exprime Emile Deschamps.

Dans cette propagation, la presse provinciale joue un rôle important [38]. Les disciples doivent non seulement rendre compte des publications récentes, mais aussi essayer d'associer les lecteurs provinciaux aux cérémonies du culte parisien en leur donnant l'impression qu'ils pénètrent dans le saint des saints. *Le Lycée armoricain*, revue nantaise, publie en 1829 un article intitulé « Un nouveau poète ». Ce papier, non signé, est d'Emile Souvestre, autre poète breton, ami de Turquety. Souvestre, très ému, arrive, un mercredi du mois d'août, chez Nodier. Il y voit, en chair et en os, tous les romantiques dont il a lu les œuvres : « Obscur et rude Armoricain, j'étais là au milieu d'un monde de génie, de gloire et de poésie, et j'éprouvais cette espèce d'enivrement éblouissant que cause un spectacle inaccoutumé. » Un groupe attire son regard, lui, elle et un bel enfant blond, éclatante image d'un « bonheur positif » : les Hugo, bien sûr ! Un jeune homme récite trois poèmes de sa composition : Nodier lui apprend que c'est Edouard Turquety.

Cet article conjugue habilement l'hommage d'une part à l'Arsenal, d'autre part au poète qu'on y découvre et qui est comme sacré par le groupe qui l'accueille.

Ecrivains et artistes étaient extrêmement attentifs aux signes d'intérêt qui leur venaient de province, à commencer par Victor Hugo. On le voit au soin qu'ils mettent à répondre aux lettres de leurs admirateurs et à remercier les auteurs de critiques louangeuses. Ainsi se nouèrent les liens entre Hugo et la famille Pavie. Le 2 décembre 1826, Victor Pavie rend compte des *Odes et Ballades* dans le journal de son père, les *Affiches d'Angers*. Hugo lui écrit pour le remercier et ils se mettent à correspondre. De son côté, Louis Pavie, père de Victor, fin lettré, faisait des vers qu'il envoie à Hugo en même temps que ceux de son fils. Hugo lui répond, le 5 janvier 1827 : « C'est moi, monsieur, qui vous dois mille remerciements. Vous voulez bien écrire mon nom sur la liste des lecteurs d'un *Feuilleton* de province qui vaut bien mieux que bien des feuilletons de Paris. Vous faites plus encore ; vous m'envoyez de vos ouvrages, pleins de maturité, de raison et d'esprit, et des vers de monsieur votre fils, tout étincelants de jeunesse et de poésie [39]... »

Victor Pavie, admirateur passionné de Hugo qu'il ne connaissait encore que par lettres, voulut lui faire rencontrer un autre homme d'exception, David d'Angers. David avait été le condisciple de son père à l'Ecole centrale et les deux hommes étaient restés très liés malgré leurs divergences politiques – David était républicain et Pavie royaliste. Lorsqu'en 1825 Victor était venu à Paris suivre les cours du collège Charlemagne pour préparer son baccalauréat, le sculpteur avait été son correspondant. Depuis, celui-ci associait parfois son jeune ami à ses activités : il l'emmena, en avril 1827, à Londres, où il allait faire le buste de Walter Scott, puis, en août 1829, à Weimar, où il allait faire celui de Goethe. Victor demanda donc à son père de présenter David d'Angers à Hugo. On était en mai 1827.

Peu après, Victor Pavie rencontra enfin Hugo. Sa ferveur l'étouffait, comme en témoigne une lettre à son père, le 8 juillet 1827 : « Une domestique portait une petite enfant sur les bras. Je m'adressai à elle; elle m'introduisit dans le salon de son maître. J'entendis mon nom répété dans une chambre voisine, et la réponse fut l'apparition du poète. Je me précipitai dans ses bras. Ici, une lacune d'environ cinq minutes pendant lesquelles je parlai sans me comprendre, sanglotant d'enthousiasme et riant de grosses larmes [40]... » Il resta un mois à Paris et, à son retour à Angers, écrivit à Hugo dans les termes où l'on écrirait à l'amant dont on a dû s'éloigner. Il revivait la scène des adieux : « ... quand, à l'instant d'une séparation déchirante (tout cela est bien vrai, allez!), je pressais encore étroitement cette main, considérant à mes pieds cette frontière étroite qui sépare le passé du présent, la réalité du souvenir! » (25 août 1827). Il voyait le monde par les yeux de Hugo : « Vous m'avez communiqué une passion d'architecture gothique dont il n'est guère possible d'éviter la contagion à quiconque a été admis comme moi au développement de votre brillante théorie. J'ai passé en gémissant, à mon retour, devant deux cathédrales admirables, celles de Chartres et du Mans. Ma ville natale se présente à mes yeux sous une physionomie toute neuve et je marche dans les rues, épelant chaque maison comme un homme qui commence à lire. » Sainte-Beuve, l'été suivant, visitait, lui aussi, des cathédrales en pensant à Hugo : « Je vous dois d'ailleurs, et cela m'est bien doux, de comprendre et de sentir l'art, car auparavant j'étais un barbare » (26 août 1828).

Victor Pavie, qui finit ses études de droit après la révolution de Juillet, devint avocat, d'abord à Paris, où il continua de fréquenter le Cénacle, puis à Angers. En septembre 1832, il reprit l'imprimerie de son père. Comme lui, il s'entoura d'un groupe de lettrés avec lesquels il publia *La Gerbe*, recueil annuel de textes. Et, en 1835, il créa, lui aussi, un cénacle à Angers, le Petit Cénacle de la rue Saint-Laud. Cette création est un bon exemple de propagation de la foi littéraire et montre l'influence dominante de Hugo et de son Cénacle, mais elle s'inscrit aussi dans une tradition de la bourgeoisie cultivée : elle marque la continuité, de père en fils, de la sociabilité bourgeoise.

La promotion du drame romantique : Dumas au Théâtre-Français

On a dit de la bataille d'*Hernani* qu'elle représentait la prise de la Bastille littéraire par la jeune école romantique. Elle fut l'épisode décisif d'une guerre pour la conquête du Théâtre-Français, dans laquelle le Cénacle a joué un rôle important. Et pas seulement parce qu'il fournit les troupes en vue de cette ultime bataille. *Hernani* fut précédé par des années de lutte pour la promotion du drame romantique.

C'est Alexandre Dumas qui, le premier, fit brèche au Théâtre-Français, avec *Henri III et sa cour*, le 10 février 1829. En mars 1828, il avait lu devant le comité un drame historique, *Christine à Fontainebleau*, reçu après corrections. Les rôles avaient été distribués en juin mais les répétitions prirent du retard et l'entreprise fut suspendue en août, avec l'admission d'une autre pièce sur Christine de Suède. Dumas écrivit alors *Henri III et sa cour*, qui fut reçu le 17 octobre [41].

Le drame remporta un succès inouï. Selon Joanny, qui jouait le duc de Guise, on n'en avait pas vu de semblable depuis *Le Mariage de Figaro* et *Les Vêpres siciliennes* (tragédie de Casimir Delavigne jouée à l'Odéon en 1819). Du premier soir de triomphe date la légende du sabbat romantique que représente une lithographie de Ratier : une bande de jeunes gens chevelus danse une sarabande autour du buste de Racine en criant « Enfoncé, Racine ! » L'académicien Alexandre Duval se fait l'écho de la scène que lui ont rapportée, affirme-t-il, vingt témoins : « Tous les prosélytes du romantisme s'écriaient en sautant dans le foyer : “ Racine enfoncé ! Voltaire enfoncé ! A bas toutes ces perruques de marbre, jetons-les par les fenêtres ! ” » A partir du 23 février, Joanny note l'existence d'une cabale contre la pièce, qui préfigure la bataille d'*Hernani* un an plus tard : « Jusqu'à ce jour, lorsqu'une pièce avait réussi, ceux à qui elle ne plaisait pas se contentaient de n'y point venir. Mais ici, au contraire, ils y viennent, mais c'est pour empêcher les autres de l'entendre et d'en jouir [42]. »

Marion Delorme *et* Hernani

Après le succès de Dumas, l'année 1829 fut riche en péripéties théâtrales pour les romantiques. Le 10 juillet, Hugo donna lecture de *Marion Delorme* devant Balzac, Delacroix, Vigny, Dumas, Musset, Sainte-Beuve, Villemain, Mérimée, les frères Bertin, Louis Boulanger, Frédéric Soulié, le baron Taylor, Alexandre Soumet, les frères Deschamps, les frères Devéria... Ne manquaient que Lamartine, qui était à Saint-Point, et David d'Angers, qui partait pour Weimar avec Victor Pavie. Cette lecture valut à l'auteur trois propositions. Le lendemain, à neuf heures du matin, Taylor vint dire à Hugo qu'il retenait la pièce pour le Théâtre-Français, avec Mlle Mars dans le rôle de Marion. Puis Hugo reçut une lettre de Jouslin de La Salle lui proposant la Porte Saint-Martin, qu'il dirigeait, et Marie Dorval. Enfin arriva Harel, qui voulait le drame pour l'Odéon et Mlle George. Hugo, s'étant engagé avec Taylor, lut la pièce le 15 juillet devant le comité du Théâtre-Français qui, enthousiaste, la reçut sans même voter. Mais le 1er août, la censure interdisait sa représentation. Malgré l'audience que Hugo obtint du roi Charles X et le changement de ministère, le nouveau ministre de l'Intérieur, La Bourdonnaye, confirma l'interdiction le 13 août. Vigny, pendant ce temps-là, avait plus de chance, avec *Othello*, qu'il avait traduit sous le titre *Le More de Venise.* Reçue au Théâtre-Français en juillet, la pièce fut jouée avec un plein succès à partir du 24 octobre.

Hugo ne se laissait pas décourager. Entre le 29 août et le 24 septembre, il écrit *Hernani.* Le 30 septembre, il en organise la lecture chez lui, devant une soixantaine de personnes. Le 5 octobre, il lit son drame devant le comité du Théâtre-Français. Aux sociétaires membres du comité se sont joints d'autres auditeurs, invités par le poète, parmi lesquels Dumas et Villemain : « La salle était pleine, raconte l'acteur Samson, et ce fut pendant toute la lecture un enthousiasme perpétuel que je ne partageais pas tout à fait, je dois le confesser. Je trouvais cet ouvrage un mélange de grandes beautés et d'énormités ; il y avait certains vers que je ne pouvais croire acceptables [43]. » La pièce est reçue par acclamation. Reste à passer la barrière de la censure : Hugo va négocier les coupures avec le baron Trouvé, chef de la division des Belles-Lettres et Théâtres.

Les rôles sont copiés en décembre et les répétitions commencent. Jusqu'au mois de février, les difficultés s'accumulent. D'abord Paris connaît une vague de froid exceptionnelle, les rues sont verglacées, Hugo est obligé de se rendre en pantoufles au théâtre, et les décors de

Cicéri ne peuvent être réalisés car les couleurs gèlent dans les ateliers des peintres décorateurs. Ensuite, les comédiens sont odieux pendant les répétitions. Non pas, sans doute, de façon délibérée, comme l'écrit Adèle Hugo, mais parce qu'ils sont anxieux. Ils sont en effet contraints de changer de style et d'habitudes vocales, pour dire des alexandrins différents, au rythme plus haché que ceux auxquels ils sont habitués. Ils savent par ailleurs quels vers le public rejettera. C'est pourquoi Mlle Mars se bat contre « mon lion superbe et généreux », dont Hugo accepte la correction puisque le manuscrit du souffleur porte : « Vous êtes Monseigneur vaillant et généreux [44]. » Enfin, la presse parle trop de la nouvelle pièce ; on en colporte des vers détachés et ridiculisés ; on rapporte à Hugo que des lectures en ont été faites, cela signifiant que les censeurs ont livré le manuscrit pour qu'il soit copié et divulgué [45].

La claque

La claque était, à cette époque, une véritable institution. Aucune pièce ne pouvait réussir sans négociations préalables avec son chef, à qui on indiquait quels passages il fallait particulièrement applaudir. Les claqueurs devaient aussi saluer l'entrée des comédiens et faire taire ou même expulser les spectateurs qui protestaient et sifflaient. Le chef de la claque n'assistait qu'aux trois premières représentations d'une pièce nouvelle, pour mettre au point la stratégie, un lieutenant se chargeant de la suite. Chef et lieutenant distribuaient ou vendaient à moitié prix les billets aux claqueurs, « travailleurs » s'ils faisaient partie du peloton, ou « solitaires » quand ils se plaçaient selon leur gré [46].

Le baron Taylor offrit à Hugo de remplacer le chef de

claque du Théâtre-Français, qu'il savait favorable à Scribe et Delavigne, par celui du Gymnase, qui lui avait des obligations. Mais Hugo préférait compter sur ses propres forces et charger le Cénacle de recruter, parmi les jeunes gens des ateliers et des écoles, des claqueurs convaincus. Ses amis recruteurs et chefs de cohortes furent les deux Devéria, Petrus Borel et ses deux frères, Gustave Planche, Louis Boulanger, Célestin Nanteuil, Auguste de Châtillon et son ami Bonhomé, Achille Roche, jeune peintre d'avenir qui se noya dans le Tibre, Emmanuel Arago, Edouard Thierry, Ernest de Saxe-Cobourg, fils du duc régnant, qui allait mourir peu après.

Et puis Gérard de Nerval et Théophile Gautier. Ulric Guttinguer les avait rencontrés chez Hugo le 27 juin 1829 : « J'ai fait, chez Victor Hugo, la connaissance du jeune traducteur de *Faust* [...] Il avait demandé à Victor Hugo la permission de lui présenter quelques-uns de ses amis, et l'un d'eux, qui a l'air d'un étudiant et qui porte sur le dos des cheveux aussi longs que ceux d'une jeune fille, m'a dit qu'il se destinait d'abord à la peinture, mais qu'à présent, il voulait faire de la littérature comme Gérard [47]. » Gautier se trompe quand il situe sa première rencontre avec Hugo après la trentième représentation d'*Hernani*. Comme il avait assisté aux trente représentations pour défendre la pièce, il avait gagné, dit-il, le droit d'être présenté au Maître. Evidemment, racontée ainsi, la scène a davantage de panache, le suzerain acceptant l'hommage de son preux chevalier. La réalité est sans doute plus prosaïque, nous l'avons dit plus haut : Nerval, accueilli chez Hugo comme traducteur de *Faust*, a dû amener Gautier, son ami depuis le collège Charlemagne.

Peu importe, d'ailleurs, la date de la rencontre. Ce qui est intéressant, c'est l'adoration qu'inspirait Hugo à ces jeunes gens. Admiration passionnée, qui tenait de la terreur sacrée. Au moment de se présenter chez lui, Gautier monta deux fois de suite les escaliers, pour les dévaler aussitôt. A la troisième fois, Hugo apparut : « Comme Esther devant Assuérus, nous faillîmes nous évanouir [...] Il sourit, mais ne parut pas surpris, ayant l'habitude de rencontrer journellement sur son passage de petits poètes en pâmoison, des rapins rouges comme des coqs ou pâles comme des morts, et même des hommes faits, interdits et balbutiants [48]. » Au sortir d'*Hernani*, avec ses camarades chevelus, Gautier écrivait sur les murs « Vive Victor Hugo ! » dans un état d'exaltation totale : « Nous étions étonnés de le voir marcher dans la rue comme un simple mortel, et il nous semblait qu'il n'eût dû sortir par la ville que sur un char triomphal traîné par un quadrige de chevaux blancs, avec une victoire ailée suspendant une couronne d'or au-dessus de sa tête [49]. »

Hugo harangua ses fidèles comme un général : « Je remets ma pièce entre vos mains, entre vos mains seules. La bataille qui va s'engager à *Hernani* est celle des idées, celle du progrès. C'est une lutte en commun. Nous allons combattre cette vieille littérature crénelée, verrouillée [50]... » Chacun des fidèles, devenu un lieutenant de l'armée hugolienne, battit le rappel des écoles et des ateliers de peinture, sculpture et architecture : « J'ai retrouvé, écrit Adèle Hugo, une liste des tribus Gautier, Gérard, Petrus Borel, etc. J'ai lu les noms suivants : Balzac, Berlioz, Cabat, Augustus Mac-Keat, Préault, Jehan du Seigneur, Joseph Bouchardy, Philadelphe [*sic*. En fait Philothée] O'Neddy, Gigoux, Laviron, Amédée Pommier, Lemot, Piccini, Ferdinand Langlé, Tolbecque, Tilmant, Kreutzer, etc., mêlés d'appellations collectives : l'atelier d'architecture de Gournaud [*sic*. En fait Garnaud], 13 places ; l'atelier d'architecture de Labrousse,

5 ; l'atelier d'architecture de Duban, 12, etc. [51]. » Victor Pavie, quant à lui, avait recruté vingt-neuf amis, tous angevins. Le baron Taylor craignait que les billets destinés aux claqueurs ne soient vendus, il avait donc exigé qu'ils soient nominatifs et d'une autre couleur que ceux délivrés au théâtre. Hugo acheta du papier rouge en quantité et le découpa en carrés sur lesquels furent inscrits la désignation de la place, le nom de la personne à qui était donné le billet et celui de son répondant. Au bas des petits carrés, avec une griffe, Hugo imprima le mot *hierro*, « fer » en espagnol.

Le 25 février 1830

Le préfet de police décida que les individus munis de billets d'auteur devaient entrer avant trois heures, par la porte de la rue de Valois (celle qu'empruntait la duchesse de Berry quand elle allait au Théâtre-Français). A une heure, la queue se forma, encombrant la rue de Richelieu. Les passants étaient effarés par cette « bande d'êtres farouches et bizarres, barbus, chevelus, habillés de toutes les façons, excepté à la mode, en vareuse, en manteau espagnol, en gilet à la Robespierre, en toque à la Henri III, ayant tous les siècles et tous les pays sur les épaules et sur la tête [52] ». Adèle Hugo parle d'« êtres fantastiques », la comtesse Dash de « figures à faire crier les petits enfants [53] ».

Au moment de sa mort, en 1872, Théophile Gautier était en train d'écrire des *Souvenirs du romantisme* qui devaient rester inachevés. La mort l'a saisi au chapitre XII, consacré justement à *Hernani*, alors qu'il décrivait l'entrée dans sa loge de Delphine Gay. Etonnant parcours d'un homme qui meurt en racontant ce qui a été l'aventure de sa jeunesse. Dans le chapitre X, intitulé

« La légende du gilet rouge », il revient sur le fameux gilet rouge – en réalité de couleur cerise – qu'il portait ce jour-là et qui a fait de lui pour l'éternité le porte-drapeau d'une génération nouvelle : « On en parle encore après plus de quarante ans, et l'on en parlera dans les âges futurs, tant cet éclair de couleur est entré profondément dans l'œil du public [54]. » Il y avait alors deux races, les *flamboyants* et les *grisâtres* : « N'est-il pas convenable qu'un jeune rapin à cœur de lion se fasse le chevalier du Rouge et vienne secouer le flamboiement de la couleur odieuse aux *grisâtres*, sur ce tas de classiques également ennemis des splendeurs de la poésie ? »

Les jeunes chevelus sont-ils arrivés en chantant des chansons d'atelier et en poussant de grands cris, ameutant tout le monde ? Philothée O'Neddy a-t-il alors hurlé : « Vous pouvez nous regarder, nous sommes les brigands de la pensée » ? Préault a-t-il ajouté « et les sauvages de l'art » ? Ou, au contraire, se sont-ils montrés discrets, sachant que la police aurait voulu que des troubles éclatent dans la rue, de manière à pouvoir interdire la pièce ? Ont-ils, pour cette raison, contenu leur colère quand les employés du théâtre leur ont jeté des ordures depuis les combles ? Les récits divergent. Toujours est-il qu'ils entrèrent en montrant patte blanche, c'est-à-dire billet rouge, Hugo étant là, avec Taylor, pour vérifier. Puis on ferma la salle. Il était quinze heures, elle ne devait réouvrir qu'à dix-huit heures, une heure avant le lever du rideau. Quand ils furent fatigués de chanter, les jeunes gens s'installèrent pour pique-niquer, avec le saucisson, le jambon et le fromage qu'ils avaient apportés. Mais trois heures, c'est long, les toilettes étaient fermées et ils allèrent se soulager au paradis. On imagine le scandale causé par l'humidité et l'odeur quand le public pénétra à son tour dans la salle : « Vous avez de jolis amis, monsieur, je vous fais mon compliment », dit à Hugo Mlle Mars furieuse.

La salle était pleine à craquer – la recette s'élevait, avant le lever du rideau, à cinq mille quatre cent trente-quatre francs, c'est-à-dire davantage que la somme dépensée pour monter la pièce – et d'aspect très contrasté : soie, dentelles, bijoux, épaules nues dans les loges jusqu'aux cinquièmes; amas de têtes chevelues à l'orchestre des musiciens, au parterre, aux secondes galeries. Pendant que le public s'installait, l'hostilité des deux camps se manifestait déjà : triple salve d'applaudissements au parterre à l'entrée de Vigny (Vigny qui avait écrit à Hugo le 23 février : « Pour moi, je veux être aussi exact à mon poste d'ami que je le fus... Que dis-je? Cent fois plus exact que je ne le fus à mon ridicule et ennuyeux poste de capitaine en temps de paix [...] Ce sera temps de guerre jeudi soir... ») auxquels répondit, au balcon et à la première galerie, un murmure des classiques. C'est alors qu'un jeune chevelu leur lança, à cause de leurs têtes chauves, la célèbre injure : « A la guillotine, les genoux! » Applaudissements encore des romantiques à l'arrivée de Delphine Gay, vêtue d'une robe blanche et d'une écharpe bleue, comme dans le tableau d'Hersent qui est à Versailles. Applaudissements toujours pour Adèle Hugo qui s'installe dans la loge en face de Delphine et remercie le public en inclinant la tête.

La marche au succès de la pièce pouvait se lire dans l'évolution de l'attitude des acteurs envers l'auteur : au fil des actes, ils passèrent de la grise mine au chapeau bas. L'endroit que l'on savait difficile, parce qu'on s'en était déjà gaussé dans les salons, était, au troisième acte, la scène des portraits que don Ruy Gomez (joué par Joanny) traçait de ses ancêtres. Au septième portrait, on sentait des marques d'impatience dans le public qui était bien près de siffler. Heureusement, la formule « J'en passe et des meilleurs » arrêta la rumeur qui montait [55].

Ce troisième acte fut rude pour les défenseurs, comme l'écrivait Victor Pavie le lendemain : « Un sifflet à la plus belle scène, mais englouti à cent pieds dans la mer, sous des vagues de bravos conjurés. Mon front ruisselait de sueur et mes vêtements étaient trempés comme ceux d'un naufragé. » Le monologue de Charles Quint, à l'acte suivant, « Charlemagne, pardon ! ... » électrisa les jeunes gens. Victor Pavie donne une idée de l'enthousiasme qui régnait : « Mes vingt-neuf amis (tous angevins d'origine) me faisaient comme les plumes à la queue d'un paon. Ils s'étalaient en roue de ma gauche à ma droite et me secondaient de toute la puissance de leurs poumons, l'ampleur de leurs battoirs et le trépignement de leurs pieds. À chaque bond que je faisais sur ma banquette, le corps incliné vers l'abîme du parterre, deux mains officieuses et inconnues pesaient sur mes épaules et contremandaient mon élan... Il n'y avait que l'entraînement de la passion qui pût produire quelque chose après le grandiose concentré du quatrième acte, et de toute manière cet effet dépassa l'attente. Le son du cor fut un navrement universel pour les quatre points de la salle [56]. » (Il s'agit du cor destiné à avertir Hernani, la nuit de ses noces, qu'il est temps de mourir.)

Jérôme Paturot, qui avait commencé chef de claque à *Hernani* avant de devenir bonnetier – et même le bonnetier de Victor Hugo –, se rappelle l'excitation de ce soir-là ; les chevelus auraient pu démolir la salle, commettre un crime ou même en mourir : « Si le drame avait eu six actes, nous tombions tous asphyxiés [57]. » Une gravure de Granville intitulée *Les Romains échevelés à la première représentation d'Hernani* montre bien l'effervescence : chevelus, barbus, debout, bras levés, brandissant leurs chapeaux, les jeunes gens applaudissent la dernière scène ; au premier plan, deux d'entre eux molestent leur voisin, un bourgeois à lunettes.

A la fin du drame, la salle ovationna l'auteur, qui rentra chez lui, où l'attendaient une quinzaine d'amis, parmi lesquels Victor Pavie, dans un état second : « Il se trouva que j'attrapai le premier Victor Hugo. Mais je n'osais y toucher avant sa femme. Je tremblais devant lui avec l'épilepsie de Firmin [qui tenait le rôle d'Hernani]. Puis je me cramponnai à lui et l'embrassai si dur que j'écrasai mon chapeau entre cet étau [58]. » Pendant ce temps, à la sortie du théâtre, les affrontements continuaient. La comtesse Dash rapporte une scène dont elle a été le témoin. Un monsieur d'un certain âge, décoré et distingué, dit à l'ami qui l'accompagnait : « Après la cabale calmée, cette parade n'aura pas dix représentations. » Un chevelu entend le mot « parade », son sang ne fait qu'un tour et il assène un formidable coup de poing au détracteur d'*Hernani* [59].

Tout n'était pas gagné. Les feuilletons dramatiques du lundi 1er mars ne furent pas bons. Ils s'étendaient sur les scènes d'orgie qui avaient précédé la représentation du jeudi et accusaient les jeunes romantiques d'avoir entonné des chants réprouvés, obscènes selon *Le National*, républicains et impies selon *La Quotidienne*. A l'issue de la deuxième représentation, le 27 février, Hugo écrivait à Paul Lacroix : « Ne nous endormons pas pourtant. L'ennemi veille, il faut que la troisième représentation le décourage, s'il est possible [60]. » Le 3 mars, Joanny note : « Une cabale acharnée. Les Dames de haut parage s'en mêlent, la mode, pour elles, est de pousser de grands éclats dans les moments les plus intéressants [...] mais ce sont des éclats de *rire*. »

Hugo continua donc à mobiliser ses troupes, alors que, normalement, après la quatrième, ou, au mieux, la septième représentation, on laissait la pièce suivre son cours. Il obtint de Taylor cent places chaque soir pour ses partisans, qui soutinrent les assauts avec persévérance, au fil des quarante-cinq représentations. Certains assistèrent à *toutes*. On comprend comment ils pouvaient réciter *Hernani* par cœur, en endossant successivement tous les rôles. A l'issue de la cinquième représentation, Sainte-Beuve écrit : « Nous sommes sur les dents, car il n'y a guère de troupes fraîches pour chaque nouvelle bataille, et il faut toujours donner comme dans cette campagne de 1814 [61]. » Au moment de la reprise d'*Hernani*, le 21 juin 1867, Gautier évoque sa campagne de 1830 : « Certains vers étaient pris et repris comme des redoutes disputées par chaque armée avec une opiniâtreté égale. Un jour les romantiques enlevaient une tirade que l'ennemi reprenait le lendemain, et dont il fallait le déloger. Quel vacarme ! Quels cris ! Quelles huées ! Quels sifflets ! Quels ouragans de bravos ! Quels tonnerres d'applaudissements [62] ! »

On peut juger de la fascination que le drame de Hugo exerçait sur les jeunes gens par le témoignage de Juste Olivier. Il arrive de Suisse à Paris le 17 avril 1830 et se précipite le soir même au théâtre. Commençant à tenir son *Journal* onze jours après, il met en tête, malgré le temps écoulé, cette première représentation : « Je suis allé tout plein d'ardeur au Français, voir *Hernani*. Ah ! il m'en souviendra ! Si j'eusse rédigé toutes les notes que je fis le soir en rentrant, mon journal aurait eu un commencement superbe. Six pages au moins. Mais je n'avais point de chambre à moi. » Il voit *Harnali ou la contrainte par cor*, la parodie donnée au Vaudeville, le 12 mai, il lit *Hernani* le 23 mai et retourne au Théâtre-Français le 26 mai : « Quant aux spectateurs, ils sont toujours les mêmes, c'est-à-dire qu'ils ne méritent pas un meilleur théâtre. Ils ne jugent encore que les vers isolés et ne saisissent pas un ensemble. Ils critiquent une expression et applaudissent une autre. Et ce sont toujours les vers à sentences ou ceux qui sont déclamés comme tels qui excitent leur admiration [...] C'est le troisième acte qui a excité le plus de bruit. La gauche du parterre s'est levée et, en se tournant vers la droite qui sifflait, a crié : " A la porte! A la porte! " Celle-ci s'est levée à son tour et a répondu de la même manière. Il n'y a pourtant pas eu de rixe [63]. »

Le Cénacle après Hernani

Le Cénacle, qui s'était impliqué dans la bataille d'*Hernani*, va bientôt se désunir et se disperser. Il connaît ses derniers moments d'intense solidarité à l'occasion de la première représentation de *Christine*, à l'Odéon, le 30 mars 1830. A la sortie (le drame, commencé à dix-neuf heures, s'est terminé à deux heures du matin), Dumas emmène ses amis souper chez lui. Certains passages de la pièce, qui ont été « empoignés » par le public, ont besoin de corrections urgentes pour la représentation du lendemain. Comme Dumas doit s'occuper de ses vingt-cinq invités, Hugo et Vigny s'enferment avec le manuscrit et travaillent pendant quatre heures pour le retoucher.

Sainte-Beuve rend les rivalités de théâtre responsables de la dispersion du Cénacle. Il est vrai que Hugo, Dumas et Vigny avaient chacun une carrière dramatique à poursuivre. Mais d'autres éléments entrent en ligne de compte. Et d'abord le déménagement des Hugo. Leur propriétaire, excédée par les chevelus qui défilaient au-dessus de sa tête (elle habitait le premier et les Hugo le second), leur donna congé. Début mai 1830, ils allèrent s'installer aux Champs-Elysées, 9, rue Jean-Goujon. Ce départ marquait la fin de la sociabilité de voisinage qui avait caractérisé le Cénacle depuis 1827. Et il était comme un symbole des liens en train de se distendre entre Hugo et Sainte-Beuve. *Hernani* avait déclenché la crise. Le 28 février 1830, Sainte-Beuve fait à Hugo une vraie scène de jalousie, lui expliquant pourquoi il ne peut écrire aucun article sur le drame. Il est bouleversé par les changements qu'apporte cette pièce dans l'existence du poète, et donc dans la sienne : « Cette lutte que vous entamez, quelle qu'en soit l'issue, vous assure une gloire immense. C'est comme Napoléon. Mais ne tentez-vous pas comme Napoléon une œuvre impossible ? En vérité, à voir ce qui arrive depuis quelque temps, votre vie à jamais en proie à tous, votre loisir perdu, les redoublements de la haine, les vieilles et nobles amitiés qui s'en vont, les sots ou les fous qui les remplacent, à voir vos rides et vos nuages au front, qui ne viennent pas seulement du travail des grandes pensées, je ne puis que m'affliger, regretter le passé, vous saluer du geste et m'aller cacher je ne sais où : Bonaparte consul m'était bien plus sympathique que Napoléon empereur. Il m'est impossible maintenant de penser cinq minutes à *Hernani* sans que toutes ces tristes idées ne s'élèvent en foule dans mon esprit ; sans penser à cette voie de luttes et de concessions éternelles où vous vous engagez, à votre chasteté lyrique compromise, à la tactique obligée qui va présider à toutes vos démarches, aux sales gens que vous devez voir, auxquels il vous faudra serrer la main [64]. » *Hernani*, aux yeux de Sainte-Beuve, a fait sortir Hugo de la scène privée, l'a transformé en homme public, brisant ainsi à jamais l'intimité qui les liait jusque-là, lui volant la part du poète qui lui appartenait. D'autre part, la révolution de Juillet provoqua des dissensions politiques : même si Vigny se montrait sévère pour la branche aînée, trouvant qu'elle avait mérité sa destitution, il restait légitimiste, alors que Hugo, qui s'était depuis quelques années éloigné de cette position, se ralliait publiquement à Louis-Philippe.

Après 1830, si on parle encore parfois de Cénacle à propos des gens qui entouraient Hugo, c'est par habitude. Car le Cénacle tel qu'il existait à la fin de la Restauration, la bande qui avait pour objectif de faire entrer le drame romantique au Théâtre-Français, n'avait plus de raison d'être. Le romantisme était désormais l'idéologie dominante et n'allait pas tarder à passer de mode (échec des *Burgraves* en 1843). Hugo devenait peu à peu un personnage officiel du nouveau régime, ami personnel du roi et du prince héritier, académicien en 1841, pair de France en 1845. Ceux qui restaient du Cénacle étaient inféodés au poète, comme Louis Boulanger. D'autres groupes allaient apparaître : le Petit Cénacle, le Doyenné...

Fontaney : un membre du Cénacle au lendemain de la révolution de Juillet

Fontaney avait vingt et un ans lorsqu'en 1824 il fit la connaissance de Sainte-Beuve qui, un peu plus tard, le présenta à Hugo et à Nodier. Tout en étant employé de mairie, il écrivait de la poésie qu'il réussit à publier en 1828. Il participe à la révolution de Juillet puis, en décembre 1830, accompagne en Espagne l'ambassadeur de France, le comte d'Harcourt. De retour à Paris en août 1831, il gagne sa vie comme journaliste en attendant de repartir pour l'Espagne, en janvier 1833. Il tient son journal entre ces deux dates, nous donnant ainsi un aperçu de la vie quotidienne et de la sociabilité d'un des membres du Cénacle – un de ceux que l'on a appelés « les petits romantiques ».

Revenu à Paris, Fontaney se rend d'abord chez Hugo, qui est au centre de ses relations. Leurs rapports sont intimes et familiers : « Je reste à causer avec lui et sa femme dans la chambre à coucher. Nous causons de tout, de Marie [Mennessier-Nodier], de mes articles, de Petrus Borel, etc. [65]. » (11 janvier 1832.) Le 16 avril, après le départ de Paul Foucher et de Liszt, Fontaney bavarde, dans le cabinet du maître de maison, avec Petrus Borel, Louis Boulanger et Hugo, tandis que ces derniers dessinent – Hugo illustre l'histoire du petit chien Pitzo, qu'il raconte à ses enfants. Ils ont aussi des séances de fou rire : le 26 mai 1832, ils « se tordent » à la lecture des vers de Rose Ravel, une débutante qui vient de publier un recueil chez Levavasseur.

Mais Fontaney est toujours déconcerté par l'unique obsession de Hugo, sa position littéraire, la gloire et l'argent. Quand Fontaney rentre à Paris, en août 1831, Hugo est très absorbé par *Marion Delorme*, joué à la Porte Saint-Martin. Fontaney assiste plusieurs fois à la pièce et y accompagne encore Hugo le 1er septembre. Le poète lui parle beaucoup de la recette et s'inquiète de tout ce qui peut enlever des spectateurs à son drame : « Aujourd'hui, c'est la réouverture des Italiens, *Anna di Bolena* [opéra de Donizetti], Mme Pasta qui l'offusquent ; demain ce sera le Dey d'Alger à l'Opéra ou le beau temps [66]. » Après le spectacle, Hugo le raccompagne : « Nous causions art, mais comme il voit la chose matériellement ! Avec un pareil génie, quelle bizarrerie ! Quel fabricant ! Comme il calcule sa production ! Il commence un drame et fait d'abord huit, dix vers, vingt vers par jour, puis quarante, puis cent, puis jusqu'à deux cents et plus. De la prose, il écrit par jour six pages de son écriture, ce qui fait douze pages d'impression in-octavo. Il compte d'avance les jours et sait quand son livre sera fait à point nommé, quand sa marchandise sera livrée au libraire. C'est son état, c'est sa profession. Au surplus, il a raison. Il faut qu'il vive, lui et sa famille... »

Hugo affiche son but : « Il veut la première place. Du moins qu'on laisse la postérité décider; il a pour le moins la prétention d'égaler Lamartine [...] S'il savait ne devoir point primer, prendre rang au-dessus de tous, il se ferait demain notaire » (6 septembre 1832). Pour parvenir à ce but, la publicité est essentielle. Il faut faire parler de soi et ne rien négliger. Par exemple, le 28 avril 1832, on évoque chez Hugo des articles qui concerneraient le premier poème des *Orientales*, paru trois ans plus tôt. Boulanger dit : « Ils viendraient trop tard. » Hugo s'insurge : « Vous avez tort. Tout article est bon. Il n'en est pas un qui ne fasse entrer votre nom dans la tête d'un certain nombre d'individus. Pour bâtir votre monument, tout est bon. Que les uns y apportent leur marbre, les autres leur moellon ! Rien n'est inutile ! » D'ailleurs, Fontaney lui-même est chargé d'apporter sa pierre : le 29 mars 1832, Hugo lui donne la nouvelle édition de ses romans, pour qu'il en parle dans la *Revue des Deux Mondes*. Double avantage : « Cela peut vous servir pour entrer aux *Débats*. M. Bertin ne lit que des articles de critique. »

Outre la maison des Hugo, Fontaney retrouve les autres lieux qu'il fréquentait avant 1830. L'Arsenal, d'abord. Il est encore amoureux de Marie Nodier, qui s'est mariée en février 1830 avec Jules Mennessier. Le jeune couple s'est installé à l'étage et Marie joue toujours le rôle d'hôtesse : « Nous montons chez Marie qui nous fait de la musique et chante longtemps et délicieusement. Nous redescendons. Nodier est là. Nous faisons mille farces dans le salon. Je danse les échappées de flic-flac » (8 septembre 1831). En août 1832, Fontaney délaissera l'Arsenal pour la maison de Marie Dorval, remplaçant son amour malheureux pour Marie Nodier par une liaison avec une des filles de l'actrice.

Il note les constantes ou les changements dans les

lieux et les personnages. Il rend visite aux Devéria : « C'était tout comme autrefois. Achille dans son atelier, la grosse Mme Devéria dans son grand fauteuil rouge à la même place avec sa camisole et son mouchoir blanc sur la tête. Laure au piano, Mme Achille toujours belle » (20 août 1831). Il revoit, chez Mme de Courbonne, Emile Deschamps, qui vieillit en restant superficiel : « Du vieil esprit, des calembours, des paroles sans pensée [...] Il a toujours les mêmes hochets. Sa coupe et ses romances espagnoles » (2 septembre 1831). Lorsqu'il va voir *Marion Delorme*, Fontaney retrouve, à la Porte Saint-Martin, « le grand Dumas, toujours fou, toujours excellent, parlant, criant à toute la salle », Brizeux, « le petit singe blond », et Alfred de Vigny, « envieux et jaloux » (20 août 1831).

Mais des nouveaux venus ont fait irruption parmi les romantiques. Au théâtre, Fontaney rencontre Avril, un des acteurs de la révolution, secrétaire du comité de la Société des amis du peuple, « la célébrité contemporaine, décoré de Juillet ». Il le rencontre à nouveau chez Hugo, « toujours aussi grossement gai et bonnasse », en compagnie de Petrus Borel, portant « un grand gilet rouge républicain » (29 août 1831). A l'Arsenal, il y a des saint-simoniens, « ce que Marie appelle des “ républicains ” », Désiré Laverdant et Gustave Drouineau. Il est frappé par leur vulgarité : ainsi Drouineau lui dit-il qu'il « est *gros* de sensations, et va faire beaucoup de vers » (21 août 1831). Il retrouve Petrus Borel et sa bande à la répétition de *Sir Richard Darlington*, un drame de Dumas et Dinaux, et, après les avoir traités de « lézards nageant dans la pluie » parce qu'ils portent des manteaux de toile cirée verte et des chapeaux de cuir sur leurs « grosses touffes de cheveux », il se contente, en guise de commentaire, d'un soupir de dégoût : « Petrus Borel et sa poésie ! Ah ! » (9 décembre 1831).

Mais Fontaney n'a pas des relations que dans le Cénacle. Il fréquente aussi les salons du peintre Gérard, où il fait la connaissance de Balzac – « Je le vois enfin, ce nouvel astre » (7 septembre 1831) –, de Mme Ancelot, Mme Belloc, Astolphe de Custine, Sophie et Delphine Gay. Il a avec Béranger des liens suffisants pour que le poète lui rende visite, le 1er septembre. Il note avec fierté que, le même après-midi, Hugo est passé le prendre : « Ainsi aujourd'hui visites des deux plus grandes célébrités poétiques du temps. »

A côté de ses fréquentations, ce qui tient la plus grande place dans le *Journal* de Fontaney est la recherche d'un gagne-pain. Il essaie d'abord la presse. Le 12 septembre 1831, pendant la représentation de *Marion Delorme*, il est allé dans la loge de Bocage pour essayer d'appâter Buloz, le directeur de la nouvelle *Revue des Deux Mondes*, qui s'y trouvait. La stratégie est efficace : Buloz lui commande un article sur l'Espagne. Son texte, sur une course de taureaux, paraît le 3 novembre et Fontaney va deux jours plus tard en chercher le prix à la caisse de la revue : « On me compte 150 fr. Voilà le premier argent que ma plume m'ait rapporté. » Les jours suivants sont gratifiants : dans tous les cercles qu'il fréquente, on le félicite pour cet article. Mais bientôt il s'inquiète à nouveau : « Que vais-je devenir ? Je le vois avec effroi ! J'écris trop difficilement ; cette ressource ne me suffira pas ! Que faire donc ? Le journal quotidien ? Mais le pourrai-je ? Et d'ailleurs ! Trouverai-je moyen de travailler ainsi ? » (3 décembre 1831.)

En janvier 1832, il est à nouveau endetté. On lui conseille de demander à remplacer le secrétaire de l'ambassade de France au Brésil. Hugo est hostile au Brésil : « Le cerveau s'y liquéfie [...] Vous pourriez faire très bien votre affaire ici ; j'avais presque arrangé votre entrée au *Journal des Débats* » (19 février 1832). Le

18 mai, le moral est meilleur, il a écrit un article sur Marie Dorval pour *L'Artiste* et Buloz lui a demandé un compte rendu de livre : « Il me propose un traité. Décidément, au diable le Brésil ! Faisons-nous journaliste ; en somme, à quoi bon aller jeter sa vie si loin ? Si je me fais ici une indépendance par ma plume, j'aurai la plus complète et la plus honorable ! » Après des espoirs et des désespoirs successifs, en janvier 1833, il reçoit un ordre de départ pour l'Espagne, où il occupe à nouveau un poste diplomatique jusqu'en mars 1834.

Ses dernières années sont tragiques. En 1832, il est tombé amoureux de Gabrielle Dorval et a désiré l'épouser. Marie Dorval a refusé et renvoyé sa fille au couvent pendant le séjour en Espagne de son amant. Lorsque Fontaney revient à Paris, à la demande de Gabrielle, il l'enlève et l'emmène en Angleterre, où ils végètent, elle donnant des leçons de français, lui envoyant à la *Revue des Deux Mondes* des lettres sur la Grande-Bretagne. Ils rentrent à Paris en 1836, tous deux atteints de la phtisie dont ils allaient mourir l'année suivante, elle en avril, à vingt et un ans, lui en juin, à trente-quatre ans. L'ancien membre du Cénacle finit en bohème.

Des romantiques excessifs. Le Petit Cénacle, 1830-1833

Augustin Gautié, cousin de Nerval, habitait Agen. Venu à Paris en 1831-1832, il a gardé de son séjour un souvenir émerveillé. Vingt ans plus tard, il écrit à Nerval : « Je lis Théophile Gautier tous les huit jours dans *La Presse*, et c'est toujours là le Théophile Gautier que j'ai connu dans l'atelier de Duseigneur et que j'aimais tant. Vous ne sauriez croire le plaisir que j'éprouve, moi *bourgeois*, je devrais dire demi-bourgeois, à apprendre des nouvelles de ces aimables artistes avec qui j'ai passé des moments si agréables : Duseigneur, Bion, Nanteuil, Petrus, puis ce pauvre Bouchardy, Vabre, Léon Clopet [1]. » C'est le Petit Cénacle dont il se souvient ici sans le nommer. De son côté, Théophile Gautier, en 1872, évoque longuement ce groupe, dont les membres, unis dans la même passion pour Hugo et tendrement complices pour s'être tous engagés dans la bataille romantique, se retrouvaient dans la petite chambre de Petrus Borel.

Après 1830, nous l'avons vu, le Grand Cénacle se délitait, les membres de fondation comme Sainte-Beuve ou Vigny s'éloignaient, chacun adonné à sa carrière. Il est assez naturel que les jeunes gens du groupe se soient rapprochés, pour former un groupe autonome, avec des garçons de leur génération. Nés entre 1808 et 1813, ils étaient âgés d'une vingtaine d'années. Ils avaient tous une activité artistique et parfois deux : Petrus Borel,

Anatole et Joseph Bouchardy, Théophile Dondey, Auguste Maquet, Alphonse Brot, Jules Vabre, Gautier et Nerval (qu'on appelait seulement Gérard en ce temps-là) écrivaient. Mais Borel, Gautier et Joseph Bouchardy peignaient également, tout comme Célestin Nanteuil et Napoléon Thomas. Jules Vabre avait étudié l'architecture, en même temps que Petrus Borel et Léon Clopet. Eugène Bion et Jean Duseigneur étaient sculpteurs et Jules Vigneron lithographe. Nerval était le seul à n'avoir « qu'un goût médiocre aux tableaux et aux statues [2] », le mélange de l'art et de la poésie étant une des caractéristiques des jeunes romantiques.

Nerval était aussi le seul à s'être déjà fait un nom avant la révolution de Juillet, avec sa traduction de *Faust.* Les autres n'avaient pas encore eu l'occasion de rendre public leur talent littéraire et artistique. Ils s'étaient contentés de se rebaptiser en transformant leurs prénoms ou leurs noms : Napoléon s'abrégeait en Napol et Thomas en Thom ; Théophile se retournait en Philothée ; Maquet et Dondey s'anglicisaient en Mac Keat et O'Neddy ; Jean Duseigneur prenait un air moyenâgeux en devenant Jehan Du Seigneur ; Pierre Borel se latinisait en Petrus.

Excentricité : les « gothiques » de 1832

Ils affichaient une allure provocante. D'abord par le poil. Ils faisaient, bien entendu, partie des « chevelus » qui agressaient les classiques dans les représentations d'*Hernani* et Gautier gardera les cheveux longs jusqu'à la taille (il parle d'« une prolixité mérovingienne » de cheveux) jusqu'en 1841. Leur coiffure était parfois étrange : Jehan Du Seigneur séparait ses cheveux châtain foncé par deux raies sur les tempes et les relevait en pointe au-dessus du front, se donnant ainsi quelque chose du toupet de Louis-Philippe. Petrus Borel, lui, portait les cheveux ras, mais c'était pour laisser toute la place à sa barbe, longue et touffue : « Une barbe! cela semble bien simple aujourd'hui, mais alors il n'y en avait que deux en France : la barbe d'Eugène Devéria et la barbe de Petrus Borel! Il fallait pour les porter un courage, un sang-froid et un mépris de la foule vraiment héroïques [3]! » Borel lui-même décrit sa barbe hors norme comme une manifestation d'avant-garde : « Contre l'usage de notre époque, de même que Leonardo da Vinci, contrairement à celui de la sienne, il [Champavert, son double] portait la barbe longue depuis l'âge de dix-sept ans; jamais les plus instantes prières ne purent le contraindre à l'abattre. En cette étrangeté, il devança de quatre ans les apôtres de Henri Saint-Simon [4]. »

Delécluze signe, en 1832, un texte amusant sur « Les barbus d'à présent et les barbus de 1800 », où il raconte qu'il a eu deux générations d'amis barbus, de 1799 à 1803 et de 1827 à 1832. Entre les deux, tout le monde se rasait. C'est, selon lui, après la mort de Byron en Grèce que les jeunes gens qui, à Paris, vivaient dans le milieu des arts et des lettres, ont commencé à laisser pousser leurs moustaches, à se coiffer avec une toque orientale, à fumer avec des pipes turques en se tenant de travers sur les canapés [5]. Après la moustache, il y eut la « royale » puis on passa à la barbe complète.

Les jeunes romantiques, ceux du Petit Cénacle au premier chef, se signalaient enfin par des costumes excentriques, sortis d'autres époques ou d'autres pays, « chapeau de feutre mou à la Rubens, manteau à pan de velours jeté sur l'épaule, pourpoint à la Van Dyck, polonaise à brandebourgs, redingote hongroise soutachée ou tout autre vêtement exotique [6] ». Les modes vestimentaires s'étaient succédé très rapidement dans ces générations, suscitées par un livre ou une pièce en vogue : Byron, en allant à Missolonghi, avait provoqué un raz de marée grec ; Walter Scott avait entraîné une invasion médiévale et écossaise ; Hugo, avec ses *Orientales*, « fit desTurcs [7] » ; enfin *Henri III et sa cour*, de Dumas, amena les chapeaux « à la Bussy-Leclerc ».

Le Moyen Age avait le vent en poupe, les romans à succès des années 1831-1832, comme *Notre-Dame de Paris* ou *L'Ecolier de Cluny*, de Roger de Beauvoir, le prouvent. Mais les « gothiques » n'étaient pas des puristes, puisqu'ils mélangeaient volontiers les styles. En tout cas, pourpoints, justaucorps, hauts-de-chausse se trouvent à foison dans les scènes historiques reconstituées par des peintres comme Paul Delaroche, avec un souci maniaque du détail qui leur donne un air si kitsch à nos yeux. Jehan Du Seigneur arborait un pourpoint de velours noir taillé en pointe, qui se laçait par-derrière, comme le fameux gilet rouge de Gautier (ce qui n'avait, précise-t-il, aucune connotation saint-simonienne !), sous une jaquette à larges revers de velours et une ample cravate en taffetas. De son côté, Pradier, le sculpteur, portait un costume de velours violet, paletot court attaché sur la poitrine avec des tresses de soie croisées qu'on appelait « brandebourgs à la polonaise » et pantalon glissé dans de hautes bottes découpées en cœur sur le devant. La recherche d'excentricité était alors tellement courante que, par contraste, celui qui s'habillait simplement se faisait remarquer : c'était le cas de Nerval, toujours vêtu d'un costume noir ou bleu sombre.

Haine du bourgeois

Auguste de Châtillon peint, en 1836, l'éditeur Eugène Renduel. Loin des excentricités de nos jeunes gens, il est parfaitement élégant, en redingote noire et gants gris. Mais sa tenue montre un respect scrupuleux d'un critère romantique : rien de blanc n'apparaît, poignets, col et plastron sont dissimulés [8].

Le col de chemise blanche qui dépasse est l'apanage du bourgeois. Tout le personnage de M. Prudhomme est concentré dans son col blanc : « Derrière ce majestueux collet d'habit, si soigneusement brossé, s'élève un mur de toile blanche empesée, un triomphal et gigantesque col de chemise d'une construction cyclopéenne, plus démesuré à lui seul qu'un col d'épicier, de garde national et de marchand de bougies *sebaclares* ensemble ; un col titanique ! ... et puis, en cherchant bien, on découvre un nez chargé de lunettes à doubles branches, et une manière de figure, qui est l'accessoire de ce col [9]. » Seul Hugo pouvait se permettre, parce qu'un dieu est au-dessus des modes, d'être sans moustache, sans barbe, sans cheveux longs, avec un petit col blanc rabattu.

Pas question de ressembler aux bourgeois. Il fallait donc s'en démarquer dans sa tenue. Mieux encore : se montrer agressif pour leur faire peur. De Joseph Bouchardy, Gautier écrit : « Il était comme nous tous, fort exalté, et déclamait avec une ardeur furibonde, ce qui lui avait valu, dans la préface des *Rhapsodies* [poèmes de Petrus Borel] l'appréciation suivante " Bouchardy, cœur de salpêtre [10] ". » Borel lui-même se baptisa « lycanthrope », c'est-à-dire homme-loup. Mais, même s'ils se prenaient très au sérieux, leur férocité était un jeu : « Nous aimions tous d'ailleurs, quoique les meilleurs fils du monde, avoir l'air farouche et turbulent, ne fût-ce que pour imprimer une terreur salutaire aux bourgeois [11]. » Des tigres de papier.

L'horreur de l'épicier était, avec la religion de l'art, le sentiment le mieux partagé par les jeunes romantiques.

Le règne de l'épicier, c'est celui de la platitude, autant dire l'inacceptable. En septembre 1831, Gautier compose une ode à son ami sculpteur :

Oh ! mon Jean Du Seigneur, que le siècle où nous sommes
Est mauvais pour nous tous, oseurs et jeunes hommes,
Religieux de l'art que l'on nous a gâté !
L'on ne croit plus à rien ; – le stylet du sarcasme
A tué tout amour et tout enthousiasme ;
Le présent est désenchanté [12].

Gautier prend à témoin son compagnon du Petit Cénacle de la décadence de l'époque, où « tout est grêle et mesquin », à l'exception de Hugo, qui « crève les plafonds de son crâne géant ». A cause de l'avarice et de la médiocrité bourgeoises, les poètes ne sont pas écoutés, les peintres pas compris, les sculpteurs n'ont pas de quoi fondre leurs statues ou acheter leurs marbres. Gautier campe les deux personnages irréconciliables, l'artiste et le bourgeois, le premier élargissant le monde, le second le rétrécissant :

Le peintre, tourmentant sa palette féconde,
D'un pinceau créateur fait entrer tout un monde
Dans quelques pieds de toile, et, vrai comme un miroir,
A chaque objet doublé redonne une autre vie.
Par d'ignobles pensers la foule poursuivie
Sans avoir compris rien, retourne à son comptoir.

Par opposition, Gautier évoque, bien sûr, le paradis perdu, la Rome de Jules II, où Raphaël et Michel-Ange étaient révérés.

Cependant, dans ce présent décevant, on peut se raccrocher à la créativité du groupe. Aux œuvres inspirées de Du Seigneur. Que ce soit *Esméralda et Quasimodo* :

Avec ses longs cheveux que le vent roule et crêpe,
Jambe fine, pied leste et corsage de guêpe,
Vrai rêve oriental, passe l'Esméralda

ou *Roland furieux*, qui connut un très grand succès au Salon de 1831 et dont un critique d'art a dit qu'il était une sorte de *Préface de Cromwell* en sculpture :

Roland le paladin, qui, l'écume à la bouche,
Sous un sourcil froncé, roule un œil fauve et louche,
Et sur les rocs aigus qu'il a déracinés,
Nud, enragé d'amour, du feu dans la narine,
Fait saillir les grands os de sa forte poitrine
Et tord ses membres enchaînés [13].

On pouvait aussi avoir foi dans les œuvres en gestation de Petrus Borel : « Les *Rhapsodies* s'élaboraient lentement et dans une ombre mystérieuse pour éclater en coup de foudre et aveugler ou tout au moins éblouir la bourgeoisie stupéfiée [14]. » Il est en tout cas certain, même s'ils ne les réalisaient pas, que les compagnons fourmillaient de projets littéraires, à lire les titres de leurs ouvrages annoncés sur la couverture des *Rhapsodies* en 1832 : *Pâture à liseurs* et *Appel aux jeunes Français à cœurs de lions* par Petrus Borel ; *Odelettes et études dramatiques* par Gérard ; *Mosaïque* par Philothée O'Neddy ; *Odes artistiques* par Théophile Gautier ; *Mater dolorosa* par Augustus Mac Keat ; et l'*Essai sur l'incommodité des commodes* par Jules Vabre.

Une communauté solidaire ?

Gautier présente le Petit Cénacle comme des jeunes gens fous de poésie, rapprochés par leur passion commune, mais sans évoquer une utilité concrète du groupe. Borel et Nerval, au contraire, y insistent. Petrus Borel affirme avoir réuni autour de lui, vers la fin de 1829, « quelques jeunes et timides artistes, afin d'être plus forts en faisceau, afin de n'être pas brisé et renversé à l'entrée dans le monde [15] ». Ce qui signifierait que le Petit Cénacle ne découle pas de la bataille d'*Hernani* mais la précède, le regroupement ayant un but avoué de solidarité. Borel ajoute qu'il fut considéré comme « le grand prêtre de cette camaraderie du bousingo, dont on fit grand scandale, et dont on a par méchanceté et par ignorance perverti les intentions et le titre [16] ». Nous reviendrons sur le « bousingo » mais retenons que leur association devait aider à l'intégration de ses membres dans la société.

Nerval, dans une lettre à Sainte-Beuve, début 1832, précise clairement les avantages du groupe, après lui avoir vanté les sculptures de Jehan Du Seigneur : « C'est un de nos grands travailleurs, et qui, sauf quelques portraits d'amis, ne se prend qu'à des travaux longs et sévères ; disposition bien louable, dans ce temps-ci où tous les jeunes gens de grand talent et de grande espérance s'épuisent en petits ouvrages tandis que les œuvres solides sont plus rares que jamais. J'ai bien compris tout cela depuis deux ans que je le connais et que je suis entré dans le petit cénacle dont il fait partie et où je m'attache de plus en plus. Certes il n'a pas été formé dans l'intention de parodier l'autre, le glorieux *cénacle* que vous avez célébré, mais seulement pour être une *association* utile et puis un public de choix où l'on puisse essayer ses ouvrages d'avance et satisfaire jusqu'à un certain point ce besoin de publication qui fait qu'on éparpille un avenir de gloire en petits triomphes successifs. C'est aussi un aiguillon bien puissant que de s'entendre demander tous les jours : qu'as-tu fait ? et que de voir autour de soi des gens qui travaillent. Aussi quoi qu'on puisse dire contre les camaraderies, je pourrais maintenant citer l'exemple de Théophile Gautier, et de moi, qui étions de grands paresseux et qui depuis deux ans avons fait des ouvrages, considérables, s'ils n'ont pas d'autre mérite, et avons eu aussi la vertu de ne rien publier, ou presque rien. Il en coûte cependant de paraître si longtemps oisifs, aux yeux de trois ou quatre personnes dont le haut suffrage est déjà une gloire, et qui veulent bien vous porter quelque intérêt et attendre quelque chose de vous [17]. » Le Petit Cénacle est donc vécu comme une communauté de travail, une école d'encouragement et de persévérance pour de jeunes artistes, le regard des camarades étant le plus sûr garant de l'exigence de chacun vis-à-vis de sa création.

Est-ce à cause du témoignage de Nerval ou d'autres du même genre que Sainte-Beuve insiste sur l'idéal ambitieux des Jeune-France ? Il loue en eux « l'enthousiasme exalté pour tous les vieux maîtres gothiques et non classiques, le mépris du médiocre, l'horreur du lieu commun, et du vulgaire, l'ardeur et la fièvre d'un renouvellement [18] ». Rien de très nouveau par rapport au Cénacle, sauf que, venant *après* la bataille romantique et la révolution politique de 1830, cet enthousiasme, cette horreur, cette ardeur trouvaient moins de points d'application dans le réel et, tournant plus à vide, allaient devenir une frénésie négative.

Petrus Borel

Les membres du Petit Cénacle se retrouvaient soit dans l'atelier de Jehan Du Seigneur, situé dans une ancienne boutique de fruitier, à l'angle des rues de Vaugirard et du Regard, soit dans la petite chambre de Petrus Borel. Chez Borel, ils ne pouvaient pas s'asseoir tous en même temps et causaient donc debout, mais sans trop bouger les bras, pour ne pas toucher le plafond mansardé. Quelques éléments de décoration exclusivement romantiques : des croquis des frères Devéria, une tête de Louis Boulanger d'après Titien ou Giorgione, les quinze médaillons en plâtre de Jehan Du Seigneur représentant les profils des camarades (réalisés en 1831, ils ont été exposés au Salon de 1833 et se trouvent aujourd'hui à Carnavalet). Sur une étagère, un exemplaire dédicacé de leur Bible, le *Cromwell* de Hugo, dont la préface, dit Gautier, « rayonnait à nos yeux comme les Tables de la Loi sur le Sinaï [19] ».

Petrus Borel était la figure de proue du groupe. Né en 1809, il était le douzième enfant d'un commerçant des Hautes-Alpes venu à Paris pour que ses fils fassent des études. Il est passé par le Petit Séminaire, où il a perdu la foi mais acquis une solide formation littéraire. En 1824, il est entré en apprentissage rue de l'Abbaye, chez Antoine Garnaud, un architecte apparenté à sa famille ; parmi ses compagnons d'atelier se trouvaient Léon Clopet et Jules Vabre. Deux ans après, il rejoint l'atelier de Bourlat puis, en 1829, ouvre un bureau d'architecte en compagnie de Jules Vabre. Les deux jeunes gens vivent dans les caves des maisons qu'ils bâtissent ou réparent, tant pour économiser un loyer que pour jouer les Robinson Crusoé. Gautier se rappelle les avoir trouvés rue Fontaine-au-Roi, essayant d'activer un feu de planches sous la cendre duquel ils faisaient cuire les pommes de terre de leur dîner. Comme une de leurs constructions se révèle défectueuse, on leur intente un procès, qu'ils perdent. Là-dessus, Borel abandonne l'architecture, ce que fera aussi Jules Vabre un peu plus tard : il ira habiter Londres, uniquement occupé de Shakespeare.

Ayant rencontré Eugène Devéria peu après son

triomphe au Salon de 1827, Borel se met à fréquenter son atelier, où l'on pratique d'ailleurs la poésie autant que la peinture. C'est sans doute par Devéria qu'il est introduit chez Hugo, pour lequel, avec Nanteuil et Nerval, il organise, nous l'avons vu, les cohortes de la bataille d'*Hernani*. Il a du charisme et prend un ascendant naturel sur ses compagnons : significativement, Gautier le croit plus âgé de quelques années. Tel que l'a peint Louis Boulanger, en 1839, il est d'une austérité toute espagnole : debout, mince, élégant, l'air hautain ou triste, avec de grands yeux noirs, « des yeux d'Abencérage rêvant à Grenade », son épagneul à ses pieds [20].

S'il apparaît comme la personnalité la plus marquante du Petit Cénacle, peut-on croire pour autant l'anecdote rapportée par Maxime Du Camp, qui prétend la tenir de Gautier lui-même ? Lorsqu'en 1833 les jeunes gens apprennent que Hugo va faire jouer *Lucrèce Borgia*, un drame en prose, ils entrent en fureur : « Quoi ! parler en prose comme de vulgaires bourgeois ! » et envoient une députation au maître, pour le sommer de choisir entre la prose et sa couronne. Hugo, diplomate, calme l'émeute en leur démontrant « que le devoir du romantisme était de renouveler la facture de la prose comme il avait déjà brisé le vieux moule alexandrin ». Question de Du Camp : Et si Hugo vous avait envoyé promener ? Réponse de Gautier : « Nous étions si fols que nous aurions proclamé Petrus Borel [21]. »

Comme Jehan Du Seigneur a fait les portraits de tout le Petit Cénacle en médaillons, Borel, en 1831, met en vers le groupe. Il lui dédie ses *Rhapsodies* : « C'est à vous surtout, compagnons, que je donne ce livre ! Il a été fait parmi vous, vous pouvez le revendiquer [22]. » Il prend la peine de les énumérer tous : « Il est à toi, Jehan Duseigneur, le statuaire, beau et bon de cœur [...] – A toi, Napoléon Thom, le peintre [...] – A toi, bon Gérard », etc.

Cet attachement juvénilement proclamé pour la bande va de pair avec une revendication farouche d'indépendance, dans un style provocateur, lui aussi très juvénile. Borel « jette sa bave » contre les poètes en place : « Nos bardes contemporains me puent avec leurs prétendus poèmes et luxes pachaliques, leur galbe aristocrate, leurs mômeries ecclésiastiques et leurs sonnets à manchettes. » Lui n'a jamais été inféodé à qui que ce soit : « Nul ne peut me dire son apprenti. » Il se proclame républicain, moins pour des raisons politiques que philosophiques : « Si je parle de république, c'est parce que ce mot me représente la plus large indépendance que puisse *[sic]* laisser l'association et la civilisation. Je suis républicain parce que je ne puis pas être caraïbe ; j'ai besoin d'une somme énorme de liberté [23]. » Cet avant-propos au ton sérieux et même solennel contraste de façon surprenante avec la médiocrité des poèmes qui suivent. Mais chez Borel l'emphase est de mise. Et il y a chez lui comme un appel permanent à l'anarchie. En 1832, il crée, avec le concours de Du Seigneur, un hebdomadaire, *La Liberté, journal des Arts*, pour que les jeunes artistes puissent exprimer leur haine des institutions existantes : « Mort à l'Institut ! Mort au Professorat ! Ainsi nous ne jetterons les armes que quand nous aurons fait à l'Académie royale des beaux-arts une large tombe avec les pierres démolies du palais des Quatre Nations [24]. »

Le recueil des *Rhapsodies* trahit la forte présence du clan, non seulement dans la dédicace de chaque texte à un compagnon, mais aussi dans l'évocation de leurs liens et de leurs activités. *Au médaillon d'Iseut* est écrit à la gloire de Jehan Du Seigneur :

Bronze charmant donnant d'amour la fièvre
Qui t'a parfait ? bijou, bronze fragile,
Et ce bonheur, qui me l'a fait ?... C'est Jehan !

Ce bon ami, dont l'ébauchoir agile
Sait éveiller Abélard de l'argile,
Hugo, Calvin, Esméralda, Roland [25]...

Ailleurs, il remercie Léon Clopet de l'avoir recueilli quand il était à la rue :

Quand ton Petrus ou ton Pierre
N'avait pas même une pierre
Pour se poser, l'œil tari,
Un clou sur un mur avare
Pour suspendre sa guitare,
Tu me donnas un abri [26].

Ailleurs encore, il prend à témoin Vabre de sa marginalité :

De bonne foi, Jules Vabre,
Compagnon miraculeux
Aux regards méticuleux
Des bourgeois à menton glabre
Devons-nous sembler follet
Dans ce monde où tout se range!
Devons-nous sembler étrange,
Nous, faisant ce qu'il nous plaît [27]!

Puis, après s'être exprimé pour son compte, il adopte le pluriel, qui désigne au moins Jules Vabre et lui, si ce n'est le Petit Cénacle entier :

Dans Paris, ville accroupie,
Passant comme un brin sur l'eau,
Comme un vagabond ruisseau
Dans une mare croupie.
Bohémiens, sans toits, sans bancs,
Sans existence engainée,
Menant vie abandonnée,

Ainsi que des moineaux francs
Au chef d'une cheminée!
Chats de coulisse, endêvés!
Devant la salle ébahie
Traversant, rideaux levés,
Le théâtre de la vie.

Borel a beau jouer au farouche, au loup-garou, et faire le matamore, le lecteur n'est guère impressionné. Pas plus en 1831 qu'aujourd'hui : les journaux furent muets ou hostiles [28]. Seul le Petit Cénacle était en émoi. Selon Gautier, on attendait un coup de foudre. C'est aussi ce que traduit le frontispice gravé par Joseph Bouchardy. Il représente un jeune homme coiffé d'un bonnet phrygien, bras nus, tenant à la main un long et large couteau : s'agit-il de Borel lui-même, prêt à frapper et à faire la révolution avec ses poésies [29] ? Il y a dans ces représentations excessives beaucoup de ridicule, qui tient au fossé qui les sépare de la réalité. Un poème, par exemple, intitulé *Fantaisie*, est accompagné de la mention « Au cachot, à Ecouy, près les Andelys, 1831 ». Si l'on en croit cette mention et la vignette, gravée par Napoléon Thomas – un prisonnier, couché sur la paille d'un cachot, ses fers scellés dans la muraille, une cruche et un morceau de pain noir à côté de lui –, Borel serait un héros de captivité à la Silvio Pellico. En fait, Borel a bien été brièvement incarcéré cette année-là, mais c'était pour tapage nocturne, en compagnie de Nerval, et mystification des gendarmes d'Ecouy. Plaisanteries de potaches. Petrus Borel, malgré son républicanisme affiché, n'a rien d'un conspirateur. D'ailleurs, en juillet 1830, il n'était pas dans la rue mais dans sa chambre, enfermé par son père.

Le baptême des « Jeune-France » par Le Figaro

Le 22 août 1831, *Le Figaro*, rendant compte de la représentation de *Marion Delorme*, parle des « gardes municipaux qui surgissent avec les Jeune-France, les Jeune-France qui bordent les galeries, et qui font l'ornement de la soirée en lamas, en bouquetins, en chamois, en boucs, en chèvres du Thibet, en mérinos, en moutons-Ternaux [30], portant l'auteur sur les épaules et un cornouiller trente-deux pouces sous le bras ». Les Jeune-France sont donc les ardents supporters de Hugo, qui se font remarquer par une tenue rustique et extravagante [31].

Une semaine plus tard, le journal publie le premier d'une série d'articles sur les Jeune-France : « Comme ce ridicule reviendra sous notre plume, qu'il paraîtra souvent dans les colonnes de notre journal, il est bon d'en donner la physionomie en général, les mœurs sauvages et privées, le type caractéristique » (30 août 1831). Le Jeune-France a le teint pâle, l'habit noir boutonné jusqu'en haut, les bottes poussiéreuses. Il se complaît dans la morbidité, fréquente les cimetières, manipule crânes et os, joue avec le macabre, même pour séduire : « Aux jeunes dames il montre un os, et leur dit " Vous en avez autant sous vos gazes et vos mousselines. Ainsi vous marchez toujours en compagnie d'un squelette, vous avez la mort sous vos jupes : voyons la mort ! " »

Il est à la fois peintre et poète et se livre, au sortir de ses beuveries, à l'exaltation créatrice : « Il peint comme ça lui vient, lui ! comme le chaos ; chaos sublime ! croûte phénoménale ! type primitif ! égyptien, pyramidal, mastodonte ; c'est grand, c'est laque, c'est ocre, c'est bistre, c'est une grande route de couleurs natives, minérales, désordonnées. » Ce fantasme de l'instinctif et du primitif pousse le Jeune-France à se dire républicain. Il n'a aucune proximité avec le peuple, dont il prend, au contraire, soin de se démarquer, mais il le défend, « parce que le peuple est spontané, brut, dramatique, carré, fortement coloré, barbu ».

Les articles suivants décrivent le Jeune-France à table, chez lui, en voyage. Il cultive le moyenâgeux, le primitif et le macabre. Il mange du sanglier, « indigeste, mais gothique » (10 septembre), du paon, du bœuf noir cuit dans l'eau ; il boit dans le crâne de sa maîtresse du punch qu'il agite avec le tibia d'un ami « enlevé à la fleur de l'âge [32] ». Il emploie des jurons d'un autre temps : « Naxe de cabre, vertu-bœuf, thubœuf. » Son appartement est inconfortable (on s'assied par terre, on mange debout, il dort dans un hamac), bourré d'objets exotiques dangereux (flèches, poignard et lance empoisonnés, piège à loup et tomahawk) et de tableaux romantiques (des sorcières de Macbeth au supplice de Mazeppa en passant par le festin de Balthazar). En voyage, il se désespère de ne pas rencontrer des aventures romanesques et vibrantes, oubliettes, aubergistes voleurs et bandits de grand chemin : « Adieu, poésie ! Depuis quarante ans on n'a pas égorgé un seul homme dans les Ardennes ! » (4 octobre.)

Les membres du Petit Cénacle sont des Jeune-France *mais pas des* bousingots

Le Jeune-France est un romantique, excessif et ridicule, comme peuvent l'être les membres du Petit Cénacle. Et, de fait, le journal finira par employer « Jeune-France » comme synonyme de « jeune romantique », après avoir tenté sans succès de les différencier. Ils ont les mêmes tics de langage, mettant l'adjectif

« complet » à toutes les sauces (des « âmes complètes », des « physionomies complètes ») et s'exclamant « Pitié ! » en toutes circonstances. Ils ont surtout les mêmes excès d'admiration littéraire, ont composé des drames imités de Goethe et vouent un culte à Hugo. Pour résumer, le Petit Cénacle est un groupe dont les membres sont des Jeune-France, ont le genre Jeune-France.

Antoine Fontaney signalait en octobre 1831 la présence de « Jeune-France » à l'Arsenal. Un an plus tard, il parle de « bouzingots », parmi lesquels Nerval, « le petit Gérard-Bouzingot ». C'est *Le Figaro* qui, en 1832, a lancé le terme « bousingot », comme il l'avait fait pour l'expression « Jeune-France » en 1831. Le journal notait déjà, le 24 octobre 1831, la mode nouvelle, chez les Jeune-France, du chapeau ciré ou en cuir bouilli, qu'il ne nommait pas encore « bousingot ». Ce chapeau était celui que portaient les volontaires du Havre venus à Paris pour secourir la patrie le 4 août 1830. Bien qu'arrivés trop tard, après la révolution, ils furent remarqués pour avoir été passés en revue par Louis-Philippe et invités au Palais-Royal.

En 1832, cet attribut est devenu emblématique de toute la personne qui le porte, et il a pris une connotation politique : « Le bousingot ou chapeau ciré existe ordinairement de dix-huit à vingt-trois ans, lit-on le 9 février ; il a encore un an de droit à finir pour retourner dans son pays et changer d'opinion. Il reporte ordinairement le luxe absent de son costume et de ses manières dans l'excroissance de la barbe et des favoris ; il est tout cuir, poil, loutre et républicain. » A partir du 13 février, *Le Figaro* donne la « Biographie du Bouzingot » en cinq chapitres, où on ne le considère plus que du point de vue politique : c'est essentiellement un agitateur républicain, un extrémiste [33]. Des gravures figurant le bousingot publiées par le journal (27 août et 25 octobre 1832, en supplément) le montrent non seulement avec le chapeau de cuir noir à bords larges et plats et l'habit à grandes basques, mais aussi avec d'autres accessoires propres au révolutionnaire militant : pantalon à bandes rouges, gilet à la Robespierre, pistolet, poignard, œillet rouge et gourdin.

Armand de Pontmartin, qui avait pris part à la bataille d'*Hernani*, assiste, le 29 mai 1832, à la première représentation de *La Tour de Nesle* de Dumas. Il compare les publics des deux soirées : les claqueurs d'*Hernani*, c'étaient « les fils de famille, les lauréats de l'Université, les rédacteurs du *Globe*, les artistes *arrivés*, les poètes du *Cénacle*, les aristocrates du libéralisme politique et littéraire ». Ceux de *La Tour de Nesle* ont une autre origine : « ...beaucoup de rapins d'atelier ; des étudiants de dixième année, habitués des estaminets du Quartier latin ; des acteurs et des actrices des petits théâtres ; les journalistes républicains ; les héros des barricades ; bon nombre de ces figures qui s'étaient signalées au sac de l'Archevêché et de Saint-Germain l'Auxerrois, et qui allaient se manifester aux obsèques du général Lamarque [34] ». Leur allure est plus inquiétante : « Les chevelures étaient plus longues et plus mal peignées, les barbes plus hirsutes, les moustaches relevées en crocs plus menaçants, les regards plus sombres, les visages plus violents, les justaucorps et les pourpoints façon *moyen âge* plus excentriques et plus râpés. » Même si Pontmartin ne prononce pas ces mots-là, les premiers sont Jeune-France et les seconds bousingots. Les Jeune-France seraient des privilégiés dont la révolte se cantonnerait au domaine littéraire (*Le Figaro* du 12 mars 1832 les traite de « véritables bousingots littéraires »), tandis que les bousingots, appartenant aux frustrés de la société, la menaceraient plus sérieusement.

Le Petit Cénacle était-il Jeune-France ou bousingot ? Trente ans plus tard, dans une lettre à Charles Asselineau, Philothée O'Neddy est catégorique : « Jamais il n'y a eu de *Bouzingotisme* ni de *Bouzingots.* Jamais les *Jeunes-France* de notre groupe (c'est seulement ainsi que nous nous appelions, et qu'il faut nous appeler) ne se sont affublés d'un tel substantif et d'un pareil qualificatif. C'est tout bonnement une mauvaise plaisanterie du cru des bourgeois, comme la fameuse ronde dansée autour du buste de l'auteur d'*Athalie,* au cri de " Racine est un polisson [35] ! " » C'est pourtant le Petit Cénacle qui aurait inventé le mot *bousingot,* en ajoutant la terminaison – *go,* donnée par le nom de Victor Hugo, à *bousin,* terme d'argot signifiant « chahut, vacarme [36] ». Un soir de février 1832, revenant d'un dîner, les compagnons chantèrent à tue-tête une chanson qui avait pour refrain : « Nous avons fait (ou nous ferons) du bouzingo. » Les sergents de ville, particulièrement sensibles à tout désordre (le complot carliste de la rue des Prouvaires venait d'être éventé), en arrêtèrent trois ou quatre, dont Nerval, et les incarcérèrent pendant quelques jours à Sainte-Pélagie. L'affaire fit grand bruit et l'on raconta « que les jeunes républicains venaient de prendre ce surnom *Bouzingots* [...] qu'il fallait désormais ne plus les appeler autrement ». De là, pendant six mois, *Bouzingotisme* et *Bouzingot* répétés sur tous les tons dans les journaux : la presse favorable au gouvernement affecta d'appeler *bousingots* les ennemis de l'ordre public.

Par provocation, les Jeune-France pouvaient se donner l'apparence de bousingots. Ainsi Napoléon Thomas exposa-t-il, au Salon de 1833, un portrait de Petrus Borel « en costume *Bousingo* », selon le critique d'art Jal, c'est-à-dire « gilet rouge, habit aux larges revers pointus, gants sang-royaliste, chapeau pointu, barbe et cheveux flottants », et, en plus, dans un cadre tricolore [37] ! Le

Petit Cénacle eut en tout cas le projet de publier un livre collectif en deux volumes, les *Contes du Bousingo*, qui furent annoncés dans *Le Cabinet de lecture* du 24 septembre 1832. Etait-ce pour faire un livre à succès en utilisant la vogue du mot ? Ou bien pour se démarquer des jeunes républicains ? Selon Gautier, il s'agissait d'« apprendre l'orthographe aux bourgeois », puisque les journaux hésitaient sur l'orthographe du mot. Le livre ne vit jamais le jour, pas plus que le projet de Nerval d'écrire « un article sur les Bousingaults » pour *Les Français peints par eux-mêmes*[38]. La mode du bousingot s'éteignit très rapidement : « Comme tout passe dans la vie, le bousingot a passé », affirmait *Le Figaro* dès le 22 février 1833.

C'est la génération suivante (Baudelaire, Asselineau, Privat d'Anglemont...) qui a établi un lien entre la poésie et la révolution et érigé le Petit Cénacle en groupe de jeunes romantiques révolutionnaires[39]. Les Jeune-France n'étaient pas politisés, comme le rappelle, une trentaine d'années plus tard, Joseph Bouchardy à Gautier : « Tandis que les fouriéristes faisaient des phalanstères, les saint-simoniens de nouveaux contrats sociaux, les démocrates des projets, sourds à tous ces bourdonnements d'alors, nous n'entendions que le murmure de l'art qui s'agitait dans l'enfantement d'un progrès. La plume, le pinceau, la lyre et le ciseau du statuaire étaient nos seules armes, les grands maîtres nos seuls dieux, et l'art le seul drapeau que nous voulions faire flotter et défendre[40]. » Lorsqu'ils militaient, c'était exclusivement pour une cause artistique.

Gautier se souvient qu'au Petit Cénacle, on écrivait beaucoup et à plusieurs. Des drames surtout, parce que le roman-feuilleton des journaux n'étant pas inventé, le théâtre était le seul lieu où le poète pouvait trouver un public. Et puis il y avait à l'horizon les grands modèles,

Henri III, *Hernani*. Nerval et Gautier composèrent donc de concert un drame en vers, *La Dame de Carouge*, Nerval et Mac Keat un drame en un acte et en vers, *L'Expiation*, qu'ils auraient, semble-t-il, fait recevoir à l'Odéon en 1833, Mac Keat et Gautier un drame à partir de *Parisina*, le poème de Byron. Ouvrages de jeunesse perdus. Mais l'important était peut-être moins le résultat que leur activité littéraire bouillonnante.

1833 : derniers excès romantiques

Les poses des Jeune-France ont dès l'origine appelé la caricature. Eugène Sue, en 1832, écrit une pièce dialoguée, *M. Crinet ou une révolution*, qui met en scène, face à un négociant, M. Crinet, un jeune lourdaud, Regulus, grossier imitateur des Jeune-France, qui charme Mme Crinet : « Il a les cheveux tout droits, et il porte un poignard empoisonné... Ah ! C'est un être qui me fera, j'espère, passer de bien atroces et de bien cruels moments. Quel être délicieux ! Il ne parle que de mort, de poison, d'assassinat ; ce qu'il regrette, c'est de n'être ni poitrinaire ni bâtard... Mais on ne peut pas tout avoir non plus [41]... »

Malgré la dérision dont ils sont l'objet, les Jeune-France du Petit Cénacle continuent à donner dans l'excès grotesque. En mars, mai et août 1833 sont ainsi publiés trois textes qui font rire le lecteur à force de se vouloir terribles : le *Champavert* de Petrus Borel, le *Trialph* de Charles Lassailly et *Feu et Flamme* de Philothée O'Neddy. *Champavert* consiste en une série d'histoires sombres, d'un romantisme noir très daté : fille violée et condamnée à mort pour infanticide par un accusateur public qui est son séducteur ; vieillard impuissant qui tue les amants de sa jeune femme pour ses expériences de dissection; exhumation d'un squelette chargé de lambeaux, etc. En exergue à la dernière nouvelle, de mauvais vers de Nerval résument le livre ·

Car la société n'est qu'un marais fétide
Dont le fond, sans nul doute, est seul pur et limpide
Mais où ce qui se voit de plus sale, de plus
Vénéneux et puant, vient toujours par-dessus!

Le texte initial, *Notice sur Champavert,* présenté comme une nécrologie, est en réalité un autoportrait. Champavert, nous dit-on, est le vrai nom de Petrus Borel, qui s'est suicidé au printemps. Borel décrit avec complaisance sa misanthropie et sa marginalité : « Hardi, têtu, impérieux, le mépris des usages et coutumes était inné en lui [...] Déjà, en ce temps, il portait en lui une tristesse, un chagrin indéfini, vague et profond [...] Assurément la vie en communauté forcée l'avait jeté dans cet état chronique de souffrance [42]. » C'est sa capacité de subversion qui a mené Champavert au suicide. Ses poésies étaient tellement provocantes que ses lecteurs l'ont pris pour « un ogre effroyable ». Et Borel de citer des vers des *Rhapsodies* avant d'affirmer : « Jamais petit livre n'avait fait plus grand scandale [...] Une œuvre comme celle-là n'a pas de second tome : son épilogue, c'est la mort. » De tels propos semblent hors de proportion avec la médiocrité de l'œuvre et l'absence de réaction du public.

Tout aussi ridicule nous apparaît *Trialph,* créé par Charles Lassailly, un ami du Petit Cénacle qui, plus tard, fréquentera le Doyenné. Trialph, dont le prénom signifie « gâchis » en danois, est un poète endetté et affamé qui, à dix-huit ans, a raté son suicide. On ne sait de quoi il vit mais il passe son temps à rêver « de délicieuses folies, de suaves voluptés d'imagination [43] ». Quand il n'est pas occupé par le bric-à-brac romantique, il joue les cyniques. Aimé à la fois par une jeune fille et par une femme mariée, il les séduit par des déclarations d'amour insolites : « Je vous aime autant que la chère république », dit-il à la première. Avec la seconde, il mêle aveux et ricanements, affirme tour à tour qu'il l'aime puis ne l'aime pas, lui arrache un aveu d'amour puis lui déclare qu'elle l'ennuie ; il a même le front de lui reprocher, depuis qu'elle est devenue sa maîtresse, d'être infidèle à son mari. C'est le roi des sophismes et des paradoxes. Trialph pose au conspirateur républicain en assistant, avec son ami de collège, à un banquet pour les Polonais où, le champagne et l'opium aidant, ils échafaudent des projets de complot. Mais surtout, il flirte avec la mort – ornant de bijoux une tête de mort ou récitant des vers en attendant une exécution capitale – jusqu'à la tragédie finale : il tue son ancien condisciple puis les deux femmes qui l'aiment avant de se suicider.

Août 1833 est le point ultime des délires romantiques, avec la parution simultanée des textes des deux Théophile, le *Feu et Flamme* de O'Neddy et *Les Jeunes-France* de Gautier, qui mettent en scène ces délires, le premier sérieusement, le second ironiquement. Les poèmes de O'Neddy, pleins de la passion de nos Jeune-France pour le macabre, déclinent la mort sous tous ses aspects. Le meurtre : l'assassinat de Stella, la Grecque favorite de l'émir, et de son amant, l'esclave Elmodhi, ou le cauchemar de l'égorgeur que finit par endormir la ronde de ses victimes ; le suicide : le poète imagine l'empoisonnement le plus élégant, aux Italiens, en écoutant de la musique ; la mort consolatrice enfin : « Sous la tombe muette, oh ! comme on dort tranquille ! » déclare au poète un jeune squelette, dans un texte qui porte en exergue une phrase de Petrus Borel : « Sur la terre on est mal ; sous la terre on est bien [44]. »

Feu et Flamme se compose de dix *Nuits* dont la première, intitulée « Pandaemonium », décrit, dans un style très alambiqué, le Petit Cénacle réuni dans l'atelier de Jehan Du Seigneur :

> Au centre de la salle, autour d'une urne en fer,
> Digne émule en largeur des coupes de l'enfer,
> Dans laquelle un beau punch, aux prismatiques
> [flammes,
> Semble un lac sulfureux qui fait houler ses lames,
> Vingt jeunes hommes, tous artistes dans le cœur,
> La pipe ou le cigare aux lèvres, l'œil moqueur,
> Le temporal orné du bonnet de Phrygie,
> En barbe Jeune-France, en costume d'orgie,
> Sont pachalesquement jetés sur un amas
> De coussins dont maint siècle a troué le damas [45].

L'atmosphère est fantastique : l'atelier est plein d'objets macabres et moyenâgeux, les visages des jeunes gens émergent de la fumée de leurs pipes à la lumière du punch qui brûle.

Ces garçons sont des révoltés :

> Tout chez eux puissamment concourt à proclamer
> Qu'ils portent dans leurs seins des cœurs prompts à
> [s'armer
> De haine virulente et de pitié morose,
> Contre la bourgeoisie et le Code et la prose.

Leur passion commune pour la poésie prend corps lorsque l'un d'entre eux se met à réciter du Victor Hugo :

> Les sorcières dansaient en rond; les damoisels
> Couraient bride abattue aux nobles carrousels
> [...]
> Il y avait dans l'air comme une odeur magique
> De moyen âge...

Et de regretter ce temps où l'on pouvait connaître l'aventure, et de souhaiter la régénération, par « l'Art-Dieu » du poète, de notre siècle envahi par la banalité. La nuit se termine en bacchanale, « Tous hurlant et dansant dans le fauve atelier... »

Rien de ce style ampoulé chez Théophile Gautier qui va mettre un point final aux exaltations romantiques en démontant leur mécanisme et en se moquant, par là même, des tics qui ont été les siens. Il a tracé, avec *Les Jeunes-France*, dira-t-il plus tard, le portrait d'une « espèce de précieuses ridicules du romantisme [46] ». Dès la préface, l'auteur se présente comme un Jeune-France modèle : « J'ai un pseudonyme très long et une moustache fort courte; j'ai une raie dans les cheveux à la Raphaël. Mon tailleur m'a fait un gilet... délirant. Je parle art pendant beaucoup de temps sans ravaler ma salive, et j'appelle bourgeois tous ceux qui ont un col de chemise. Le cigare ne me fait plus tousser ni pleurer, et je commence à fumer dans une pipe assez crânement et sans trop vomir. Avant-hier, je me suis grisé d'une manière tout à fait byronienne; j'en ai encore mal à la tête; de plus, j'ai fait acquisition d'une mignonne petite dague en acier de Toscane, pas plus longue qu'un aiguillon de guêpe, avec quoi je trouerai tout doucettement votre peau blanchette, ma belle dame, dans les accès de jalousie italienne que j'aurai quand vous serez ma maîtresse [47]. »

On retrouve tous ces traits de pittoresque romantique dans les personnages du livre. Chez le peintre Onuphrius : cheveux longs et plats et cimarre sombre à plis raides, à la mode gothique; chez Elias Wildmanstadius (dont le modèle est Célestin Nanteuil), vêtu comme au Moyen Age et portant même parfois une armure complète; chez les jeunes gens du « Bol de punch », vrai pot-pourri historique – barbe à la François Ier, pantalon collant d'archer du Moyen Age, habit de Conventionnel, fraise à la Henri IV...

Le héros le plus intéressant des *Jeunes-France* est Daniel Jovard, dont l'auteur décrit les étapes de la conversion au romantisme. Fils d'un quincaillier de la rue Saint-Denis, destiné à devenir second clerc d'avoué, il a tout de Joseph Prudhomme : cravate et vaste col de chemise blanc empesé, habit bleu barbeau, pantalon gris fer laissant voir les chevilles, montre d'argent au bout d'une chaîne en métal, souliers lacés et gants de daim. Il est voltairien, lit *Le Constitutionnel*, craint les Jésuites et les romantiques et va écouter des tragédies classiques au Théâtre-Français. Un jour, il retrouve un camarade de collège, Ferdinand de C..., vraie gravure de mode romantique : habit doublé de velours, gilet de couleur vive taillé en pourpoint, pantalon noir collant, chaîne d'or, cravate en satin, sans col de chemise visible, cheveux ras et barbe en éventail, chevalière à la gothique au doigt.

Ferdinand va bouleverser toutes les idées de Daniel, en lui prouvant que la tragédie est « rococo » ou « pompadour », avec « ces grands dégingandés d'hexamètres [...] ces grands dadais de substantifs avec leurs adjectifs qui les suivent comme des ombres, ces bégueules de périphrases avec les sous-périphrases qui leur portent la queue [48]... » Dès le lendemain, Daniel rend visite à Ferdinand qui lui donne une leçon de mode romantique : « Il lui apprit à avoir un air moyen âge, il lui enseigna les moyens de se donner de la tournure et du caractère, il lui révéla le sens intime de l'argot en usage cette semaine-là ; il lui dit ce que c'était que ficelle, chic, galbe, art, artiste et artistique ; il lui apprit ce que voulait dire cartonné, égayé, damné ; il lui ouvrit un vaste répertoire de formules admiratives et réprobatives, phosphorescent, transcendantal, pyramidal, stupidifiant, foudroyant, annihilant [...] il lui fit voir l'échelle ascendante et descendante de l'esprit humain, comment à vingt ans l'on était Jeune-France, Beau jeune mélancolique jusqu'à vingt-cinq ans, et Childe-Harold de vingt-cinq à vingt-huit [...] comment ensuite l'on ne comptait plus, et que l'on arrivait par la filière d'épithètes qui suivent : ci-devant, faux toupet, aile de pigeon, perruque, étrusque, mâchoire, ganache, au dernier degré de la décrépitude ; à l'épithète la plus infâmante, académicien et membre de l'Institut [49]. »

Le résultat de cette leçon est spectaculaire. Daniel devient un Jeune-France enragé : il rentre chez lui, traite son père de « garde national », coupe tous ses cols de chemise, brûle son Racine et son Voltaire, se laisse pousser une royale et apprend à fumer le cigare. Là-dessus, Ferdinand lui donne une seconde leçon, littéraire cette fois-ci : « Il lui apprit à faire du rêveur, de l'intime, de l'artiste, du dantesque, du fatal, et tout cela dans la même matinée. Le rêveur, avec une nacelle, un lac, un saule, une harpe, une femme attaquée de consomption et quelques versets de la Bible ; l'intime, avec une savate, un pot de chambre, un mur, un carreau cassé, avec son beefsteack brûlé ou toute autre déception morale aussi douloureuse ; l'artiste, en ouvrant au hasard le premier catalogue venu, en y prenant des noms de peintres en *i* ou en *o*, et par-dessus tout en appelant Titien, Tiziano et Véronèse, Paolo Cagliari ; le dantesque, au moyen de l'emploi fréquent de donc, de car, de or, de parce que, de c'est pourquoi ; le fatal, en fourrant à toutes lignes ah, oh, anathème, malédiction, enfer... »

Daniel, pris d'un immense désir de se faire connaître, adopte d'abord un pseudonyme : prénom en *us* et nom bourré de K, W, et autres consonnes romantiques. Puis il met en place une stratégie médiatique. Il se trouve là où il faut pour qu'on parle de lui, au bal, au concert, dans l'atelier des peintres, chez les poètes en vogue et aux premières de théâtre. La publicité qu'il a su orchestrer fait de lui, d'avance, un littérateur : « Il a un roman en train, un poème en train ; il a lecture pour un drame qu'il ne manquera pas de faire, il va avoir le feuilleton d'un grand journal, et j'apprends qu'un éditeur à la mode est venu pour lui faire des propositions. » Gautier sait de quoi il parle : c'est de lui-même qu'il se moque, et du milieu dans lequel il évolue depuis plusieurs années. Certains de ses compagnons ont d'ailleurs fort mal accueilli son livre et crié à la trahison. *Les Jeunes-France* témoignent en tout cas de son agacement face à l'exhibitionnisme romantique dont sa génération a pu faire preuve : ces manies démonstratives n'ont mené à rien d'autre qu'à gâcher le vrai talent littéraire. Peut-être ce livre a-t-il pour rôle d'affirmer la foi sérieuse de son auteur dans l'Art, qui ne peut être confondue avec des poses grotesques.

Que sont-ils devenus ?

Ce n'est pas le roman de Gautier qui a provoqué la dispersion du Petit Cénacle. Avec leurs publications, en 1833, Borel, Lassailly et O'Neddy étaient allés jusqu'à des extrémités qu'on ne pouvait dépasser ; le public était lassé et le groupe à bout de souffle. Encore fallait-il le sentir et parvenir à tourner la page. Mais tout le monde n'avait pas la souplesse de Gautier et certains s'entêtaient, à commencer par le « lycanthrope ».

Au bal costumé d'Alexandre Dumas, le 30 mars 1833, Petrus Borel était en Jeune-France, autant dire en gardien du temple romantique. Tout un symbole. Il va conserver son style excessif, dans la vie comme dans les livres. Il a des rêves de Robinson qu'il essaie de concrétiser. En été 1833, avec Jules Vabre, il fonde sur le coteau de Rochechouart « le Camp des Tartares », où ils vivent nus sous des tentes, dormant sur des tapis ou des peaux. En 1835, il quitte Paris pour un village de Champagne, habite une cabane solitaire et se nourrit des fruits et légumes qu'il cultive. Il tombe malade et s'aigrit. Il traduit *Robinson Crusoé*, qui paraît l'année suivante. Comme il écrit très lentement, le roman qu'il avait annoncé en 1833, *Madame Putiphar*, ne sera prêt qu'en 1839. Ce livre tout à fait démodé, où il est question de rapts, séquestrations et messes noires, éveillera la violente hostilité de Jules Janin dans le *Journal des Débats*.

Au cours des années, Borel continue sa collaboration à des journaux, *Le Messager*, *Le Commerce*, *La Sylphide*, *L'Artiste*, où Arsène Houssaye le retrouve en 1844, « noir et triste comme un loup. Il continuait à poser pour l'étrange. Il était coiffé à la mal content, et il portait toujours son habit boutonné, revers à la Robespierre, comme dans son portrait par Louis Boulanger ». Il remplace un temps au *Satan* son frère Francisque qui en était le gérant. Sans succès.

En 1845, la vie de Borel prend un tournant inattendu : Gautier, par l'entremise de Delphine de Girardin, lui obtient un poste en Algérie, d'inspecteur de la colonisation à Mostaganem. Eclat de rire dans la presse, qui fâche beaucoup Borel : il provoque même en duel le directeur du *National*. En Algérie, il se marie, a un fils, se bâtit une maison qu'il appelle *Haute Pensée*. Mais il néglige tellement son travail qu'il finit, après de multiples sanctions, par être révoqué en 1855. Obligé de devenir colon pour subsister, il meurt d'une insolation quatre ans plus tard, à l'âge de cinquante ans.

Moins romanesque mais tout aussi sinistre, le destin

de O'Neddy. Cet étrange jeune homme, mulâtre aux cheveux blonds crépus et aux yeux bleus, entré en 1831 comme surnuméraire au ministère des Finances, fut obligé d'y passer sa vie pour entretenir sa mère et sa sœur, qu'il ne quitta jamais. *Feu et Flamme* n'ayant eu aucun succès, il ne put de son vivant publier un autre recueil de poésies. Mais il arrivait parfois à faire insérer dans les journaux ses vers au style ampoulé :

> Oui, voilà bien l'amour! le dur, le tendre amour!
> Oromaze, Arimane! Heur, malheur tour à tour!
> Calice de poison! Coupe d'électuaire! ...

Il rédigea quelque temps le feuilleton dramatique à *La Patrie* puis au *Courrier français*. Son amertume apparaît clairement dans sa correspondance. En 1861, il écrit, en parlant de sa sœur : « Elle s'est remise un peu à la peinture. A quoi bon? Encore un sujet d'amertume et de misère. Il en est pour elle de la peinture comme il en a été de la littérature pour son pauvre frère, qui disait judicieusement, il y a peu d'années :

> Triste Muse, il nous sied, sans plainte ni témoins,
> D'attendre la vieillesse et la mort dans mon coin [50]!

Gautier se rappelle avoir revu son ancien camarade en 1867, à la fête donnée pour le départ de Nanteuil. Comme il lui demandait « A quand le second volume de vers? » O'Neddy répondit « Oh! quand il n'y aura pas de bourgeois [51]! » Les vieilles obsessions ont la vie dure.

D'autres membres du Petit Cénacle, moins marqués par les excès du début de la décennie 1830, se reconvertirent plus aisément. Augustus Mac Keat, redevenu Auguste Maquet, se fit un nom comme collaborateur de Dumas, à partir de 1838, pour les romans aussi bien que pour les pièces de théâtre. Célestin Nanteuil, après avoir connu la gloire avec ses vignettes romantiques, donna dans le style sentimental : il illustra des romances et vécut de ses lithographies. Bien plus tard, en 1867, il fut nommé directeur de l'Académie des beaux-arts de Dijon. Joseph Bouchardy délaissa la gravure pour l'art dramatique, où il remporta de grands succès avec des mélodrames à l'intrigue très compliquée. Gautier raconte que, devant rendre compte du *Sonneur de Saint-Paul* dans *La Presse* et n'y comprenant rien, il alla demander à Bouchardy qui fut incapable de s'y retrouver, faute d'avoir son plan devant lui ! Quant à Alphonse Brot, Gautier et Nerval, nous allons les retrouver au Doyenné, dans une atmosphère plus gaie et détendue qu'au Petit Cénacle.

Le Doyenné

« Depuis le guichet qui mène au pont du Carrousel, jusqu'à la rue du Musée, tout homme venu, ne fût-ce que pour quelques jours, à Paris, remarque une dizaine de maisons à façades ruinées, où les propriétaires découragés ne font aucune réparation, et qui sont le résidu d'un ancien quartier en démolition depuis le jour où Napoléon résolut de terminer le Louvre... » Le Louvre, on le sait, ne fut jamais terminé mais ses abords seront enfin aménagés au début des années 1850, lorsqu'on prolongera la rue de Rivoli. Trente-six ans de « barbarie » au cœur de Paris, écrit Balzac en 1846 : « Les ténèbres, le silence, l'air glacial, la profondeur caverneuse du sol concourent à faire de ces maisons des espèces de cryptes, des tombeaux vivants. Lorsqu'on passe en cabriolet le long de ce demi-quartier mort, et que le regard s'engage dans la ruelle du Doyenné, l'âme a froid [1]... » Pour cette raison, les loyers au Doyenné étaient bon marché et la cousine Bette y habitait depuis 1823.

Mais loin de rebuter, ce quartier pouvait au contraire, parce qu'il était sauvage, avoir du charme, surtout pour des jeunes gens, artistes de surcroît. Gautier se souvient, en 1848, de cette « oasis de solitude et de silence », où « un campement de bohèmes pittoresques et littéraires menait une existence de Robinson Crusoé [2] ». On a une idée du lieu grâce au tableau de Lina Jaumez exposé au

Salon de 1833, aujourd'hui au musée Carnavalet [3]. Ces ruines gothiques envahies par la végétation étaient bien faites pour plaire à des romantiques. Le Doyenné était comme un résidu des temps anciens en plein cœur de Paris : au XVIIe siècle s'y élevait l'hôtel de Rambouillet, avec le salon des Précieuses. Le nom du lieu a été donné au groupe qui vivait là en 1834-1835, une ruche de jeunes hommes avec quelques « cydalises ». Parmi eux, trois personnalités de la presse : Gavarni, trente ans, Karr, vingt-six ans, Houssaye, vingt ans.

Comment on entre dans la presse en 1829 : Gavarni et Karr

En 1829, Alphonse Karr, qui a vingt et un ans et peu d'argent, s'offre, quand il est en fonds, une tasse de café au lait et deux petits pains au café Muriot, au coin de la rue de la Chaussée-d'Antin et de la rue Saint-Nicolas. Un jour, à côté de lui, deux hommes font un plantureux déjeuner « à la fourchette » : « L'un, jeune, mince, le regard incertain, les cheveux châtain clair, la voix grêle, semblait un étudiant ; l'autre, grand, fort, figure vulgaire, voix rauque et éclatante, et balbutiant souvent [4]... » Ce sont Emile de Girardin et Saint-Charles Lautour-Mézeray, deux puissances montantes dans le monde de la presse. Les deux jeunes gens – vingt-trois et vingt-huit ans – ont fondé en avril 1828 *Le Voleur*, un journal au concept nouveau : sorte de revue de presse, il ne reproduisait que des articles volés ailleurs. Ils gagnaient, disait-on, beaucoup d'argent et s'apprêtaient à lancer en octobre 1829 un hebdomadaire élégant, *La Mode*.

Emile de Girardin, très doué pour recruter des jeunes talents, engagea, pour illustrer son nouveau journal, un dessinateur dont il avait remarqué les lithographies, Gavarni. De son vrai nom Guillaume-Sulpice Chevallier, Gavarni avait adopté un pseudonyme en 1828, lorsque Susse, le célèbre marchand de bibelots et d'objets d'art, exposa ses aquarelles et lui demanda de les signer : il revenait tout juste d'un séjour dans les Pyrénées, où il avait particulièrement apprécié le cirque de Gavarnie... Le jeune homme, employé au cadastre, joignait, depuis des années, la pratique de la géométrie et le goût pour le dessin. Il avait vingt ans quand, en 1824, sa première lithographie était parue chez Mlle Naudet, place du Carrousel.

Entrer dans l'équipe de *La Mode*, c'était avoir soudain accès à un public plus large, c'était devenir membre de la puissante coterie des journalistes parisiens. L'élégance de Gavarni fut aussi remarquée que son talent : « C'était, dit de lui Théophile Gautier, un très beau jeune homme, orné d'une abondante chevelure blonde, aux boucles frisées et touffues, très soigné de sa personne, très fashionable dans sa mise, avec quelque chose d'Anglais pour la rigueur du détail en fait de toilette, et possédant au plus haut degré le sentiment des élégances modernes [5]. » Tout cela contribua à le lancer, ses succès auprès des femmes redoublant ceux que connaissaient ses dessins dans les journaux.

C'est en 1829 également qu'Alphonse Karr fait ses débuts dans la presse. Il écrit des vers depuis toujours : poèmes épiques, drames, tragédies, élégies. Il rêve de réussite littéraire tout en menant une vie très difficile. En effet, ses parents se sont séparés en 1827 ; son père, Henri Karr, musicien connu, ne se soucie guère de lui et sa mère va bientôt être à sa charge. Pour terminer ses études, il a dû se faire répétiteur dans des pensions (Barthélemy, Vasseur, Labbé) puis a été engagé comme professeur suppléant de cinquième au collège Bourbon (aujourd'hui lycée Condorcet). Grâce à Alexandre Dumas, il garde espoir dans le succès. Le 10 février, un employé du duc d'Orléans lui ayant procuré un billet, il a assisté à la première représentation d'*Henri III.* Ce jeune homme était d'abord venu lui lire le manuscrit de la pièce et lui proposer d'écrire un drame à deux : tous les employés du duc d'Orléans voulaient suivre l'exemple de Dumas. Karr est ébloui par le succès foudroyant qui révèle celui-ci au public : « Eh quoi ! me disais-je, c'est donc possible qu'un homme qui n'était rien arrive aujourd'hui à cette gloire ? »

De temps en temps, notre répétiteur va glisser des vers ou des pastiches en prose de sa composition au *Figaro* : « Devenir l'un des rédacteurs du *Figaro* me paraissait assez glorieux, quoique ce ne fût pas la forme précise de la gloire que j'aurais choisie, et que j'eusse préféré la voir venir à moi sous une autre figure : – un poème, un drame, un roman ; mais ce qui me semblait hors de toute discussion, c'est que, si je parvenais sinon à ce but, du moins à cette étape, ma fortune était faite [6]. » La presse et le théâtre apparaissent comme les voies les plus certaines de la réussite, même si on nourrit le rêve de voir un jour reconnu son talent de poète.

Un dimanche de juillet 1829, Alphonse Karr est fou de joie : *Le Figaro* contient trois articles de lui. Victor Bohain, qui dirige le journal avec son ami Nestor Roqueplan, lui écrit de venir les voir. Alphonse apprend que la publication de ses articles tient du hasard : les rédacteurs habituels s'étant mis en grève pour obtenir une augmentation (ils voulaient être payés sept francs par colonne au lieu de cinq), Bohain et Roqueplan ont cherché de quoi remplir le journal dans les cartons où l'on entassait les articles qui arrivaient chaque jour. Il voit par ailleurs s'écrouler son destin poétique : « Quand j'ai acheté *Le Figaro* à Saint-Alme en 1827, lui dit

Bohain, les vers s'y étaient mis, et ça avait vingt-huit abonnés. Il faut nous donner de la prose, mon cher monsieur [7]. » Et Bohain de lui suggérer de s'intéresser à la politique : « Il me semblait, se souvient Karr, qu'on me coupait les ailes. » Roqueplan lui indique la méthode : « C'est plus facile que vous n'avez l'air de le croire; *Le Figaro* est un journal d'opposition; cela admis, le reste est simple comme bonjour : vous attaquez, vous blâmez et vous *blaguez* tout ce que fait le gouvernement; – ses lois sont mauvaises, ses ministres imbéciles, les maîtresses de ses ministres sont laides et vieilles... »

Gavarni et Karr : des talents reconnus au début des années 1830

Après la révolution de Juillet, Alphonse Karr peut démissionner de ses postes de professeur remplaçant et de répétiteur. Comme journaliste, il gagne sa vie modestement mais il s'en contente. Soudain, en 1832, survient le succès. Paru début juillet, son premier roman, *Sous les tilleuls*, publié chez Charles Gosselin, est épuisé en une semaine. La deuxième édition, en août, connaît le même sort.

« Ce livre a été l'adoration de notre jeunesse », écrit Théodore de Banville. Et Armand de Pontmartin : « Peu s'en fallut que Stephen, le héros du récit, ne devînt un type comme Lovelace ou René. Il fut du moins, pendant deux ou trois ans, le pseudonyme ou le synonyme des amants trahis ou déçus dans leur premier amour [8]. » *Sous les tilleuls* est autobiographique : Stephen aime Magdeleine mais, pour l'obtenir de son père, il doit d'abord se faire une position sociale. Pendant qu'il prépare leur avenir, la jeune fille se laisse convaincre d'épouser un homme plus riche. Désespéré, Stephen se jette dans la débauche. Puis, après avoir tué son époux en duel, il devient l'amant de Magdeleine sous les tilleuls, là où autrefois elle lui avait juré sa foi. Alors que le roman a parfois des accents à la *Werther*, la fin donne dans le macabre à la mode en 1832 : Magdeleine se pend et Stephen déterre son cadavre déjà pourrissant pour baiser ses lèvres.

Gavarni, à cette époque-là, a un nom bien établi. Il travaille pour le *Musée des Familles* et pour *L'Artiste*, qui a été créé l'année précédente. Deux recueils lui procurent une vraie popularité, les *Travestissements pour 1832* et les *Physionomies de la population de Paris*. Il habite la butte Montmartre, où il est le voisin d'Alphonse Karr. Tous deux mènent alors une existence plutôt bohème. Gavarni note comme une chose extraordinaire : « Je couche chez moi [9]. » Karr, lui, loue une petite chambre au milieu d'un bois où s'était autrefois élevé le Tivoli Montmartre, jardin public avec bal et jeux divers, qui, depuis, avait fait faillite. Il vit là dans la solitude absolue : « De grands arbres, des buissons, une grotte avec une source limpide, la vue s'étendant sur tout Paris, qui la nuit faisait l'effet de la mer, le bruit lointain des voitures rappelant celui des vagues [10]. » Mais, tous les quinze jours, à la belle saison, il donne dans son bois un dîner constitué d'un énorme gigot et d'un immense plat de haricots.

A partir de décembre 1833, Alphonse Karr collabore à une revue fondée par Gavarni, le *Journal des Gens du Monde*, qui portait en sous-titre « Artiste-Fashionable ». Chaque numéro de cet hebdomadaire luxueux et élégant, à l'impression soignée, était remis à domicile attaché avec une faveur rose et comportait au moins deux planches en couleurs. Il déclarait s'adresser aux salons et se proposait de publier « des esquisses de mœurs, des

Contes et Nouvelles, des Mémoires, de la Critique, des Fragments en prose et en vers, des Enseignements fashionables, des Gazettes du monde, des arts, de la mode et des théâtres ; en un mot tout ce qui fait le sujet et l'aliment des causeries du soir [11] ». Mais Gavarni aura beau réunir autour de lui des gens célèbres ou déjà lancés dans le monde de la presse (Charlet, Devéria, Johannot, Vigny, Dumas, Emile Deschamps, Rességuier, Beauvoir, George Sand, Gautier, Nerval, Lassailly...), il aura beau faire lui-même toutes les planches de costumes et travestissements pour les bals, rédiger en personne de nombreux articles et la publicité (rubrique « Magasins »), il ne pourra empêcher la faillite de la revue, qui s'arrête en juillet 1834, à son dix-neuvième numéro. Il a englouti dans l'entreprise plus de vingt mille francs, qu'il a empruntés, et se retrouve en prison pour dettes à Clichy fin mars 1835.

Où l'on voit apparaître Arsène Houssaye

Arsène Houssaye visite le Salon de 1833 en compagnie de son ami Contant, décorateur à l'Opéra et au Vaudeville. Devant *Le Gué de Jean-Jacques*, peint par Camille Roqueplan, ils rencontrent Nestor Roqueplan, frère de Camille, et Théophile Gautier. Contant leur présente Houssaye, qui est frappé de leur différence : « Roqueplan, comme Gavarni, comme Beauvoir, suivait strictement la mode du matin, s'il ne la devançait. Théophile protestait contre la peinture bourgeoise par ses cheveux tombants et sa redingote à brandebourgs [...] Il parlait des Philistins en prenant des airs féroces [12]. » Gautier invite Houssaye à déjeuner le lendemain chez ses parents à Passy. Arsène y fera la connaissance de Gérard de Nerval.

Arsène Houssaye a dix-neuf ans, il est le fils d'un propriétaire terrien de Bruyères, près de Laon. Il est venu à Paris une première fois en avril 1832 mais, arrêté lors de l'insurrection de juin, il a dû retourner dans sa famille. Son père, désirant qu'il étudie le droit, le fait entrer dans une étude de notaire. Mais Arsène n'a en tête que les lettres et revient dans la capitale pour tenter sa chance comme « plumitif ». En 1833, il gagne un peu d'argent en composant des chansons à la manière de Béranger et en écrivant dans les petits journaux. Sa rencontre avec Gautier et Nerval va donner un style nouveau à sa vie.

Nerval était devenu le sous-locataire de son ami le peintre Camille Rogier, qui logeait 3, impasse du Doyenné. En novembre 1834, Gautier loua un petit pied-à-terre rue du Doyenné, à deux pas. Il habitait jusque-là avec ses parents, ce qui était commode tant qu'ils demeuraient place Royale – à côté de Victor Hugo – mais ils avaient déménagé à Passy quand le père y avait été nommé receveur de l'octroi. Gautier meubla à peine son nouveau domicile, puisqu'il passait le plus clair de son temps dans l'appartement de Rogier et Nerval ; de plus, leur voisin de palier était un de ses amis, Eugène Piot, collectionneur qui allait, en 1842, fonder le *Cabinet de l'amateur et de l'antiquaire*. Arsène Houssaye prit l'habitude de passer les voir, « émerveillé de voir dépenser tant d'esprit, argent comptant ». Un jour, la conversation s'étant prolongée toute la nuit, Houssaye s'endormit chez Rogier et y resta le jour suivant. Il finit par envoyer chercher son lit de camp et s'installa.

Le salon de Camille Rogier

Camille Rogier, fils d'un notaire du Gard, était arrivé à Paris en 1831, à l'âge de vingt et un ans. Il avait exposé au Salon, en 1833 et 1834, des dessins à la plume et des vignettes gravées. Proche de Victor Hugo, il allait illustrer, avec Louis Boulanger, Raffet et les frères Johannot, l'édition de *Notre-Dame de Paris* chez Renduel, en 1836. Impasse du Doyenné, il louait un appartement dans un hôtel Louis XIII à hautes fenêtres qui s'ouvraient sur « des terrains pleins de pierres taillées, d'orties et de vieux arbres [13] ». De là, on apercevait, au nord, le manège des écuries du roi, à l'est, un coin de la vieille abside en ruine de l'église Saint-Thomas (on l'appelle parfois Saint-Louis) du Louvre, vers le sud, enfin, la longue galerie du bord de l'eau.

Le salon de Rogier ne ressemblait à rien d'autre : avec ses boiseries tarabiscotées, ses glaces à trumeaux, son plafond à moulures, et quelques meubles anciens achetés à la brocante, il avait « quelque chose d'étrange et de fantastique » qui plaisait à ses jeunes habitants. Quant à sa décoration, c'était un ensemble d'œuvres d'artistes exécutées à l'occasion du bal donné par Nerval. Gautier et Nerval ont des souvenirs sensiblement différents. Rogier lui-même peignit, selon Nerval, deux trumeaux, un portrait en pied de Théophile Gautier vêtu à l'espagnole et un autre de leur maîtresse commune, la Cydalise, en costume Régence, portant une « robe de taffetas feuille morte [14] » ; il remplit, selon Gautier, des panneaux « de fantaisies orientales et hoffmanniques [15] ». Les dessus-de-porte, de la main de Célestin Nanteuil, côtoyaient deux panneaux longs sur lesquels Camille Corot avait représenté des paysages italiens ou provençaux. Emile Wattier peignit un Watteau, Adolphe Leleux des ivrognes couronnés de lierre à la manière de Vélasquez, Théodore Chassériau des Bacchantes ou une Diane au bain et Auguste de Châtillon un moine rouge lisant la Bible sur la hanche cambrée d'une femme nue endormie – ce *Moine rouge* forma ensuite le plafond de la chambre à coucher de Victor Hugo, rue de la Tour-d'Auvergne [16]. Quant à Gautier, il peignit, dans un dessus-de-glace, « un déjeuner sur l'herbe, imitation d'un Watteau ou d'un Lancret quelconque ». Arriva Marilhat, de retour d'Egypte, qui « prit un morceau de crayon blanc, et traça sur un coin resté vide trois palmiers s'épanouissant au-dessus du dôme d'une mosquée » avant de disparaître. Enfin Nerval, qui aimait chiner, acquit pour cinquante francs deux grands panneaux peints par Fragonard, *Le Colin Maillard* et *L'Escarpolette.*

Nerval raconte, en 1852, qu'il a récupéré ce qu'il a pu des boiseries du salon de Rogier malmenées par le propriétaire. Celui-ci habitait le rez-de-chaussée, juste au-dessous des jeunes gens et, au bout de deux ans, excédé par leur tapage nocturne, il leur donna congé. Désirant louer l'appartement à des gens convenables, il fit recouvrir les peintures des boiseries. Heureusement que, par économie, il employa de la peinture à l'eau et non à l'huile ! Néanmoins, un *Siège de Lérida* d'Alcide Lorentz et deux petits *Paysages* de Théodore Rousseau n'ont pas pu être retrouvés.

La ruche heureuse

Presque vingt ans plus tard, Arsène Houssaye, qui dirigeait alors *L'Artiste*, poussa son ami Nerval à écrire ses souvenirs du Doyenné. Sans doute pensait-il au succès de *La Vie de bohème* de Murger. Telle fut l'origine du feuilleton de 1852, *La Bohème galante*, paru l'année suivante en volume, sous le titre *Petits châteaux en bohème.* Houssaye lui-même reviendra sur le Doyenné dans les *Confessions* qu'il publie à partir de 1885.

Le salon de Camille Rogier était, au dire d'Houssaye, « une ruche ». On y travaillait, on y conversait, les amis passaient : « L'un écrivait au coin du feu, l'autre rimait dans un hamac ; Théo, tout en caressant les chats, calligraphiait d'admirables chapitres, couché sur le ventre ; Gérard toujours insaisissable allait et venait avec la vague inquiétude des chercheurs qui ne trouvent pas ; Beauvoir apparaissait çà et là, avec des pages rimées toutes brûlantes [17]... » Le Doyenné était avant tout un lieu ouvert et accueillant, où se croisaient sans cesse les amis et relations du maître de maison et de ses compagnons.

On y rencontrait principalement des artistes et des gens de lettres, comme Gavarni et Alphonse Karr. Outre les peintres déjà cités pour leur travail décoratif dans le salon, venaient Eugène Delacroix et son ami Paul Chenavard, Camille Roqueplan, Gabriel Laviron, le sculpteur Préault, dont un groupe sculpté, *Parias*, avait été refusé par le jury du Salon en 1834 (*L'Artiste* reproduisit le groupe, gravé par Célestin Nanteuil). Parmi les hommes de lettres, à côté de Petrus Borel, Alphonse Brot, Augustus Mac Keat, Charles Lassailly, anciens du Petit Cénacle, on trouvait Roger de Beauvoir, Alexandre Dumas, Nestor Roqueplan, Alphonse Esquiros, collaborateur de *La France littéraire*, Hippolyte Lucas qui, à partir de 1836, allait devenir critique dramatique puis littéraire au *Siècle*, Alexandre Weill, Ernest Falconnet ; et puis encore Henri Massé d'Egmont, le traducteur d'Hoffmann, Auguste Dupoty, qui dirigea le *Journal du Peuple* à partir de janvier 1837, Edouard l'Hôte, auteur d'un recueil de poésies, *Les Primevères*.

On peut imaginer quel rôle jouait la sociabilité chaleureuse du Doyenné à travers le cas d'Edouard Ourliac. Né à Carcassonne en 1813, il était venu à Paris avec ses parents et, après des études à Louis-le-Grand, était devenu employé de l'administration des Hospices, aux Enfants Trouvés, où il gagnait mille deux cents francs par an. Par ailleurs, il écrivait et avait publié en 1832 et 1833, *L'Archevêque et la protestante* et *Jeanne la Noire*. En 1834, il habitait chez ses parents, rue Saint-Roch, et il prit l'habitude de faire chaque matin une halte au Doyenné, sur le chemin qu'il empruntait pour aller à son bureau. Il réveillait Rogier et ses amis, leur apportait les journaux. L'intimité fraternelle qui se créa ainsi aida sans doute Ourliac à poursuivre ses projets littéraires, à publier son roman *Suzanne* en 1835, et à quitter sa place d'employé pour se consacrer à la littérature.

Fréquentaient enfin le Doyenné des amis sans rapports spécifiques avec l'art et la littérature : Eugène de Nully, jadis condisciple à Charlemagne de Gautier et Maquet, qui était devenu secrétaire-interprète pour l'Algérie au ministère de la Guerre, et collaborait au *Dictionnaire franco-berbère* (publié en 1844) ; Allyre Bureau et Victor Loubens, polytechniciens démissionnaires de l'armée par sympathie pour le fouriérisme – mais Loubens allait voyager puis se retirer sur ses terres près de Toulouse, alors que Bureau suivit Victor Considérant au Texas, où il mourut de la fièvre jaune [18]. Loubens était parfois venu chez Rogier avec l'un de ses intimes, le comte Henri de Treveneuc qui, après avoir été élève à Saint-Cyr, suivit les cours de l'Ecole des beaux-arts de 1836 à 1839 ; faut-il penser que la fréquentation du Doyenné a joué un rôle dans cette reconversion ?

Douceur de vivre au Doyenné

La « ruche » était debout tôt, à sept ou huit heures du matin, même après des nuits sans sommeil. Autour d'elle, un calme rustique, en plein cœur de Paris : « Nous entendions, le matin, écrit Houssaye, le chant du coq, parce que la portière avait une basse-cour :

chèvres, poules, pigeons, tout cela vivant sur l'herbe du Louvre [19]. » Les jeunes gens s'activaient aussitôt. Camille Rogier dessinait sans arrêt, peignait des aquarelles, illustrait des livres – Byron et Hoffmann – et, en même temps, mettait en musique sonnets et chansons. Il était le seul à gagner de quoi vivre. Les autres écrivaient : Nerval *La Reine de Saba*, Gautier *Mademoiselle de Maupin*, Houssaye *La Pécheresse*.

Houssaye garde un souvenir ému des jours où il restait seul avec Rogier, pendant que Nerval courait les théâtres et que Gautier passait quelque temps en famille, à Passy. Le peintre et lui travaillaient en chantant et en causant. Et de se justifier par avance des reproches qu'on pouvait leur adresser : « Nous avions l'air de dilettantes [...] mais, au fond, nous étions studieux, obstinés, résolus [20]. » Ils ne s'intéressaient pas à la politique, seul comptait l'art : « Nous ne lisions les journaux que pour y trouver des pages littéraires. Quiconque parlait politique était tympanisé par les injures les plus colorées [21]. » Ils étaient d'ailleurs très productifs, à en juger par leurs publications en 1835-1836.

Ils déjeunaient sur le pouce, sauf « Théo-Gargantua », quand sa mère lui apportait des côtelettes. Ils ne dînaient, en revanche, jamais chez eux : « Nous nous envolions comme une nuée d'oiseaux de proie vers le Palais-Royal, tantôt aux cabarets de la rue de Valois, tantôt aux restaurants des galeries, selon la fortune du jour ; après quoi, nous allions au théâtre quand on jouait Hugo ou Dumas [22]. » Nerval, grâce à Dumas et à l'acteur Bocage, avait parfois des invitations pour une première. S'ils sortaient ensemble, ils ne rentraient presque jamais ensemble. Il arrivait à Nerval de ne rentrer que le surlendemain : ces vagabondages étaient des signes avant-coureurs de sa folie.

Imaginer des farces les amusait : ils remplaçaient les

poissons rouges de leur voisine par des noirs ; ils faisaient exprès de se tromper d'étage car, à l'étage au-dessous, sur le palier d'en face, habitait un commissaire qui avait une jolie femme ; ils se disaient écrivains publics pour voir accourir cuisinières, femmes de chambre et femmes abandonnées qui avaient besoin de leurs services ; ils barbouillaient de farine trois modèles pour faire croire à des messieurs de province que c'étaient de vraies statues des Trois Grâces.

Ces jeunes gens avaient des maîtresses, des grisettes en général. L'une d'entre elles est restée célèbre : ils l'appelaient « la Cydalise », elle avait été la maîtresse de Rogier avant d'être aussi celle de Gautier et mourut phtisique fin mars 1836. Nerval l'a immortalisée en donnant pour titre à l'une de ses odelettes son prénom devenu générique « les cydalises » :

> Où sont nos amoureuses ?
> Elles sont au tombeau...

Alphonse Karr cite au nombre des lubies du groupe en matière de femmes la réhabilitation des grosses et des rousses !

Une fois par semaine, la bande du Doyenné allait danser à la Chaumière. Ils aimaient s'exhiber : « Ourliac et moi, écrit Houssaye, nous étions fort remarqués dans un quadrille où nous représentions gravement Napoléon le Grand à toutes les périodes suprêmes de sa vie. » Mais le succès ne dépendait pas seulement de la manière de danser, l'élégance comptait beaucoup. Houssaye, Albéric Second et Gavarni portaient toujours des vêtements à la mode : « Les romantiques abracadabrans se moquaient de nous et nous appelaient muscadins. Mais nous nous étions aperçus que les femmes nous étaient moins rebelles qu'aux intransigeants. Les femmes ont toujours aimé les gravures de modes ; Gavarni, qui alors créait la mode, était l'idéal [23]. »

Au Doyenné, on organisait des fêtes. Par exemple la fête des Truands, « grande orgie moyen âge » costumée. Comme ils avaient peu d'argent, leurs déguisements n'étaient pas luxueux et le buffet consistait surtout en charcuterie et vin chaud. Eugène Renduel se souvient : « J'étais impayable, affublé en Almaviva abricot, et Foucher était absolument grotesque en Guillaume Tell, armé d'une arbalète et d'un binocle [24]. » Comme Dumas avait eu son bal en 1833, Nerval voulut avoir le sien en 1835, le samedi 28 novembre. Gautier écrit à Alphonse Esquiros le 24 novembre qu'il s'agit d'un bal costumé, et par souscription : « Toute la bande y sera et nous tâcherons d'être bouffons – vous aurez pour dix francs un très bon souper et l'on vous fournira des beautés par-dessus le marché. Vous avez déjà la partie la plus essentielle du costume, c'est-à-dire votre perruque moyen âge naturelle, dont la splendeur est presque égale à la mienne [25]. » Mlles Plessy, du Théâtre-Français, et Lorry, de l'Opéra, prêtèrent leur concours. On joua pour la première fois un ballet-pantomime de Burat de Gurgy, *Le Diable boiteux*, que Fanny Essler allait danser quelques mois plus tard à l'Opéra. Puis deux parades : le *Courrier de Naples*, où Edouard Ourliac tenait le rôle d'Arlequin, et une autre parade, d'Ourliac lui-même, *La Jeunesse du Temps ou le Temps de la Jeunesse*, avec un prologue en vers de Théophile Gautier, récité par l'auteur caché dans la coulisse, tandis que Burat de Gurgy, travesti en magicien, accompagnait les vers de gestes explicatifs comiques. Ainsi chacun participait-il au spectacle, comme auteur ou acteur ou les deux à la fois.

Et puis on dansait jusqu'à l'aube. Pour rester en bons termes avec leurs voisins qu'ils empêchaient de fermer l'œil avec leur orchestre de guinguette et « les bonds éperdus d'un galop monstre » qui se terminait sur une petite place entourée d'arbres, les jeunes gens du Doyenné invitaient « tous les locataires distingués » de l'impasse : « Nous avions, écrit Nerval, une collection d'attachés d'ambassades, en habits bleus à boutons d'or, de jeunes conseillers d'Etat, de référendaires en herbe, dont la nichée d'hommes déjà sérieux, mais encore aimables, se développait dans ce pâté de maisons, en vue des Tuileries et des ministères voisins [26]. »

La fin du Doyenné

Au printemps de 1836, le propriétaire de la maison où logeait Camille Rogier donna congé, nous l'avons dit, à son bruyant locataire. Le groupe qui gravitait autour de l'impasse du Doyenné va donc se disperser au bout de deux ans. Ces deux années leur laissent un souvenir privilégié, qui tient d'abord au charme particulier du lieu. Lieu chargé d'histoire mais fragile, puisque voué à la disparition, il pouvait favoriser les réflexions mélancoliques sur l'éphémère des civilisations. Pourtant la petite communauté donne une impression de légèreté, de gaieté et d'humour que ne donnait pas le Petit Cénacle. Sans doute le temps des poses romantiques excessives était-il passé. Et puis il n'y avait pas, au centre, la personnalité sombre de Petrus Borel.

Que deviennent les membres du groupe ? Camille Rogier, découragé par le jury du Salon qui refuse ses toiles, part pour l'Italie, où il passe deux ou trois ans. Puis, en 1840, il s'installe à Constantinople, où Nerval va le retrouver en 1843. Il dispose d'un atelier dans un palais que des Arméniens, hauts dignitaires du sultan, lui ont prêté au bord du Bosphore. Là, il peint des scènes de la vie quotidienne, des portraits et il prépare les planches d'un album de lithographies qui seront publiées à partir de 1846. Il en demandera le texte à Gautier qui, à partir d'une esquisse de Nerval, rédigera la préface de *La Turquie. Mœurs et usages des Orientaux au XIXe siècle.* Rogier acquiert une grande notoriété comme peintre orientaliste. Après 1848, il est nommé administrateur à l'étranger, directeur des postes françaises à Beyrouth pendant une douzaine d'années, puis commissaire du gouvernement près les compagnies maritimes desservant l'Orient. Il meurt à Paris, rue Blanche, en 1896.

Les autres membres du Doyenné vont se trouver mêlés en 1836 à l'aventure de la grande presse. Cet engagement, qui fera prendre à leur carrière un tournant décisif, succédait à des tentatives avortées pour créer des journaux, en 1835. Le 2 mars, Gautier avait fondé, avec Charles Lassailly, un journal bihebdomadaire baptisé *Ariel* à cause de Shakespeare. La publication s'était arrêtée au bout de vingt numéros. Presque au moment où *Ariel* cessait de paraître sortait le premier numéro du *Monde dramatique, revue des spectacles anciens et modernes* (9 mai). Les fondateurs en étaient Nerval et Anatole Bouchardy, le frère de Joseph. Nerval, à la mort de son grand-père, en 1834, avait hérité de trente mille francs qu'il investit aussitôt dans un vieux rêve : créer une revue qui rivaliserait avec *La Mode* et avec *L'Artiste.* Il choisit pour collaborateurs ses amis Gautier, Karr, Léon Gozlan, Frédéric Soulié, Burat de Gurgy, Célestin Nanteuil, Alfred Leleux et Emile Wattier. Mais le prix de la revue avait été mal calculé et les deux directeurs n'avaient pas l'autorité pour mener à bien un projet aussi ambitieux. Dès janvier 1836, *Le Monde dramatique* était en difficulté. Nerval rêva de le renflouer en créant un autre périodique, *Le Carrousel, journal de la Cour,* qui soutiendrait la politique ministérielle. Il déposa le prospectus au ministère de l'Intérieur le 30 mars 1836 mais fut contraint, le 23 avril, de céder le journal à un imprimeur resté son créancier. Il avait englouti dans *Le Monde dramatique* vingt-cinq mille francs.

En quittant le Doyenné, Gautier, Nerval et Houssaye habitèrent ensemble rue Saint-Germain-des-Prés, près de l'église : « Nous tentâmes, raconte Houssaye, de faire bonne figure, quoique l'appartement fût bien un peu bourgeois pour des artistes. Mais nous nous payâmes un valet de chambre de haute futaie [...] Nous avions aussi une cuisinière surnommée Margot. Elle avait la prétention de nous apprendre l'art de vivre ; cela nous coûtait un peu cher ; d'autant plus qu'on racolait, pour le déjeuner et pour le dîner, tous les survenants, y compris les libraires et les directeurs de journaux, qui commençaient à être bons princes. Girardin jouait alors au grand seigneur. Il daigna dîner un jour, parce que Théo était son feuilletoniste du lundi ; mais il nous fit sentir que nous n'avions pas été à l'école de Lucullus [27]. » Nos trois jeunes gens se séparent en octobre 1836 : Nerval va loger dans un hôtel garni ; Gautier s'installe rue de Navarin avec Victorine, sa tumultueuse maîtresse (ils se battaient jusqu'à s'arracher les cheveux par poignées) ; Houssaye loue un appartement rue des Beaux-Arts et prend un chien pour remplacer ses deux amis. Le jour où son propriétaire, excédé par la bête, lui donne congé, il déménage place de l'Odéon. Il se fait trois nouveaux amis qui deviendront ses intimes, Jules Janin, Sainte-Beuve et Jules Sandeau. Mais il continue à fréquenter ses camarades du temps du Doyenné : Beauvoir, L'Hôte, Falconnet et Ourliac viennent parfois festoyer chez lui.

Ourliac cessera de faire la fête quelques années plus tard et réformera radicalement sa vie : « Un comique qui a fini comme Polyeucte », a dit de lui Houssaye. Il a été très impressionné par le destin de quelques membres du groupe. Ainsi rapporte-t-il à Victor Loubens, qui séjourne à Venise au printemps 1841, le récit que lui a fait Paul Chenavard de la crise de folie de Nerval : « Les idées de Gérard n'ont jamais été bien saines, nous avons tous été comme lui, mais, précisément parce qu'il était moins violent, il est devenu incurable [...] Et voilà trois ou quatre morts ou fous autour de nous, qui avertissent de la vérité de certaines règles [28]. » L'un des « fous » est Charles Lassailly qui, interné chez le Dr Blanche en même temps que Nerval, y mourut en 1843. Ces réflexions inciteront Ourliac à se marier l'année suivante et à se réfugier dans la religion catholique : il acceptera la proposition de Louis Veuillot de collaborer à *L'Univers* et mourra chez les frères de Saint-Jean de Dieu en 1848.

1836 et après : des personnages dans la presse

En juillet 1836, Emile de Girardin et Armand Dutacq lancent simultanément deux quotidiens à moitié prix, *La Presse* et *Le Siècle*, quarante francs d'abonnement annuel au lieu des quatre-vingts habituels, l'autre moitié étant payée par la publicité. Girardin engage aussitôt Gautier comme critique artistique : « Là finit ma vie heureuse, indépendante et primesautière », écrit Gautier, dont le premier article paraît le 26 août. Girardin veut aussi qu'il assure la critique théâtrale. Gautier partagera cette lourde tâche avec Nerval à partir de juillet 1837, chacun se réservant ainsi la possibilité de quitter Paris sans perdre sa place. Gautier restera à *La Presse* jusqu'en 1855 et passera ensuite au *Moniteur*. Il se décrit comme un forçat du feuilleton, évaluant à trois cents volumes tous ceux qu'il a écrits : « Que de meules j'ai tournées, que de seaux j'ai puisés à ces norias hebdomadaires ou quotidiennes [29]... » N'ayant aucune fortune personnelle, il ne pouvait lâcher les feuilletons, qui lui permettaient de nourrir toute sa famille : sa compagne, la chanteuse Ernesta Grisi, leurs deux filles, et, après la mort de son père, sa mère et ses deux sœurs. Nerval, qui n'était pas tenu par des obligations familiales, était moins enchaîné aux feuilletons. Ainsi, pour rejoindre en Allemagne Alexandre Dumas en août 1838, se dégagea-t-il des trois auxquels il collaborait, dans *La Presse*, *Le Figaro* et *La Charte de 1830* (absorbée par *Le Moniteur parisien*). Il continua en revanche à publier dans les journaux des articles sur ses voyages à l'étranger.

Ceux du Doyenné furent souvent sollicités en groupe pour coopérer à tel ou tel feuilleton : Jules Sandeau, dans les premiers mois de 1836, vint leur proposer, de la part de Balzac, d'écrire dans *La Chronique de Paris* que le romancier avait rachetée. Alphonse Karr, nommé rédacteur en chef du *Figaro* le 1er octobre 1836, engagea dans son équipe le trio Gautier, Houssaye et Nerval (c'est d'ailleurs à cette occasion que « Gérard » se transforma en « Gérard de Nerval »). Mais s'étant disputé avec le propriétaire, M. Fleuriot, qui avait tendance à mélanger la publicité avec le texte, Karr démissionna avec toute la rédaction le 31 mai 1838. Le 1er novembre 1839, il lancera *Les Guêpes*, un mensuel d'opposition qu'il rédigera seul jusqu'en 1849.

Pendant ces années 1838-1839, la célébrité de Gavarni est à son comble : on s'arrache les numéros du *Charivari* où sont publiées ses séries de lithographies sur les Artistes et les Etudiants. En 1841, la série des Lorettes obtiendra un tel succès que le journal lui demandera des suites en 1842 et 1843. Il mène une joyeuse vie d'artiste célibataire, fréquentant les coulisses des théâtres et recevant beaucoup dans son grand appartement du 1, rue Fontaine-Saint-Georges : « Cette nuit, ma chambre était pleine de gens qui s'y reposaient d'avoir pensé et rêvé tout le jour [...] On se moque de tout, de la vie, de l'art, de l'amour, des femmes qui sont là et qui se moquent de la moquerie ! Philosophie, musique, roman, comédie, peinture, médecine, amours, luxe et misère, noblesse et roture, tout cela vit ensemble, rit ensemble ; et quand ces intelligences barbues et ces plâtres vivants habillés de satin sont partis, il reste ici pendant deux jours une odeur de punch, de cigare, de patchouli, et de paradoxe à asphyxier les bourgeois – on ouvre les fenêtres et tout est dit [30]. » En 1844, il se range, épouse Jeanne-Léonie Martin de Bonabry, la fille d'un conseiller honoraire à la cour royale de Limoges, bonne musicienne, avec laquelle il aura deux enfants. En 1847, il découvre Londres et la misère du peuple, ses dessins se font plus poignants. Il ne reviendra en France qu'en 1851 et mourra en 1866.

Arsène Houssaye vendit mille francs le manuscrit de son deuxième roman, *La Pécheresse*, grâce auquel son nom « émergea de l'inconnu » (le roman fut mis à l'index par Rome). Il entrait alors dans une nouvelle phase de sa vie littéraire : « J'avais acquis le droit au travail. De Souverain, j'étais allé chez Desessarts, d'où je passai chez Werdet, l'éditeur de Balzac, après avoir vendu à Renduel un roman qui ne fut pas achevé. Je pouvais donc vivre de ma plume, à la condition, toutefois, de vivre de peu jusqu'au jour prochain où j'écrivis dans les Revues [31]. » A partir de 1838, il est chargé des comptes rendus artistiques à la *Revue de Paris*.

Les années 1840 marquent une étape décisive dans l'ascension de Houssaye. A la fin de 1843, il prend la direction de *L'Artiste*, où il constitue une équipe hors pair : « J'écrivis aux illustres de la littérature et de l'art. Hugo m'envoya une eau-forte et Gavarni une pièce de vers [32]. » Il engage ses amis du Doyenné, Gautier, Nerval, Esquiros, et d'autres rédacteurs plus jeunes, Banville, Baudelaire, Murger, Champfleury, Charles Monselet. En juillet 1845, il rachète la *Revue de Paris*, qui venait de cesser de paraître et intitule son journal *L'Artiste-Revue de Paris.* Par la suite, Houssaye succéda à Buloz comme administrateur du Théâtre-Français, de 1849 à 1856. En 1857, on créa pour lui la charge d'inspecteur général des musées de province.

Mais c'est Alphonse Karr qui eut le destin le plus étonnant : il est devenu horticulteur à Nice. L'horticulture, il est vrai, avait toujours été sa passion. Déjà dans son premier roman, *Sous les tilleuls*, il faisait du père de l'héroïne un homme exclusivement intéressé par son jardin et ses plantes. En outre, dès 1839, il avait quitté Paris pour Sainte-Adresse, à côté du Havre, ne venant dans la capitale qu'une fois par mois, pour les besoins des *Guêpes.* Il tenta, en 1848, sa dernière expérience dans la presse, en créant *Le Journal*, quotidien à un sou, après une discussion avec Cavaignac. Il se présenta aux élections mais fut battu. Après le coup d'Etat, il vendit tous ses biens et quitta la France pour l'Italie puis se fixa à Nice, où il acquit un jardin. Il y apposa une plaque de marbre gris « Alphonse Karr, jardinier » et se mit à cultiver et à vendre des fleurs. On venait visiter ses serres et il envoyait des bouquets dans toute l'Europe en hiver, commerce qui, selon lui, a joué un grand rôle dans la réputation de Nice comme « station d'hiver ».

L'artiste et la société bourgeoise

« J'espère que vous ne partez pas pour Royan. M. Laporte vous en empêchera. Il doit savoir que la vie retirée, ensevelie de la famille et de la province ne vous convient pas. Vous êtes lancé dans une carrière qui peut et qui doit vous conduire à l'indépendance et, si vous travaillez consciencieusement, à quelque chose de mieux encore. Cultivez-la donc et jouissez-en, tout en même temps, soit à Paris, soit en Italie. Vous aimez un peu le brillant de la vie d'artiste, et si vous ne pouvez le réaliser tout de suite, vous pourrez toujours le rêver tant que vous ne mettrez pas entre vous et lui le rideau de cette vie d'épicier à laquelle vous vous étiez condamné ici et que vous ne supporteriez peut-être pas mieux ailleurs [1] » : voici ce qu'écrit George Sand, le 13 ou le 14 mai 1837, à Eugène Pelletan. Ce fils de notaire de Royan, âgé de vingt-quatre ans, qui sera plus tard journaliste politique, député, puis sénateur, a rempli à Nohant, entre février et mai 1837, les fonctions de précepteur de Maurice, le fils de Sand.

Les précepteurs ne tenaient jamais bien longtemps à Nohant. Celui-ci se trouvait, de surcroît, dans une situation ambiguë : c'est en tant qu'artiste qu'il avait pris contact avec George Sand, en lui envoyant des poèmes. Sand elle-même le traitait comme un jeune écrivain à qui elle donnait des conseils, essayant de le recommander à Buloz pour la *Revue des Deux Mondes.*

Et c'est la vie d'écrivain à Paris qu'il regrettait, comme il l'avait écrit à l'un de ses amis journaliste. Il n'avait pas cacheté sa lettre, peut-être intentionnellement, et Sand avait lu ces lignes : « Je comprendrai désormais que l'indépendance, c'est une mansarde et du pain sec. Des trous aux bas valent mieux que le *servage quel qu'il soit.* Vous avez bien vécu jusqu'à ce jour, vous aimez la science, vous comprenez les joies intellectuelles, vous vivez dans votre solitude et votre grenier à cent pieds au-dessus des passants, méprisant ce qui est méprisable, saluant les belles matinées, ne connaissant d'autre luxe qu'une bouteille de bière. Ce sera ma vie, si je vais à Paris [2]. »

Résumons : la vie d'artiste, c'est Paris, c'est la pauvreté, c'est la solitude, mais c'est aussi la liberté et les joies de l'esprit [3] ; la vie bourgeoise ou « vie d'épicier », c'est la province, c'est une situation matérielle plus confortable, mais que l'on paie de son indépendance et qui vous aigrit.

Position de l'artiste dans la société bourgeoise

Après 1830, la question de l'art et de l'artiste occupe beaucoup la scène intellectuelle. A la suite de Victor Hugo et des écrivains romantiques, on s'interroge sur la place de l'artiste dans la société. Mais, avec la révolution de Juillet, cette société a changé. La bourgeoisie est maintenant aux commandes de l'Etat. Même le souverain, pourtant aristocrate jusqu'au bout des ongles, est contaminé par sa majorité bourgeoise et son image en est ternie : pour la postérité, il restera « le roi bourgeois [4] ». Que va devenir, dans cette nouvelle société, l'artiste visionnaire et prophète, investi d'une mission sociale, tel que l'a défini Hugo ?

Le poète, inspiré par la divinité, devait montrer le chemin au peuple. Rien n'a changé de ce point de vue. Le mot « peuple » est suffisamment vague pour désigner ceux qui souffrent, ceux qui ont besoin d'être aidés et éclairés. Jusqu'à la révolution de 1848, le discours, de quelque bord politique qu'il vienne, reste le même. Il est utopiste et humanitaire. Mais si, idéalement, celui qui crée a une responsabilité vis-à-vis de ses compatriotes et de l'humanité, concrètement, il dépend de qui le fait vivre. C'est-à-dire de celui qui le patronne ou qui achète ses œuvres. Le « peuple » n'intervient pas dans le commerce de l'art. Le client potentiel, c'est le bourgeois. L'artiste est donc enfermé dans la confrontation producteur-acheteur, créateur-consommateur, artiste-bourgeois.

L'Artiste, journal de la littérature et des beaux-arts, lancé le 6 février 1831, se fait l'écho de toutes ces questions. Son fondateur, Achille Ricourt, né à Lille en 1797, a été élève à l'Ecole des beaux-arts avant d'ouvrir, en 1818, une maison d'éditions artistiques, rue du Coq-Saint-Honoré. Habile caricaturiste lui-même, il fut le premier éditeur de Daumier. Vers 1830, il projette de fonder « une revue qui serait pour les beaux-arts ce qu'était *Le Globe* pour la littérature [5] », indépendante, luxueuse, regroupant de jeunes talents contre l'académisme. Un de ses camarades de Lille, Aimé Brame, fils de pharmacien, fournit les fonds.

L'Artiste, à côté des comptes rendus des Salons et des expositions, se préoccupe à la fois de la « position sociale des artistes » (précisons que, bien qu'il associe la littérature aux beaux-arts, il parle des artistes plasticiens plutôt que des poètes) et de la fonction de l'art dans la société. Sur le second point, que les textes soient signés Alexandre de Saint-Chéron, Petrus Borel ou Théophile Thoré, le discours est le même : l'art doit poursuivre un but moral, l'artiste est un apôtre, investi d'une mission sociale, et il faut bannir la dangereuse doctrine de « l'art pur » ou « l'art pour l'art ». Sur la situation de l'artiste, en revanche, le discours est moins univoque. Saint-Chéron, en 1832, analyse l'indépendance toute récente de l'artiste – elle date de la Révolution – et ses conséquences : au lieu de dépendre des pensions et des mécènes, l'artiste, grâce au développement des instances culturelles publiques et privées, édition, théâtres, musées, journaux et revues, peut vivre de son talent. Quelque temps après, le journal publie une lettre signée « un artiste », qui remet en cause la vision optimiste de Saint-Chéron. L'artiste est libre, certes, mais quel bénéfice y trouve-t-il ? Il est condamné à une existence précaire. Et comme, pour vivre, il a besoin de vendre, cette nécessité infléchit ses choix artistiques et risque d'affadir ses capacités créatrices : « Ne pouvant pas travailler pour tous, et créer une œuvre sociale, il travaille pour des individus et ne crée que de petites œuvres de goût individuel, des œuvres de boudoir, de salon ; il livre son talent à l'industrie, aux caprices de la mode, aux fantaisies de ceux qui achètent, des bourgeois [6]. »

Ces deux discours coexistent dans *L'Artiste* qui, tantôt exalte le commerce de l'art et rend justice aux intermédiaires que sont les marchands – la libre concurrence entre eux profitant aux artistes –, et tantôt se plaint de la médiocrité à laquelle ce système les condamne, car ils doivent plaire à leurs acheteurs bourgeois. On y trouve, bien entendu, les inévitables clichés sur la mesquinerie bourgeoise : « Car le véritable acheteur de tableaux, car le bourgeois, écrit Jules Janin à propos du Salon de 1833, ne va pas s'exposer à acheter un tableau à une réputation naissante ; le bourgeois attend que cette réputation soit consacrée, et quand elle est consacrée, il attend que le hasard, la misère, l'expropriation forcée ou la mort de l'artiste lui donnent son œuvre à bon compte. Le bourgeois, d'ailleurs, préfère souvent une gravure à un tableau, et souvent une glace de cinq pieds à une gravure [7]. »

Plus sérieusement, le journal envisage les aspects concrets de la situation des artistes. Il démontre l'utilité des marchands de tableaux, qu'il est injuste de traiter de « trafiquants ». Loin d'exploiter les peintres, ce sont eux qui ont fait grimper les prix des œuvres et ont bâti les réputations. Il faut dire que les marchands étaient des intermédiaires apparus récemment, avec le développement de la lithographie. Avant de faire commerce des tableaux, ils avaient exercé une autre activité : Alphonse Giroux vendait des jeux et des articles de luxe, comme Susse ; Adolphe Goupil vivait de la reproduction lithographique des tableaux anciens et modernes ; Durand-Ruel était papetier et marchand de couleurs. Puis, ils se sont mis à prendre des œuvres en dépôt et à les vendre. Ce qui a été dans l'intérêt des artistes, aussi bien financier que publicitaire [8].

L'Artiste témoigne des discussions qui agitent les milieux artistiques ces années-là : l'Etat doit-il intervenir pour aider les artistes ? Doivent-ils apprendre à s'organiser entre eux ? Ces questions suscitent des polémiques, comme le raconte le sculpteur Etex. En 1833, il a connu le succès au Salon avec sa statue de *Caïn*. A la suite de quoi il est invité chez Hippolyte Carnot, où il rencontre Pierre Leroux, Edouard Charton, et d'autres personnes ayant des sympathies républicaines. Devant ces gens plutôt favorables à ce que l'Etat aide les artistes, Etex soutient la thèse inverse : « Au lieu d'être encouragé comme il l'est par tous les gouvernements que j'ai vus se succéder en France, l'art aurait avantage à être abandonné à lui-même. Combien vivent misérablement dans les arts, qui eussent fait un chemin honorable dans une carrière industrielle ! Mais quoi ! Les récompenses qu'ils ont obtenues dès leurs débuts, souvent par très peu de talent et beaucoup d'intrigue, les ont trompés sur leur vocation [9]. »

Dès 1834, *L'Artiste* a le projet de créer, sur le modèle des clubs anglais, un « club artiste » : en faisant payer une cotisation annuelle, on pourrait construire une « maison des artistes », avec des salons de réunion, de lecture et de travail, ouverte à la fois aux sociétaires et aux artistes étrangers, et même aux gens du monde amateurs d'art. Le journal se désole que les artistes parisiens soient si peu solidaires les uns des autres qu'ils laissent tomber en désuétude le dîner mensuel institué quelques années auparavant [10]. En 1836, *L'Artiste* annonce que le club vient de se fonder et donne la liste du comité d'administration : on y trouve l'architecte Duban, le peintre Paul Huet, le chanteur Adolphe Nourrit, le compositeur Meyerbeer, Prosper Mérimée, etc. Le cercle, établi dans un local situé au centre de Paris, sera non seulement un lieu d'accueil ouvert tous les jours aux sociétaires (peintres et sculpteurs, architectes et graveurs, musiciens et poètes, journalistes et savants, amateurs d'art) mais aussi un espace d'exposition permanente. Une partie de la cotisation annuelle des sociétaires sera consacrée à l'acquisition de tableaux, bronzes et ouvrages d'art, tirés au sort ultérieurement entre les membres du club [11]. Nous ne savons pas si une telle entreprise a duré, ni même si elle a été réalisée. En revanche, la Société des gens de lettres fondée en 1838 existe encore aujourd'hui, société d'entraide et de défense de la profession qui eut à sa tête des écrivains aussi importants que Balzac ou Hugo.

L'artiste victime de la société : suicide d'Escousse et Lebras

L'artiste victime de la société est la figure la plus prégnante des années 1830. Elle remportera tous les suffrages des jeunes gens, l'immense succès de *Chatterton* en 1835 le confirme. Mais elle n'est pas seulement littéraire et fantasmatique. En justifiant des conduites suicidaires, elle donne une cohérence intellectuelle à des conduites d'échec. Ainsi, lorsque deux garçons de dix-neuf et vingt et un ans, auteurs d'un drame médiocre sifflé à la Gaîté, se suicidèrent, l'échec de leur pièce fut rapidement interprété comme le signe de l'indifférence de la société pour le talent de la jeunesse.

18 février 1832 : dans la chambre de Victor Escousse, au 58 de la rue de Bondy, les deux jeunes gens, après avoir calfeutré les issues, ont allumé le réchaud à charbon, se sont étendus sur le lit et ont attendu la mort. La voisine de Victor, Mme Adolphe, actrice à la Porte Saint-Martin, rentrant chez elle après le théâtre, entendit, venant de chez son voisin de palier, des sortes de râles. Comme le jeune homme ne répondait pas à ses appels inquiets, elle prévint le père de Victor qui, croyant plutôt entendre des soupirs amoureux, traita l'actrice de « jalouse ». Le lendemain, il fallut enfoncer la porte : Auguste Lebras, de faible constitution, était mort facilement ; Victor Escousse, lui, s'était débattu, comme en témoignaient ses mains crispées et ses ongles enfoncés dans la chair [12].

Auguste Lebras était né à Lorient en 1811. Fils d'un avoué qui le destinait à la marine, il fut attiré par les lettres, se brouilla avec ses parents et vint à Paris où il rencontra Escousse. Ce dernier était aussi blond, rose et souriant qu'Auguste était pâle et mélancolique. Né à

Paris en 1813 dans une famille pauvre, Victor était employé de bureau. Il avait fait le coup de feu en juillet 1830 mais sa gloire venait d'ailleurs : à dix-huit ans, en juin 1831, il avait connu à la Porte Saint-Martin un très grand succès, comme auteur de *Farruck le Maure*, drame en trois actes et en vers joué par Bocage. Après, ce fut l'échec, avec *Pierre III*, drame en cinq actes et en vers joué au Théâtre-Français le 28 novembre 1831. Antoine Fontaney notait ce soir-là dans son *Journal* : « Ecrit misérablement, et faux d'un bout à l'autre ; il n'y a pas là dix représentations. » Enfin, *Raymond*, drame composé en collaboration avec Lebras, venait de faire un four à la Gaîté.

Avant de mettre fin à leurs jours, les deux jeunes gens avaient écrit des lettres. Auguste ne parlait pas de suicide à ses parents : « Une maladie cruelle, causée par un trop grand travail, a miné mes forces... Je vais mourir... De grâce, pensez quelquefois à votre pauvre Auguste, qui vous attend dans *un monde meilleur*... Oh ! si maintenant la santé m'était offerte, je la refuserais : car j'envisage la tombe comme un bien [...] Ceux-là seuls sont à plaindre, qui se ruent dans la tourbe du monde [13]. » Quant à Victor, sa dernière lettre était pour Béranger, avec lequel il entretenait des rapports chaleureux depuis qu'il était allé lui rendre visite à La Force. Mais il avait également rédigé une note pour la presse : « Je désire que les journaux qui annonceront ma mort ajoutent cette déclaration à l'article : Escousse s'est tué parce qu'il ne se sentait pas à sa place ici-bas, parce que la force lui manquait à chaque pas qu'il faisait en avant ou en arrière, parce que l'amour de la Gloire ne dominait pas assez son âme, si âme il y a. Je désire que l'épigraphe de mon livre soit :

> Adieu, trop inféconde terre,
> Fléaux humains, soleil glacé ; Comme un fantôme soli-
> [taire

Inaperçu j'aurai passé!
Adieu, palmes immortelles
Vrai songe d'une âme de feu;
L'air manquait, j'ai fermé mes ailes,
Adieu!

Béranger composa immédiatement sur la mort des deux garçons une chanson, *Le Suicide,* dont voici le refrain :

Et vers le ciel se frayant un chemin,
Ils sont partis en se donnant la main.

Tout en se montrant plein de compassion pour les jeunes désespérés, le poète les rappelle à l'ordre : le suicide est un geste d'égoïste inconscient de sa responsabilité vis-à-vis des autres. Et Béranger d'analyser le processus qui a mené Escousse au suicide : « Une tête ainsi faite sur un corps d'enfant n'est propre qu'à flétrir la jeunesse, quand cette précocité n'est pas le rare effet d'une organisation particulière. Elle produit un besoin de perfection qui, ne sachant à quoi se prendre, désenchante la vie à son plus bel âge. Je n'attribue qu'à une sorte de découragement la funeste résolution de ce malheureux et intéressant jeune homme [14]. »

Béranger ne fait donc pas du suicide des deux jeunes gens un symbole du malheur du poète rejeté par une société qui le condamne à la misère et ne lui laisse d'autre choix que la mort. C'est pourtant ainsi que va être interprété leur geste au cours des années suivantes. Dès 1833, Philothée O'Neddy y fait allusion dans une note de *Feu et Flamme* et Musset écrit dans *Rolla* :

Quand on est pauvre et fier, quand on est riche et triste,
On n'est plus assez fou pour se faire trappiste ;
Mais on fait comme Escousse, on allume un réchaud [15].

Mais c'est surtout à partir de *Chatterton*, en 1835, qu'Escousse et Lebras s'inscrivent dans la longue théorie des poètes victimes de la société.

12 février 1835 : Chatterton *au Théâtre-Français*

« Quand on vint proclamer le nom de l'auteur, on resta debout pendant dix minutes ; les hommes battaient des mains, les femmes agitaient leurs mouchoirs. Jamais, depuis, je n'ai vu une ovation pareille », se souvient Maxime Du Camp. Il avait treize ans lorsqu'il assista à la première représentation de *Chatterton* : « Je n'avais pas parlé, je n'avais pas applaudi, j'étais terrifié. Je sortis machinalement de la loge ; lorsque j'en franchis le seuil, ma mère, qui avait les yeux rouges, me dit : “ Qu'as-tu donc ? ” Le ton de sa voix brisa la torpeur dont j'étais enveloppé ; je voulus répondre et je perdis connaissance [16]. »

L'émotion qui portait le public ce soir-là tenait beaucoup à Marie Dorval qui, dans le rôle de Kitty Bell, arracha un cri à la salle dans la fameuse scène de l'escalier : comme elle devait s'évanouir en apprenant le suicide de Chatterton, l'actrice n'hésita pas à se jeter dans l'escalier et à le dévaler jusqu'en bas. Mais l'émotion tenait aussi au sujet de la pièce, qui rencontrait une sensibilité largement répandue dans la jeunesse. Vigny mettait sur la scène le drame qui opposait à la société matérialiste le poète idéaliste, auquel les jeunes gens s'identifiaient.

Ce n'était pas la première fois que Vigny traitait le sujet. En 1832, son héros, Stello, étant atteint de crises de désespoir (*blue devils*, les « diables bleus »), Vigny imaginait que le Docteur Noir, appelé en consultation, lui racontait trois histoires. Chacune faisait apparaître un poète, Gilbert, Chatterton et Chénier, tous trois marqués par une destinée douloureuse – le suicide pour les deux premiers, la guillotine pour le troisième. Le 9 février 1832, Vigny, annonçant la parution de *Stello* à un jeune homme qui lui a envoyé des vers, écrit : « Ce livre a pour pensée unique la Position du Poète dans la société [17]. »

Chatterton, selon Vigny, est « un jeune homme de dix-huit ans, pâle, énergique de visage, faible de corps, épuisé de veilles et de pensée, simple et élégant à la fois dans ses manières [...] grave et passionné dans l'accent et le langage ». Né dans une famille riche, il a fait des études à Oxford. Devenu pauvre, il a loué, sans donner son identité véritable, une chambre dans la maison de John Bell, patron au cœur dur. Auteur de poésies qui l'ont rendu célèbre, Chatterton est poursuivi par un créancier et risque la prison pour dettes. La seule personne qui lui manifeste compréhension et sympathie est Kitty, la jeune femme de John Bell, qui l'aime sans le savoir. Le poète a écrit au lord-maire pour lui demander son aide. La réponse est blessante : on lui offre une place de domestique. Cette humiliation s'ajoute au soupçon injurieux que colportent les journaux : Chatterton ne serait pas l'auteur de ses poèmes. C'en est trop pour la fierté farouche du jeune homme, qui s'empoisonne.

Dans la préface de *Chatterton*, datée de la nuit du 29 au 30 juin 1834, Vigny dénonce « le martyre perpétuel et la perpétuelle immolation du Poète ». Et il choisit de représenter le martyre et l'immolation à l'aide d'une image frappante, empruntée au *Giaour* de Byron. Le poète est comme le scorpion enfermé dans un cercle de charbons ardents, il a peur, il a mal, il cherche à se frayer un passage; n'y parvenant pas, il retourne contre lui-même son dard empoisonné. Ainsi le poète se donne-t-il la mort parce qu'il est acculé par la société et c'est la société qui, à la vérité, est responsable de cette mort.

Les jeunes gens qui voient la pièce ressentent vivement cette dénonciation de la société bourgeoise et prennent évidemment le parti du poète. Barthélemy Tisseur, étudiant en droit, écrit à son ami Victor de Laprade, au lendemain de la représentation : « Chatterton, c'est le poète écrasé par l'égoïsme, ou par la bienveillance dédaigneuse de la société ; en d'autres termes, c'est la poésie, la religion, étouffées dans l'industrialisme. Quand une société renie sa poésie, elle n'a plus pour Dieu qu'un lingot d'or, et pour empereur qu'un juif usurier. Cette dernière phrase est extraite textuellement du drame ; elle a été accueillie par une triple salve d'applaudissements, tandis que tous les regards se braquaient sur la loge royale, où s'épanouissaient la reine Amélie, Mme Atthalin, deux enfants royaux et deux filles de France [18]. »

Chatterton, du poète anglais au héros de Vigny

Pas plus en 1835 qu'en 1832 le personnage créé par Vigny n'incarnait ce que fut le vrai Chatterton, comme le précise la préface : « Le Poète était tout pour moi ; Chatterton n'était qu'un nom d'homme, et je viens d'écarter à dessein des faits exacts de sa vie pour ne prendre de sa destinée que ce qui la rend un exemple à jamais déplorable d'une noble misère. »

Thomas Chatterton, poète anglais né à Bristol en 1752, fils posthume d'un maître d'école, fut élevé dans une école de charité. Devenu clerc chez un procureur, il y prit le goût de l'archaïsme et composa à la manière du Moyen Age des poésies qu'il attribua à Thomas Rowley, moine et poète du XVe siècle. Il s'installa à Londres, où il écrivit des pamphlets, se mettant sans scrupule au service à la fois des politiques en place et de l'opposition. Après avoir vécu quelque temps de sa plume, il tomba dans la misère et, en 1770, s'empoisonna à l'arsenic après être resté plusieurs jours sans manger [19]. Il avait dix-huit ans.

Ce personnage assez peu sympathique avait été idéalisé une première fois par Henri de Latouche, dans un poème écrit en 1825 intitulé *Le Poète.* Chatterton s'empoisonne un soir d'automne à Londres et, en guise d'adieux à la vie, s'en prend violemment à la société :

> Et voilà l'Angleterre ! Ils ont droit à la vie
> Ces lâches criminels sous vos fers enchaînés ;
> Et nous, enfants des arts au talent condamnés,
> Peuple fier de vos lois, vos lois nous abandonnent [20].

Chatterton est ainsi devenu le poète victime des puissants : « Ce qu'il faut au pouvoir ? Déshonorer la lyre [21]... » A l'opposé de cette idéalisation du personnage, il est amusant de lire ce qu'en dit, quarante ans plus tard et avec son parti pris positif, le *Larousse du XIXe siècle.* Plus aucune trace de complaisance pour le héros, « un poète inconnu, qui se réfugie dans le suicide pour échapper à la misère et se venger de l'ingratitude des hommes ». Orgueilleux et égoïste, Chatterton est un être inutile : « M. Alfred de Vigny sera, nous l'espérons, le dernier poète qui chantera les louanges de ces héros poitrinaires et ridicules. »

Les contemporains de Vigny, eux, ont aussitôt inscrit son héros dans la lignée des poètes souffrants acculés au suicide dont Escousse et Lebras étaient les avatars les plus récents. Ainsi le personnage de Chatterton, dans l'interprétation qu'en donne Vigny, devient-il un symbole pour la jeune génération.

Se prendre pour Chatterton

La correspondance de Vigny montre combien les jeunes spectateurs s'assimilent à son héros. Un certain Drague, âgé de dix-neuf ans, écrit, à la sortie du spectacle : « Le cœur qui a dicté *Chatterton* comprendra le cœur d'un autre Chatterton [22]. » Drague s'adresse à Vigny pour lui soumettre un drame de sa composition, dans l'espoir qu'il l'aidera à le faire jouer, et pour solliciter son aide financière. Mais il ne présente pas sa requête abruptement, il évoque d'abord la vie qu'il mène : « Depuis près d'un an que je suis à Paris, parcourant avec avidité les ouvrages de la bibliothèque et les analysant ensuite la nuit dans mon cabinet de travail, je n'ai rêvé que littérature, je ne me suis occupé que de littérature et, tout entier à l'étude, je ne m'apercevais pas que j'avais besoin de vivre avant tout. Les faibles ressources qui me restaient ont été bientôt épuisées. Alors j'ai été forcé de contracter quelques dettes. » Dans l'urgence, il a composé son drame, croyant qu'il pourrait gagner de l'argent avec. Il ignorait que rencontrer un directeur de théâtre sans être introduit était chose impossible. Il songeait à mourir quand le nom de Chatterton sur une affiche l'a mené au Théâtre-Français. Et Vigny s'est effectivement occupé de lui, comme l'indique une note sur sa lettre : « Placé. Instituteur d'un jeune Anglais. 4 000 fr par an. 1835. Sauvé ! »

La lettre d'Adrien Roques, datée du 3 septembre 1835, exprime encore plus clairement l'identification : « Chaque mot, chaque cri, chaque plainte qui s'échappe du cœur de Chatterton, je la *[sic]* sens s'échapper de mon cœur. Chaque humiliation qu'il reçoit, je l'ai essuyée ; chaque angoisse qu'il souffre, je l'ai soufferte ; chaque croix qu'il a portée, je la porte. Lui, c'est moi ;

moi, c'est lui [23]. » Lui aussi, entraîné à Paris loin de son Auvergne natale, connaît la solitude et la misère. Il a déjà sollicité les « puissances littéraires », Chateaubriand, Béranger, Lamartine, qui lui ont prodigué des compliments mais aucune aide. On ne sait si Vigny lui a procuré du travail, mais, d'après ses carnets, ils sont restés en contact. En 1841, Vigny a noté l'adresse de Roques, chez un libraire, à Moscou.

Plus tragique est le chantage au suicide que reçoit Vigny le 8 décembre 1835. Charles Michel, vingt-deux ans, auteur d'une « méchante brochure », s'est ruiné pour une maîtresse. Il a emprunté deux cents francs à un juif qui se fait menaçant et doit passer chez lui le lendemain à dix-huit heures. Que Vigny lui dépose la somme poste restante, il ira la chercher à seize heures. Sinon... Vigny a écrit sur la lettre : « Suicide que j'ai eu le malheur de ne pouvoir empêcher. » Il avait, le jour même, répondu à Charles Michel : « Vous n'avez pas le droit de dire à la Société qu'elle vous méconnaît puisque vous n'avez fait aucune œuvre importante encore. » Charles Michel, dans son ultime billet, reconnaît : « Je ne meurs point parce que j'ai été méconnu, mais parce que j'ai été malheureux, et que je ne me sentais pas la force de surmonter les maux de l'avenir [24]. »

Peut-être Vigny se lassait-il de toutes ces lettres dont les auteurs se prenaient pour Chatterton. Sur la lettre de Gustave Naquet en date du 3 juillet 1836 est indiqué : « Non répondu, partant pour Londres. » Naquet revenait d'Alger, où il avait lu *Chatterton.* Successivement séminariste, professeur et militaire, il avait publié un discours, un drame, des poésies et, se retrouvant sans le sou, pensait au suicide : « Et moi aussi je suis un de ces jeunes gens qui, parce que le délire de la poésie les consume, se voient poursuivis par la fatalité [25]. »

Le suicide à la mode

Le 29 août 1835, M. Charlemagne, magistrat et député de Châteauroux, s'indigne à la Chambre contre *Chatterton*, qui est une « apologie du suicide ». Vigny répond immédiatement par une lettre au directeur de la *Revue des Deux Mondes*, qui sera publiée le 1er septembre : « Le public, qui a bien voulu écouter quarante fois le drame de *Chatterton* au Théâtre-Français, et le lire depuis, a vu que, loin de conseiller le suicide, j'avais dit : " Le suicide est un crime religieux et social ; c'est ma conviction " ; mais que, *pour toucher la société, il fallait lui montrer la torture des victimes que fait son indifférence.* Chaque mot de cet ouvrage tient à cette idée et demande au législateur, pour le poète, le TEMPS et le PAIN [26]. »

La protestation de Vigny était sincère. Et cependant, son drame, même s'il ne prônait pas le suicide, s'inscrivait dans une mode du suicide chez les jeunes gens : « La manie et la gageure de tous les René, de tous les Chatterton de notre temps, écrit Sainte-Beuve, c'était d'être grand poète et de mourir [27]. » Effectivement, les suicides se multiplient : de 1 542 en 1827, on passe à 2 084 en 1831, 2 305 en 1835 et 2 747 en 1839 [28]. Pendant trois ans au moins, de 1833 à 1836, il y a presque chaque matin des récits de suicides dans *Le Constitutionnel.* On se tue pour des raisons diverses : chagrin d'amour, problèmes d'argent, maladie, échecs. Mais la vanité joue un rôle prépondérant : on se tue beaucoup pour faire parler de soi dans la presse après sa mort. Escousse et Lebras ont fait école. Mme Trollope, dans son livre sur Paris en 1835, constate que beaucoup de jeunes Français se suicident dans l'espoir de fournir un fait divers au *Constitutionnel.* Elle cite l'exemple de deux jeunes gens qui, après avoir fait gaiement un dernier repas luxueux qu'ils ne pouvaient payer, ont mis du poison dans leur café et sont allés mourir dans leur chambre. Ils ont laissé des papiers : « C'était partout l'expression du désir d'arriver à la renommée sans peine ni travaux, celle d'un parfait mépris pour tous ceux qui consentaient à gagner leur vie à la sueur de leur front, plusieurs citations de Victor Hugo, et la prière de publier dans les journaux leurs noms et le genre de leur trépas [29]. »

Le drame de Vigny provoque une contagion « chattertonesque ». Des jeunes gens projettent de mettre fin à leurs jours en plein théâtre, au moment même où Chatterton s'empoisonne, ou devant leur fenêtre ouverte, « au soleil couchant, la main sur la page où Chatterton exhale le plus généreusement son âme magnanime [30] ». Le nom de Chatterton revient comme un leitmotiv dans l'expression du désespoir :

Chatterton ! Chatterton ! Ame grande et sublime,
Pauvre génie obscur que le monde ignora !
De ton cœur de héros nul n'a sondé l'abîme.
Ils t'ont tous méconnu : le ciel du moins t'aura !
Comme toi j'ai souffert le malheur, la tristesse...

En octobre 1839, Charles T... se suicide. Il a composé un roman et des vers qu'il n'a pas réussi à faire éditer : « On les lira peut-être, écrit-il dans sa dernière lettre, quand on saura que leur auteur est mort, comme Chatterton [31]... » Et il ajoute : « Dans trois heures mon cœur aura cessé de souffrir, mon cerveau de penser. Le temps de relire *Chatterton*, de bien m'en imprégner, comme d'un suprême viatique, et je me brûlerai la cervelle... »

La mode du suicide s'est traduite dans des réalisations qui peuvent sembler folkloriques, comme le Suicide-Club. Un ancien membre raconte : vers 1846, ils étaient une bande de garçons fraîchement débarqués de leurs provinces et pétris de romantisme, « mélancoliques, byroniens, révoltés[32] ». Il leur vint l'idée d'ériger leur groupe en club, en lui donnant des statuts. Les membres du Suicide-Club devaient avoir entre dix-huit et vingt ans. Ils se proposaient de réhabiliter le suicide en montrant par la pratique qu'il n'était rien de plus noble. Mais pas question de se suicider pour une raison précise, seul le dégoût de l'existence autorisait à mettre fin à ses jours. Lorsqu'un des membres se sentirait prêt, il devrait avertir le président et se suicider devant le club, de préférence avec un pistolet.

Les réunions avaient lieu chaque vendredi. Elles commençaient par une lecture de textes d'écrivains sinon favorables au suicide, du moins pas hostiles : Goethe, Byron, Chateaubriand, Sand. Les membres du club portaient une tête de mort en breloque et un scapulaire avec tête de mort et tibias entrecroisés. Ils prenaient tous ces rites très au sérieux, selon l'ancien membre, qui fait le bilan du Suicide-Club : « Nous sommes devenus, qui industriel, qui commerçant, qui médecin, qui magistrat, tous assez honnêtes, à ce que je crois, souriant de bon cœur au souvenir de leurs manies passées [...] Mais il y avait parmi nous deux ou trois âmes plus sensibles [...] qui, une fois contaminées, n'arrivèrent pas à se guérir. L'un est mort fou à vingt-huit ans; l'autre, poitrinaire, à vingt-cinq; le troisième s'est suicidé[33]. »

Chatterton *en province*

Marie Dorval fait en province une tournée de plusieurs mois en 1836-1837 et elle écrit régulièrement à Vigny, avec lequel elle a une liaison. Ses lettres nous donnent la mesure de l'engouement délirant pour le drame de Vigny. D'Avignon, le 28 décembre 1836 : « Mon Dieu, mon ange, comme on admire *Chatterton*!

On ne parle que de cet ouvrage dans toute la province et, dans les villes où je ne puis le jouer, on est comme des fous. J'ai prêté le livre à plus de vingt personnes que je ne connais pas et qui me l'ont fait demander [34]. » A partir de huit ans, tous les petits garçons se prennent pour des Antony (le héros de Dumas) ou des Chatterton.

L'actrice joue à Montpellier le 11 janvier 1837, après Nîmes et avant Toulouse. Ensuite, elle rentre par le même chemin : « Hier, après *Angelo* [Hugo], tout le public a demandé *Chatterton.* Il y avait eu plus de cinquante demandes le matin chez le directeur. Le soir, il y a eu un tapage épouvantable, il a fallu promettre au public qu'on allait monter l'ouvrage et que je le jouerai en revenant. Ainsi donc, ce matin, comme je partais dans ma voiture, j'ai vu affiché en grosses lettres, sur le bas de l'affiche :" En attendant *Chatterton.* " Cher ange, tu ne peux te faire une idée de la réputation de ton ouvrage. Partout, partout on ne parle que de *Chatterton* [35]. »

Même cause et mêmes effets à Toulouse, d'où elle écrit, le 23 janvier 1837 : « La direction ne voulait pas monter *Chatterton* à cause de la dépense de l'escalier et la difficulté des rôles. Mais les jeunes gens n'ont pas entendu cela et en masse toute l'école de médecine a demandé l'ouvrage [...] Cet ouvrage est si admiré et si aimé qu'il y a des jeunes gens qui savent le rôle de Chatterton par cœur et qui me font demander de m'en réciter des passages. » Quand enfin le drame peut être joué, le public est enthousiaste : « Tout ce qu'il y a de plus distingué à Toulouse, toute la *haute aristocratie* QUI NE VIENT JAMAIS au spectacle était là. Tu n'as pas eu à Paris une soirée plus belle, *tout* a été senti ; le parterre a été admirable de silence et d'attention, un parterre de jeunes gens, *les plus remuants* jeunes gens du monde ! » (5 février 1837.)

Gilbert, frère de Chatterton

Il est un autre modèle de poète souffrant, souvent cité au côté de Chatterton, c'est Gilbert. Dans *Stello*, le Docteur Noir raconte qu'il se trouvait au chevet de Gilbert agonisant dans sa mansarde. Le pauvre poète serrait dans ses mains sa plume et « une croûte bien dure de son dernier morceau de pain ». Après sa mort, les propriétaires de sa chambre réclament la clef qui a disparu. Le docteur doit pratiquer une autopsie du corps : la clef était dans l'œsophage [36].

Comme Chatterton, Gilbert était un poète du XVIIIe siècle auquel les romantiques ont accolé une légende de bouc émissaire de la société. Né en 1750 dans les Vosges, il publie un roman à vingt ans et un volume de vers deux ans plus tard. Il vient alors à Paris, est mal reçu par d'Alembert et écrit *Le Poète malheureux*, mettant en scène un orphelin tenaillé par la vocation artistique, abandonné de tous et mourant de faim : ces vers contribueront à sa légende. Il publie des satires contre les philosophes, les encyclopédistes et les novateurs et meurt à trente ans, en 1780, non de misère ni de faim mais d'une chute de cheval [37].

Les poésies de Gilbert ayant été rééditées jusqu'en 1825, nos jeunes romantiques ont pu les lire dans leur adolescence mais il est étonnant qu'ils aient eu tant d'indulgence pour un ennemi des hommes de progrès, pensionné par le roi et par l'archevêque de Paris. C'est que le vrai Gilbert a été transformé en victime, pauvre et solitaire :

> Depuis qu'il a chanté, cygne de la misère,
> Le Psaume pénitent de ses pleurs de la terre...,

écrit en 1834 Charles Lassailly, qui fait quasiment de Gilbert le symbole du malheur du peuple. Ce mythe romantique aura la vie dure : en 1864 encore, la *Petite encyclopédie récréative* publie un florilège des poètes morts de faim avec des œuvres choisies de Gilbert [38].

Les avatars du poète souffrant

Augustin Challamel, dans ses *Souvenirs d'un hugolâtre*, dresse une liste des « poètes malheureux », qui mêle des gens au parcours et au destin très divers : poètes qui, dans leur jeunesse, se sont beaucoup plaints de la misère comme Emile Péhant, poètes morts jeunes comme Elisa Mercœur, poètes-prolétaires comme le boulanger Jean Reboul ou le maçon Charles Poncy, condamnés rédemptés par la poésie comme Hippolyte Raynal et enfin auteurs d'un seul livre comme cet Hippolyte Barbier qui devint aumônier ou comme Aloysius Bertrand. Il est significatif que, quarante ou cinquante ans après, un témoin du milieu littéraire des années 1830-1840 n'arrive pas à distinguer ces catégories mais qu'il illustre par ces multiples cas le modèle unique du poète souffrant, victime de la société ou d'une sombre destinée.

« Poète » allait-il forcément de pair avec « malheureux » ? A lire les textes de l'époque, on peut le croire. Passage obligé par ce lieu commun. Comme si le malheur consacrait quelqu'un comme poète. Trois exemples, parmi tant d'autres. Émile Péhant, venu faire son droit à Paris, publie en 1834, grâce à l'aide de Vigny, un recueil de poèmes dont presque tous ont pour sujet la misère du poète : *Un cimetière*, *La Pauvreté*, *Le Créancier*, *Le Vautour*, *La Faim* [39]... En 1842, Amédée Pommier, journaliste et écrivain prolixe de la Restauration à la Troisième République, évoque en ces termes la condition du poète :

Mis au rebut, le vers nulle part ne se vend;
Le poète n'est rien, un maçon passe avant.
[...]
Au bout de ses travaux, il n'a pour tout guerdon
Qu'indifférence, oubli, dénuement, abandon;
Incompris, méconnu de la foule affairée,
Dont l'argent fut toujours l'idole préférée,
Il risque de périr de faim et de langueur,
Comme Emile Roulland, comme Elisa Mercœur
[...]
Récemment, à propos d'Hégésippe Moreau,
Les gens du feuilleton sur nous criaient haro.
Voyez, nous disaient-ils, ce que c'est que ce rêve
Du renom poétique : à l'hôpital on crève [40].

En 1842, enfin, la *Physiologie du poète* pastiche les élégies sur les poètes morts prématurément dans la misère, dans une ode intitulée *Occidentale*, par référence aux *Orientales* de Hugo :

Hélas! que j'en ai vu mourir de jeunes hommes!
[...]
L'autre de ses malheurs voyait sa botte rire,
L'autre rafistolait des cordes de sa lyre
Son vieil habit qui s'en allait.
Un surtout, sans surtout, poète humanitaire,
Couvait le grand symbole en son front sans chapeau;
Celui-là n'était pas, certes, un homme ordinaire
Car d'un gilet trop court ne sachant plus que faire,
Il s'en était fait un manteau.
Il aimait trop le veau; c'est ce qui l'a tuée
Cette grande nature. Il en rêvait toujours.
Hélas! à mâcher creux sa bouche habituée,
Sur un veau tout entier la nuit s'étant ruée,
Ce fut le dernier de leurs jours [41].

Certes, chacun peut revendiquer une identité de « poète malheureux » mais pour entrer dans la postérité à ce titre, on a besoin d'un metteur en scène. Condition préalable : il faut mourir jeune et que quelqu'un fasse de cette mort prématurée un événement, en publiant votre œuvre ou simplement en exaltant votre triste sort. Ainsi Hugo rendit-il hommage en 1833 à Ymbert Galloix, mort à vingt-deux ans, cinq ans plus tôt. Ainsi Félix Pyat attira-t-il l'attention du public en 1838 sur Hégésippe Moreau, qui venait de mourir à l'hôpital, à l'âge de vingt-huit ans. Ainsi, la même année, le poète breton Evariste Boulay-Paty tenta-t-il de faire de son ami Emile Roulland, mort en 1835, à trente-trois ans, un nouveau Chatterton. Ainsi Sainte-Beuve, de concert avec David d'Angers, publia-t-il enfin en 1842 *Gaspard de la nuit*, dont Aloysius Bertrand, juste avant sa mort, à trente-quatre ans, leur avait confié le manuscrit. En 1843, la mère d'Elisa Mercœur, morte à vingt-six ans huit ans auparavant, accompagna les *Œuvres complètes* de sa fille d'une préface destinée à la rendre légendaire. Quant à Henri Trianon, cette année-là, il essayait aussi d'inscrire dans la légende son ami Camille Bernay, mort à vingt-neuf ans en 1842.

« *Traverser le Styx* »

Ce Styx-là, c'est le fleuve si difficile à franchir pour arriver à être publié ou exposé pour la première fois, c'est l'éditeur, le directeur de théâtre ou de musée qui conseillent au jeune artiste inconnu de se faire d'abord une réputation avant de revenir les voir : « Eh mais ! laissez-les commencer ! aidez-les », écrit Hugo en 1833, en faisant d'Ymbert Galloix le symbole de la jeunesse incomprise et brisée.

Genevois venu à Paris à vingt et un ans, en octobre 1827, plein d'ardeur et curieux de tout, Galloix meurt en octobre 1828, dégoûté de tout. Et pourtant, ce jeune homme qui faisait des vers a été accueilli et encouragé par Charles Nodier, à l'Arsenal où il est allé tous les dimanches. Mais il manquait de confiance en lui et de persévérance. A un ami qui venait de publier des poèmes, il écrit, le 11 décembre 1827, qu'il ne croit nullement à un succès possible : « La poésie est dans un discrédit si complet qu'il faut être sur les lieux pour en avoir une idée. C'est cent fois pis qu'à Genève, personne ne lit de vers. On en achète encore moins. L[amartine], D[elavigne] et ***[Hugo] font seuls exception à la règle. D'ailleurs, tout le monde fait bien les vers à Paris. On en lit tant de manuscrits qu'un auteur étranger, qui n'a d'autre protection que son talent, ne peut percer que par un heureux hasard [42]. »

Galloix se décourageait trop facilement, abandonnant les travaux alimentaires qu'on lui avait proposés, dictionnaires, compilations, biographies de contemporains ; la maladie a fait le reste mais Hugo souligne la responsabilité de la société dans son triste destin : « Gens qui pensent et gens qui gouvernent ne s'occupent pas assez de nos jours du sort de cette jeunesse pleine d'instincts de toutes sortes qui se précipite avec une ardeur si intelligente et une patience si résignée dans toutes les directions de l'art [43]. » La société a tort de laisser mourir ses jeunes poètes car l'un d'entre eux sera peut-être Schiller un jour : on retrouve la mystique du poète que Hugo a si souvent développée.

Vingt ans pour être édité : Aloysius Bertrand

La difficulté de « traverser le Styx », Aloysius Bertrand l'a parfaitement connue, lui qui, lorsqu'il meurt de phtisie à l'hôpital, le 29 avril 1841, essaie depuis plus de vingt ans de faire éditer l'unique livre qu'il a écrit. *Gaspard de la nuit* qui, dans sa première version, s'intitulait *Bambochades*, avait déjà été montré à Sainte-Beuve et confié à un éditeur en 1829, puis, en 1836, acheté par Eugène Renduel qui ne l'avait pas publié.

Louis Bertrand, devenu Ludovic en 1832 et Aloysius en 1839, était né en 1807 dans le Piémont, où son père était lieutenant de la gendarmerie impériale, puis avait fait ses études à Dijon. Il y dirigea *Le Provincial*, un journal paraissant trois fois par semaine du 1er mai au 30 septembre 1828, auquel Hugo, Nodier et Musset acceptèrent d'envoyer des textes ; Aloysius y publia une vingtaine de ses compositions, dont la première version de quatre poèmes en prose du futur *Gaspard de la nuit*.

En novembre 1828, Bertrand vient tenter sa chance à Paris. Grâce au *Provincial*, les portes du Cénacle et de l'Arsenal s'ouvrent. Le jeune poète y rencontre Sainte-Beuve et Victor Pavie qui, quinze ans plus tard, allaient éditer son livre. Pavie se souvient l'avoir entendu lire « une manière de ballade dans le goût pittoresque de l'école, ciselée comme un vitrail, dont les rimes tintaient comme les notes d'un carillon de Bruges ». Impossible d'oublier l'effet produit par le refrain :

> L'on entendait le soir sonner les cloches
> Du gothique couvent de Saint-Pierre des Loches [44].

Mais ses relations littéraires ne préservent pas Bertrand de la misère. Il subit les premières atteintes de la phtisie, est sans travail et presque sans argent : « Pour moi, écrit-il à sa mère et à sa sœur le 20 janvier 1829, le sort est toujours de fer [...] Je vais chez Victor Hugo. Là, on m'y fête comme un ami et, chez moi, j'ai à peine de quoi me nourrir et me blanchir ; je dois un mois de ma chambre et n'ai plus que 15 fr devant moi. » Il espère que la tante Lolotte, qui subvient aux besoins des deux femmes (le père est mort en février 1828), pourra lui envoyer cinquante francs.

Le 1er août 1829, il fait un bilan des neuf mois qu'il vient de passer à Paris. Entièrement négatif. L'éditeur auquel il avait confié le manuscrit des *Bambochades* a fait faillite, le texte est sous les scellés. Il voudrait traiter avec un autre éditeur, encore faudrait-il pouvoir le rencontrer : « Je suis presque sans chaussures, mon habit est usé sur le devant ; je ne puis donc aller voir ce libraire que le soir, et alors il n'est jamais chez lui. Je lui écris, il me répond, et cela n'amène aucun résultat. » Pour la même raison, il fréquente de moins en moins le Cénacle et il ne peut plus s'occuper de deux pièces de théâtre qu'il cherche à faire jouer (il prétend que l'une d'elles est déjà en répétition au Vaudeville). Il a bien gagné cent francs comme « nègre » de deux fabricants de romans et de mémoires mais tout a été englouti et il est aux abois. Le plus étonnant est qu'il n'abdique rien de sa fierté et de ses espérances : il est venu à Paris pour être homme de lettres et il trouverait humiliant d'exercer une autre activité. Il aurait pu devenir commis de librairie mais n'a « pas cru devoir désespérer encore à ce point du ciel et de la fortune ».

Le 4 avril 1830, il repart pour Dijon, auréolé du prestige de la bataille romantique : il avait assisté aux premières d'*Hernani* et de *Christine*, et Sainte-Beuve lui avait dédicacé un exemplaire de ses *Consolations*. Grâce à un ami, il obtient le poste de gérant d'un journal libéral modéré, *Le Spectateur*, mais lors des journées de Juillet, il prend des positions révolutionnaires et participe à la création du *Patriote de la Côte d'or* dont il devient directeur. A la suite d'excès de toutes sortes, il doit démissionner et regagne Paris en janvier 1833.

Cette fois-ci, il a entraîné avec lui sa mère et sa sœur

qui, persistant à croire en son génie, ont vendu le peu qu'elles avaient pour le suivre et tous trois se retrouvent bientôt dans la misère. A partir de 1838, Bertrand fait de longs séjours dans les hôpitaux ; il meurt à Necker le 29 avril 1841, au moment où, sur la recommandation de David d'Angers, Villemain se disposait à lui accorder un secours de trois cents francs et à le nommer bibliothécaire du château de Fontainebleau.

Aucune des tentatives littéraires de Bertrand n'a abouti de son vivant. Il n'a jamais réussi à faire jouer son drame-ballade sur le thème de la légende du bûcheron Martin Waldeck, tirée de Walter Scott. Quant à ses poèmes en prose, bien qu'ils aient été achetés en 1836 par Eugène Renduel, pour cent cinquante francs, ils n'ont pas été publiés parce qu'ils exigeaient trop de complications typographiques et d'illustrations. Mais chez Renduel, Bertrand a rencontré David d'Angers qui, jusqu'au bout, est resté son soutien fidèle. Dès 1838, le sculpteur a pris contact avec les Pavie, à Angers, pour les persuader de publier *Gaspard de la nuit.* Après avoir, en octobre 1840, tenté une ultime démarche auprès de Renduel, Bertrand lègue son manuscrit à David d'Angers et « au si bon Sainte-Beuve qui fera tous les retranchements, modifications qu'il croira convenables [45] ». Le livre parut enfin en novembre 1842.

Elisa Mercœur martyre de la Gloire

Quand elle meurt, le 7 janvier 1835, à l'âge de vingt-six ans, Elisa Mercœur est une vedette d'une autre époque. Elle a connu son heure de célébrité à la fin de la Restauration et vit sur ce passé. Sa mère va édifier sa légende en publiant en 1843 ses *Œuvres complètes* en trois volumes, avec une notice où elle fait d'Élisa une martyre de la Gloire.

Mme Mercœur présente sa fille, née à Nantes en 1809, comme une enfant prodige qui, à cinq ans, se rêvait déjà un avenir de grand écrivain et, à six, concevait le projet d'écrire une tragédie. Lorsqu'elle eut douze ans, sa mère ayant perdu sa petite fortune, Elisa se mit à gagner leur vie en donnant des leçons. En 1825, bouleversée par une cantatrice venue chanter à Nantes, l'adolescente passe la nuit à composer des vers aussitôt publiés dans *Le Lycée armoricain.* Le succès est immédiat et, en 1827, la Société académique de Nantes lance une souscription afin d'éditer en volume les poésies de la « jeune Muse armoricaine ». L'éditeur, M. Mélinet-Malassis, y joint la réponse laudative de Chateaubriand à l'envoi du livre et la prédiction de Lamartine : « Cette petite fille nous effacera tous tant que nous sommes. » L'année suivante, la poétesse est présentée à la duchesse de Berry en voyage à Nantes et elle reçoit gratifications et pension. Elle part alors pour Paris.

Élisa a dix-neuf ans et, obligée de s'aliter, elle compose *La Gloire* : « Je ne saurais rendre, écrit sa mère, tout ce que m'ont fait souffrir les réflexions et les applications continuelles qu'elle se faisait lorsqu'elle passait en revue les infortunes des martyrs de la gloire et les outrages dont on se plut de tout temps à les accabler ; mais lorsqu'elle en vint aux dégoûts dont on avait abreuvé la vie du Tasse, aux honneurs trop tardifs qu'on lui prodigua, réparation sans effet pour ce malheureux, je crus que, comme cet illustre et infortuné poète, sa raison allait s'aliéner, quand je l'entendis s'écrier : “ Ah ! moi aussi, je ne serai bientôt plus qu'une malheureuse réprouvée[46]... ” » Etrange amertume de la « jeune Muse » couverte d'honneurs. Tout se passe comme si, pour appartenir à la lignée des poètes, on devait se vivre comme victime de la société, quelle que soit sa situation réelle. En tout cas, c'est ainsi que la mère juge bon en 1843 de camper sa poétesse de fille.

Autre étape obligée de la légitimation : l'aspiration au suicide. A peine installée à Paris, tout en ne recevant que de bonnes nouvelles – Martignac lui accorde une pension de mille deux cents francs et lui envoie cinq cents francs pour ses besoins immédiats –, Elisa tente de s'asphyxier : « Fanatisée par la publicité que les journaux donnaient aux suicides qui désolaient chaque jour quelques nouvelles familles, et que, dans son fanatisme, Elisa regardait comme devant immortaliser les noms de ceux qui se suicidaient, elle, qui d'abord s'était laissée aller à l'indignation que lui causait cette orgueilleuse et ridicule manie de se donner la mort, finit par trouver, tant l'idée de l'immortalité a de puissance sur une jeune imagination, que l'on n'était pas bien coupable de sacrifier quelques jours d'existence à l'avantage de faire vivre à jamais le nom que l'on portait [47]... »

La monarchie de Juillet voit la chute d'Elisa, qui a perdu à la fois ses protecteurs et son aura de jeune poétesse. Alors que la mode est au drame romantique, la « Muse armoricaine » a tout misé sur une tragédie, *Les Abencérages*. Elle est désormais une gloire passée, malade et assistée (Mme Récamier lui obtient des secours). Il ne lui restait plus qu'à mourir prématurément pour inscrire son personnage dans la légende. C'est sans doute autant minée par la maladie et la déception que portée par ce dernier espoir d'immortalité qu'elle meurt début 1835. A quelqu'un qui lui proposait d'essayer de placer sa tragédie à la Porte Saint-Martin, en lui disant : « Songez au bonheur d'être couronnée ! » Elisa répondit : « Le Tasse ne le fut qu'après sa mort. Si j'ai même destin et que maman me survive, elle m'apportera la couronne [48]. »

« Misérable comme Gilbert et désespéré comme Escousse » : Hégésippe Moreau

A son arrivée à Paris, Lucien de Rubempré cherche à publier un recueil de poèmes, *Les Marguerites.* Ce titre est un clin d'œil au *Myosotis* qu'Hégésippe Moreau, âgé de vingt-huit ans, publia en 1838, quelques mois avant de mourir.

Enfant naturel d'une domestique, Moreau fit des études grâce à la patronne de sa mère. A quinze ans, il était apprenti chez un imprimeur de Provins et écrivait des vers. En 1829, il trouva une place de typographe chez Didot, et vint s'installer à Paris. La révolution de Juillet ayant entraîné la réduction des effectifs de Didot, Moreau devint maître d'études à la pension Labbé, qui envoyait ses élèves au lycée Bonaparte. C'est là que Vallery-Radot, futur bibliothécaire au Louvre, alors en classe de seconde, devint son ami. Leur passion commune pour la poésie les rapprocha : ils se promenaient ensemble aux récréations et, les jours de congé, allaient au parc Monceau, causer, lire et composer des vers. Mais Moreau, plutôt petit, délicat et doux, n'en imposait pas suffisamment aux élèves. Chahuté, il quitta brusquement la pension et se retrouva sans domicile fixe. En 1832, hospitalisé pendant l'épidémie de choléra, il se roula dans le lit d'un malade avec l'espoir d'en finir. Sans succès. Il composa alors une *Ode à la Faim* et se réfugia, presque mourant, à Provins. Ayant repris son travail à l'imprimerie, il créa, avec son patron, *Le Diogène*, un petit journal d'opposition. Contraint de quitter Provins à la suite d'un duel, en 1833, il voulut continuer son journal à Paris. En vain : partout on lui répondait que *Le Diogène* n'était pas à la hauteur de *L'Homme rouge.*

L'Homme rouge était une satire hebdomadaire en vers, publiée à Lyon entre avril et août 1833, par deux jeunes gens âgés, comme Moreau, de vingt-trois ans, Louis-Agathe Berthaud et Jean-Pierre Veyrat. En septembre 1833, les deux poètes s'installèrent à Paris et Berthaud écrivit un texte contre le préfet de police Gisquet qui avait fait assommer des crieurs de journaux. Gisquet cherchait un poète capable de répondre, Moreau se présenta et toucha trois cents francs pour attaquer Berthaud sous le pseudonyme de Bertin. N'ayant pas la conscience tranquille, il ne révéla jamais la vérité aux deux auteurs de *L'Homme rouge* quand, à force de fréquenter les mêmes salles de rédaction, il fut devenu leur ami intime. En 1835, les trois jeunes gens se voient beaucoup. Ils sont ensemble à la première de *Chatterton*, le 12 février. Moreau a dû engager son unique gilet pour trouver les trois francs que coûte la place. Comme il est dans la misère, Berthaud et Veyrat le logent quelque temps dans leur chambre et Veyrat lui prête un jour sur deux sa grande redingote verte. Murger n'a rien inventé dans *La Vie de bohème*...

Comme tous les poètes, Moreau rêve de réussir au théâtre, ce qui rapporterait davantage que la poésie : « Je vais présenter le plan d'un vaudeville à Ancelot et celui d'un drame à A. Dumas. » C'est pourtant le succès d'un petit poème, *A Médor*, qui va changer le cours de son existence chaotique. Comme on récitait dans quelques salons « Chien parvenu, donne-moi ton secret... », les mondaines voulurent en connaître l'auteur. Moreau, en 1836, souligne combien sa position s'est améliorée : « Cinq ou six dames du grand monde, à qui mes vers et mes chansons avaient plu, ont opéré ce miracle. Je suis maintenant bien accueilli partout, prôné, caressé, occupé, presque heureux... » (9 juin.) Une sorte de comité pour la promotion d'Hégésippe se met en place.

1837 commence gaiement, avec une perspective de publication : « La nouvelle que mes vers vont être enfin imprimés a mis en grande joie tous mes amis [...] Aussi les voilà tous copiant, arrangeant mes papiers, qu'ils connaissent beaucoup mieux que moi. » Mais six mois plus tard, la réalisation du volume se révèle frustrante. C'est l'un de ses anciens camarades qui lui a offert d'éditer ses poèmes, à condition de leur enlever toute allusion politique : « J'ai été obligé de prendre une à une mes pièces de vers les moins mauvaises et de les mutiler misérablement. » (24 juillet 1837 [49].)

Le Myosotis, paru en 1838, reçoit un accueil sympathique. Berthaud parraine le recueil, fait sa publicité dans les clubs, en parle dans *Le Charivari* et l'annonce dans *Le National*, où Félix Pyat lui consacre neuf colonnes de feuilleton le 21 juin. Pyat ne parle guère du contenu du volume ni de sa qualité mais il raconte comment il l'a découvert : il a entendu des ouvriers, dans une « Académie lyrique », au rond-point des Halles, en réciter des passages, un samedi soir, à la sortie des ateliers. Séduit, Pyat a demandé qui en était l'auteur : « L'ouvrier Moreau », lui répondit-on, et, si aucun journaliste n'avait parlé de ce livre, c'est que Moreau était pauvre et peu au fait des usages littéraires. Pyat entame alors un long plaidoyer, transformant Moreau en emblème social du poète talentueux que la société est coupable de ne pas aider : « Laisserons-nous périr encore celui-là, faute d'un peu de gloire et de pain ? [...] Et cet arbre sèche sur pied, et ce talent se flétrit, et cet homme agonise... »

Hégésippe Moreau mourut à l'hôpital de la Charité le 19 décembre 1838. D'après Vallery-Radot, il aurait repris pendant ses derniers mois son activité de typographe, chez Béthune et Plon. Sans plus écrire une ligne puisque, une fois sorti de l'atelier, il ne pensait qu'à s'abrutir à l'opium, dont il doublait la dose le samedi soir, pour dormir jusqu'au lundi matin. Sainte-Marie Marcotte, autre ami de Moreau, ne parle pas de ce vrai suicide à l'opium : le poète, selon lui, aurait passé deux mois d'hôpital à faire des vers [50].

Le National lance un appel à ses lecteurs pour orchestrer en manifestation populaire les funérailles d'Hégésippe. Pour augmenter le pathétique, le journal travestit la réalité. Il cite un *Souvenir à l'hôpital* sans précision de date. Le lecteur croit tout naturellement qu'il s'agit des derniers vers rimés par le poète sur son lit de douleur. Or le poème date de 1832 :

> Et je répète, en comptant mes souffrances
> Pauvre Gilbert, que tu devais souffrir [51] !

Le 15 janvier 1839, Félix Pyat revient, dans la *Revue du progrès*, sur la mort de Moreau. Il reprend le thème qu'il développait en juin : « Jérusalem a encore tué un prophète. Le génie fut la mission divine de celui-ci, la misère sa passion, l'hôpital son Golgotha [...] L'oubli, voilà la pierre dont vous l'avez lapidé ; l'indifférence, voilà la croix où vous l'avez crucifié... »

Ces propos de Pyat entrent en résonance avec les nombreuses évocations du poète maudit dans l'œuvre de Moreau. En 1833, il décrivait sa carrière, commencée dans l'espoir et le rêve de gloire :

> L'avenir est à toi ;
> La poésie est reine ; enfant, tu seras roi !

et sombrant dans l'amertume et la désillusion :

> J'ai visité Paris ; Paris, sol plus aride
> Au malheur suppliant que les rocs de Tauride ;
> [...] Où les jeunes talents, cahotés par le sort,

Trébuchant à la fin, de secousse en secousse,
Contre la fosse ouverte où disparut Escousse,
N'ont plus, en s'abordant, qu'un salut à s'offrir,
Le salut monacal : Frères, il faut mourir !

Avec *La Sœur du Tasse*, Moreau établit un parallèle implicite entre le poète italien et lui, tous deux rêvant de gloire dans leur mansarde à Paris, tous deux se languissant loin de leur sœur (la « sœur » d'élection d'Hégésippe se nommait Louise Jeunet) :

Oh ! le siècle entendra les chants que je lui livre ;
Il n'aura pas ouvert ma tombe avant mon livre...

Si le rêve du poète se termine tragiquement, c'est en grande partie la faute du public qui, au lieu de s'intéresser à lui, n'a que des curiosités malsaines : lorsque Lacenaire, voleur et assassin, fait des vers, « Tout Paris à l'assassin rimeur sourit... » Moreau s'indigne que le talent et la vertu attirent moins que le crime :

O femmes de Paris ! Sur son grabat désert
Un sourire de vous aurait sauvé Gilbert !
Et dans ses fils nombreux Gilbert respire encore ;
[...]
Paris ! Eh bien ! écoute : ici, comme à Venise,
Un peuple condamné sous les plombs agonise [52].

Ce « peuple condamné », ce sont les poètes qui traînent jour après jour leur misère dans les mansardes. Qu'ils se suicident ou non, une mort prématurée les attend. Comme Thérèse Sureau, héroïne de l'un des *Contes*. Ruinée pour avoir en vain essayé de faire imprimer ses vers, elle reprend espoir à l'annonce que son drame a été reçu et va être mis en répétition. Elle monte en hâte dans la diligence pour Paris et, trempée jusqu'aux os sur l'impériale, elle apprend à son arrivée que le théâtre a brûlé et sa pièce avec. Elle meurt après avoir, dans les délires de la fièvre, envoyé des invitations à dîner aux poètes malheureux qu'elle va rejoindre : Malfilâtre, Chatterton, Gilbert, Escousse, Elisa Mercœur...

On voit bien fonctionner, avec Hégésippe Moreau, la figure du poète souffrant. Elle donne une unité à un personnage qui mène une vie incertaine, une vie de bohème, dans le milieu des lettres, tantôt ouvrier typographe, tantôt journaliste, tantôt poète, passant de la misère aux salons et des salons à l'hôpital. Pyat simplifie encore son identité, en le désignant comme ouvrier qui écrit des vers, c'est-à-dire deux fois victime de la société.

Ainsi donc une représentation unique du poète, méconnu et misérable, a-t-elle investi aussi bien les poètes du passé transformés pour les besoins de la cause romantique que les jeunes gens du présent. Pour se donner une identité de poète, ceux-ci cherchent à se conformer au modèle et, à défaut de talent littéraire, ils peuvent toujours avoir faim et mourir jeunes : c'est alors qu'ils font de leur pauvre vie un destin, en s'inscrivant dans la longue file des poètes maudits.

Le bourgeois veut être un artiste : l'« artistisme »

Les années 1830 voient se poser, nous l'avons dit, la question de l'artiste dans la société bourgeoise : statut de l'artiste dans cette société mais, corollairement, place de l'art et rapport du bourgeois à l'art. Le bourgeois est certes un consommateur d'art mais il veut aussi être un créateur.

Le romantisme triomphant a fait évoluer la notion de création artistique. Le romantisme, c'est l'exaltation du moi et de la sensibilité. De la faculté de ressentir, d'être ému, à celle de créer, il n'y a qu'un pas. Chacun peut donc légitimement se prendre pour un artiste ou, à tout le moins, s'en donner la pose, l'allure, le style. Félix Pyat, qui signe le chapitre « Les artistes » du *Nouveau Tableau de Paris* en 1834, développe ce thème : pour devenir artiste, il faut adopter « le genre lycanthrope ». Pas une seule fois il ne parle des Jeune-France mais c'est pourtant bien d'eux qu'il s'agit : cheveux longs, jurons moyenâgeux, argot d'atelier, horreur pour tout ce qui est « bourgeois », à commencer par le col de chemise blanc, le parapluie et les gants. Le texte contient la première référence explicite à la bohème : ces artistes qui détestent la richesse, la propreté, le confort et la stabilité sont des aventuriers, des nomades, « les Bohémiens d'aujourd'hui [53] ».

Pyat termine son chapitre par une description clinique d'un malade atteint d'« artistisme » : il commence par jeter savon et rasoir, sa barbe pousse, ses cheveux allongent, son teint devient livide ; puis sa voix et ses mots changent, il « perd le souvenir de sa langue naturelle » ; enfin, il néglige ses affaires, écrit des vers, boit, fume et fait des dettes. Cette maladie guette les hommes entre dix-huit et trente ans et surtout les jeunes provinciaux qui viennent à Paris étudier le droit ou la médecine : l'air de la capitale leur transmet l'artistisme.

Tout le monde veut être artiste : c'est le thème de nombreux textes au cours de la monarchie de Juillet, dont le ton est naturellement le plus souvent caricatural. *Le Figaro*, en avril 1837, revient sur ce sujet dans plusieurs articles non signés mais écrits par Théophile Gautier. « Excès d'artistes », le 25 avril, joue sur le mot excès, à la fois abus commis par des artistes et trop-plein d'artistes : « L'épicier n'existe plus. C'est l'artiste qui l'a tué [...] Quel déluge d'arts, d'artistes et de choses artistiques ! » Deux jours avant, le journaliste avait parlé de l'Institut historique, société savante dont faisaient partie de jeunes employés qui désiraient fuir leur condition de petits-bourgeois, d'« épiciers », et affirmer leur identité d'« artistes » : « Ce sont d'honnêtes jeunes gens, des clercs de notaire studieux, des marchands de peaux de lapins lettrés qui se cotisent à 3 fr par mois pour se donner le droit d'être de quelque chose. » Pour les réunions, on louait un salon de maître de danse, sous les toits, mais il ne venait parfois qu'un seul auditeur. On y rencontrait Arsène Houssaye, Alphonse Brot, Huret et Fichet, les fabricants de serrures et coffres-forts, entre lesquels est organisé un face-à-face, sur le modèle de celui qui venait d'opposer Liszt et Thalberg, chez la princesse Belgiojoso [54] !

Le 24 avril, sous le titre « Soirées d'artistes », le journal se moquait des petits-bourgeois qui entretenaient vaguement le rêve d'être poètes : « Celui-ci, en redingote à la propriétaire noisette, est un littérateur avantageusement connu de ses amis intimes par des poésies intimes qu'il se propose de proposer à un libraire... » Leurs soirées sont aussi minables que leurs personnes : « Ces *soirées d'artistes* doivent être absolument une *débauche*, une *orgie* échevelée selon les plus pures traditions. On compte sur un massacre, un déchaînement, une ivresse sans frein, un incendie de propriétés. Une douzaine de biscuits de Reims et une bouteille de bière se déploient sur la table et attendent les convives... » De telles festivités ont pour cadre les « chambres d'artistes », longuement décrites le 27 avril. Ce sont d'infâmes mansardes qui démentent le célèbre *Grenier* de Béranger, dont le refrain proclame :

Dans un grenier qu'on est bien à vingt ans [55] !

Tout « petit bonhomme de lettres » meuble sa mansarde avec le bric-à-brac obligatoire : têtes de mort, fémurs, fœtus dans des bocaux.

Faire l'artiste avec cet attirail est daté, on y reconnaît la manie des Jeune-France quelques années auparavant. Il est vrai que, pour exprimer concrètement l'aspiration du bourgeois à mener une vie d'artiste, il est difficile d'échapper au pittoresque des images devenues clichés. D'ailleurs, l'opposition entre les deux styles, bourgeois et artiste, est, elle aussi, constitutive du cliché, il n'y a pas de troisième voie. Guérir de l'artistisme : tel est le sujet de la « parade bourgeoise » écrite par Edouard Ourliac pour être jouée lors du bal donné par Nerval au Doyenné en 1835, *La Jeunesse du Temps ou le Temps de la Jeunesse* [56]. M. Vidalot, marchand de drap à Saint-Quentin, accueille son fils Joseph, qui revient de Paris, après quatre ans d'études de droit. Le jeune homme présente tous les symptômes de l'artistisme. Il a transformé son nom en Joséphin Widarlof. Il se lance dans une tirade lyrique : « Ah ! comme il est doux de revoir sa vieille maison, le clos, le verger où l'on a joué tout enfant, les volets verts, la vigne grimpante... » Il s'indigne que son père lui demande des nouvelles de ses études et range dans les « occupations secondaires » la poésie : « L'art, cette doublure de Dieu, ce culte, cette religion ! »...

Tandis que Joséphin joue les dégoûtés parce que, à Saint-Quentin, on n'est pas à la mode, le père entre en fureur à l'idée de tout l'argent que son fils a dépensé dans la débauche et finit par le menacer : « Demain, je vous ferai embarquer ! » Loin d'être effrayé, Joséphin ne voit là qu'un sujet de rêves exotiques : « Couleur maritime. Oh ! les heures de quart, par les belles nuits du tropique ! l'horizon bleu, le bercement des huniers... » M. Vidalot brandit une autre menace : « Je te ferai mettre à la tour de Saint-Quentin. » Joséphin est enchanté : « Couleur moyen âge. Tête-Dieu! messeigneurs les hauts barons n'ont pas tel fief dans leur apanage : quatre donjons avec mâchicoulis et barbacanes... » La troisième menace est la bonne : « Dès demain tu tiendras la boutique – Oh! pour cela, impossible, papa! Couleur garde national, couleur épicier, couleur tricolore. Impossible! »

Chassé par son père, Joséphin lui écrit que, ruiné et lassé de tout, il va s'asphyxier sous la tonnelle du jardin. On se précipite, le jeune homme joue les mourants. Tandis que la cousine Camélia court chercher des sels, Joséphin monologue : « Qu'il est doux de voir ainsi planer au-dessus de soi un ange à la voix de femme, une blanche vision! Au fait, cette enfant-là n'est pas si laide qu'elle en a l'air [...] Et puis, je lui ai fait un certain effet – je le crois bien! – un beau front pâle, de longs cheveux épars, jeune poète mourant! » L'épisode se termine bien sûr par un mariage, mais Joséphin prononce d'abord son abdication poétique : « Je renonce à Satan, à ses pompes et à mes œuvres. Je n'ai pas dîné, je n'ai pas un sou, j'aime ma cousine, et je me fais drapier, marguillier, allumeur de réverbères, s'il vous plaît. O figure symbolique de l'industrie, que tu es enchanteresse! ô sirène fallacieuse, qui nages dans le vert-de-gris des gros sous, que tes charmes sont puissants sur un poète à jeun! » Et prenant un bonnet de coton, il s'en couvre la tête : « O sacré flambeau du genre, étouffe-toi sous l'éteignoir! »

L'artistisme est l'une des formes de l'interpénétration entre la littérature et la société bourgeoise, que Sainte-Beuve, dans un article de septembre 1840, désigne comme la caractéristique de son époque, « où la littérature et la société sont dans un tel pêle-mêle, et où la vie d'artiste et celle d'homme du monde semblent perpétuellement s'échanger[57] ». La littérature reflète la société et, en même temps, l'influence : ainsi Byron pour le monde masculin et George Sand pour le monde féminin ont-ils créé des modèles et des conduites. Quant à Balzac, un magistrat a donné au critique un exemple concret de son influence : ayant dû faire arrêter une femme mariée qui s'enfuyait avec son amant, à l'interrogatoire, il n'a rien pu en tirer sauf des pages de Balzac qu'elle connaissait par cœur. Un phénomène a contribué à accélérer l'interpénétration de la société et de la littérature, c'est ce que Sainte-Beuve avait appelé l'année précédente « la littérature industrielle ». C'est-à-dire une invasion de littérature sans but spirituel, ne reposant sur aucune foi ni aucun principe, produite pour gagner de l'argent et pour se faire un nom, à laquelle tout citoyen peut prétendre participer : « Avec nos mœurs électorales, industrielles, tout le monde, une fois du moins dans sa vie, aura eu sa page, son discours, son prospectus, son *toast*, sera *auteur*. De là à faire un feuilleton, il n'y a qu'un pas. Pourquoi pas moi aussi ? se dit chacun [58]. » N'importe quel individu est un auteur potentiel dans cette « démocratie littéraire ».

Le bourgeois et l'art : Gautier, 1836 et 1855

En 1836, Gautier écrit la *Monographie du bourgeois parisien* et sa critique du bourgeois est d'une méchanceté primaire. Parlant de ses goûts, Gautier écrit : « Au lieu d'aimer ce qui est beau, bien fait, élégant, spirituel ou poétique, il préfère tout ce qui est laid, commun, prosaïque et stupide [59]. » Il rêve d'acajou, apprécie les gravures bonapartistes et les tableaux de nature morte, pour « la vérité des grains de poivre et l'ombre portée du clou ».

Presque vingt ans plus tard, faisant la critique d'une comédie d'Henry Monnier et Jules Renoult, *Peintres et Bourgeois*, Gautier donne une définition du bourgeois qui est d'ordre esthétique : « Bourgeois, en France, a la même valeur que *philistin* en Allemagne, et désigne tout être, quelle que soit sa position, qui n'est pas initié aux arts, ou ne les comprend pas. Celui qui passe devant Raphaël et se mire aux casseroles de Drolling est un bourgeois. Vous préférez Paul de Kock à Lord Byron – bourgeois ; les flonflons du Vaudeville aux symphonies de Beethoven – bourgeois. Vous décorez votre cheminée de chiens en verre filé – bourgeois [60]. » Et de rappeler qu'au temps des grandes batailles romantiques, les jeunes gens jugeaient les bourgeois sur la mine et les apostrophaient comme tels.

Mais Gautier souligne combien le bourgeois, en vingt ans, a changé dans son appréciation de l'art et des artistes, parce qu'il a constaté la valeur marchande des œuvres d'art. Or la comédie de Monnier est fondée sur le mépris du bourgeois réaliste envers l'artiste idéaliste :

> D'abord, qu'entend-on par artiste
> Dans le monde bourgeois ? Un rêveur à la piste
> De mille songes creux, un pauvre diable, un fou,
> Qui se promet la gloire et qui n'a pas un sou [61]...

C'est en cela, selon Gautier, que cette pièce est anachronique, elle dénonce un travers qui n'existe plus : « Le bourgeois le plus encroûté sait fort bien que la peinture est *une partie* où l'on gagne beaucoup. Il a remarqué que l'on couvre de quinze ou vingt couches d'or un Meissonier grand comme la main, que Decamps, Diaz, Rousseau, Troyon, Couture, se payent des prix fous ; qu'on s'arrache les moindres esquisses, les plus vagues fusains de Camille Roqueplan ; il voit dans *Le Moniteur* Ingres et Delacroix honorés des plus hautes récompenses, et lui-même il achète des tableaux de peintres modernes, sûr de les revendre plus tard le double de ce qu'ils lui ont coûté. Jamais la peinture n'a été plus en vogue que de nos jours. »

Le bourgeois fait donc des affaires avec la peinture et, ce faisant, il a appris à regarder les tableaux, il a suivi les modes, il s'est raffiné et a changé de goût. Le sens commercial entraîne une véritable éducation esthétique. C'est pourquoi, pour rendre compte de la mentalité de 1855, la comédie aurait dû développer quasiment le thème opposé : « Le bourgeois actuel affecte volontiers d'être artiste ; il n'aime plus le fini, le léché ; il lui faut des esquisses tumultueuses en pleine pâte, bien torchées, bien égratignées, d'une belle sauce et pleines de ragoût ; il a si peur qu'on ne le prenne pour un bourgeois [62] ! » Ainsi le bourgeois a-t-il assimilé à toute vitesse les lois du marché de l'art, de la mode et du goût. S'il s'est intéressé à l'art, c'est qu'il peut y gagner non seulement de l'argent mais aussi une identité plus valorisante que la sienne : l'art est un moyen de se démarquer de ses semblables, un terrain d'élection pour se forger une meilleure image.

Lieux de rencontre et moments d'intensité

Nohant, printemps-été 1837

Sublime

« Ce soir-là, pendant que Franz jouait les mélodies les plus fantastiques de Schubert, la princesse se promenait dans l'ombre autour de la terrasse ; elle était vêtue d'une robe pâle, un grand voile blanc enveloppait sa tête et presque toute sa taille élancée. Elle marchait d'un pas mesuré qui semblait ne pas toucher le sable et décrivait un grand cercle coupé en deux par le rayon d'une lampe, autour de laquelle toutes les phalènes du jardin venaient danser des sarabandes délirantes. La lune se couchait derrière les grands tilleuls et dessinait dans l'air bleuâtre le spectre noir des sapins immobiles. Un calme profond régnait parmi les plantes, la brise était tombée mourante, épuisée sur les longues herbes aux premiers accords de l'instrument sublime. Le rossignol luttait encore, mais d'une voix timide et pâmée [...] Nous étions tous assis sur le perron, l'oreille attentive aux phrases tantôt charmantes, tantôt lugubres d'Erlkoenig [le roi des Aulnes], engourdis comme toute la nature dans une morne béatitude, nous ne pouvions détourner nos regards du cercle magnétique tracé devant nous par la muette sibylle au voile blanc [1]. » C'était le 12 juin 1837 [2]. Liszt et Marie d'Agoult étaient arrivés début mai à Nohant, où ils allaient séjourner jusqu'au 24 juillet.

Liszt avait été présenté à George Sand par Musset, en 1834. La romancière se sentit des affinités avec le brillant musicien de vingt-trois ans. Il lui parla de sa passion pour Marie d'Agoult, qu'il avait rencontrée l'année précédente, et invita les deux femmes à dîner chez sa mère. Sand manifesta de la sympathie à cette comtesse de trente ans qui s'apprêtait à quitter la France avec son jeune amant, abandonnant mari, enfant et bonne société. De son côté, Marie d'Agoult était intéressée par l'écrivain dont elle admirait les romans et intriguée par celle sur qui couraient « mille histoires byroniennes [3] ». Marie et Liszt s'installèrent en juin 1835 à Bâle, où naquit leur première fille. En 1836, Sand leur rendit visite en Suisse et, l'année suivante, les invita à Nohant.

Sand a trouvé, pour évoquer la nuit de juin où Liszt jouait *Le Roi des aulnes* (composé par Schubert sur le poème de Goethe) sur sa terrasse, des accents à la Chateaubriand, alliant indissociablement la nature, la musique et la femme-fée. Marie d'Agoult parle elle aussi de cette soirée-là, montrant l'auditoire pris par le pianiste et suspendu à lui : « Mais tout à coup, il n'y eut plus ni rêverie, ni parole, ni pensée ; le silence se fit sur nos lèvres et le recueillement descendit dans nos cœurs. Le maître venait de se mettre au piano. Un accord puissant nous était venu porté sur les airs... Nous attendions que sa fantaisie prît son vol, et nous entraînât avec lui sur les gazons fleuris, dans les nuées diaphanes, vers des mondes inconnus ou dans ce monde, le plus inconnu de tous peut-être, que nous portons au-dedans de nous [4]... »

Après ce moment de musique si intense, il était impensable de dormir : « Nous avons passé la nuit sur la terrasse, écrit Marie d'Agoult, réunis autour d'une table où chacun s'occupait suivant ses goûts et la mesure de ses facultés. Dans le silence de la nature, le bruit de nos conversations entrecoupées, la lueur concentrée de nos lampes, les reflets bleuâtres de la flamme du punch sur la robe écarlate de George formaient une scène fantastique... » Cette nuit de ferveur et de magie partagées se termine par une plongée lyrique dans la nature. George et Marie montent à cheval et gagnent les bords de l'Indre avant le lever du soleil : « Je n'avais jamais autant senti, continue la comtesse, le charme indicible de ces heures matinales. Tous les lointains se perdent dans une mer de brume qui s'éclaircit peu à peu à mesure qu'on approche, et laisse voir les prairies, les arbres, les champs comme à travers une gaze légère [5]. »

Du « souvenir très poétique » que Marie d'Agoult dit avoir gardé des trois mois passés à Nohant fait partie l'idéalisme qui régnait chez George Sand : « De belles lectures, des entretiens élevés, l'astronomie, la botanique, la musique qu'elle [Sand] aimait passionnément. Des dissertations sur l'abolition de la peine de mort, sur toutes les idées qu'on appelait alors humanitaires, sur la République [...] Tout cela était fébrile, maladif, mais généreux. Quelle exaltation pour l'imagination, pour toutes les facultés ! L'amour du peuple, des humbles, des souffrants, du christianisme qui ne voulait plus attendre la vie future [6]. »

Gaieté

Parallèlement aux sentiments exaltés et aux idées sérieuses régnait à Nohant le goût de la plaisanterie. Et d'abord on se donnait des surnoms. Sand s'appelait elle-même « Piffoël » et elle et ses enfants « les Piffoëls », à cause de leurs grands nez. Elle avait surnommé Sophie

Cramer, femme de chambre de confiance qui servait déjà du temps de sa grand-mère, « vieille grue » ou « vieille tortue » ; Marie-Louise Rollinat, institutrice de Solange, était « Miss Tempête » ou « lady Tempest », Alexis Duteil, son ami avocat, « Boutarin ». Liszt et Marie d'Agoult n'ont pas échappé à la loi de Nohant : l'un est devenu « le crétin », l'autre « la princesse Mirabelle », comme elle l'écrit à un ami : « Moi, j'ai été proclamée présidente de la République de Nohant sous le nom de princesse " Mirabelle ", et je règne par la terreur, dit-on [7]. » Ces personnages ont-ils été inventés par Maurice, le fils de Sand, qui racontait des histoires et les illustrait ? Toujours est-il qu'il était associé au jeu, puisque sa mère lui écrit de Bourges : « Bige pour moi la main de la princesse Mirabelle et *pas* la tignasse du crétin [8]. »

Les surnoms contribuaient à la gaieté ambiante. Petits billets loufoques : « Crétin si tu étais zenti, etc. [9] » ou plaisanteries scatologiques : « Liszt a fait ce soir un pet qu'il a mis sur le compte de Solange. Miss Tempête en a vanté le parfum. Les bas de Mme d'A[goult] se sont trouvés tout mouillés à la suite d'un rire immodéré [10]. » Même Marie d'Agoult, pourtant peu portée à plaisanter, arrive à s'amuser : « L'enjouement de George, bien qu'il me soit peu sympathique, a néanmoins développé cette pauvre bosse de la gaieté, si peu visible à mon front [11]. » Et l'enjouement est communicatif, puisqu'elle raconte avec humour sa frayeur, le jour où elle chevauchait avec George sur les bords de l'Indre : « Un talus presque à pic, tout humide de rosée, laissait peu de chances d'arrêt en cas de chute ; la princesse Mirabella réfléchit qu'il serait bien dommage pour le genre humain que sa blonde chevelure s'allât noyer au fond de cette rivière obscure, et son compagnon Piffoël qui ne se sentait pas aussi nécessaire à l'espèce humaine et qui, en conséquence, n'eut jamais peur de risquer sa peau, se prêta néanmoins de fort bonne grâce à la peur aristocratique de la princesse [12]. »

La fourmi de Nohant

A Nohant, on s'exalte, on s'amuse. George a un œil sur tout : les invités, les enfants, la domesticité – que d'histoires avec les précepteurs qu'elle renvoie ou chapitre ! Et pendant ce temps, pour faire vivre cette ruche, elle ne cesse d'écrire : « Je fais des romans, des romans, des romans pour payer mes dettes [13]. » Elle envoie des textes à Buloz, lui demande d'être payée immédiatement car sa femme de confiance n'a pas d'argent pour faire les courses. Elle est malade aussi : « Je suis très fatiguée. J'ai très mal au foie. Il faudra que j'abandonne bientôt ce métier de galérien [14]. » Elle se fait saigner. Comment trouve-t-elle le temps de penser à chacun ? Elle prend une demi-heure pour aller « biger » les Duvernet ; elle écrit à l'un de ses amis, commissaire au ministère de la Guerre, pour qu'il obtienne des gratifications en faveur de deux Polonais ; elle tente d'apaiser l'amour-propre de Calamatta, blessé que Marie d'Agoult lui ait envoyé de l'argent pour des portraits qu'il voulait lui offrir...

Mais ce qui étonne le plus, surtout en ce printemps où sa maison est pleine, c'est qu'elle ne cesse de lancer des invitations. A l'abbé Rochet, qui, tenté de quitter l'Eglise, se confie à elle, elle écrit : « Mes hôtes me chargent de vous dire qu'ils se sont pris d'une grande sympathie pour vous. Rollinat aussi, et beaucoup [...] Venez donc nous voir quand vous aurez du temps [15]. » A Charles Rollinat, frère de François, son meilleur ami : « Tu pourrais prendre vers nous ta volée printanière pour quelques jours. Allons, bengali, déploie tes ailes d'azur et soulève ton énorme postérieur, viens embrasser tes amis [16]. » A Lamennais surtout, auprès de qui elle insiste beaucoup : « Vous trouveriez ici, outre les soins du plus respectueux et du plus tendre dévouement, un pays calme, des habitudes de paix rustique, du temps pour travailler, une maison sinon agréable du moins saine et tranquille, un jardin nouvellement fleuri [...] Vous pourriez écrire et rêver tout à loisir. Liszt vous ferait d'excellente musique, Mme d'A[goult] aurait toute la grâce et tout l'esprit qui me manquent. Mais je la défierais d'avoir plus que moi le désir de vous agréer et de vous servir [17]. » Lamennais ne viendra pas. Mais les hommes ne manquaient pas autour de George, ce printemps-là.

Liszt, l'artiste

Liszt est déjà célèbre. Né en 1811 en Hongrie, il était venu à Paris dès 1823 avec son père qui lui avait appris le piano et il avait remporté de grands succès dans les salons. Il avait récemment triomphé, le 31 mars 1837, dans le tournoi organisé par la princesse Belgiojoso entre lui et Thalberg. A l'issue du tournoi, on avait déclaré : « Thalberg est le premier pianiste du monde ; Liszt est le seul [18]. »

Le jeune musicien était très beau comme le montre son portrait par Henri Lehmann, où seuls émergent dans la lumière le visage au regard intense et la main [19]. Marie d'Agoult est, à l'époque, toujours amoureuse de lui : « Que de noblesse et de pureté dans ses traits, écrit-elle le 7 juin, que d'harmonie dans les belles lignes de son visage ! Sa chevelure, vigoureuse et abondante comme la crinière d'un jeune lion, semble participer à la vie de son cerveau ; son regard rapide brûle et éclaire comme le glaive d'un chérubin [20]... » Sa pâleur peut lui donner parfois un aspect austère, surtout s'il cache ses cheveux, comme le soir où il avait enroulé une écharpe autour de sa tête : il ressemblait à Dante.

En 1840, le peintre allemand Danhauser met en scène un groupe de romantiques. Liszt est au piano, Marie d'Agoult à ses pieds, de dos, entièrement tournée vers lui. Les autres auditeurs sont de face : Sand est la seule femme, assise au centre ; à ses côtés, Dumas ; debout, derrière eux, Hugo, Paganini, Rossini. Sur le piano, un buste de Beethoven ; au mur, un portrait de Byron [21]. Cette scène, évidemment imaginaire, comprend notre trio de Nohant et joue sur les contrastes entre les deux femmes : la blonde Marie est somptueusement vêtue d'une robe mordorée à grands plis soyeux et d'un châle pourpre bordé de fourrure ; la brune George est en costume masculin noir, avec une cravate. Sa tenue austère s'accorde à la longue tunique noire du pianiste.

Sand était très sensible à la musique, comme le montrent ses réflexions à Marie d'Agoult : « Le matin, George me parlait des sons du Nord et du Midi, des bruits d'hiver et d'été ; elle faisait une observation très simple en apparence, mais qui, je crois, n'a pas encore été faite, c'est que le vent d'été qui vient mourir dans les feuilles ne saurait avoir le sifflement aigu du vent qui se brise contre des troncs desséchés ; c'est que l'eau qui filtre à travers des massifs et des herbes vertes ne peut avoir le même murmure que celle qui court entre deux rives dénudées [22]. »

Sa compréhension de la musique rapprochait donc Sand de Liszt. De plus, ces deux-là avaient un trait de caractère commun qui étonnait la comtesse parce qu'elle en était dépourvue, « cette naïveté d'impression, cette gaieté presque enfantine, cet enjouement spirituel et communicatif qui ont traversé sans l'émousser une vie de surexcitation et de fièvre continuelles [23] ». Une telle constatation avait troublé Marie d'Agoult au point d'imaginer que le musicien et la romancière étaient faits l'un pour l'autre. Connaître George plus intimement l'a rassurée : « J'ai reconnu, se dit-elle en quittant Nohant, combien il avait été puéril à moi de croire (et cette pensée m'avait souvent abreuvée de tristesse), qu'elle seule eût pu donner à la vie de Franz toute son extension, que j'avais été une malheureuse entrave entre deux destinées faites pour se confondre et se compléter l'une par l'autre [24]. »

L'absent, Michel de Bourges

« Le printemps est enfin venu! Le pays est d'une beauté splendide. Ne viendras-tu pas voir toutes ces fleurs, écouter ces rossignols qui semblent triompher? Ne viendras-tu pas contempler de la fenêtre de ma chambre toutes ces belles étoiles qui sortent de derrière le petit *bois sacré*, comme tu l'appelles? [...] Ne viendras-tu pas appuyer ta tête sur mon sein et endormir tes mains dans les miennes [25] ? » Mais l'amant si désiré n'est pas venu.

George a depuis deux ans une liaison avec l'avocat Michel de Bourges. Liaison importante dans sa vie, aussi bien sensuellement que politiquement – Michel est un républicain convaincu. Elle reste très amoureuse de lui, comme en témoignent toutes ses lettres du mois de mai. Le 2 juin, elle lui écrit encore : « Tu es l'étoile polaire; quand tu disparais, j'erre dans la nuit et dans l'orage [26]. » Elle n'hésite pas à faire des heures de cheval pour aller passer la nuit avec lui et rentre épuisée.

Mais elle se lasse de ses sautes d'humeur et de ses contradictions : « Quoi que tu fasses, tu ne m'empêcheras pas de t'aimer. Tu ne peux que me faire souffrir en me repoussant et en m'attirant sans cesse [27]. » Nous sommes le 5 juin et Marie d'Agoult, ce jour-là, note sa prostration : « Tout le soir, George a été comme engourdie dans un pesant *non-être.* Pauvre grande femme ! [...] Charité, amour, volupté, ces trois aspirations de l'âme, du cœur et des sens, trop ardentes dans cette nature fatalement privilégiée, ont rencontré le doute, la déception, la satiété, et refoulées au plus profond de son être, elles font de sa vie un martyre que la gloire couvre d'assez de palmes pour le dérober à la pitié de la foule [28]. » Pour l'instant, la comtesse se montre encore indulgente. Elle le sera moins plus tard, après sa brouille avec la romancière.

François Rollinat, le Pylade de George

François Rollinat était avocat à Châteauroux. Son père ne lui avait pas seulement légué son cabinet ; joueur et inconscient, il lui avait aussi laissé le soin de s'occuper de sa mère et de ses onze frères et sœurs. Sand lui manifeste de l'estime pour son « héroïsme domestique ». Mais surtout, elle a trouvé en lui un frère : « Une sympathie particulière, une douce entente d'idées, une conformité, ou, pour mieux dire, une similitude extraordinaire d'appréciation de toutes choses, nous révélèrent l'un à l'autre ce que nous avions rêvé de l'amitié parfaite, un sentiment à part de tous les autres sentiments humains par sa sainteté et sa sérénité [29]. » Il est Pylade, elle est son Oreste.

Rollinat vient à Nohant dès qu'il trouve un peu de temps. George a recours à lui pour mille choses, il est toujours là pour elle. Sortant d'une retentissante plaidoirie d'assises, il prend la plume aussitôt : « Je t'écris encore tout dégouttant de sueur et de fatigue [30]. » C'est aussi bien pour lui répondre sur le projet de concert de Liszt à Châteauroux (prix des places, organisation de l'orchestre, stratégie à adopter) que pour la rassurer : il a commandé sa bière. Pour George, Rollinat est la bouée de sauvetage. Après sa douloureuse rupture avec Michel de Bourges, elle lui écrit : « Mon cher vieux, j'ai bien souffert. Je vais mieux, et je t'aime toujours plus que tout au monde, après mes enfants [...] Aime le déplorable Oreste, aime-le par-dessus tout. Son cœur désolé ne trouve qu'en toi le souvenir, le sentiment et la certitude d'une éternelle sérénité d'affection. Notre amitié, c'est l'infini. Tout le reste c'est le temps, la terre, et la vie humaine [31]. »

L'acteur Bocage

Le 8 juin, Pierre Bocage arrive inopinément à Nohant : « Je ne m'attendais guère à voir Bocage dans les bocages de Nohant », écrit Sand à Buloz. La seule chose qui l'avait annoncé était un rêve prémonitoire de Marie d'Agoult. Bocage était un acteur devenu célèbre grâce aux drames romantiques, *Antony*, *Marion Delorme*, *La Tour de Nesle*... Sand avait fait sa connaissance en 1833, à une représentation de *Lucrèce Borgia.* Lors de ce premier passage à Nohant, il ne resta que deux jours, mais il revint en juillet et eut alors une brève liaison avec la romancière. En août, ils passèrent quelques jours ensemble à Fontainebleau.

En juin, ils flirtaient et leurs amis faisaient à ce flirt des allusions appuyées qui gênaient George, si l'on en croit la lettre qu'elle prend la peine d'écrire à Marie d'Agoult (alors qu'elles logeaient sous le même toit) : « Ayez la bonté d'engager le crétin [Liszt] à cesser ses plaisanteries sur mon compte avec Bocage. Cela m'ennuie au suprême degré et me contrarie même sérieusement. J'ai été un peu en coquetterie plaisante avec Bocage, ou plutôt lui avec moi. Il ne s'ensuit pas qu'il me plaise de le voir devenir impertinent, et il y avait une nuance de cela aujourd'hui dans sa personne. Il m'amuse, mais il ne me *plaît* même plus. Vous savez que s'il en était autrement, vous le sauriez, et dans ce cas, vous pourriez me plaisanter tant que vous voudriez. Cela m'amuserait, bien loin de me déplaire [32]. »

Charles Didier, l'ex-amant

Charles Didier était très séduisant, avec ses cheveux blancs précoces. L'année précédente, Sand avait été sa maîtresse; elle avait même habité chez lui, rue du Regard, ce qui avait fait jaser. Né en Suisse en 1805, auteur de mauvais poèmes, Didier était arrivé en 1830 à Paris, où il avait été accueilli par le Cénacle. Hortense Allart l'avait présenté en 1833 à Sand. Il en était tombé amoureux et l'était resté, même après la fin de leur liaison.

Didier se tourmentait, prenant ombrage de tout : « Au moindre mot son front se couvrait d'une subite rougeur; retranché derrière ses lunettes d'or, son œil scrutait attentivement l'expression de nos visages, et souvent le sourire s'arrêtait sur ses lèvres, glacé soudain par une pensée de méfiance et de doute. Caractère malheureux, ambition étique, cœur de lion dans une boule de hérisson [33] ! » Il séjourna à Nohant du 15 juin au 5 juillet, puis revint le 14 juillet pour s'en aller le lendemain, trouvant George trop entourée : « Je ne me fais pas d'illusion, note-t-il; elle est occupée de Bocage. Cette rivalité avec un comédien me blesse et me dégoûte [34]. » Il se confia à Liszt et à Marie d'Agoult : le musicien approuvait son départ ; quant à la comtesse, elle lui déclara qu'elle voyait Sand « près d'entrer dans le monde de la galanterie ».

Félicien Mallefille, le précepteur

Le 14 juillet, auprès de George, se trouvait, outre François Rollinat et Bocage, Félicien Mallefille. Né à l'île Maurice en 1813, Mallefille était venu suivre des études à Paris. Il tentait maintenant de faire une carrière littéraire, écrivait dans les journaux et était l'auteur de deux drames à succès, *Glenarvon*, joué à l'Ambigu en 1835, et *Les Sept Infants de Lara*, à la Porte Saint-Martin en 1836. Arrivé à Nohant sous l'égide de Marie d'Agoult (ils s'étaient rencontrés à Genève en 1836) comme précepteur de Maurice et secrétaire de Sand, il devint l'amant de la romancière et le resta jusqu'au début de la liaison avec Chopin en juin 1838. C'est peut-être pour fuir sa jalousie que Sand et Chopin partirent précipitamment pour Majorque.

A son départ de Nohant, Marie d'Agoult porte un jugement intéressant sur Mallefille et sur Rey (né en 1812, lui aussi journaliste, lui aussi précepteur de Maurice) : « Ces deux jeunes gens souffrent le mal de notre génération : une ambition surexcitée, aux prises avec une pauvreté d'autant plus cruelle, qu'elle se trouve en contact journalier avec l'opulence de toute une classe de gens, qui n'est plus une classe supérieure de " droit ", reconnue et avouée telle, mais supérieure de " fait " par la fortune et tout ce qu'elle entraîne avec elle de puissance et de privilèges. Mallefille qui songeait à réformer la scène française est dégoûté du drame et veut aller en Circassie. Heureusement il a fait quarantaine à Nohant, et nous avons, je crois, mis les étouffoirs sur sa frénésie d'action et de gloire. Peut-être va-t-il tout simplement se charger de l'éducation de Maurice. Rey ne vise à rien moins qu'à un poème " humanitaire " qui doit être achevé dans six mois. Ce poème qu'il roule dans son cerveau depuis des années doit être l'histoire psychologique de l'homme " microcosme " autant que j'ai pu comprendre. Il parle de cela sans ostentation, mais avec une espérance calme, étonnante. Sa conversation, qui est habituellement un long et pesant lieu commun, prépare peu à l'idée d'un nouveau Dante ou d'un nouveau Milton [35]. »

Les deux précepteurs représentent bien la génération Chatterton, mélangeant l'ambition littéraire et l'idéalisme social. On imagine que pénétrer dans l'intimité de Sand pouvait faire partie de leur stratégie de réussite. Il semble bien que Mallefille n'ait même pas caché ses projets amoureux avec la romancière : « Mallefille ne concevait d'autre amour possible pour lui que George [...] Mallefille l'avait dit à qui avait voulu l'entendre [36]. »

Dans des lettres de janvier 1839, Marie d'Agoult, fâchée à la fois avec Sand et avec Mallefille, raconte très perfidement le chassé-croisé qui eut lieu à Nohant en juillet 1837. Sand devient une collectionneuse d'hommes, versatile, tandis qu'elle, Marie, se donne le rôle de la grande dame généreuse : « Je lui présente M[allefille] et lui en parle en termes excessivement élogieux. Il lui déplaît énormément. Elle le trouve outrageusement laid, vaniteux, bête; enfin les sarcasmes pleuvent sur moi parce que j'ai le mauvais goût de trouver supportable un homme tourné de la sorte et cette guerre dure pendant six mois tant contre moi que contre Franz qui a toujours aimé et estimé Mallefille [...] Donc voici les termes posés : G[eorge] manifestant une répugnance " physique " invincible et le plus grand étonnement de ce qu'une personne, habituée comme moi à une fleur d'élégance et à un choix d'esprit tout autre, pût goûter l'esprit d'atelier et les manières prétentieuses et communes de M[allefille]. Moi, me bornant à la fin à répondre : je le crois loyal et bon. Je lui trouve de l'esprit, il est mon ami [37]. »

La comtesse se contredit d'ailleurs. Un jour, elle parle de ses efforts pour faire entrer Mallefille auprès du fils de Sand, et cela dans l'intérêt du dramaturge : « Je pensais qu'il serait avantageux pour lui de quitter Paris, de travailler dans la solitude avec les conseils du plus grand écrivain de notre temps. » Deux jours plus tard, elle présente les choses à l'envers. C'est parce que Mallefille était l'amant de la mère qu'il est devenu le précepteur du fils : « Il y a dix-huit mois [...] passe en Berry Bocage, l'acteur de la Porte Saint-Martin, honnête créature, un peu bossue, et passablement bête, au demeurant l'amant le plus ridicule de France à se donner. Cette idée sourit à George ; elle prend Bocage... Mais, par suite de cette honnêteté dont je vous parlais, l'acteur veut garder des ménagements, tenir la liaison secrète et ne venir à Nohant que lorsque les prétextes seront plausibles. Voilà que l'absence paraît trop longue à George, le secret trop lourd, et qu'elle quitte le bossu pour le borgne, l'acteur pour le *dramaturge*, Bocage pour Mallefille ! On installe le susdit Mallefille en qualité de précepteur des mioches ; " pour l'amour du grec ", on l'embrasse [38]... »

Rome, Villa Médicis, 1839-1840

« Clear Placid » et les « Zyi »

Le 24 juin 1839, Marie d'Agoult est à Florence. Elle écrit à Henri Lehmann : « J'ai retrouvé ici mon vieux

Bartolini avec un plaisir extrême. Vous ne sauriez croire combien je l'ai rendu heureux en lui parlant de M. Ingres et en lui contant nos bonnes soirées de la Villa Médicis [39]. » Et plus loin : « Parlez de nous à M. Ingres aussi longuement que vous croirez pouvoir le faire sans l'ennuyer, dites-lui que nous lui sommes à jamais dévoués. Rappelez-moi particulièrement à Mme Ingres qui a été si bonne pour moi. »

Marie d'Agoult et Liszt ont séjourné à Rome avec leurs deux filles, Blandine et Cosima, de janvier à mai 1839, jusqu'à la naissance de leur fils Daniel. Ils sont devenus les intimes d'Henri Lehmann, peintre d'origine allemande venu à Paris en 1831, à l'âge de dix-sept ans. Le jeune homme connaissait déjà Liszt pour l'avoir rencontré à Paris, chez son oncle banquier et mélomane. Il découvre Marie d'Agoult, de neuf ans son aînée, dont il va tomber amoureux. Marie le surnomme « Clear Placid » à cause de ses beaux yeux bleus, par allusion à Byron qu'elle adorait ; dans le troisième chant de *Childe Harold*, le poète s'adresse ainsi au lac de Genève : « Clear, placid Leman [40] ! » Lui donne à Marie le petit nom que lui donnent ses intimes, « Zyi ». Du coup, la tribu entière devient « les Zyi ».

Tous se retrouvent en soirée à la Villa Médicis, autour d'Ingres, qui en est le directeur depuis 1835, et jusqu'en 1841. Ingres, fou de musique, est ravi d'entendre au piano Liszt, qu'il appelle « notre Raphaël en musique ». Liszt évoquera, dans une lettre à la *Revue musicale*, ses rapports avec Ingres à Rome et le jour de grâce où, après une visite au Vatican commentée par Ingres, ils ont joué la *Sonate en la mineur* de Beethoven. Lehmann n'est pas pensionnaire de la Villa Médicis (en tant qu'étranger il ne pouvait pas concourir pour le prix de Rome), il loge à la villa Borghèse, mais il est un familier de l'Académie de France. Il vénère Ingres qui a été son maître et avec lequel il collabore : « Je travaille aussi pour M. Ingres, écrit-il le 24 octobre 1840, ce qu'il ne faut pas dire puisqu'il a l'intention de faire passer pour de lui ce que je lui fais, bien entendu en y retouchant [41]. » Il va même jusqu'à renoncer au Salon à cause de ces travaux car ses tableaux ne sont pas prêts : « Il fallait opter entre ne pas exposer ou refuser un service à mon vieux maître et ne pas remplir un devoir que la piété m'imposait et qui, d'ailleurs, pouvait m'être de la plus grande utilité sous le rapport de l'art [42]. »

Lehmann va passer l'été 1839 à Lucques, auprès de Liszt et de Marie d'Agoult, dont il fait les portraits. Il rentre à Rome en septembre, plus amoureux que jamais : « En somme, je vis de vos souvenirs. L'attente de vos lettres, la pensée que je vais vous écrire, l'espoir de vous revoir, la lecture de vos livres, les petites occupations que me donnent vos commissions [43] ! » La Villa est le lieu de souvenirs intenses parfois douloureux : « Je ne pus écouter la musique de Beethoven chez M. Ingres, chaque note me parlait de vous et me faisait vous regretter [44]. » En octobre, Liszt et la comtesse se séparent, lui va donner une tournée de concerts, elle retourne à Paris avec leurs filles. Elle prend Lehmann pour confident de sa tristesse et des problèmes que lui pose son installation à Paris. Lehmann, de son côté, envoie à Marie des nouvelles du petit Daniel, laissé en nourrice près de Rome, qu'il va voir régulièrement.

Il parle surtout longuement d'Ingres. Depuis qu'il est à Rome, Ingres, qui se consacre beaucoup à l'administration de la Villa Médicis, peint très peu. Il a du mal à finir sa *Stratonice*, qui lui a été commandée par le duc d'Orléans : « Dans les bonnes soirées que je passe seul avec lui, il me fait quelquefois des confidences assez intéressantes. Il me parla d'un bras du malade dont il a fait deux cents croquis et qu'il a peint cinquante fois. Il me dit qu'il avait pris le mal de nerfs qui le tourmente si souvent, en se “ butant ” sur le morceau de draperie qui va du genou jusqu'au pied du Christ de la Trinité du Mont [un tableau qu'il avait peint à Rome en 1820] : “ Quinze jours du matin au soir, j'ai fait et défait ce morceau, toujours les yeux sur la même couleur; et d'autres fois, cela vient tout seul [45] ”... » Dix jours plus tard, après un dîner, Ingres lui a enfin montré *Stratonice* : « Il n'y a rien d'aussi parfait, rien de tout ce qui a été fait dans tous les temps ne lui est comparable. Nous l'avons épluché ensemble, nous avons discuté trente-six détails, des parties importantes, il m'a même fait l'honneur de me parler et de m'exposer toutes ses petites intentions dont la finesse est admirable. J'en ai éprouvé beaucoup de plaisir et lui suis très reconnaissant. Cela ne peut s'écrire. A la fin, il s'écria : “ Allons, vous m'avez un peu remonté. ” Ce héros, qui a besoin du courage que peut donner un misérable comme moi ! C'est bien la peine d'être le premier du siècle [46]. »

Chassériau

Lehmann retourne quelques mois à Paris, de janvier à juin 1840. Le 27 juin, il repart pour Rome avec Chassériau, brillant sujet de vingt et un ans qui, lui aussi, avait été l'élève d'Ingres. Lehmann est subjugué par son jeune compagnon : « L'autre est un génie gigantesque. Sa compréhension à la fois élevée et sauvage de la vie me le garantit. J'ai foi en lui comme homme et comme peintre. Le troisième jour de son arrivée à Rome, il a dessiné le portrait d'une femme, qu'en mon cœur je convoitais depuis des années comme le modèle le plus désirable. Il est magnifique de conception et d'exécution. Ceci caractérise les différences de nos carrières :

il lui échoit, par hasard et dans les plus heureuses circonstances ce dont je n'aurais pas osé formuler le vœu ! D'ailleurs, personne plus que lui ne justifie une pareille faveur de la fortune, par le mérite, la beauté de son talent, la force de sa jeune volonté, la sensibilité de son cœur, la noblesse de ses sentiments et de ses pensées qu'il rend avec une originalité et une vivacité d'esprit égales au charme de la distinction naturelle de ses manières [47]. »

Un tel enthousiasme était destiné à se retourner en amère déception. Chassériau allait brutalement tomber de son piédestal. Voici comment : Lehmann voulait faire le portrait de Lacordaire et il parla de son projet à Chassériau, qui le devança et exécuta lui-même le portrait de l'abbé. Lehmann l'apprit par un de ses camarades de la villa Borghèse : « Cela me dégoûte sensiblement des hommes et je vis plus seul que jamais. Je sais par M. Ingres que c'est lui qui a été se faire présenter à l'abbé pour le lui demander [48]... » Cette affaire va empoisonner ses relations avec Marie d'Agoult car la comtesse reçoit Chassériau à Paris et est tout à fait séduite, non seulement par son talent de peintre, mais par sa « science du monde » : il a, écrit-elle cruellement à Lehmann, l'« aisance d'un homme qui aurait passé sa vie dans la meilleure compagnie ». Ingres, quant à lui, est fâché de l'indépendance qu'a prise Chassériau : « C'est un monsieur qui s'est posé un peu trop orgueilleusement vis-à-vis de son maître », dit-il à Marie d'Agoult qu'il revoit à Paris en mai 1841.

Hébert et Gounod

En 1869, Ernest Hébert, directeur de la Villa Médicis depuis deux ans, emmène avec lui à Rome pour deux mois Charles Gounod, le musicien français le plus célèbre de l'époque. Ces deux artistes à la carrière prestigieuse étaient émus de se retrouver à la Villa : c'est là qu'ils s'étaient connus en 1840.

« Avoir le grand prix de Rome à l'âge de vingt-deux ans, écrit Hébert, est un grand bonheur ; [...] C'est l'entrée dans une autre existence pour cinq ans, sous le beau ciel bleu d'Italie [...] Mais arriver dans cette Villa Médicis et y trouver M. Ingres comme directeur, c'est une autre faveur du sort, dont on ne se rend pas compte dans l'effarement de la jeunesse [49]. » Hébert a quatre-vingt-quatre ans lorsqu'il écrit ces lignes.

La Villa du temps d'Ingres était sous le signe de la musique. Musique chez les pensionnaires : « Je vois encore, par le souvenir, Gounod dans sa chambre n° 5, à son piano, le soir, après le dîner académique ; tous les camarades autour de lui, assis comme ils le pouvaient, sur les quatre chaises du musicien, sur les coins de sa table, par terre, sous le piano ou sur des bouts de tapis, écoutant, dans un religieux silence [50]. » Gounod jouait et chantait Berlioz, Lulli, Weber, Gluck et ses propres compositions, par exemple « Ma belle amie est morte », sur un poème de Théophile Gautier. Musique aussi chez le directeur, le dimanche, dans le grand salon, où les pensionnaires avaient ce soir-là leurs entrées. Ingres aimait passionnément Haydn, Beethoven, Gluck, Mozart. Il avait autrefois tenu le violon dans l'orchestre du théâtre de Montauban et jouait parfois, en petit comité, la partie de violon dans Mozart ou Beethoven. Souvent, pour finir la soirée, il demandait à Gounod de lui jouer l'allegretto de la *Huitième symphonie* de Beethoven. Mais il n'arrivait pas à s'arracher à Mozart. Quand Gounod lui jouait le *Don Juan*, ils oubliaient l'heure : « Mme Ingres, tombant de fatigue et de sommeil, était obligée de fermer le piano pour nous séparer et nous envoyer dormir chacun de notre côté [51]. »

Ingres avait, en revanche, un fort *a priori* contre la musique italienne, qu'il trouvait « digne des baraques de la foire ». Un soir, après avoir interprété le premier acte de *Don Juan*, Gounod passe doucement au chœur des chasseurs de *Guillaume Tell*. Hébert se souvient du « voici la nuit... » délicieusement modulé. Ingres, très ému, interroge Gounod : « Mais où prenez-vous ces inspirations, mon cher grand ami, mon cher jeune maître ?

– Mais, monsieur Ingres, ce n'est pas de moi !

– Ce n'est pas de vous ? Mais quel est donc le génie qui a trouvé ça ? dit M. Ingres d'une voix retentissante.

Alors Gounod, avec un peu d'embarras et souriant :

– Mais, monsieur Ingres, c'est de Rossini.

– C'est de Rossini, ce charlatan !...

Et, après un silence :

– Eh bien, c'est égal, c'est admirable !

Et il s'assit rêveur [52]. »

En avril 1840, Pauline Garcia, la jeune sœur de la Malibran, vient d'épouser Louis Viardot, qui dirigeait alors le Théâtre-Italien. Pendant son voyage de noces, elle est venue voir Ingres, qui lui a demandé de chanter l'air de *Freischütz* : « Mais, se rappelle-t-elle soixante ans plus tard, il n'y avait pas de musique ; un jeune homme s'est offert à me l'accompagner par cœur tant bien que mal. Cela a été très bien. Je n'ai su que longtemps après le nom de ce jeune homme... Charles Gounod [53]. » Dix ans après, Gounod devait écrire pour la cantatrice le rôle de Sapho.

Le style du directeur

Lorsque Ingres était devenu directeur de la Villa Médicis, début 1835, il succédait à Horace Vernet et la comparaison avec son prédécesseur avait été rude. Vernet, très mondain, concurrençait l'ambassade en donnant de brillantes réceptions. Ingres fit l'effet d'un éteignoir. Amaury-Duval, lui aussi ancien élève d'Ingres, sans être pensionnaire à la Villa, séjournait à Rome et il assista, en janvier 1835, au premier « dimanche » du nouveau directeur : « Tout était sombre et morne : une lampe à chaque coin de cette immense pièce, que les tapisseries dont elle est ornée rendent encore plus obscure ; une lampe sur la table, et, près de cette table, Mme Ingres tenant un tricot à la main ; M. Ingres, au milieu d'un groupe, causant avec gravité. Mais pas l'ombre d'une femme, des habits noirs seulement, rien qui pût égayer les yeux [54]. »

Les Ingres vivaient à Paris comme des petits-bourgeois, ne recevant jamais, et ils n'ont pas adopté, à la Villa Médicis, un style plus mondain qui eût mieux convenu. Mme Ingres manquait d'envergure dans ce cadre prestigieux. L'accueil était très médiocre : « A vingt-deux heures, note le frère d'Henri Lehmann, on sert le thé le plus faible et le même cake insipide [55]. » La conversation était médiocre aussi. La maîtresse de maison, autrefois modiste à Guéret, tenait des propos terre à terre qui surprenaient. Les pensionnaires auxquels Ingres avait montré sa *Stratonice* s'avisaient-ils d'exprimer leur admiration ? Mme Ingres leur parlait d'argent, racontant que le duc d'Orléans avait commandé le tableau pour six mille francs : « C'est un beau prix, hein ? Vous autres aussi, vous aurez des bonnes fortunes pareilles, si vous travaillez bien. Mon mari n'a pas toujours été aussi largement payé. Quand nous étions à Florence, après sa pension, dans les premiers temps de notre mariage, il faisait des portraits au crayon dans la famille Gonet, qui lui étaient payés 25 fr, et nous étions bien heureux d'avoir cette ressource [56]. » Par ailleurs, Mme Ingres se montrait facilement agressive, surtout vis-à-vis de quelqu'un d'une autre classe sociale. Ainsi Amaury-Duval, fils d'un membre de l'Institut et fréquentant le meilleur monde parisien, s'entendit-il dire un jour : « Oh ! vous... vous êtes un lion... Voyez Flandrin ; il sort dans la rue en casquette [57]... »

Ingres n'était pas plus doué que sa femme pour la mondanité. D'abord il ne savait pas mener une conversation : « Cet homme tout d'instinct et d'inspiration, de passion surtout, avec une parole imagée, et souvent éloquente, manquait absolument de logique ; pour peu qu'on lui tînt tête, comme cela lui est arrivé quelquefois devant moi, il s'arrêtait tout à coup comme un homme qui ne comprend plus. Il pouvait prêcher, il était incapable de discuter [58]. » Ensuite, il ne savait pas estomper ses mouvements d'humeur. Il manifestait souvent de la rancœur, même à propos de sa nomination à Rome : « C'est un exil... Ils m'ont renvoyé, et ce sont mes confrères de l'Institut qui ont fait le coup [59]... » Et il se montrait parfois exécrable en public pour des raisons ridicules. Amaury-Duval, invité à dîner une semaine après le premier « dimanche » lugubre, se souvient de l'air furieux du directeur et de la consternation des convives. Mme Ingres finit par leur en expliquer la cause : « Vous ne croiriez jamais ce qui l'a mis dans cet état... Eh bien ! je vais vous le dire... c'est parce que j'ai fait servir un rôti de veau... et qu'il n'admet pas qu'on serve ce plat quand on a du monde [60]. »

En mars 1841 arrive à la Villa Médicis Victor Schnetz, le successeur d'Ingres. Dès le premier dimanche, le changement est éclatant : « Au lieu du salon demi-teinte auquel nous étions habitués, nous trouvions une salle brillamment éclairée, avec des lampes partout où on avait pu en mettre, le lustre allumé, des tables dans tous les coins pour les cartes, les dominos, les échecs, le trictrac, en somme un air de fête joyeuse qui ne ressemblait en rien à la dignité simple du salon de la veille [61]. » La rupture de ton met tout le monde mal à l'aise, les pensionnaires, l'ancien directeur et le nouveau. Les Ingres, qui n'ont pas encore quitté Rome, sont assis « silencieux et impassibles, comme des statues, au milieu de cette fausse gaieté ». Schnetz, qui avait été mal conseillé par son ami, le sculpteur Lemoyne, mesurait l'impair commis. Les jours suivants, il tenta, en se montrant à la fois respectueux et sympathique vis-à-vis d'Ingres, d'effacer le souvenir de cette fâcheuse soirée.

Académie française, réception de Victor Hugo, 3 juin 1841

« Jamais, de mémoire d'académicien, on n'avait vu pareille affluence, jamais la foule n'avait été plus agitée, plus impatiente ; jamais plus de coups de poings ne furent donnés par intérêt de littérature [62]... » Nous sommes à l'Académie, le 3 juin 1841, pour la réception de Victor Hugo. La séance commençait à deux heures de l'après-midi mais à dix heures du matin la salle était déjà pleine, un quart d'heure plus tard tous les recoins étaient utilisés, une heure plus tard c'était l'état de siège et l'émeute dans la cour.

La foule qui se pressait dans l'espoir d'entrer était à la mesure du poète que l'on couronnait ce jour-là. Elle venait rendre hommage à l'artiste qui incarnait avec tant de force la gloire nationale, « lui, le conquérant orgueilleux à qui les étudiants d'Allemagne élèvent des arcs de triomphe, lui dont la réputation est si grande dans la patrie même de Byron, qu'un monsieur indiscret naguère lui a dérobé son nom pour embrasser, grâce à cette ruse, toutes les jeunes et jolies Anglaises éprises de sa gloire ; lui qui a des séides comme Mahomet, lui qui a ses vieux grognards et sa jeune garde comme Napoléon, lui qui est un des rois de la pensée, un des triumvirs du siècle [63]... »

Depuis plusieurs semaines se posait la question : comment obtenir une place pour la séance du 3 juin ? Delphine de Girardin, dans son feuilleton du 26 mai, en a longuement débattu. Faut-il demander au récipiendaire et au directeur qui le reçoit ? Ils ont droit chacun à vingt billets qui ne suffiront pas pour leur famille, leurs amis, leurs obligés et surtout... leurs femmes « aimées, aimables et aimantes [64] ». A-t-on davantage de chance avec les académiciens ? Chacun reçoit trois billets et a déjà été terriblement sollicité. Il reste à trouver un académicien « qui n'en ait pas l'air » et que personne n'aura donc pensé à implorer.

Des dames du monde qui n'avaient pas pu entrer cherchaient désespérément à attirer l'attention des Immortels. Chacune *son* académicien attitré : « Monsieur Dupaty, je n'ai pas de place – Monsieur de Jouy, je suis là... – Monsieur de Salvandy, ayez pitié de nous [65] ! » Sans résultat : « Ils passaient tous insensibles, ces illustres ingrats. » Pourquoi « ingrats » ? Ces dames les recevaient sans doute dans leurs salons. Peut-être avaient-elles aussi intrigué pour leur élection à l'Académie ou, en tout cas, soutenu leur candidature. C'est ce qu'avait fait pour Hugo son amie Delphine.

Arrivèrent les officiels. Quatre membres de la famille royale d'abord : le prince héritier et la duchesse d'Orléans, grands amateurs de littérature et d'art, admirateurs et amis de Hugo, la duchesse de Nemours et la princesse Clémentine. Puis une centaine de membres des cinq Académies, dont une vingtaine seulement avaient revêtu l'habit vert. Les autres n'étaient qu'en frac, ce contre quoi protestent les chroniqueurs : on devrait les obliger à porter leur habit à palmes, dit *Le Siècle*; et *La Presse* : « Ils avaient l'air de députés : le mot est dur, mais il est juste. Ce négligé parlementaire a été blâmé généralement. » Contrastant avec les académiciens, la salle était très élégante, avec une foule de jolies dames arborant des chapeaux de toutes les couleurs, mais ce « riant parterre », loin de faire preuve de futilité, se montra très attentif aux orateurs. Avant d'en venir aux discours, revenons sur l'élection, qui avait eu lieu six mois plus tôt.

Le long chemin de l'élection

« Enfin !... Victor Hugo est de l'Académie française ! » C'est par ce cri de triomphe que Delphine de Girardin commence son premier feuilleton de l'année 1841, le 9 janvier. Et elle consacre à cette élection les trois quarts de sa chronique. Hugo venait d'être élu, le 7 janvier, par dix-sept voix au premier tour, contre Ancelot, au fauteuil de Népomucène Lemercier.

C'était sa cinquième candidature depuis 1836 et Delphine ne s'était pas privée de dire leur fait à ses concurrents plus chanceux. Ainsi, le 5 janvier 1837 : « Le grand scandale de la semaine est la préférence donnée par l'Académie à M. Mignet sur Victor Hugo ; remarquez bien ceci, le scandale n'est pas la nomination de M. Mignet, mais bien la préférence qu'on lui a donnée sur M. Hugo. Nous plaignons M. Mignet s'il en est flatté. M. Mignet sans doute a du talent, mais Victor Hugo est un homme de génie [66]. » D'ailleurs il a été soutenu par d'autres génies, ses pairs, Chateaubriand et Lamartine, ce qui a permis de dire : « Si l'on pesait les voix, Hugo serait nommé ; malheureusement on les compte. » Et Delphine s'en prend violemment aux académiciens qui, plutôt que de juger un candidat sur ses dons littéraires ou ses succès, le jugent sur sa bonne compagnie et son commerce agréable. Qu'ils élèvent donc leurs ambitions, qu'ils prennent conscience de la grandeur de leur rôle : « La France, messieurs, ne vous demande point de vous aimer et de vivre en bonne intelligence ; elle vous demande d'honorer ce qu'elle admire et de couronner le talent qui dans l'étranger fait sa gloire [67]. » Mais l'indignation de la journaliste fut pire encore le 20 février 1840, quand Flourens, troisième larron profitant de la rivalité des deux autres, l'avocat Berryer et Hugo, fut élu. En effet, qui connaissait Flourens ? Tout cela était bien ridicule. *La Presse* ne fut d'ailleurs pas la seule à réagir : le malheureux professeur de sciences naturelles au Collège de France, auteur de *La Phtisie du canard*, fut l'objet des railleries du *Siècle* pendant des semaines...

Hugo à l'Académie ? L'enjeu était de taille. Les autres romantiques s'en rendaient bien compte : « Hugo entrera-t-il à l'Académie ? écrit Sainte-Beuve. Il a toutes nos destinées académiques dans ses flancs [68]. » Et encore : « C'est le 7 janvier que se décide l'élection de Hugo et par suite les nôtres [69] » – « les nôtres », c'est-à-dire celles de Dumas, Balzac, Vigny, Sainte-Beuve lui-même (on sait que le roman frappera en vain à la porte de l'Académie et que ni Balzac ni Dumas ne seront jamais élus).

Hugo, quant à lui, a mis toute son énergie dans l'affaire, il en est obsédé : « Il s'en occupe, écrit encore Sainte-Beuve, il s'y appesantit durant des heures, il vous reconduit par distraction du boulevard Saint-Antoine à la Madeleine, à minuit, tout en vous parlant. » Remerciant Alphonse Karr pour son article des *Guêpes*, en juillet 1841, Hugo insiste sur l'effet d'entraînement qu'aura son élection : « Je suis un peu poète, mais je suis beaucoup soldat [...] je suis dans la place et vous y êtes aussi, et toutes mes idées et toutes les vôtres y sont. » Et il résume dans une formule bien frappée, à son habitude : « Je suis la brèche vivante par où ces idées entrent aujourd'hui et par où ces hommes entreront demain [70] ! » Plus que jamais, Hugo se conçoit comme le chef de la phalange des poètes. D'ailleurs, le 9 janvier 1840, il a succédé à Balzac à la présidence de la Société des gens de lettres.

L'élection de Hugo, Delphine de Girardin l'analyse comme le triomphe de l'intelligence – enfin ! – au sein de l'Académie. Que des adversaires politiques, Chateaubriand et Viennet, Molé, Thiers et Guizot, ou encore Victor Cousin, Salvandy et Villemain, aient pu un moment faire taire leurs dissensions pour conjuguer leurs forces autour d'un homme, prouve que « l'esprit de parti est remplacé par le parti de l'esprit [71] ». Chateaubriand, Lamartine, Soumet et Nodier se sont conduits en frères, c'était attendu ; ce qui l'était moins était l'empressement que d'autres ont mis à défendre la cause de Hugo. Thiers, par exemple, toujours intrépide, a même essayé d'entraîner Tissot à voter pour Hugo..., en vain car Jay et Jouy le surveillaient. Viennet, qui, pourtant, on s'en souvient, avait autrefois attaqué les romantiques, soutenait Hugo. Il l'avait écrit au journal *Le Temps*, le 22 février 1840 : « J'ai constamment voté pour M. Hugo, malgré les satires que j'ai faites contre les romantiques et sans préjudice de celles que je pourrai faire encore. L'auteur des *Odes*, des *Orientales* ne leur appartient pas : c'est un homme de génie tout à fait digne du fauteuil... »

Deux jours après son élection, le nouvel académicien est invité à dîner chez Delphine de Girardin, rue Laffitte. Il neige et Hugo, attendant un cabriolet, assiste à une scène pénible : un jeune homme « cossu dans sa mise » glisse une poignée de neige dans le dos d'une fille, qui crie et le bat. Les sergents de ville emmènent la malheureuse au poste. Hugo les suit et, dans un premier temps, pense à prendre parti pour la fille. Puis il recule, se disant « qu'il était bien connu, que justement les journaux étaient pleins de son nom depuis deux jours et que se mêler à une semblable affaire, c'était prêter le flanc à toutes sortes de mauvaises plaisanteries [72] ». Mais, voyant à travers la vitre la fille désespérée, il finit par entrer. Il veut déposer ; le commissaire ne l'écoute pas ; il se nomme ; le commissaire s'excuse alors et le fait asseoir. Pour que la victime soit relâchée, il faut que Hugo signe sa déposition – ce qu'il fait. La gloire au service de la compassion : à quoi sert d'être académicien...

Les discours du 3 juin

« Il s'avançait modestement, presque aussi pâle que sa femme, presque aussi ému que ses enfants, car il prenait au sérieux cette solennité littéraire », lit-on dans le feuilleton de *La Presse*. De fait, le discours de Hugo fut très sérieux mais peut-être pas là où on l'attendait : on pensait qu'il allait parler de littérature, et même polémiquer, mais c'est de politique qu'il parla. Ce fut très habile de sa part car, au lieu de commenter l'œuvre de Népomucène Lemercier, sur laquelle il était forcément réservé, il rendit justice à son courage politique et moral, le louant comme le champion de la liberté face au tyran qu'était Napoléon.

« Au commencement de ce siècle, la France était pour les nations un magnifique spectacle. Un homme la remplissait alors et la faisait si grande qu'elle remplissait l'Europe [73]. » Le discours commence par l'évocation de la gloire de Napoléon, devant lequel tout s'inclinait sauf six résistants, parmi lesquels Lemercier, qui se trouve ainsi associé à Chateaubriand, Mme de Staël et Benjamin Constant. L'attitude de Lemercier était d'autant plus méritoire qu'il avait été l'ami de Bonaparte : il avait conseillé à Joséphine de Beauharnais d'épouser le général et, sous le Consulat, ils avaient vécu des moments heureux à la Malmaison. La rupture se fit avec l'Empire : Lemercier, régulièrement victime de la censure, protesta, au début, auprès de Napoléon puis, résigné à ce qu'aucune de ses pièces ne fût jouée tant que l'Empire durerait, il cessa de le voir. Mais, en janvier 1812, il dut aller aux Tuileries en tant que membre de l'Institut. A l'Empereur qui lui demandait : « Quand nous donnerez-vous une belle tragédie ? » il répondit seulement : « Bientôt, j'attends. » Mot terrible qui, selon Hugo, « contient Moscou, Waterloo et Sainte-Hélène [74] ! »

Hugo, à partir de la position de Lemercier face au pouvoir, élargit la question : « Quelle doit être l'attitude de la littérature vis-à-vis de la société, selon les époques, selon les peuples et selon les gouvernements ? » Lemercier a connu trois types de régime qui ont disparu : la royauté de la branche aînée des Bourbons, les assemblées révolutionnaires et l'Empire, représentant respectivement la tradition, la liberté et le pouvoir. Or ces trois éléments se sont incarnés autrement mais restent le fondement même de notre civilisation ; aucun ne peut donc être écarté. La France a besoin de tradition stabilisante et la révolution de Juillet l'a compris, qui « a transformé en jeune dynastie une vieille famille, monarchique et populaire à la fois, pleine de passé par son histoire et pleine d'avenir par sa mission ». La liberté, c'est celle des idées que la France propage en Europe : « Par sa presse, elle gouverne les peuples ; par ses livres, elle gouverne les esprits [75]. » Enfin, sa puissance, la France la manifeste maintenant par la paix après l'avoir exercée par les armes.

Il n'y a pas rupture dans le destin national. La France est destinée à servir d'exemple aux autres nations, à montrer la voie – Dieu a fait « Rome pour l'homme ancien et Paris pour l'homme nouveau » – et son phare, c'est sa langue et sa littérature. Après avoir affirmé : « On ne lit plus que des livres français de Pétersbourg à Cadix, de Calcutta à New York », Hugo proclame avec fierté : « Honneur donc aux travaux des jeunes générations ! » Il fait une sorte d'obligation à l'Académie de reconnaître et d'accueillir les gloires romantiques : « Comme vous le disait il y a onze ans, en prenant séance parmi vous, mon illustre ami M. de Lamartine, " Vous n'en laisserez aucune sur le seuil ! " » Mais les poètes n'ont pas que des droits, ils ont aussi des devoirs. Hugo reprend le thème qu'il développe depuis bientôt vingt ans, de la mission du poète : « Il n'a plus la royauté à défendre contre l'échafaud comme en 93, ou la liberté à sauver du bâillon comme en 1810 ; il a la civilisation à propager. » Et comment propage-t-il cette civilisation ? Par « le calme rayonnement de la pensée » sur les hommes. Dans la préface de son recueil le plus récent, *Les Rayons et les Ombres*, Hugo parlait de « l'artiste civilisateur [76] ». L'Académie a, quant à elle, un rôle à jouer dans cette mission civilisatrice : elle complète l'action du pouvoir politique qui ne dispose que du droit, trop rigide, en éclairant par la pensée, plus souple, les « ombres sociales ». L'Etat fait les lois, la littérature fait les mœurs. Vient alors le dernier paragraphe du discours de Hugo, qui a beaucoup surpris l'auditoire : il s'agit d'un vibrant éloge de Malesherbes, « un grand magistrat, un grand ministre et un grand citoyen », qui avait pour but « l'amélioration graduelle de l'homme par la loi et par l'enseignement », seule base solide d'un Etat.

C'est un homme d'Etat qui répond à Hugo. Narcisse de Salvandy avait été ministre de l'Instruction publique de 1837 à 1839 et allait le redevenir de 1845 à 1848. Il reprend vertement le poète, comme s'il s'agissait d'un adversaire à la Chambre. Que viennent faire, demande-t-il, ces références et ces préoccupations politiques chez un académicien tout juste élu ? « Cette grande mémoire de M. de Malesherbes n'est pas votre étoile conductrice [...] Les modèles que les lettres vous demandent d'accepter, à ce jour solennel où elles vous couronnent, c'est Corneille, c'est Shakespeare, c'est le Dante [77]... » Que Hugo reste donc sur son terrain. Et qu'il se montre modeste : au lieu de chanter la gloire de l'école romantique, qu'il reconnaisse plutôt ce qu'elle doit à la tradition. Ce n'est pas la jeune littérature française qui a conquis l'univers mais la littérature classique : « Nous sommes aujourd'hui comme des enfants de famille, qui n'avons qu'à soutenir la fortune paternelle [78]. » Alphonse Karr, dans *Les Guêpes*, a décrit Hugo assiégeant l'Académie et recevant sur la tête tous les ustensiles de ménage des assiégés; Hugo reconnaît : « En effet, on m'a vidé sur la tête le discours de Salvandy [79]. » Même les louanges que Salvandy décerne au poète sont pleines de fiel : « Nous vous avons vu [...] publier, à dix-huit ans, votre premier recueil lyrique, qui n'a pas été surpassé, même par vous » ou encore : « Nous vous avons vu [...] poussant la passion littéraire jusqu'à l'esprit de secte, l'ambition littéraire jusqu'à l'emploi de chef de parti avec tous ses périls. »

Ces discours furent beaucoup commentés. On y lut surtout le désir qu'avait Hugo d'entrer en politique : « C'est un premier pas vers la tribune, écrit Charles Magnin, une candidature à l'une de nos chambres, peut-être à toutes les deux; mieux encore, un programme de ministère [80]. » Alphonse Karr ironise, en s'adressant au poète : « Vous étiez un tout – pourquoi devenir une partie ? [...] Ce n'était vraiment pas la peine de se faire Victor Hugo pour devenir l'un des quarante [...] Tout le monde dit maintenant que vous voulez devenir député, c'est-à-dire l'un des quatre cent cinquante. De succès en succès, si on vous laisse faire, vous arriverez à être l'un des trente-trois millions qui composent la Nation française [81]. » Il est vrai que Hugo voulait disposer d'une tribune, afin d'avoir une action politique. Adèle Hugo l'explique clairement : il existait deux tribunes, la Chambre des députés et la Chambre des pairs. Or Hugo ne pouvait être élu député à cause du cens – et aussi parce qu'il était homme de lettres : l'élection de Lamartine avait été un miracle. Restait la Chambre des pairs. Pour être un jour nommé, il fallait appartenir à l'une des catégories dans lesquelles le roi devait choisir. Une seule était accessible au poète : l'Académie, « le pied sur la première marche de la tribune [82] ».

Delphine de Girardin manifeste une fois de plus son admiration pour Hugo. Elle souligne la grandeur d'âme du poète qui, oubliant les haines et les calomnies dont on l'a accablé, n'est pas venu triompher en fanfare ni narguer les académiciens mais ne s'est préoccupé que de nobles idées. Il n'a reçu en retour que « des épigrammes » et elle en veut beaucoup à l'auteur de la réponse, qu'elle se refuse même à nommer tant il l'a déçue. Elle défend avec vigueur l'engagement politique de Hugo et la notion de mission du poète : « Quand les nations en délire s'entre-égorgent dans les ténèbres pour des idées, quand le combat qui fait couler le sang est tout intellectuel, le poète n'a plus le droit de s'abstenir ; il faut qu'il apparaisse dans cette nuit fatale rayonnant de tous ses rayons [83]... » Pour illustrer le rôle « civilisateur » du poète, Delphine évoque le récent affrontement poétique où s'est exprimée la tension régnant entre la Prusse et la France (tension qui dure depuis que les puissances ont réglé la question d'Orient sans la France, en juillet

1840). En réponse à un belliqueux poème de Becker, *Le Rhin allemand* – « Ils ne l'auront pas, le libre Rhin allemand, jusqu'à ce que les ossements du dernier homme soient ensevelis dans ses vagues » –, Lamartine a publié *La Marseillaise de la Paix*, poème généreux et pacifiste :

> Roule, libre et royal entre nous tous, ô fleuve!
> Et ne t'informe pas, dans ton cours fécondant,
> Si ceux que ton flot porte ou que ton urne abreuve,
> Regardent sur tes bords l'aurore ou l'occident!

Quant à Musset, il a improvisé, à la demande de Delphine, des vers plus fermes à l'égard des Prussiens :

> Qu'il coule en paix votre Rhin allemand,
> Que vos cathédrales gothiques
> S'y reflètent modestement;
> Mais craignez que vos airs bachiques
> Ne réveillent les morts de leur repos sanglant.

Ainsi les déclarations de guerre ont-elles été remplacées par des joutes poétiques.

Avec son discours de réception à l'Académie, Hugo s'est donné une stature de conscience nationale. Délibérément, il a choisi d'élargir son horizon : il ne veut pas voir dans son entrée à l'Académie l'aboutissement logique de sa carrière littéraire mais au contraire une plate-forme d'expansion. Le grand écrivain est en posture de devenir aussi un homme politique. Pourquoi pas le Malesherbes de la monarchie de Juillet? Le 13 avril 1845, Hugo sera nommé pair de France.

L'artiste et le peuple

Mon fils, au nom du peuple et de ta part des cieux,
Ne sois pas insensible et traître aux malheureux.

C'est la Muse des douleurs qui s'adresse ainsi à Charles Lassailly, en 1834. Elle avait autrefois confié le même message à son poète de prédilection, à Gilbert [1]. Mais Gilbert est mort, seul, abandonné par ses amis, et personne n'a repris sa mission. Lassailly a entendu la Muse :

Je veux donc, pour le peuple et les plus misérables,
Elever de mon sein des voix inconsolables,
Et d'un siècle païen fouettant la vanité,
Afficher ton scandale, auguste Pauvreté !

Les derniers vers évoquent le poète qui pleure sur le peuple souffrant :

AU BOULEVARD DE GAND, LE CORPS D'UN PROLETAIRE
MORT DE FAIM ET DE FROID, EST ETENDU PAR TERRE [2].

Ce que suggère ce texte, c'est la proximité du poète et du prolétaire. Tous deux meurent dans la misère, tous deux sont des victimes de la société bourgeoise. Et personne mieux que le poète ne comprendra le malheur du peuple. En conséquence, le poète est responsable vis-à-vis des déshérités, il a une mission sociale à remplir.

On rejoint ici l'artiste-mage de Hugo, mais il est moins un inspiré de Dieu qu'un militant de la justice sociale. La découverte du Peuple, de la « question sociale » (ou du « problème social » : les deux expressions se trouvent beaucoup en 1831), fait partie de l'itinéraire de l'écrivain sous la monarchie de Juillet.

Si l'artiste porte attention au peuple, ce n'est pas seulement pour dénoncer ses souffrances, c'est aussi pour lui reconnaître une créativité. Le peuple peut, lui aussi, s'approprier l'art et produire des artistes. Ainsi, prendre conscience de la « question sociale » va-t-il de pair avec la promotion des ouvriers-poètes. Et également avec la décentralisation littéraire. En effet, il n'y a pas que le peuple qui soit socialement et culturellement déshérité, il y a la province. On assiste, sous la monarchie de Juillet, à un grand mouvement de réappropriation de l'art par la province, développement des journaux et des cercles poétiques dans chaque région. Les ouvriers-poètes et la décentralisation littéraire sont deux formes de l'utopie culturelle.

L'attention portée au peuple

Sous la monarchie de Juillet, le peuple est une entité floue à laquelle réfléchissent les intellectuels, de Lamennais (le *Livre du peuple* en 1837 et, en 1841, *Du passé et de l'avenir du peuple*) à Michelet (*Le Peuple*, en 1846) [3]. Pour les saint-simoniens, savants et artistes appartiennent au même groupe social que les « industriels » (c'est-à-dire les chefs d'entreprise et leurs salariés), celui des Producteurs [4]. Et dans la religion nouvelle, les artistes comme les ingénieurs jouent un rôle prépondérant, ils ont à encadrer et orchestrer l'inspiration populaire : « Tout, dit Enfantin, depuis le théâtre jusqu'à la tribune, paraîtra mesquin et froid devant l'enthousiasme de nos ouvriers, devant leurs fêtes, leurs cérémonies, leurs costumes et leurs chants ; devant l'élévation poétique et l'utilité positive de l'œuvre qu'ils accompliront, conduits par leurs ingénieurs et inspirés par leurs bardes et leurs trouvères [5]. » L'artiste a donc des responsabilités vis-à-vis du peuple.

Il se doit d'abord d'aider concrètement le peuple, en lui apportant la culture. Marie d'Agoult, à la fin de juillet 1837, est à Lyon avec Liszt. Ils passent une soirée à écouter Nourrit chanter les lieder de Schubert. Supériorité incontestée de cet artiste qui quitte l'Opéra prématurément mais ne veut pas arrêter pour autant sa carrière : « Il médite ce que les grands artistes méditent aujourd'hui : la diffusion de la musique parmi le peuple, l'initiation et le progrès des petits par l'art ; enfin l'essai de Mainzer [6] agrandi et réalisé sur une vaste échelle. Ces plans sont beaux et véritablement " humanitaires ". A notre retour en France, Franz entreprendra probablement quelque chose de semblable [7]... » Quantité d'initiatives de ce genre virent le jour dans les années 1830-1840 : la pédagogie de l'art apparaissait alors comme l'un des remèdes à la « question sociale ».

L'artiste doit ensuite mettre en mots ou en images les conditions de vie du peuple et sa misère. Le poète Auguste Barbier, célèbre depuis *La Curée*, où il dénonçait l'assaut donné aux places après la révolution de Juillet, met en scène le peuple dans *Lazare*, en 1837 [8]. Nous sommes en Angleterre, qui ne connaît que « la lyre d'airain », c'est-à-dire les gémissements enfantés par la civilisation industrielle, et les protagonistes, l'ouvrier, les enfants, la femme, le maître, s'expriment au milieu du bruit assourdissant des machines. Un autre texte de Barbier, *Les Homicides*, en 1844, campe face à face, de la même manière, le Prolétaire, le Despote et la Justice humaine. Mais le poète proposé comme le modèle de l'attention portée aux petites gens, la référence incontestée en matière d'amour du peuple, c'est Béranger.

Sous l'égide de Béranger

Même si on a peine à l'imaginer aujourd'hui, Béranger, sous la monarchie de Juillet, était *le* grand poète français, dont personne ne songeait à contester la gloire. Pas même Gautier et les jeunes adeptes de « l'art pour l'art », qui, pourtant, auraient pu protester contre la vision utilitariste de l'art qu'avait le grand homme. Béranger vivait alors retiré de la vie publique. Il faisait figure de vieux sage, d'oracle que l'on venait consulter, de caution que l'on essayait d'obtenir, de référence obligée. Sa célébrité datait de la Restauration, où il était apparu comme le champion de l'opposition libérale.

Né en 1780 à Paris, il eut une enfance cahotique : ses parents se séparèrent très vite, son père changeait souvent d'état – clerc de notaire, comptable chez un épicier, notaire, financier, prisonnier pour dettes... –, lui alla peu à l'école et apprit à lire tout seul. En 1789, il fut confié à une tante, aubergiste à Péronne, républicaine convaincue. Il fut successivement apprenti chez un orfèvre, saute-ruisseau chez un notaire, typographe. Vers 1800, revenu à Paris, il vécut de pain et de fromage dans une mansarde, au sixième étage, boulevard Saint-Martin : « Vivre seul, faire des vers tout à mon aise me parut une félicité [9]. » En 1804, il envoya ses poèmes à Lucien Bonaparte. Poète lui-même, le frère de l'empereur donna procuration au jeune homme pour toucher les mille francs annuels qu'il recevait comme membre de l'Institut. Il obtint en outre pour son protégé une place d'expéditionnaire à l'Université, par l'entremise de son ami, le poète Arnault, chef de la division de l'Instruction publique au ministère de l'Intérieur.

Béranger composait depuis toujours des chansons, dont certaines avaient été imprimées dans des recueils collectifs et d'autres circulaient sous forme manuscrite, mais il commença à se faire une réputation avec *Le Roi d'Yvetot*, en 1813 :

> Il était un roi d'Yvetot
> Peu connu dans l'histoire
> Se levant tard, se couchant tôt,
> Dormant fort bien sans gloire,
> Et couronné par Jeanneton
> D'un simple bonnet de coton,
> Dit-on
> Oh ! oh ! oh ! oh ! ah ! ah ! ah ! ah !
> Quel bon petit roi c'était là !
> La, la.

La chanson était hostile au régime impérial, à ses fastes et à ses glorieuses conquêtes, elle prônait la simplicité, la paix et la tranquillité, genre de vie auquel aspiraient alors tous les Français. D'où son succès : elle traduisait bien l'air du temps.

Les Bourbons espérèrent d'abord que Béranger allait devenir le défenseur de la légitimité. Aussi fut-on indulgent avec lui fin 1815, quand parut son premier recueil de chansons. On l'avertit seulement qu'en cas de récidive, il perdrait sa place à l'Université. C'est ce qui arriva en 1821, à la parution du second volume, qui lui valut un procès en cour d'assises (pour outrage aux bonnes mœurs, à la morale publique et religieuse, et à la personne du roi). Il fut condamné à trois mois de prison et cinq cents francs d'amende. Sa gloire date de ce premier séjour en prison, qui fit du chansonnier un héros national. Emprisonné à Sainte-Pélagie, jouissant de plus de confort que dans sa mansarde, il recevait visites, hommages et témoignages de sympathie. Désigné de façon si éclatante comme opposant au régime, il y gagna de vendre très bien ses livres, put rembourser ses dettes et vivre désormais sans emploi.

Sa première condamnation avait eu pour Béranger de tels avantages qu'il provoqua un autre procès sept ans plus tard. En octobre 1828, il publia son quatrième volume de chansons, refusant d'en édulcorer deux qui allaient lui valoir des poursuites : *Le Sacre de Charles le Simple* et *Les infiniment petits ou la gérontocratie.* Manière d'affirmer qu'il s'opposait à la politique de « fusion » tentée par ses amis pour concilier royalisme et libéralisme [10]. Le 10 décembre, il est condamné à neuf mois de prison et dix mille francs d'amende – qui sera couverte en quasi-totalité par une souscription nationale. Sa popularité va croissant, Hugo, Dumas, Sainte-Beuve et les autres viennent à La Force lui faire allégeance. Au retour de son ambassade à Rome, Chateaubriand demande même à le connaître.

Après la révolution de Juillet, Béranger conserve son prestige moral. En effet, malgré les avances que lui fait le pouvoir, il n'accepte rien et continue à mener une vie simple, honnête, conforme aux valeurs qu'il exalte dans ses chansons. Obtenir sa caution est donc important pour toute personne qui se veut poète. Encore plus s'il s'agit d'un prolétaire, puisqu'il passe pour le meilleur défenseur des petites gens.

Béranger meurt en 1857. Sa stature de gloire nationale qui n'a été contestée par personne pendant plusieurs décennies est étonnante parce que tout à fait disproportionnée avec son œuvre écrite. Ses idées nous semblent plutôt simplistes : il proteste contre le pouvoir arbitraire de la police et de la justice, contre les impôts trop élevés, fait preuve d'un antiparlementarisme et d'un anticléricalisme sommaires – son « Dieu des bonnes gens » (1817) est un brave homme bienveillant et débonnaire... C'est la génération née dans les années 1820 qui déboulonnera Béranger. A Louise Colet, qui voudrait lui présenter le poète, Flaubert écrit en 1846 : « Il y a des génies énormes qui n'ont qu'un défaut, qu'un vice, c'est d'être sentis surtout par les esprits vulgaires, par les cœurs à poésie facile. Béranger, depuis trente ans, défraye les amours d'étudiants et les rêves sensuels des commis-voyageurs. Je sais bien que ce n'est pas pour eux qu'il a écrit, mais c'est surtout ces gens-là qui le sentent [11]. » L'année suivante, il a assisté à un banquet réformiste où l'on a cité Béranger dans tous les discours : « Le bouilli est désagréable surtout parce que c'est la base des petits ménages, Béranger est le bouilli de la poésie moderne, tout le monde peut en manger et trouve ça bon [12]. » Dix ans plus tard, à la mort du poète, Flaubert prédit : « Astre bourgeois, il pâlira dans la postérité, j'en suis sûr [13]. »

A la rencontre du peuple : le cheminement de George Sand

Béranger est un homme dont la stature est figée sous la monarchie de Juillet. Si on veut se faire une idée de l'évolution des représentations politico-sociales à travers un personnage qui colle à son époque, il faut suivre l'itinéraire de George Sand. Comme l'écrit Pierre Leroux en 1859 : « Je vous ai raconté précédemment la merveilleuse évolution et l'étonnante transformation qui fit que la France, Libérale en 1830, se trouva Socialiste en 1848. J'aurais à vous faire un tableau semblable pour la littérature [...] Je vois dans l'avenir une femme qui sera glorifiée pour avoir rendu hommage à la Vérité : c'est George Sand. A elle, un peu plus tard, se joignit, pour servir la cause du peuple, Eugène Sue [14]... »

L'intérêt de George Sand pour la chose publique date de la révolution de juillet 1830. Dès le 15 août, elle se déclare « républicaine ». Cette position, à laquelle elle restera fidèle jusqu'au moment où, dans les années 1840, elle se dira « socialiste », trouvait ses racines dans sa propre histoire : « Moi qui suis née en apparence dans les rangs de l'aristocratie, écrit-elle, je tiens au peuple par le sang autant que par le cœur [15]. » L'inégalité sociale, Sand l'a d'abord vécue à travers sa propre famille : alors que sa grand-mère paternelle, bâtarde du maréchal de Saxe, tenait à l'aristocratie d'Ancien Régime, son père, officier de la République puis de l'Empire, s'était mésallié, avec une ouvrière en modes de Paris. Sand, « métisse sociale [16] », a souffert du mépris que sa grand-mère manifestait à sa mère, qui était dépourvue de tout, et d'abord de mémoire familiale et sociale. Cette mère parlait peu de ses parents, morts quand elle était enfant, et ne savait même pas qui étaient ses grands-parents : « Voilà où les généalogies plébéiennes ne peuvent lutter contre celles des riches et des puissants de ce monde. » Nohant, où régnait la grand-mère que Sand adorait, était, lui, plein de souvenirs, de correspondances et de généalogies. D'où l'idée de donner la parole au peuple, en le mettant en scène dans ses romans, ou en soutenant les poètes prolétaires.

Sand et Pierre Leroux

Sand n'était pas une théoricienne. C'est toujours à travers des personnes qu'elle a découvert des systèmes de pensée. En 1835, elle rencontre deux initiateurs importants dans son parcours politique et social : Michel de Bourges et Pierre Leroux. Michel de Bourges, avec lequel, nous l'avons dit, elle a une liaison passionnée jusqu'en juin 1837, est un républicain pur et dur dont elle a subi l'emprise : « Nul autre homme n'avait exercé sur moi une influence morale; mon esprit, toujours libre et sauvage, n'avait accepté aucune direction. J'étais restée moi, doutant de tout, n'admettant que ce qui ne venait que de moi-même, haïssant toutes les erreurs. J'étais vierge par l'intelligence; j'attendais qu'un homme de bien parût et m'enseignât [17]. »

Pierre Leroux, ouvrier imprimeur que nous avons vu créer *Le Globe* en 1824, avait été saint-simonien avant de se révolter contre les doctrines du Père Enfantin en novembre 1831. Il a ensuite publié, avec Hippolyte Carnot, la *Revue encyclopédique* qui, jusqu'en 1835, fut l'organe des dissidents saint-simoniens, et a entrepris avec son ami Jean Reynaud une *Encyclopédie universelle* à laquelle il donnera quatre-vingt-quinze articles. Sand lit Leroux avec passion, elle se sent proche de sa doctrine de la démocratie humanitaire et de son socialisme, fondé sur le souci des problèmes sociaux et le sens de la solidarité et non pas sur l'« exagération de l'idée d'association » – thèmes qu'il reprendra en 1840 dans *De l'humanité* [18].

C'est Sainte-Beuve qui présente Pierre Leroux à son amie George Sand. Leroux, en plus de son aura philosophique, émeut la romancière, car il est chargé d'enfants et misérable. En 1836, ils se lient plus étroitement. Sand trouve chez Leroux une vision du monde qui la satisfait : « C'est la seule philosophie qui soit claire comme le jour et qui parle au cœur comme l'Evangile [19]. » Les romans qu'elle écrit alors sont imprégnés par l'influence de cet homme (dans *Spiridion*, le personnage d'Alexis est un condensé de Lamennais et de Leroux) et elle lui accorde une confiance telle qu'elle lui fait corriger les épreuves de la nouvelle édition de *Lélia.*

Par Leroux, la romancière a eu connaissance du *Livre du compagnonnage* publié par Agricol Perdiguier en 1839. Ancien menuisier, âgé d'une trentaine d'années, Perdiguier s'était donné pour tâche d'unir les fraternités d'ouvriers. Sand l'invite à dîner en mai 1840 et l'aide à financer son nouveau Tour de France. Elle voit en lui un apôtre de l'idéal social qu'elle affirme avec force dans les lettres qu'elle lui adresse : « C'est dans le peuple et dans la classe ouvrière surtout qu'est l'avenir du monde [20]. » Il faut que ce peuple sorte de l'aveuglement et de l'ignorance où l'ont maintenu les classes « dites éclairées », qu'il comprenne la nécessité d'oublier ses intérêts individuels au profit de la communauté, et il sera alors « le maître du monde, l'initiateur à la civilisation, le nouveau messie [21] ».

Sand écrit *Le Compagnon du Tour de France*, dont le héros, Pierre Huguenin, s'inspire à la fois de Perdiguier et de Leroux. Ce menuisier intelligent ne cesse d'agiter dans sa tête « le problème social », c'est-à-dire l'injustice de l'inégalité. A la fin d'une de ses tirades, la romancière ajoute un commentaire : « Ce qu'il y a d'admirable dans le peuple, c'est la simplicité du cœur, cette sainte simplicité, perdue pour nous, hélas ! depuis l'énorme abus que nous avons fait de la forme de nos pensées. Chez le peuple, toute forme est nouvelle, et la vérité sous celle du lieu commun lui arrache encore des larmes d'enthousiasme et de conviction [22]. » Elle parle un peu plus loin des ouvriers comme de la « véritable race de l'enfance », promise au plus grand avenir : « Le peuple vous représente un géant au berceau qui commence à sentir la vie déborder de son sein puissant, et qui se lève pour essayer des pas incertains au bord d'un abîme [23]. »

Le Compagnon du Tour de France, malgré le contrat qui lie Sand à Buloz, n'est pas publié dans la *Revue des Deux Mondes*. Buloz refuse aussi le manuscrit d'*Horace* en octobre 1841 : choqué par le radicalisme du prolétaire Paul Arsène, par les descriptions du massacre des étudiants et des ouvriers en 1832, par le héros exhortant le prolétariat à s'unir pour créer un nouvel ordre social, il propose des modifications, que Sand n'accepte pas [24]. Il faut donc trouver un éditeur pour *Horace*. C'est dans ces circonstances que Sand et Leroux créent en novembre 1841 la *Revue indépendante*, qu'ils veulent concurrente de la *Revue des Deux Mondes*. Après *Horace*, pour fournir de la matière à la nouvelle revue, Sand écrit *Consuelo*, dont elle n'hésite pas à dire : « Il y a de bien ennuyeux chapitres, ils sont de moi. Il y a aussi des pages magnifiques, elles sont de lui [Leroux]. Je ne suis que le vulgarisateur à la plume diligente et au cœur impressionnable qui cherche à traduire dans des romans la philosophie du maître [25]. »

En décembre 1842, la *Revue indépendante* change de mains et Leroux cesse quasiment d'y collaborer. Il a inventé un procédé typographique et va consacrer beaucoup de temps et d'argent (emprunté, à Sand en particulier) à mettre au point une machine. Il fait le projet de s'installer comme imprimeur à Boussac, où il voudrait implanter une petite communauté. Sand participe à son rêve de « propagation presque gratuite des bons livres pour l'enseignement des masses [26] » et, pour répandre leurs idées, ils fondent un journal, *L'Eclaireur, journal des départements de l'Indre, du Cher et de la Creuse*, dont le premier numéro paraît le 1er septembre 1844. Mais Leroux met du retard à tout et *L'Eclaireur* ne peut être tiré sur les presses de Boussac qu'en juin 1845. Sand publie *Le Meunier d'Angibault* et *Le Péché de Monsieur Antoine*, qui témoignent de l'utopie communautaire de

Boussac. Elle se déclare communiste, parce que, contrairement au socialisme, trop attaché à l'idée abstraite de la Justice et de la Vérité, le communisme veut agir sur la réalité concrète, manifestant « le désir et la volonté que l'inégalité révoltante de l'extrême richesse et de l'extrême pauvreté disparaisse [27] ». En 1846, dans la préface de *La Mare au diable* (dont les premiers chapitres avaient paru dans la *Revue sociale* lancée par Leroux l'année précédente), la romancière annonce ses objectifs sociaux et définit le rôle qu'elle assigne à l'écrivain : « Il faut que Lazare quitte son fumier, afin que le pauvre ne se réjouisse plus de la mort du riche. Il faut que tous soient heureux, afin que le bonheur de quelques-uns ne soit pas criminel et maudit de Dieu. Nous croyons que la mission de l'Art est une mission de sentiment et d'amour et que le roman d'aujourd'hui devrait remplacer la parabole et l'apologue des temps naïfs [28]. »

A partir de 1846, Sand s'éloigne de Leroux, lassée par ses réalisations inachevées, son manque de sérieux et ses incessantes demandes d'argent. Mais elle ne cessera pas de reconnaître l'importance de celui qu'elle avait appelé « le sauveur ». A la dernière page de *Histoire de ma vie*, en 1855, elle lui rend hommage : « Quand indignés après les lois de septembre, nous étions prêts encore à renverser le sanctuaire réservé, Leroux vint, éloquent, ingénieux, sublime, nous promettre le règne du ciel sur cette même terre que nous maudissions [29]. »

La conversion d'Eugène Sue au prolétariat

C'était le 25 mai 1841, au théâtre de la Porte Saint-Martin, où l'on jouait pour la première fois *Les Deux Serruriers*, de Félix Pyat. Eugène Sue accompagnait le comte Duchâtel, ministre de l'Intérieur, dans sa loge. A l'entracte, le ministre dit à Pyat : « La censure a sans doute tort de trop ravaler le peuple ; mais vous avez peut-être tort de trop le rehausser. Il n'est pas encore le souverain que vous dites. Vous le couronnez trop tôt. Votre ouvrier n'est pas l'ouvrier [30]. » Pyat soutient au contraire que « le peuple est prêt à devenir roi ». Et, pour en donner la preuve, il propose à son ami Sue (ils s'étaient rencontrés dix ans plus tôt chez l'éditeur Ladvocat) de l'emmener dîner chez un ouvrier.

Le lendemain, ils se rendent rue Basse-du-Rempart, chez un graveur, Henri Fugère (Pyat omet de dire qu'il était membre du comité de rédaction de *La Ruche populaire*). Fugère, qui a perdu une jambe dans un engrenage, est très vif malgré sa jambe de bois. Sa femme leur sert, sur une table bien mise, un merveilleux pot-au-feu. Le graveur leur parle des *Deux Serruriers* puis de politique : « Enfin, écrit Pyat, il arriva au socialisme. Le lettré écoutait toujours de plus en plus béant. Il recevait la foi. Décidément, l'ouvrier avait le verbe et donnait la lumière. Discutant théorie et pratique, les divers systèmes à la mode, saint-simonisme, fouriérisme, comtisme, tous les *ismes* du jour, il traita à fond les questions économiques les plus ardues, matière première, main-d'œuvre, crédit, produit, salaire, échange, circulation et distribution, capital et travail associés ou opposés, tous les problèmes de la science sociale, sans esprit de secte, avec le génie du philosophe, la passion du tribun, la raison de l'homme d'Etat et le bon sens de l'ouvrier, terminant par les misères du peuple [31]... » A la fin de ce discours, Sue s'écria : « Je suis socialiste ! »

Au moment de cette scène idyllique, Eugène Sue a trente-sept ans. C'est un romancier célèbre, auteur de *Plik et Plok* et *Atar Gull* en 1831, *La Salamandre* et *La Coucaratcha* en 1832, *Latréaumont* en 1837, *Arthur* en 1838. Il a aussi écrit une *Histoire de la marine française* en dix volumes. C'est, de plus, un dandy connu. Menant la vie à grandes guides, il a déjà dévoré les sept cent mille francs d'héritage qui lui étaient échus à la mort de son père onze ans plus tôt. Comme il est menacé d'une seconde ruine, il a accepté un conseil de tutelle formé par ses trois meilleurs amis et travaille énormément. Il est en train de connaître un vif succès avec *Mathilde, mémoires d'une jeune femme*, qui paraît en feuilleton dans *La Presse*.

Sue va changer de registre avec *Les Mystères de Paris*, qui tiendront en haleine le pays entier, du 19 juin 1842 au 15 octobre 1843, dans le feuilleton du *Journal des Débats*. Mais, n'en déplaise à Félix Pyat, ce n'est pas une brutale prise de conscience sociale qui l'a tout à coup poussé à écrire sur le peuple et ses misères. D'après Alexandre Dumas, ami de jeunesse d'Eugène, il y avait longtemps que Goubaux, leur ami commun, homme de lettres lui aussi, lui disait : « Il y a une chose au milieu de laquelle vous vivez, que vous ne voyez pas [...] c'est le peuple ! [...] C'est un cinquième élément que la physique a oublié de classer, et qui attend son historien, son romancier, son poète. Vous avez assez vécu jusqu'aujourd'hui dans les régions supérieures de la société ; descendez dans les classes inférieures ; c'est là, croyez-moi, que sont les grandes douleurs, les grandes misères, les grands crimes, mais aussi les grands dévouements et les grandes vertus [32]. » Ce fut une commande de son éditeur qui décida Eugène à prendre le peuple pour sujet : il lui suggéra en effet de transposer à Paris un roman anglais à succès sur les bas-fonds de Londres.

Sue ne mesura pas tout de suite la portée de son entreprise. Il la comprit en lisant des critiques qui le prenaient très au sérieux. *La Démocratie pacifique* parla de lui comme d'un grand philosophe socialiste et *La Phalange* écrivit : « Félicitons-le d'avoir retracé d'un si chaleureux pinceau les effroyables douleurs du peuple et les cruelles insouciances de la société [33]... » Il avait envoyé son roman à George Sand, accompagné d'une lettre : « S'il y avait quelque mérite dans l'ouvrage, peut-être serait-il dans sa tendance *utile.* Mon plus grand triomphe a été de lire dans un journal que (de bien loin sans doute) je suivais Madame Sand dans une voie sociale qu'elle avait si glorieusement ouverte. » Sand lui répondit : « Je crois qu'un roman estimable doit être un plaidoyer en faveur d'un généreux sentiment, mais que pour faire un bon roman, il faut que le plaidoyer y soit tout au long sans que personne s'en aperçoive. » Et de se référer à la théorie de Pierre Leroux qu'elle a faite sienne : « Tout l'art consisterait, je le sens, à incarner un monde idéal dans un monde réel [...] Il m'a semblé que vous aviez touché le but dans ces chapitres que j'ai lus, où *Fleur de Marie* pleure son rosier symbole de pureté et de poésie [34]. »

Le romancier fut le premier surpris du triomphe qu'obtenaient ses *Mystères.* On s'arrachait les *Débats.* Gautier écrit joliment : « Des malades ont attendu pour mourir la fin des *Mystères de Paris*; le magique *la suite à demain* les entraînait de jour en jour, et la mort comprenait qu'ils ne seraient pas tranquilles dans l'autre monde s'ils ne connaissaient pas le dénouement de cette bizarre épopée [35]. » L'épisode concernant le maréchal Soult, président du Conseil, est fameux. Ne trouvant pas son feuilleton un matin, il s'enquiert de l'auteur. Sue a été emprisonné la veille, pour avoir refusé, comme la plupart des écrivains et artistes, d'assurer son tour dans la Garde nationale et il menace de ne pas reprendre le feuilleton pendant les quinze jours de sa détention. Soult le fait libérer sur-le-champ... Mais le succès du roman se mesure aussi à l'abondance du courrier adressé à l'auteur. Il reste à la Bibliothèque historique de la Ville de Paris plus de mille lettres, qui témoignent de la sensibilisation des lecteurs au tableau que Sue a tracé du prolétariat : on lui demande des noms de malheureux à secourir, d'orphelins à adopter; on s'inspire de ses solutions d'entraide en fondant une colonie agricole pour les jeunes déshérités de la Seine, un orphelinat ou des banques de prêts gratuits pour les chômeurs.

Eugène Sue et Savinien Lapointe, le cordonnier-poète

Dans ce siècle railleur, vos terribles *Mystères*
Ont bien vengé, monsieur, mes rimes solitaires.

Ainsi Savinien Lapointe s'adresse-t-il, en décembre 1843, à Eugène Sue. Et il continue :

Merci! pour votre livre, éloquent plaidoyer
Que les pauvres, le soir, liront près du foyer;
Réquisitoire amer contre l'ordre des choses [36]...

Sue vient matériellement en aide au poète-cordonnier : « Grâce à vous, lui écrit Savinien, le pauvre oiseau errant, le pauvre poète populaire va donc avoir un nid pour se blottir, une adresse à donner à ses amis, à vous. J'ai acheté matelas, couchette, traversin, draps, table, chaises et, chose monstrueuse pour un gueux, cédant à un mouvement d'aristocratique fantaisie, je me suis jeté dans les bras surannés d'une vieille bergère [37]. » Par ailleurs, Sue rédige la préface à *Une voix d'en bas*, que l'artisan-poète publie en 1844.

Savinien Lapointe, né en 1812, était devenu, très jeune, apprenti cordonnier après une petite enfance difficile : son père, cordonnier, étant tombé malade, sa mère dut se faire nourrice sur lieu à Paris et se séparer de ses fils. Il participa à la révolution de Juillet, puis, compromis dans les émeutes d'avril 1834, fut emprisonné à Sainte-Pélagie. Il y fit son éducation littéraire et, à sa sortie, publia ses premiers textes dans *La Ruche populaire*. Eugène Sue trace de lui un idyllique portrait, dans l'unique pièce où il habite et fabrique ses chaussures, avec sa femme et ses deux enfants, à l'angle de la rue Saint-Louis-en-l'Ile et du quai. Il taille des escarpins et, de temps en temps, se met à réciter des vers : « Il demande à son travail manuel le pain grossier de chaque jour, afin de conserver indépendante, pure et chaste, la sainte poésie qui l'aide à oublier parfois de douloureuses réalités [38]. »

Le titre du recueil, *Une voix d'en bas*, pourrait être générique pour toute la poésie écrite par des prolétaires. L'« ange du bon conseil », raconte Lapointe, lui a ordonné de faire des vers pour le peuple :

Aux chants d'en haut, chants d'ivresse et de fête,
Oppose enfin les tristes *voix d'en bas*...

Mais la « voix d'en bas », c'est aussi la sienne comparée à la grande voix du poète entre tous, Victor Hugo :

D'en bas, si je m'élève, et si vers toi j'arrive,
C'est qu'un de tes rayons, dardant sur notre rive,
M'attire, moi, phalène, au foyer créateur ;
Ainsi, l'homme s'élève en cherchant le Seigneur [39] !

Eugène Sue exalte les ouvriers-poètes, seule passerelle entre les élites et le prolétariat dont ils assurent, à défaut de représentation politique, la « représentation poétique [40] ».

La poésie des prolétaires

La poésie écrite par des prolétaires n'est pas un phénomène nouveau dans les années 1830-1840. S'inscrivant dans la tradition de la littérature orale et de la chanson populaire, elle est apparue sous l'Empire et comprenait déjà sous la Restauration de nombreuses publications. Dans les années 1820, par exemple, un forgeron-poète, Berges de La Vernoze (ou Lavenoze) publiait un recueil annuel de chansons, *Le Paladin.* On y trouve, entre autres, des chansons d'un typographe, Louis Voitelain, *La Mère Bastien* ou *Le Père Gérôme*, et du tireur de soufflet du forgeron, Louis-Marie Ponty. Ponty, qui avait été chiffonnier, connut un vrai succès public avec *Le Chiffonnier du Parnasse* (1826), qui répondait à l'*Epître aux chiffonniers* de Viennet [41] (1825). Des hommes de lettres de premier plan étaient connus comme protecteurs des poètes prolétaires. Nodier, par exemple, dont Adèle Hugo dit : « Tout son enthousiasme littéraire était réservé à un tas de grands hommes anonymes et de génies obscurs qu'il avait la prétention de déterrer. Il avait la manie des ouvriers-poètes. Quant aux vrais penseurs dont notre génération s'honore, il ne paraissait pas les apprécier beaucoup [42]. »

Mais l'âge d'or de la poésie des prolétaires, c'est la monarchie de Juillet. Avec 1830 sont arrivées les idées humanitaires dont fait partie la promotion de l'ouvrier-poète. On ne pouvait croire sérieusement à cet étonnant personnage que dans une période d'utopie, de représentation idyllique à la fois du peuple et du poète qui cessera en 1848. Car il occupait deux positions difficiles à tenir ensemble : en tant qu'ouvrier ou artisan, le poète prolétaire travaille et souffre avec le peuple, auquel il appartient ; en tant que poète, il a mission de montrer la voie, de trouver une parole de vérité. Et, comme tel, il doit, lui aussi, suivre une inspiration humanitaire : « Pour accomplir sa double mission d'Apôtre et de Médiateur, le poète prolétaire possède, à la fois, le droit que lui donne son malheur, la puissance que lui prête son génie, alimenté par cette source profonde d'inspiration qui est l'essence même des sentiments particuliers au peuple [43]. » Le cas de Louis-Marie Ponty ou de Louis Voitelain est exemplaire de l'évolution générale : chansonniers sous la Restauration, ils se convertissent aux œuvres sérieuses après 1830. Ponty, devenu ouvrier en vidanges, s'affilie à la famille saint-simonienne, s'initie à la « question sociale », publie des articles dans *Le Bon Sens*, correspond avec Béranger, Michelet et George Sand. En 1841, les *Poésies sociales des ouvriers* contiennent un poème de lui, *Doutes*, où il porte la contradiction à Louis Gabriel Gauny, son ami ouvrier en parquet, sur l'immortalité et la vie éternelle. Quant à Louis Voitelain, il se met à écrire sur la réalité sociale de terribles chansons que citent les brochures républicaines. Le « sauvage » se rebiffe fièrement :

> Je ne sais pas ramper devant un maître
> Gardez vos dieux, vos plaisirs et vos fers ;

la « grand-mère », berçant le sixième enfant d'une pauvre famille, lui chante :

> Dodo, mon petiot,
> Tu n'es pas au bout de ta peine,
> Dodo, mon petiot,
> Garde tes larmes pour tantôt ;

le « vieux prolétaire » entonne en refrain :

> Accordez-moi le pain de la prison.

La promotion des ouvriers-poètes va de pair avec celle des régions, avec la décentralisation. Parmi eux, en effet, se trouvent beaucoup de provinciaux, chaque province ayant à cœur d'exhiber le sien : Magu est tisserand à Lizy-sur-Ourcq, en Seine-et-Marne; son gendre Jérôme-Pierre Gilland, serrurier, est originaire de Seine-et-Marne; Jasmin est coiffeur à Agen, Théodore Lebreton imprimeur en indiennes à Rouen, Charles Beuzeville potier d'étain, à Rouen également, Jean-Antoine Peyrottes potier de terre à Clermont-l'Hérault, Jean Reboul boulanger à Nîmes, etc.

Comment un ouvrier-poète émerge-t-il? Comment est-on sacré ouvrier-poète? Deux éléments jouent un rôle essentiel : la presse et les écrivains célèbres. Tout commence par l'envoi de vers à un journal, local ou même national, qui les publie d'autant plus volontiers que l'auteur se dit ouvrier – il faut bien suivre la mode. Parallèlement, on envoie ses vers à un écrivain connu, à Paris, l'un de ces écrivains dont on sait qu'il s'intéresse à la « question sociale ». Ainsi Hugo, Lamartine, Dumas, George Sand, Marceline Desbordes-Valmore ou Eugène Sue seront-ils sollicités et chacun aura-t-il « son » ou « ses » ouvriers-poètes, jouant, vis-à-vis d'eux, le rôle de protecteur et de patron, ne ménageant pas lettres, conseils, préfaces, articles, aides de toutes sortes. Que ces écrivains reconnus réagissent à la poésie qui leur est envoyée par une lettre d'encouragement, ou, mieux encore, par une visite, la presse s'en fait aussitôt l'écho et le poète prolétaire devient une célébrité régionale.

Prenons le cas de Jean Reboul dit « le boulanger de Nîmes ». Agé de trente-trois ans en 1829, il fut révélé au public par *L'Ange et l'Enfant*, une élégie que publia *La Quotidienne*. Dédié à une mère qui venait de perdre son enfant au berceau, le poème est une évocation du bonheur paradisiaque adressée à un enfant par son ange gardien qui vient le chercher. Seul le dernier vers trahit la douloureuse réalité : « Pauvre mère! ... ton fils est mort! » Ce texte valut à Reboul une reconnaissance rapide : Lamartine qui, en 1830, lui dédia une de ses *Harmonies*, raconte, dans le commentaire d'une pièce du recueil, sa visite à son « frère en poésie » de Nîmes. Il trouve dans sa boutique le boulanger, qui l'emmène dans la chambre où il écrit : « Nous causâmes de notre métier commun. Il me lut des vers admirables et des scènes de tragédie antique qui respirent la mâle sévérité du génie romain. On sentait que cet homme avait fréquenté les souvenirs vivants de Rome, et que son âme était une pierre détachée de ces monuments, au pied desquels il avait grandi, un lierre ou un laurier sauvage du pont du Gard ou des Arènes [44]! » Un peu plus tard, c'est Alexandre Dumas qui se rend à Nîmes, chargé d'une lettre du baron Taylor pour Reboul. Le récit de cette visite au cours de laquelle le romancier a, quatre heures durant, écouté le poète lire ses vers, sera annexé, en 1836, à la première édition en volume des textes du boulanger. Dumas exprime son enthousiasme : « Ce peuple, dont tout est sorti depuis cinquante ans, après avoir donné à la France des soldats, des tribuns et des maréchaux, allait donc aussi lui fournir des poètes! Le regard de Dieu avait pénétré enfin au plus profond de notre France, le peuple avait son Lamartine [45]! » En 1838, Chateaubriand, qui avait cité *L'Ange et l'Enfant* dans l'*Essai sur la littérature anglaise* (1836), va à son tour voir le boulanger-poète, catholique et légitimiste comme lui : « Il m'a mené dans son magasin; nous avons circulé dans un labyrinthe de sacs de farine, et nous sommes grimpés par une espèce d'échelle dans un petit réduit, comme dans la chambre haute d'un moulin à vent. Là nous nous sommes assis et nous avons causé.

J'étais heureux comme dans mon grenier à Londres, et plus heureux que dans mon fauteuil de ministre à Paris [46]. »

L'utilisation des lettres de célébrités peut donner lieu à de vrais affrontements. Ainsi George Sand, pourtant extrêmement bien disposée à l'égard des ouvriers-poètes, proteste-t-elle, en mars 1844, contre l'indélicatesse du cordonnier Savinien Lapointe. Elle a publié, dans la *Revue indépendante* du 1er avril 1842, un poème qu'il lui avait envoyé, *Le Travail*, et lui a écrit, à cette occasion, « quelques billets insignifiants », qu'il a eu l'audace de vouloir joindre, sans lui en avoir parlé, à son volume de poésies : il l'a annoncé dans le prospectus du livre sous le titre ronflant de *Correspondance de l'auteur avec Béranger, Lamennais, George Sand, etc.* Fureur de la romancière : « Quand on écrit bonjour ou bonsoir à certains coureurs de succès à tout prix, il faut s'attendre à voir ces misères imprimées un beau matin sans votre aveu [47]. » Lapointe renoncera à la citer.

Comment passer de la reconnaissance locale à la publication d'un volume à Paris ? Difficilement, semble-t-il. A la fin de 1844, George Sand répond longuement à Nicétas Périaux, éditeur à Rouen des poésies de Théodore Lebreton, qui lui a demandé son aide pour trouver un éditeur parisien. Elle promet de faire ce qu'elle pourra, mais sans trop y croire car elle a déjà essayé, sans résultat, pour Charles Poncy et Magu. Les vers ne se vendent pas et, à moins qu'ils ne soient de Béranger, Hugo ou Lamartine, les éditeurs ne prennent pas le risque d'acheter un manuscrit. La seule solution est donc de trouver des souscripteurs là où le poète est connu, dans sa ville et sa région, puis, une fois qu'il est sûr de pouvoir payer l'impression et la publicité, de charger un éditeur de la publication. C'est ainsi que Charles Poncy a publié chez Perrotin ; c'est dans ces conditions également que Nicétas Périaux publiera en 1845 les poésies nouvelles de Théodore Lebreton. A la fin de son volume, Lebreton a annexé la liste des souscripteurs, notables de Rouen :

> Il s'est trouvé, pour protéger
> Mes vers qu'un demi-jour révèle,
> Plus d'un Mécène dont le zèle
> Fut ardent à m'encourager.
> Heureux de tant de sympathie
> De ces chauds amis je voudrais
> Citer les noms [48]...

Il ne faut pas croire, sous prétexte qu'ils appartiennent au peuple, que ces auteurs de poésies et de chansons n'étaient pas reçus dans le monde. Au contraire, car ils peuvent sembler exotiques dans un salon et, en même temps, donnent bonne conscience aux privilégiés. Jean-Baptiste Daumier, le père du caricaturiste, vitrier-poète, laissa à Marseille femme et enfants pour venir tenter sa chance à Paris en 1814. Comme il proclamait en odes sa fidélité au roi, il fut accueilli dans les salons aristocratiques pour y lire ses vers et, en 1818, fut présenté à Louis XVIII [49]. En mai 1842, les journaux se font l'écho d'une soirée chez l'historien Augustin Thierry, où Jasmin, le coiffeur d'Agen, a lu ses poésies trois heures durant. Un des invités, Ferdinand Denis, conservateur à la bibliothèque Sainte-Geneviève, précise qu'Augustin Thierry, qui était devenu aveugle, connaissait par cœur, en patois agenais, le poème *L'Aveugle* [50]. Jean Reboul, le boulanger de Nîmes, séjournant à Paris en avril 1845, passe une soirée chez l'archéologue Charles Lenormant, qui a épousé la nièce de Mme Récamier : « J'avais été invité à apporter quelques fragments de la tragédie ; tout a été applaudi, surtout deux petites pièces d'un genre bien différent : le

Rapsode et les *Langes de Jésus* [...] Mme de *[sic]* Récamier était au nombre des auditeurs, elle m'a fortement prié d'aller la voir à l'Abbaye-au-Bois [51]. »

Polémique autour des ouvriers-poètes

En 1841 paraît la première anthologie de poésie écrite par des gens du peuple. Conçue par le saint-simonien Olinde Rodrigues, elle réunit, sous le titre *Poésies sociales des ouvriers*, des textes publiés dans *La Ruche populaire*, mensuel fondé en 1839 par des ouvriers et rédigé par eux. Rodrigues a sélectionné les auteurs qui lui paraissaient « le[s] plus propre[s] à caractériser le progrès des sentiments moraux dans la classe ouvrière [52] ». Le recueil est composé de textes souvent laborieux, où se mêlent plaintes, appels à Dieu et à la fraternité, bons sentiments. Le cordonnier Savinien Lapointe dénonce l'inégalité :

> Qui donc a fait les lots, désigné le partage ?
> Quel ogre a dévoré le commun héritage ?
> Tel est le cri du Peuple [53]...

mais, désapprouvant l'émeute, il prêche le calme social :

> Dans sa gaine de fer faisons rentrer la lame
> Pour écouter, ô grands, le peuple désarmé
> Qui vous aurait bénis si vous l'eussiez aimé.

Il prône aussi un patriotisme généreux :

> Et la France, debout, va tendre ses mamelles
> Aux peuples accroupis dans leurs glaciers épais [54]...

Jules Vinçard, le directeur de *La Ruche populaire*, appelle à la réconciliation universelle :

A nous, à nous,
Plus de courroux,
Prolétaires
De toutes terres,
Plus d'agresseurs
Ni d'oppresseurs,
Mêlons et nos vœux et nos cœurs...

et célèbre :

L'avenir pacifique
Qui s'ouvre pour le travailleur [55].

La *Revue des Deux Mondes* publie deux articles hostiles à cette entreprise, l'un de Théophile Gautier, l'autre d'Eugène Lerminier, juriste et journaliste. Selon Gautier, la poésie des ouvriers est très décevante : « Nous nous attendions à de la nouveauté, à du pittoresque, à de l'énergie, à du naturel, enfin à toutes les qualités non littéraires. Nous avons trouvé des vers bien faits, académiques, incolores et vides, tels que pourraient les faire des poètes par état [56]. » Elles n'ont rien de spécifiquement « social », ces poésies. Au lieu de parler concrètement d'un métier ou d'une condition, elles ressassent des mots ramassés dans les journaux, « avenir, progrès, capacité, exploitation, oppression... » De toute façon, c'est une erreur d'imaginer que des gens, parce qu'ils sont sans culture, sont mieux à même de décrire des choses simples : « Ce n'est qu'à force d'art et d'études qu'on peut arriver à ce qui devrait être le point de départ ; pour décrire une mansarde de couturière, il faut être Victor Hugo : la couturière véritable fera des vers dans le genre de Delille ou d'Esménard [57]. » Même sévérité chez Lerminier : « Si on lisait ces vers sans les voir signés d'un nom prolétaire, on ne devinerait pas leur origine, et nous connaissons nombre de bourgeois capables d'*en faire d'aussi méchants.* C'est quelque chose de prétentieux et de médiocre où l'imitation domine ; nous n'y avons pas senti l'âme, nous n'y avons pas trouvé l'accent du peuple [58]. » Et d'insister sur la contradiction qui existe entre l'existence de l'ouvrier et les exigences du travail littéraire, pour conclure : « Sans doute, le mouvement démocratique qui pousse le monde doit réagir puissamment sur les lettres ; mais les ministres de cette réaction ne peuvent être pendant bien longtemps encore que les classes moyennes [59]. »

George Sand fait le point sur cette polémique dans deux longs articles de la *Revue indépendante*, le 1er janvier et le 1er septembre 1842, intitulés « Dialogue familier sur la poésie des prolétaires ». Elle met en scène deux personnages, M. A..., sceptique sur les ouvriers-poètes, et M. Z..., qui défend leur cause. Le premier reprend les arguments de Gautier et Lerminier : la poésie populaire n'a pas d'identité propre. Et d'ailleurs sa dénomination même est illégitime : « Elle sent son charlatanisme humanitaire et son outrecuidance démocratique. Il n'y a pas de *poésie d'ouvriers*, il y a de la poésie de poètes. Je n'en connais point d'autre, quant à moi. Pourquoi voulez-vous, vous autres *égalitaires*, monter la tête à ces bonnes gens, en leur faisant accroire qu'ils créent une poésie ? » Faire des vers pendant ses loisirs vaut certes mieux qu'aller au cabaret mais de là à se prendre pour un poète...

Neuf mois plus tard, le dialogue se renoue, à propos de la nouvelle édition des poésies d'Adam Billaut, menuisier qui vivait à Nevers au XVIIe siècle. En quoi, demande M. A..., les ouvriers-poètes des années 1840 sont-ils différents de cet artisan-poète-là ? Adam Billaut, répond M. Z..., « n'a pas eu la révélation de sa mission de poète, en tant qu'homme de progrès et d'avenir, destiné à chanter la cause du peuple et la dignité de l'homme, comme nos ouvriers poètes le sentent et le font aujourd'hui [60] ». L'état de la société au XVIIe siècle ne permettait pas que l'on pense ainsi : « L'idée d'égalité n'était pas éclose dans le monde ; ou, du moins, elle ne s'y était pas développée jusqu'à la notion pratique où elle tente d'arriver aujourd'hui... »

La « solution du problème social »

George Sand revient, en 1844, dans sa préface aux poésies du maçon Charles Poncy, sur le phénomène des ouvriers-poètes. Elle rappelle d'abord leur miraculeuse floraison au début des années 1840 : « Et puis, tout à coup, dix, quinze, vingt et trente poètes ouvriers se sont mis à écrire et à chanter sur tous les points de la France [61]. » Si le peuple a pu s'approprier le domaine littéraire, qui longtemps n'avait appartenu qu'aux élites, c'est grâce aux progrès de l'instruction depuis la Révolution. C'est en apprenant Béranger par cœur qu'il s'est initié à la poésie. Mais la partie n'est pas égale entre la province et Paris. La capitale est blasée, un événement chasse l'autre et la célébrité est éphémère. Les ouvriers-poètes, après avoir suscité de vifs débats, y sont rapidement tombés dans l'oubli. En province, au contraire, leur gloire perdure. Abandonnée par ses hommes de talent partis à la conquête de Paris, la province ne conserve que ses poètes prolétaires, qui ont ainsi un rôle doublement sérieux à jouer. Ils sont responsables du développement intellectuel des régions.

Et, plus largement, ils sont les héritiers du Christ : « Le peuple est virtuellement, depuis la naissance des sociétés, le Messie promis aux nations. C'est lui qui accomplit et qui doit continuer l'œuvre du Christ, cette voix du ciel descendue dans le sein d'un prolétaire, ce Verbe divin qui sortit de l'atelier d'un pauvre charpentier pour éclairer le monde et prophétiser le royaume des cieux, c'est-à-dire le règne de la fraternité parmi les hommes. » Seuls ces prophètes venus du peuple pourront, sinon enfanter une grande religion sociale, capable de recréer une communauté, du moins l'annoncer : « Oui, le secret de Dieu, ce que dans notre langue prosaïque nous appelons aujourd'hui la solution du problème social, gronde sourdement dans vos seins oppressés [62]. »

George Sand et Charles Poncy, « le premier de ces hommes nouveaux »

« Mon enfant, écrit Sand le 27 avril 1842, vous êtes un grand poète, le plus inspiré et le mieux doué parmi tous les beaux poètes prolétaires que nous avons vu surgir avec joie dans ces derniers temps [63]. » La romancière venait de découvrir *Marines*, le recueil publié par Charles Poncy. Parallèlement à des louanges qui peuvent paraître excessives, elle adjure le jeune homme de ne pas se laisser corrompre par des rêves bourgeois de réussite et de gloire : « Subissez la misère, l'obscurité s'il le faut, plutôt que d'abandonner la cause sacrée de vos frères. C'est la cause de l'humanité, c'est le salut de l'avenir auquel Dieu vous a ordonné de travailler, en vous donnant une si forte et si brûlante intelligence [64]... »

Charles Poncy est un maçon de Toulon, né en 1821. Fils de maçon, il est devenu manœuvre à neuf ans. Il a un peu fréquenté l'école mutuelle, a étudié pendant un an et demi chez les Frères de la Doctrine chrétienne puis, pendant quelques mois, à l'école communale supérieure. Lorsque paraît son premier volume de poésies, dont son compatriote, le jurisconsulte Joseph Ortolan, a financé la publication, il passe douze heures par jour sur l'échafaudage.

Sand se prend de passion pour le jeune homme dans lequel elle veut voir l'incarnation idéale du poète prolétaire, l'individu qui souffre pour le peuple, la figure même du Christ : « Voilà pourquoi, lui écrit-elle le 23 juin 1842, votre couronne d'épines vous a été posée sur le front. C'est afin que chacune de ces pointes brûlantes fît entrer dans votre front puissant une des souffrances, et le sentiment d'une des injustices que subit l'humanité : Et l'humanité qui souffre [...] c'est le peuple [65]... » Elle essaie donc d'aider Poncy de toutes les manières : elle achète des exemplaires de son livre pour les envoyer à des critiques, en les invitant à en rendre compte [66] ; elle lui propose de lire ses nouvelles compositions et de le conseiller ; elle lui fait des remarques précises, lui expliquant par exemple pourquoi elle refuse son néologisme « zigzaguer [67] » ; elle s'offre même à se charger pour lui du dernier travail avant l'impression.

Elle n'hésite pas, par ailleurs, à ouvrir « le tiroir aux sermons [68] ». Elle reproche à Poncy de ne pas chanter uniquement Désirée, sa jeune épouse, « la jeune et honnête fille du peuple, la vierge de votre choix » et de se disperser en célébrant Juana l'Espagnole et « diverses autres beautés fantastiques ». Un poète du peuple se doit d'être vertueux et exemplaire. Elle le met en garde contre la vanité : « Je vous trouve trop littéraire dans vos mœurs. Vous faites comme tous nos poètes bourgeois. Vous quêtez des éloges [69]. » Il ferait mieux de se consacrer à un sujet modeste et qu'il connaît bien, comme son métier. Sand est particulièrement sensible aux vers qu'il a faits là-dessus :

Que nous sommes heureux d'être ouvriers, mes frères !...
(Aux ouvriers maçons);
Oh ! j'aime mon état, je l'aime avec ferveur !
Tout autre m'eût tué, car mon esprit rêveur
Ne connaît rien de beau, d'étrange,
Comme de voir passer les oiseaux et l'éclair
Au-dessus de ces toits...
(Pensée);
Je bénis mes outils et mes obscurs destins...
(Matinée d'hiver sur les toitures).

Après la publication, en 1844, du *Chantier*, préfacé par Sand, Poncy jouit d'une certaine notoriété. A l'automne 1845, les ouvriers-rédacteurs de *La Ruche populaire*, inspirés par Vinçard, ouvrent une souscription pour le faire venir à Paris, où il est présenté à Béranger, Lamennais, Vigny, Sainte-Beuve, Etienne Arago, etc. Après une quinzaine parisienne, le poète regagne Toulon en passant par Nohant, où il reste trois jours. A l'issue de leur rencontre, le 23 novembre, Sand lui envoie une longue lettre : « Je vous ai trouvé en tous points selon mon cœur, et j'en suis si heureuse qu'il me semble que ma vie est augmentée et renouvelée [70]. » Elle voit en lui la réalisation du prolétaire idéal qu'elle avait inventé avec le Pierre Huguenin du *Compagnon du Tour de France* : « J'étais sûre qu'il était né, qu'il existait quelque part, et quand on me disait qu'il fallait l'attendre encore deux ou trois cents ans, je ne m'inquiétais nullement. Je savais que ce serait l'affaire de quelques années seulement, et qu'un prolétaire ne tarderait pas à être un homme complet... » Poncy est mieux encore que son héros, car il est poète et n'est pas, comme Huguenin, amoureux d'une aristocrate : « Tout jeune, vous avez aimé votre égale, *votre sœur*, et vous n'avez pas eu besoin du prestige des faux biens et de la fausse supériorité pour vous éprendre de la simplicité, de la candeur, de la beauté vraie [71]. »

Deux jours plus tard, la romancière écrit à nouveau à Poncy, pour regretter qu'il n'ait pas rencontré ses amis bourgeois libéraux de La Châtre : « Vous êtes la preuve vivante de mes *prédications* sur eux depuis dix ans [72]. » Elle aurait voulu leur montrer « le premier de ces hommes nouveaux » dont elle a annoncé l'arrivée, « des hommes plus fiers et plus forts qui, sans se déguiser en bourgeois et sans chercher à donner à leur sang la teinture bleue, auront autant de valeur et d'influence véritable sur les esprits que les rhétoriciens et les gradués sortis des collèges ». Car Poncy est un vrai poète qui reste un vrai prolétaire. Contrairement à Béranger, « qui vous dit *Soyez maçon* et qui n'est pas resté tailleur comme son père ». Contrairement même à Leroux qui a trahi ses origines et son éducation prolétaires : « Cet homme éminent s'est jeté dans la science un peu en bohémien, courant après elle par tous les chemins, aujourd'hui ouvrier, le lendemain journaliste, souvent bourgeois par le fait, sans l'être jamais de cœur, et, en somme, ce n'est pas là un prolétaire, bien qu'il fasse son possible pour le redevenir [73]. »

Poncy, lui, s'est réconcilié avec son état de prolétaire, ou, en tout cas, c'est ainsi que Sand veut lire son itinéraire. Il cherchait sa route, curieux de tout : « Vous tâtiez partout, et le fouriérisme, et le saint-simonisme, et le romantisme, et les rêves de femmes échevelées, et l'aiguillon de la renommée. » Il a donc tout essayé, fait le tour de tout et il a perdu ses illusions, retrouvant avec joie l'authenticité de son existence : « Vous aimez mieux qu'auparavant votre force, votre courage, votre pauvreté fière, votre intérieur chaste, votre vie sobre et pure, votre travail, et surtout votre femme angélique et votre enfant adoré : n'est-ce pas ? J'en suis sûre, je sens cela au fond de votre âme. Donc, la vérité et la beauté éternelle du *bon* sont invincibles par elles-mêmes [74]... » Ainsi Poncy est-il chargé d'incarner le rêve de Sand : un homme du peuple plein de talent et de vertu, conscient et heureux de son sort. Elle ne cessera de veiller sur lui, lui proposant même, en janvier 1846, de venir s'installer à Nohant avec sa femme et sa fille Solange, qui était sa filleule. Pour ne pas avoir l'air de lui faire la charité, elle l'assure avoir besoin d'un homme qui mène à bien des travaux dans la propriété. Mais, malgré les conseils de sa protectrice, Poncy quittera la truelle, apprendra le latin, l'italien, l'espagnol et les sciences. Il deviendra, dans sa ville de Toulon, secrétaire de mairie, puis suppléant du juge de paix et enfin secrétaire de la chambre de commerce.

Quelques décennies plus tard, Charles Poncy témoigne à propos des ouvriers-poètes : « Ils ont eu leur heure, sans doute, leur vogue, et l'engouement des âmes généreuses qui les croyaient appelés à une sorte de sacerdoce ou d'apostolat sur ce qu'on appelait alors le peuple. Leur auréole s'est éteinte en 1848, à la proclamation de la République qu'ils avaient souhaitée et prêchée [75]... » S'ils ont disparu, c'est que, n'ayant foi que dans le travail, ils ont refusé de suivre les promesses démagogiques « de fraternité universelle, de lois agraires, de rêves paradisiaques et autres panacées frelatées ». D'ailleurs, ceux qui ont vieilli sont devenus « les bêtes noires des bêtes rouges de la génération actuelle ». En 1884, le socialisme n'a plus rien du saint-simonisme.

La culture pour la province

En même temps qu'ils découvrent le Peuple et se sentent investis d'une mission envers lui, les intellectuels découvrent leurs devoirs envers la province. Celle-ci, comme le Peuple, est en situation d'infériorité et il faut tenter d'y remédier. C'est à ce souci que répond, dans les années 1830, la création de revues dans plusieurs régions françaises, comme l'annoncent leurs prospectus.

La *Revue du Midi*, dont le premier numéro date de janvier 1833, est publiée à Toulouse par un libraire-éditeur, J.-B. Paya. Celui-ci déclare d'emblée : « Le plus grand obstacle que nous ayons à vaincre, c'est la défiance de la province envers ses propres forces. » Cette défiance était justifiée tant que Paris avait le monopole du savoir et du talent. Mais, en 1833, les départements ne devraient plus être à la traîne, grâce au progrès des communications en tout genre – non seulement les postes et les moyens de transport, mais aussi la sténographie, la lithographie et le télégraphe. La rapidité de l'information pourtant ne suffit pas. La province doit devenir elle-même foyer de création, en célébrant et publiant ses propres richesses : « Nous dirons avec le poète, le savant et l'industriel, les mœurs originales, les trésors géologiques, les souvenirs glorieux de notre beau pays [76]. » Elle arrêtera ainsi l'hémorragie de ses jeunes talents vers Paris. Une revue mensuelle, à la fois journal et livre, est l'un des « plus puissants moyens de civilisation ». La *Revue du Midi* met en avant deux principes : elle exclura la politique et parlera de la province – de son passé, avec l'archéologie et l'histoire, mais aussi de son actualité, avec la revue des théâtres du Midi, les travaux des académies méridionales et les cours des marchés.

Le 27 juillet 1834 paraît le premier numéro d'un hebdomadaire, les *Tablettes aptésiennes*, devenues un peu plus tard *Revue aptésienne*. Ce journal a cela d'original qu'il a été fondé par quarante actionnaires, jeunes gens idéalistes mais « réduits par leurs familles à la portion congrue », pour la plupart (19 avril 1835). Le projet était né l'année précédente à Aix-en-Provence, où ces jeunes gens étudiaient le droit. Parmi eux, Victor de Laprade, qui allait se faire un nom dans la poésie, et Barthélemy Tisseur. Tous deux nés en 1812, venant tous deux de Lyon, ils avaient lié connaissance au théâtre d'Aix, lors d'une représentation de *La Tour de Nesle*. Tous deux rimaient et, dès le lendemain, ils se revirent pour se lire leurs vers, Laprade une ode aux Polonais, Tisseur une élégie sur la mort de Shelley. D'autres étudiants en droit s'étant groupés autour d'eux, ce fut là le début d'un cénacle, que fréquentèrent également de jeunes officiers, tous partageant le même goût pour l'art et la littérature [77].

Ces jeunes gens étaient sensibles à l'évolution de la poésie qui, sous l'influence de Ballanche et de Pierre Leroux, se préoccupait des questions de rénovation religieuse et d'organisation sociale. Ils voulurent, eux aussi, contribuer à l'évolution de la société en créant un foyer intellectuel là où il n'y avait rien. Aussi choisirent-ils, pour fonder leur journal, Apt, petite ville de moins de six mille habitants, dépourvue de bibliothèque, qui se consacrait à l'agriculture et au commerce de détail. Le prospectus de la *Revue aptésienne* affirme la nécessité d'apporter aux plus démunis l'information et la culture : « ... que chaque Français puisse goûter au fruit de l'arbre de la science ; ce fruit ne donne plus la mort... La régénération ne sera complète que du jour où chaque localité possédera sa feuille périodique, organe de ses intérêts, de ses besoins, de ses vœux ; dans ce progrès réside notre avenir de peuple et d'individu [78]. » Une revue régionale a donc pour mission d'explorer la province, d'en décrire les mœurs et les traditions, d'en montrer les richesses, pour émanciper ses lecteurs de la tutelle parisienne, leur donner une légitime fierté et établir entre eux un consensus culturel, au-delà des clivages politiques.

En 1835, des avis divergents apparaissent concernant

la ligne du journal. Le 19 avril, un rédacteur suggère de réduire la part faite à la littérature pour donner plus de place aux « choses d'intérêt local et usuel », agriculture, industrie, administration, histoire des institutions. Le 21 juin, un autre rédacteur se plaint, au contraire, des « effrayants accès de positivisme » de la *Revue* : « N'avez-vous plus que des *affaires*, et point de temps à rêver poésie, ou causer art ? » L'hebdomadaire n'aura guère l'occasion de décider : il cesse de paraître le 11 août et n'ira pas plus loin, malgré deux tentatives pour reprendre, en mai-juin 1836 et mai-juillet 1841.

Mais la tentative la plus intéressante de décentralisation culturelle est peut-être *L'Art en province*, journal fondé à Moulins en janvier 1835. La déclaration d'intention est signée Achille Allier, de Bourbon-l'Archambault. Ce jeune homme de vingt-neuf ans, qui va mourir quatre mois plus tard (la nécrologie n'hésitera pas à affirmer que « son amour pour l'art provincial l'a tué [79] »), dessine et écrit tout à la fois. Au Salon de 1835, il expose un dessin à la plume, *La Ballade bourbonnaise de la jeune fille de la Garde*, que la reine Marie-Amélie achètera. Il s'est déjà lancé dans une croisade régionaliste en commençant à publier en 1833 *L'Ancien Bourbonnais*, où il se proposait de consigner le passé de la région sous toutes ses formes, monuments, costumes, faits historiques, portraits, légendes, chansons, tout en invitant le reste du pays à suivre son exemple : « Artistes isolés, jeunes hommes des provinces, à l'œuvre ! Apportez votre pierre pour la réédification de l'*Ancienne France* : voici la nôtre [80] ! »

Achille Allier adopte le point de vue des artistes provinciaux, qui sont nombreux, selon lui. Pour pouvoir vivre convenablement, ils auraient besoin d'un public et d'une position sociale. Leur public devrait se recruter parmi les gens fortunés, dont il faudrait former le goût.

Ainsi, au lieu d'accrocher dans leur salon une lithographie de Léon Noël (autant dire une lithographie qui traîne dans tous les journaux), commanderaient-ils de vrais tableaux. Ici les sociétés d'*Amis des Arts* ont un rôle à jouer : il leur reviendrait d'organiser des concours pour ériger ou restaurer un monument et illustrer l'histoire locale. Les artistes provinciaux ont à rendre compte des mœurs et des coutumes de leur région. Léopold Robert a peint les vendangeurs de Naples ou les moissonneurs des Marais pontins. Pourquoi ne pas peindre les paysans des bords du Cher ? Les provinces françaises valent bien l'Italie. Quant au choix de Moulins pour lancer *L'Art en province*, il se justifie par la position de la ville, au cœur de la France, sans aucune industrie pour venir entraver la méditation.

C'est un groupe de jeunes artistes établis à Moulins qui a eu l'idée de créer ce journal, tout comme la *Revue aptésienne* avait été conçue dans le cénacle d'Aix. Parallèlement se fonde la Société centrale des amis des arts en Provence, composée d'actionnaires – le prix annuel de l'action est de vingt-cinq francs –, qui projette d'organiser une exposition annuelle à Moulins de peinture et de dessin. La première exposition est prévue à l'hôtel de ville en juillet-août 1836. Cette Société a pour parrains officiels le comte de Sainte-Hermine, préfet de l'Allier, et L. de Champflour, maire de Moulins. A la fin de 1835, *L'Art en province*, poursuivant son but pédagogique, veut créer un cours d'archéologie nationale, plus spécialement considérée dans ses rapports avec l'architecture religieuse : « Aujourd'hui on est sûr de trouver, dans presque toutes les localités, des personnes qui sentent le prix des monuments que leur a transmis le sentiment religieux des temps passés, qui n'attendent, pour les préserver de toute atteinte fâcheuse, pour leur conserver leur caractère propre et originel, que des notions simples et élémentaires, au moyen desquelles ils *[sic]* pourront les connaître dans leur ensemble et dans leurs détails [81]. » Ainsi les artistes provinciaux marchent-ils sur les traces de Cailleux, Nodier et Taylor *(Voyages pittoresques dans l'Ancienne France)* de Victor Hugo (contre la Bande noire) et de Mérimée (qui, en tant qu'inspecteur des Monuments historiques, sillonnait la France pour sauver les chefs-d'œuvre en péril). Ils veulent étendre la culture artistique des provinciaux qui, depuis une quinzaine d'années, sont en train de réinvestir leur patrimoine, d'en découvrir l'importance et la valeur.

Certes, tous les périodiques régionaux créés dans ces années-là s'insèrent dans l'effort des élites locales pour lutter contre l'image dévalorisante de la province [82]. Les jeunes gens qui sont à l'origine de ces revues sont plutôt fils de notables. Mais ce qu'ils mettent en avant, c'est leur état de poètes ou d'artistes et la mission dont ils se sentent investis : il s'agit de faire prendre conscience aux faibles et aux défavorisés – le peuple et la province – qu'ils ont, eux aussi, droit à l'art, à la poésie, à la culture.

La bohème des années 1840

Le « travail des livres » et la « besogne des journaux »

Lucien de Rubempré, le « poète d'Angoulême » des *Illusions perdues*, vient à Paris avec Mme de Bargeton qu'il aime, en rêvant de conquérir la gloire. Il est rudement rappelé à l'ordre de la réalité : sa maîtresse l'abandonne, ses économies fondent et les éditeurs refusent ses manuscrits. Il loge au Quartier latin, dans un misérable hôtel garni, dîne pour vingt-deux sous chez Flicoteaux, « temple de la faim et de la misère » place de la Sorbonne, et passe ses journées à travailler à la bibliothèque Sainte-Geneviève.

Lucien rencontre successivement deux jeunes gens, Daniel d'Arthez et Etienne Lousteau, qui symbolisent les deux extrêmes littéraires entre lesquels il va naviguer. D'Arthez, c'est l'écrivain puissant, sérieux, fécond, pour qui la création requiert du temps, de la patience, un travail austère et incessant. A ses yeux, le journalisme est une prostitution de l'esprit. Lousteau, lui, est rédacteur dans un petit journal. A Lucien qui lui lit ses poésies, il donne une leçon de réalisme : « Vous avez l'étoffe de trois poètes ; mais, avant d'avoir percé, vous avez six fois le temps de mourir de faim [1]. » Il était arrivé à Paris dans les mêmes dispositions que Lucien, « poussé par l'amour de l'Art, porté par d'invincibles élans vers la gloire [2] ». Il avait écrit une tragédie reçue au Théâtre-Français.

Reçue, mais pas jouée car il ne disposait d'aucun pouvoir de pression sur les comédiens : c'est une position dans la presse qui donne ce pouvoir. Bientôt tombé dans la misère, il avait compris que seul le journalisme pouvait le nourrir. Lucien, délaissant le chemin de la pureté emprunté par d'Arthez, qu'il avait d'abord suivi, entre au petit journal sur les traces de Lousteau et va, comme lui, vivre entre luxe et misère, dans le provisoire, l'urgence, les dettes et la débauche.

Balzac écrit *Illusions perdues* entre 1837 et 1843 et, bien qu'il situe son intrigue sous la Restauration, ce qu'il décrit est parfaitement contemporain de la rédaction du roman : la tension entre l'idéal – la création poétique – et le réel – le petit journal qui fait vivre – est celle qui habite souvent les jeunes gens de l'époque. Gérard de Nerval, en 1839, faisant dans une lettre à son père un bilan de sa carrière, souligne la tension qui règne entre les deux formes du travail littéraire. Presque tout oppose « cette besogne des journaux qui fait vivre fort bien et qui donne une position fixe à tous ceux qui la suivent assidûment, mais qui ne conduit malheureusement ni plus haut ni plus loin » et « le travail des livres, du théâtre, l'étude de la poétique, choses lentes, difficiles, qui ont besoin toujours de travaux préliminaires fort longs et de certaines époques de recueillement et de travail sans fruit ; mais aussi, là est l'avenir, l'agrandissement, la vieillesse heureuse et honorée [3] ».

Les jeunes écrivains, dit Nerval, auraient besoin qu'on leur fasse confiance et qu'on leur accorde du temps pour le « travail des livres ». Or les familles négligent d'aider leurs enfants qui commencent une carrière littéraire : « Qu'un jeune homme adopte le commerce ou l'industrie, on fait pour lui tous les sacrifices possibles ; on lui donne tous les moyens de réussir et, s'il ne réussit pas, on le plaint et on l'aide encore.

L'avocat, le médecin peuvent être fort longtemps médecin sans malades ou avocat sans causes, qu'importe, leurs parents s'ôtent le pain de la bouche pour le leur donner. Mais l'homme de lettres, lui, quoi qu'il fasse, si haut qu'il aille, si patient que soit son labeur, on ne songe pas même qu'il a besoin d'être soutenu aussi dans le sens de sa vocation et que son état, peut-être aussi bon matériellement que les autres – du moins de notre temps –, doit avoir au moins des commencements aussi rudes. » C'est ainsi que les jeunes auteurs usent à gagner leur vie une énergie qu'il leur serait utile de consacrer à leur œuvre : « Les hommes de lettres qui, comme Lamartine, Chateaubriant *[sic]*, Devigny *[sic]*, Casimir Lavigne *[sic]*, Hugo, avaient des rentes, une fortune, enfin la vie assurée d'autre part, sont ceux qui sont arrivés le plus loin et même qui ont gagné le plus d'argent, parce qu'ils en avaient déjà et qu'ils n'étaient pas contraints à détourner toute leur force sur un travail stérile comme celui des romans et des journaux, et toutefois séduisant par sa facilité. »

Nerval qui, en novembre 1839, séjourne à Vienne, en Autriche, a besoin que son père lui envoie deux cents francs et il lui rappelle que, depuis quatre ans, il ne lui a pas demandé un sou parce que ses productions lui ont rapporté suffisamment d'argent : « J'aurais mauvaise grâce à faire le besogneux, puisqu'il est clair qu'avec trois pièces de théâtre, le feuilleton de *La Charte*, de *La Presse*, du *Messager*, très bien payés, et encore une foule de travaux de détail, j'ai gagné, en somme, beaucoup, depuis quatre ans que je suis dans la plénitude de mes facultés littéraires [4]. » Et il ajoute fièrement que les deux cents francs sont à considérer comme « une aide à mon avenir et à mes progrès plutôt qu'à ma subsistance ».

Nerval a alors trente et un ans et il est, depuis des années, grâce aux feuilletons, une figure dans le monde des lettres. Nous l'avons suivi depuis sa traduction de *Faust* en 1827 jusqu'à son entrée dans la grande presse, en passant par la bataille d'*Hernani*, le Petit Cénacle et le Doyenné. Son analyse de la condition du jeune écrivain est d'autant plus intéressante qu'il a cheminé lui-même entre la poésie, le théâtre et les journaux. Mais il appartient à la génération de 1830, qui a été portée par la perspective d'un changement, à la fois politique et littéraire, et qui a pu réussir, dans la décennie qui a suivi la révolution, grâce à la création de la grande presse. La génération de 1840 n'a plus cet espoir ni cette opportunité. Elle ne peut être que « désenchantée [5] » par l'absence d'horizon et de bataille à mener et par la difficulté croissante des conditions de la réussite. Les places sont chères et les Rubempré nombreux.

Balzac, en 1843, écrit une « histoire naturelle » de la presse parisienne, passant en revue les différents genres et sous-genres de l'ensemble qui appartient à l'ordre *gendelettre*. A côté des publicistes, auteurs de « Premiers-Paris », rédacteurs de « Faits-Paris » (les petits faits, les petites nouvelles) ou pamphlétaires, on trouve les critiques. Et, parmi eux, les « petits journalistes » : « Il existe à Paris une vingtaine d'entreprises de scandale, de moquerie à tout prix, de criailleries imprimées, dont plusieurs sont spirituelles, méchantes, et qui sont comme les troupes légères de la Presse. Presque tous les débutants, plus ou moins poètes, grouillent dans ces journaux en rêvant des positions élevées, attirés à Paris comme les moucherons par le soleil, avec l'idée de vivre *gratis* dans un rayon d'or et de joie jeté par la Librairie ou par le Journal. Ils furètent chez les libraires, ils s'insinuent aux Revues, et parviennent difficilement, en perdant leur temps et leur jeunesse, à se produire [6]. »

Les jeunes gens qui veulent écrire (c'est vrai aussi pour ceux qui veulent peindre), dans les années 1840, vont quasiment tous appartenir pour un temps à cette catégorie des « petits journalistes », avant de se faire une place dans le monde de l'art ou de sombrer. Cette situation transitoire, forcément éphémère, ira avec un certain style de vie, fait de compagnonnage, de pauvreté mais aussi de gaieté, que l'on appellera la « vie de bohème ». Il est beaucoup question, nous l'avons vu, dans la presse de ces années-là, des poètes, des artistes, de leur style de vie : c'est sur eux-mêmes qu'écrivent les jeunes rédacteurs, et sur le monde qu'ils connaissent. C'est leur existence précaire qu'ils racontent. Et, ce faisant, ils fabriquent un lieu commun littéraire, un modèle de référence.

Des bohémiens aux artistes

Le mot « bohème » vient de Bohémiens et désigne d'abord la vie aventureuse de ces gens originaires d'Europe centrale qui mènent une existence de nomades, mendiant et volant pour survivre. Or l'expression va privilégier la notion d'aventure en débordant le cadre de la race bohémienne. Le journal *L'Artiste*, en 1840, le remarque en commentant une lithographie de Duval-Lecamus, *La Bohémienne*, représentation traditionnelle d'une femme à la fois misérable et enveloppée de mystère. On ne trouve plus trace de cette race en voie d'extinction, selon le journaliste, que dans le midi de la France, « quelques bandes de ces enfants perdus du vieux monde, qui viennent on ne sait d'où, qui vivent on ne sait comment ». Au nord de la Loire, la réalité ayant disparu, le mot a perdu son sens traditionnel : « Dans la langue usuelle, il ne désigne plus une race d'hommes en particulier ; un bohémien, à Paris, c'est un aventurier, le premier venu ; c'est un chevalier d'industrie, et pas autre chose [7]. »

C'est ce sens d'aventuriers que l'on trouvera trois ans plus tard dans *Les Bohémiens de Paris.* Ecrit par Adolphe d'Ennery et Grangé et représenté à l'Ambigu-Comique le 27 septembre 1843, ce drame met en scène des petites gens qui vivent d'expédients, marchands de contremarques, tireurs de cartes ou diseurs de bonne aventure, des clochards qui vivent sous les ponts et des escrocs de plus grande envergure, qui montent un coup pour s'approprier une dot. L'escroc principal est un assassin, le « roi de Bohème ».

Le texte de *L'Artiste* sur *La Bohémienne* ne contient aucune allusion à un mode de vie d'artiste. En revanche, la revue publie, toujours en 1840, un article sur un peintre, Francis Conscience, qui est clairement désigné comme bohémien. Il vient de mourir, consumé par l'alcool. Peintre de portraits et surtout de chevaux (que l'on prenait pour des Carle Vernet), il était doué mais ne travaillait pas suffisamment : « C'était tout à fait un talent d'imagination, d'improvisation ; il allait très vite, il se passionnait pour son œuvre, il jurait ses grands dieux qu'il ne s'arrêterait pas qu'elle ne fût accomplie ; mais hélas ! l'instant d'après, à la première difficulté qui se présentait, le pauvre Francis jetait la palette et la brosse, et il retournait sans remords, mais au contraire avec la plus grande joie, à son vagabondage inoffensif de chaque jour. » Il était de ces artistes qui privilégient les plaisirs du cabaret : « Ils ne pensent pas que l'art est chose sérieuse, que la vie est chose sérieuse, que l'on n'a que cinq ou six ans à être jeunes ; ils vivent comme des Bohémiens, sans femme, sans enfant, sans famille, un peu au hasard, de l'air du temps, des rayons du soleil et de quelque travail qui devient plus difficile chaque jour [8]. »

Dans cet article, on voit bien le glissement qui s'opère de la race des Bohémiens vagabonds et mendiants au style de vie de certains artistes impécunieux, imprévoyants, paresseux et peu persévérants. Les caractères

« bohémiens », connotés ici négativement, peuvent être affectés ailleurs d'un signe positif et désigner le goût pour la liberté et la fantaisie par opposition aux existences classiques. Banville compose en décembre 1856 un poème intitulé *La Sainte Bohème*, dans lequel il évoque des jeunes gens vivant librement :

> Par le chemin des vers luisants,
> De gais amis à l'âme fière
> Passent aux bords de la rivière
> Avec des filles de seize ans...

Voici le commentaire qu'il fait de ce poème, en 1873 : « En composant cette chanson, je me suis armé de tout mon courage pour écrire le mot *Bohème*, que j'exècre. Cependant j'ai voulu le délivrer des haillons et des viles guenilles dont on l'avait affublé, et le débarbouiller avec l'ambroisie à laquelle il a droit... Mais qu'il faut d'humilité et de résignation pour toucher à des sujets où les poncifs abondent, comme les grandes herbes dans les eaux de la Seine [9] ! »

Tous ceux qui parlent de la bohème sont pris dans l'alternative ainsi posée d'interprétation négative ou positive d'une même réalité. Le même journal peut publier les deux points de vue. Ainsi, dans *L'Artiste*, lit-on successivement une défense vibrante de la Bohème : « Quel rêveur de vingt ans, pour qui l'art est un culte, n'a dormi sous tes discrets ombrages, et n'a erré sur tes grandes routes où l'on circule sans passeport... » (7 juillet 1844) et une vive attaque contre elle : « Peu d'écrivains de notre temps ont pu se soustraire à cette influence désorganisatrice qui, de presque tous les gens de lettres, fait autant de bohémiens. La Bohème littéraire est aujourd'hui un fait social. On attend du hasard ce qu'on cherchait autrefois dans le travail ; le besoin seul enfante les productions » (25 mai 1845).

Les Buveurs d'eau

Ils ont vécu la vie de bohème, telle qu'elle apparaît sous la monarchie de Juillet, ils l'ont mise en scène et en mots, ce sont les Buveurs d'eau. Si la Société des Buveurs d'eau eut une existence très courte, de l'automne 1841 au mois de juillet 1842, en revanche, le groupe qui lui donna naissance existait à la fin des années 1830 et continua à exister après la dissolution de la Société. Il réunissait des jeunes gens nés autour de 1820, qui se passionnaient pour la peinture et la sculpture, ou pour la poésie, ou encore pour les trois à la fois.

Les rapins [10]

Les relations entre ces jeunes gens se nouent vers 1838-1839. Au début était l'étude d'un avoué, maître Cadet de Chambine, qui employait trois petits clercs, Henri (plus tard Henry) Murger, Emile et Pierre Bisson. Murger était entré à l'étude à treize ans, en 1835, grâce à la recommandation d'un habitant de son immeuble, Etienne de Jouy, le vieil académicien (le père de Murger, ouvrier-tailleur, était en même temps concierge de l'immeuble, 5, rue des Trois-Frères). Il se rapprocha des frères Bisson, fils d'un cocher de Montalembert, parce qu'ils rêvaient de devenir artistes. Pendant leurs heures de liberté, ils suivaient des cours de dessin et de modelage.

Pierre Bisson présenta Murger aux frères Desbrosses, Joseph et Léopold. Joseph, né en 1819, avait d'abord été grouillot chez des architectes (Lassus et Labrousse, qui construisaient pour la Ville de Paris), où il attrapa le goût de la sculpture. Il alla l'étudier dans l'atelier de

David d'Angers, qui l'admit sans rétribution. Il gagnait sa vie en fabriquant des sujets de pendules ou d'orfèvrerie, des modèles de moulures pour plâtriers et autres éléments de décoration. Les dessins trouvés dans son carton sont conformes aux lieux communs romantiques : pages, châtelaines, troubadours, amoureux rêvant sous les arbres, cavalier lancé dans une course à l'abîme, poète mourant... L'unique sculpture de lui qui nous soit parvenue représente un grenadier de 1792, qui panse son pied blessé.

De deux ans plus jeune, Léopold Desbrosses, suivant les traces de son aîné, prit goût à la peinture, au grand mécontentement de leur père, qui était cocher de fiacre. Les deux frères louèrent un atelier rue d'Enfer dans une ancienne ferme devenue vacherie, entourée de jardins et de grands arbres, pittoresque avec sa cour pleine de fumier, de poules et de canards. Cette maison appartenait par héritage à un grand jeune homme roux, Lazare, qui signait Lazare Vasquez pour se donner un air espagnol, aimait les artistes et peignait lui-même. Les Desbrosses avaient installé leur atelier dans les soupentes du toit, en faisant un trou dans le plancher pour que la chaleur monte de l'étable car ils n'avaient pas de poêle.

Joseph Desbrosses, surnommé « le Christ », et Léopold, surnommé « le Gothique », fréquentaient, rue Gît-le-Cœur, une crèmerie tenue par la mère Chauvet. Dans une crèmerie, on n'achetait pas seulement de la crème, du lait ou du fromage, on pouvait aussi boire du café et du chocolat, manger des côtelettes, des œufs sur le plat et du riz au lait – c'était un lieu à mi-chemin du café et du restaurant [11]. Chez la mère Chauvet se croisaient, d'après Champfleury, des ouvriers, des proscrits et des artistes bohèmes « barbus, bizarrement affublés de feutres pointus, de bérets bleus ou même d'un bonnet phrygien ».

De son vrai nom Jules Husson-Fleury, Champfleury, fils du secrétaire de mairie de Laon, était arrivé à Paris à dix-sept ans, en été 1838, avec l'idée de devenir libraire [12]. Il trouva un emploi de commis chez Legrand et Bergougnoux, rue des Saints-Pères. Il prenait ses repas chez la mère Chauvet, où il fit la connaissance des Desbrosses, les plus jeunes de la bande des barbus. Comme ils ne parlaient que d'art, Champfleury les raccompagnait volontiers chez eux, rue d'Enfer. Il avait, par ailleurs, pour collègue dans sa librairie, Antoine Chintreuil. Né à Pont-de-Vaux en 1814, Chintreuil avait d'abord été pion. Désireux de devenir peintre, il arriva à Paris en 1839, nanti d'une lettre de recommandation pour son compatriote Pierre Boitard, qui était botaniste. Boitard lui donna quelques planches de fleurs et d'insectes à colorier mais comme Chintreuil, maladroit, ne parvenait pas à étendre l'aquarelle, Boitard lui prédit qu'il ne serait jamais peintre et l'aida à trouver un travail.

Chintreuil, lui aussi, rencontra chez la mère Chauvet les Desbrosses, qui lui présentèrent Lazare. Ces deux-là se lièrent tout de suite, au point qu'en 1840, Lazare offrit à Chintreuil un voyage d'un mois dans les montagnes du Dauphiné, pour qu'il puisse voir la nature autrement que par le vasistas de sa mansarde rue du Cherche-Midi. Ce mois de vacances coûta au commis sa place à la librairie. Les Desbrosses lui proposèrent alors de venir vivre avec eux mais finalement, ce furent eux qui le rejoignirent rue du Cherche-Midi, où ils trouvèrent un atelier mieux éclairé, sous les toits.

Parmi les barbus de la crèmerie qui firent partie des Buveurs d'eau, il y avait encore d'autres peintres, Eugène Villain [13], élève de Charlet et de Cogniet, Vastine, lithographe chez l'imprimeur Lemercier, Guilbert, Léopold Tabar et un sculpteur, Cabot. Dans son atelier,

69, rue du Cherche-Midi, Tabar avait commencé une grande toile représentant le passage de la mer Rouge, mais les frais de modèles, costumes, mannequins, étaient trop élevés pour sa bourse. Il modifia donc son tableau, qui fut exposé au Salon de 1842, sous le titre *Niobé et ses enfants tués par les flèches d'Apollon et de Diane.* Il fut pour Murger le modèle du peintre Marcel de *La Vie de bohème.*

Les poètes

Henry Murger hésitait encore en 1838 sur la voie à suivre, peinture ou poésie. Il trouvait deux heures par jour pour aller étudier la peinture chez les frères Bisson – eux aussi dans le quartier du Cherche-Midi – mais, parallèlement, il écrivait des vers. Pierre Bisson mit fin à ses hésitations le jour où il lui dit tout net qu'il ferait mieux de renoncer à la peinture. Au même moment, Murger fut renvoyé de son étude d'avoué et Etienne de Jouy le tira à nouveau d'affaire en le présentant au comte Jacques Tolstoï, un émigré russe qui cherchait un secrétaire.

Murger connaissait depuis l'école élémentaire Eugène Pottier, le futur auteur de *L'Internationale* qui, à seize ans, en 1832, avait publié *La Jeune Muse*, un recueil de chansons dédiées à Béranger. Dès 1831, il avait exhorté le poète national :

> Vois-tu les fils de nos grandes journées,
> Sans vêtements, sans travail et sans pain?
> Reprends ta lyre, ô divin Béranger [14]!

Pottier gagnait sa vie d'abord comme répétiteur, puis comme ouvrier chez son père, qui était emballeur. Au parterre d'un théâtre, il avait rencontré Adrien Lelioux avec lequel, en 1838, il partageait, au 1, rue Monsigny, une petite chambre donnant sur la place Ventadour. Sous le pseudonyme d'Adrien, les deux jeunes gens écrivaient des pièces destinées aux enfants, pour le théâtre Comte du passage Choiseul et le Gymnase enfantin du passage de l'Opéra. Murger, montant voir Pottier, fit la connaissance de Lelioux et tous trois devinrent intimes. Espérant que ses amis lui ouvriraient la porte des théâtres, Murger essaya d'écrire un « vaudeville vertueux », *Le Paria de collège*, puis il composa une romance, *Souvenirs du bal*, que Camille de Vos mit en musique. Mais tous trois s'enthousiasmaient surtout pour la poésie : « Nous étions, écrit Lelioux, d'épileptiques admirateurs *quand même* de Victor Hugo. » Clin d'œil au mot des légitimistes disant de Louis-Philippe en 1830 *Vive le roi quand même.*

Décembre 1838 : Pottier va habiter avec un de ses amis qui, ayant acheté un cabinet de lecture, l'engage comme commis [15]. Adrien Lelioux, de son côté, déménage et s'installe dans une mansarde 13, rue Montholon [16]. Murger, sommé par son père, qui le logeait encore rue des Trois-Frères, de rentrer tous les soirs sans jamais découcher ou d'aller habiter ailleurs, apporta son lit chez Lelioux : il aimait avoir plusieurs nids dans Paris et naviguer, au gré de ses humeurs, de la rive gauche à la rive droite. Mais la « forteresse aérienne » de la rue Montholon n'avait pas de cheminée et l'hiver suivant, en 1840, les deux amis la quitteront pour une chambre au 1-3, rue de la Tour-d'Auvergne : c'est là qu'allaient se tenir les réunions des Buveurs d'eau.

Nadar et Karol d'Anelle

On connaît Nadar photographe. Il avait pourtant abordé la photographie un peu par hasard, à l'âge de trente-six ans, pour aider son frère dont l'entreprise périclitait. Avant cela, il avait connu la célébrité comme caricaturiste. Mais c'est comme journaliste qu'il avait commencé, fréquentant le groupe des Buveurs d'eau à partir de 1838.

De son vrai nom Gaspard-Félix Tournachon, Nadar était le fils d'un éditeur lyonnais venu s'installer à Paris en 1817 qui, n'ayant pas le sens des affaires, dut, malgré des publications importantes (l'*Essai sur l'indifférence en matière de religion* de Lamennais, l'*Histoire naturelle* de Buffon en soixante-seize volumes, le premier roman d'Alexandre Dumas, etc.), fermer boutique en 1833, avant de se retirer, trois ans plus tard, à Lyon, où il mourut en 1837. Les informations sur les études qu'a faites Nadar sont floues : a-t-il fréquenté le collège de Versailles ou le collège Bourbon ? a-t-il ou non passé le baccalauréat [17] ? Il dit avoir fait trois ans d'études de médecine. En 1838, il est effectivement inscrit sur les listes de la faculté de médecine de Paris. C'est à cette époque que naît son pseudonyme. L'argot étudiant accolait à la dernière syllabe des mots des suffixes dépourvus de sens, comme – *dar* ou – *mar*. Tournachon devient Tournachondar, puis Tournadar, Chondar, Nadarchon et enfin Nadar. Dès 1839, Gaspard-Félix reçoit des lettres au nom de Nadar. En 1842, il signe Nadar dans les journaux [18].

A partir de 1837-1838, Nadar travaille pour la presse. D'abord à Lyon, dans de petits journaux, *L'Entracte lyonnais*, *Le Fanal du commerce* et le *Journal du commerce et des théâtres* [19]. De retour à Paris dans le courant de 1838, il entre au *Journal des dames et des modes* qui cesse de paraître en janvier 1839 ; il collabore aux périodiques de Polydore Millaud, *Le Négociateur* et *L'Audience*, journal judiciaire où il rédige des comptes rendus de crimes et plaidoiries, ce que fera également Adrien Lelioux à partir de décembre 1841 [20]. Parallèlement, Nadar assure pour la *Revue et Gazette des théâtres* [21] la critique des spectacles donnés dans les trois salles de la rive gauche, Panthéon, Luxembourg et Saint-Marcel.

On ne sait pas exactement quelle a été sa situation matérielle entre le départ de sa famille pour Lyon, en 1836, et 1839. Certes, il gagnait sa vie dans la presse. Mais, après les mauvaises affaires et la mort de son père, devait-il entretenir sa mère et ses frères et sœurs ? Il raconte, en tout cas, avoir connu des moments d'extrême misère, partageant avec André Léon-Noël des pommes de terre crues, faute de feu pour les faire cuire, et dormant dehors par un hiver glacial, appuyé contre une borne-fontaine du boulevard du Temple [22]. A-t-il vraiment été contrebandier, braconnier, courtier de librairie, sténographe, sculpteur, marchand de poussier de mottes, secrétaire de député ? Une chose est sûre : jusqu'en 1848, il change sans cesse de domicile. Peut-être appliquait-il le *Code de la Bohème* en déménageant à la cloche de bois [23] ?

Il rencontra Henry Murger et son ami Léon-Noël en 1839, dans la mansarde de Karol d'Anelle dont il avait fait la connaissance place Saint-André-des-Arts, autour d'un feu. Agé de vingt-quatre ans, Karol était le doyen du groupe. Il se disait fils d'un aristocrate polonais mais son père était en réalité un soldat de l'Empire. Tombé d'un fourgon, près de Wilna, il avait été recueilli par une Polonaise qu'il épousa et ramena en France. Lui mort, sa veuve, restée sans argent avec deux fils à élever, ouvrit une petite table d'hôte, rue Mignon, pour les émigrés polonais. Karol et Nadar, en 1848, pleins d'idéalisme révolutionnaire, se porteront volontaires pour aller libérer la Pologne du joug russe.

Karol habitait rue Saint-Jacques, et gagnait un peu d'argent avec les petits éditeurs du quartier, coloriant des images pour les enfants ou tirant des lithographies à bon marché. Nadar se souvient qu'ils fabriquaient des tuyaux de pipe en bois de merisier et d'églantier sauvage. Ils allaient dans le bois de Boulogne choisir les pousses les plus droites, les émondaient et en prenaient soin jusqu'au jour où ils récoltaient les baguettes et les emportaient discrètement. Après les avoir perforées à l'aide de tringles rougies au feu, Karol les proposait, comme « le travail d'un malheureux réfugié » dans les bureaux de tabac [24]. « Mère de la Bohème » : c'est ainsi que la bande désignait Karol d'Anelle. Très accueillant pour les jeunes gens qui se trouvaient dans la même situation que lui, il gérait la pénurie : « Je le vois encore d'ici, écrit Nadar, coupant en quatre le pain de munition qui devait nous faire quatre jours et enfilant les quatre morceaux exactement taillés dans la ficelle pendue au plafond, pour les faire défiler chaque matin à son tour l'un après l'autre [25]. » Murger l'appelait parfois son « professeur de moka », prétendant qu'il faisait le café comme personne... quand café il y avait.

André Léon-Noël : Orléans-Paris et retour

André Léon-Noël était le voisin de Karol d'Anelle. Il avait modifié son vrai nom, Léon-André Noël, sans doute pour n'être pas confondu avec Léon Noël, illustrateur dont *L'Artiste* publiait des lithographies depuis 1832. Né à Orléans en 1817, il était venu à Paris en 1835, avec le désir d'être à la fois poète et illustrateur. Là, il retrouva d'anciens condisciples, Charles Lassailly et Charles Barbara, qui essayaient d'écrire dans les journaux, et fit la connaissance d'un musicien en herbe, Alexandre Schanne, qui lui présenta Henry Murger.

Dans l'été de 1839, l'un de ses amis, Alfred Francey, ayant hérité de six mille francs, décida de créer un hebdomadaire destiné à concurrencer *L'Artiste* : ce fut *Le Livre d'or, keepsake du grand monde*, dont Léon-Noël devint le directeur adjoint et Nadar le rédacteur en chef. La vignette, dessinée par Léon-Noël, représente une file de gens du monde faisant la queue devant une porte gothique fermée par une grande draperie portant l'inscription « Le livre d'or 1839 », dont un portier soulève le coin droit. Le premier numéro annonce une liste impressionnante de collaborateurs, avec en tête Balzac, Dumas, Vigny, Gautier, Nerval, Jules Sandeau, Alfred Houssaye, Alphonse Karr, Roger de Beauvoir et Astolphe de Custine. Achille Devéria, Célestin Nanteuil et vingt autres sont recrutés comme dessinateurs, Karol d'Anelle comme graveur. Le journal va pourtant mourir au bout de trois numéros, après avoir publié une nouvelle de Gautier, « L'âme de la maison ou la vie et la mort d'un grillon », mais sans avoir publié, en revanche, *La Frélore*, roman que Balzac avait commencé et qui restera inachevé [26].

Après cet échec, Léon-Noël continua à composer des vers et essaya même d'en vivre. Il les envoya à Lamartine, qui lui adressa, comme à beaucoup d'autres, compliments et encouragements : « Les vers que vous m'envoyez sont d'une main trop heureuse, trop ferme, et trop délicate pour qu'elle n'ait pas déjà écrit votre vocation à une belle et honorable destinée littéraire [27]. » Lamartine lui recommandait de demander audience au ministre de l'Instruction publique, qui pourrait éventuellement l'employer. Cette stratégie n'a pas dû aboutir puisque Léon-Noël, découragé, retourna en 1841 à Orléans, où il survécut grâce à des leçons de dessin, avant de tenter une seconde fois l'aventure parisienne en 1848.

Il n'a pas, semble-t-il, quitté la capitale d'un seul coup, sans se retourner. Il est allé passer l'été 1841 à Orléans, où Murger lui écrit, entre la fin août et le début octobre. Ensuite on ne trouve plus de lettres jusqu'en décembre. C'est précisément pendant ces deux mois que prend corps la Société des Buveurs d'eau, dont Léon-Noël accepte la présidence. Il faudrait donc imaginer qu'il est revenu à Paris en octobre avec l'idée d'y rester, en continuant à mener la vie de bohème qui était la sienne depuis six ans. Et puis, apprenant qu'on lui offrait un poste de professeur de dessin au collège d'Orléans, il aurait décidé d'en finir avec son existence précaire et se serait réinstallé dans sa ville natale. C'est alors qu'une correspondance régulière s'établit entre lui et ses compagnons restés à Paris.

A peine Léon-Noël a-t-il regagné sa province que Murger lui annonce la grande nouvelle : « Lelioux est rentré au journal *L'Audience*, se porte fort bien, boit du bordeaux, du vin de Saint-Georges, mange du pâté de foie gras, demeure dans un appartement splendide, a une robe de chambre splendide et fait 2/3 d'hémistiche par jour » (14 décembre 1841). C'est par l'entremise d'Alexandre Bouché, ami d'enfance du patron de *L'Audience*, Polydore Millaud, que Lelioux a obtenu cet emploi. Les trois amis se tiennent mutuellement au courant de leurs travaux littéraires et essaient de s'entraider. Léon-Noël tente de faire imprimer dans un journal d'Orléans les vers de Lelioux, qui s'impatiente : « Tu ne me parles pas de mes vers ! Ce que Woestyne en a dit... Ce que Loiseleur *en pense*, si tu trouves mon choix bon et enfin quand ils seront insérés. » De son côté, Lelioux, fort de son savoir-faire de chroniqueur, avertit Léon-Noël : « Ton conte est très joli, trop joli !... mais je crains que le dénouement ne soit trouvé immoral. Fais donc du métier et non de la littérature. Serais-tu bête comme un pot, avec une bonne phrase morale à la fin tu feras passer tout [28]. » Lui aussi essaie de placer les textes de son ami mais c'est une affaire de longue haleine : « Alexandre [Bouché], parfaitement disposé pour moi du reste, m'a paru très froid et plus que froid quand je lui [ai] présenté ton article ainsi que ceux de Murger et Woestyne, de sorte que j'étais dégoûté et que j'ai été longtemps sans lui en parler de nouveau. Puis voilà que tout à coup il m'en reparle lui-même [29]... »

Le provincial se sent parfois délaissé : « Ta dernière lettre, écrit Lelioux, m'a fait de la peine, pourquoi dire que l'on s'oublie ? On ne s'oublie jamais ! Seulement on a quelquefois des masses de soucis qui dépassent de beaucoup la somme d'énergie que l'on peut avoir et alors on tombe dans une torpeur qui ne vous laisse la faculté ni d'un mot ni d'un geste [30]. » En septembre 1842, Léon-Noël espère la visite de Lelioux, qui, ne pouvant quitter sa femme enceinte ni son travail, lui répond : « Je résume toute ta vie : tu t'embêtes, et moi je n'en ai guère le temps, tout occupé que je suis de battre monnaie pour recevoir dignement mon héritier [...] Du reste, mon pauvre vieux, maintenant qu'il *faut* que j'aie de l'argent, j'en vois et j'en avale de toutes les couleurs avec Millaud et autres [31]. » Lelioux, ce jour-là, se sentant coincé par les nécessités matérielles, se montre particulièrement amer sur son avenir de poète : « Je suis sûr que tu penses à *Gaspar*. Ce pauvre drame n'est pas plus riche d'un vers que quand tu l'as quitté, si tu veux que je te donne l'opinion que je me suis formée de moi dans mes rares moments de réflexion : je suis foutu moralement. » Il a cependant persévéré, puisqu'en 1851, il fait jouer à l'Odéon *Dom Gaspar*, un drame en cinq actes et en vers.

La Société des Buveurs d'eau

A l'automne 1841, le groupe informel des rapins et des poètes s'érige en association, avec un nom, un bureau, des statuts. Pourquoi « Buveurs d'eau » ? Deux explications contradictoires. Soit ils ne buvaient effectivement que de l'eau, par mesure d'économie ou par principe, l'eau étant une boisson égalitaire. Soit l'appellation serait une antiphrase, puisque, grands amateurs de vin, ils ne buvaient jamais d'eau. Nadar suggère cette seconde interprétation : s'il n'est pas Buveur d'eau en titre, mais seulement « membre correspondant », c'est qu'il n'a jamais aimé le vin [32]. Le président est André Léon-Noël, le secrétaire Henry Murger et le secrétaire trésorier Joseph Desbrosses, véritable inspirateur de l'association.

La Société a pour but d'aider ses membres à se promouvoir sur le marché artistique et littéraire, à obtenir une reconnaissance sociale. Et, pour cela, elle fonctionne à la fois comme phalanstère, chaque membre versant une cotisation destinée à aider les plus démunis, et comme cénacle, où l'on parle d'art et de littérature. Il ne nous reste que l'article 5 des statuts : « Le but de la Société est de maintenir chacun des membres dans la stricte intégrité de son art. Nul ne pourra s'en éloigner [33]. » Certes, les Buveurs d'eau sont obligés, pour subsister, de se livrer à des travaux lucratifs : ils écrivent dans les petits journaux, donnent des cours de dessin, produisent des éléments de décoration, peignent des enseignes. Mais ils ne doivent pas perdre de vue l'essentiel : leurs activités de création artistique et poétique. L'association est là pour les rappeler à l'ordre de l'idéal commun.

Le groupe se réunit rue de la Tour-d'Auvergne, dans

la mansarde de Murger. Les nuits y sont studieuses, d'après le témoignage de Lelioux : « J'allais souvent chez Murger le soir et j'y trouvais toujours nombreuse réunion. Nos amis, en se retirant vers minuit, ne laissaient jamais moins de quatre ou cinq *veilleurs* pour travailler à une lumière et à un feu communs. Mme Fleury [la concierge] nous connaissait tous, et jamais il ne lui vint à l'esprit que le locataire d'une mansarde n'eût pas le droit, comme un locataire du premier, de recevoir ses amis à volonté, en tel ou tel nombre, à toute heure du jour et de la nuit. » Suit une évocation idyllique de la ruche calme, concentrée, attentive : « Réunis, nous devenions tous, sans calcul et sans préméditation, les parties obéissantes d'une seule intelligence dont l'*art* était l'unique préoccupation. La conversation générale, théorique ou critique, ne s'éteignait pas, mais, tour à tour, l'un ou l'autre s'isolait pour songer à *son œuvre.* Voilà des mots qui ont bien l'air quelque peu ambitieux et emphatique; mais que voulez-vous? Pour unique excuse – et à satiété – je répéterai que nous étions convaincus. C'était J. Desbrosses esquissant ses projets de monuments et de statues; c'était son frère cherchant des effets de paysage, c'était... C'étaient tous, se critiquant, se jugeant mutuellement et surtout se venant en aide les uns aux autres [34]. »

Champfleury met, lui aussi, l'accent sur la ferveur du groupe. Murger accueillait dans sa mansarde des poètes qui venaient faire lecture de leurs productions : « Les applaudissements remplaçaient les rafraîchissements; mais la foi était vive parmi les auditeurs qui, tous, se croyaient appelés à jouer le rôle de Victor Hugo, de Musset, d'Alfred de Vigny. Tels étaient les dieux de cette mansarde, où régnait une tendance à la Chatterton [35]. » Cette complaisance allait de pair avec le prosélytisme de Murger qui ramassait dans la rue de prétendus talents. Pendant plusieurs mois, il reçut ainsi un porteur de journaux âgé de vingt ans qui, ayant entrepris d'écrire un roman historique, ne dépassa jamais les dix premières lignes : « Je ne comprenais pas, commente Lelioux, la foi obstinée de Murger, qui prétendait avoir découvert un grand esprit inculte. »

Cette atmosphère idyllique, si elle a jamais existé, n'a pas duré. En effet, six mois plus tard, la Société connaît déjà une crise grave. Le 5 avril 1842, Murger fait à Léon-Noël le compte rendu de la séance trimestrielle. Cabot, le vice-président, qui dirigeait la séance à la place de Léon-Noël, a manqué de diplomatie en proposant « une mention honorable à Tabar et à Vastine *pour avoir surmonté mille difficultés pécuniaires*, avoir réussi à *terminer leurs tableaux* et à *les faire recevoir*[36] ». Protestation immédiate de ceux qui n'avaient pas connu la même réussite, brouhaha, insultes. On pose aussitôt la question de fond : ne faut-il pas ôter des statuts les articles concernant les félicitations, mentions et récompenses qui, conçus comme des facteurs d'émulation, étaient plutôt des ferments de jalousie ?

Quelques jours après cette séance houleuse éclate une autre affaire : « Il y a un traître parmi nous », déclare Murger le 11 avril. En effet, l'un des frères Bisson a écrit à Léon-Noël pour lui parler de la Société. Or, chacun, chez les Buveurs d'eau, s'engageait à garder le secret sur les réunions, comme dans la franc-maçonnerie, comme dans toute secte. La réaction est d'une violence surprenante – après tout, c'est à un autre Buveur d'eau que s'est confié Bisson – mais peut-être a-t-on saisi le prétexte du manquement à la règle pour liquider des dissensions personnelles avec les Bisson.

En tout cas, le « franc-noyau », c'est-à-dire Lelioux, Christ [Joseph Desbrosses] et Murger, met au point une stratégie d'éviction : « Nous te proposons, explique

Murger à Léon-Noël, d'organiser une séance extraordinaire où Adrien [Lelioux] va donner sa démission, alléguant pour motif l'indiscrétion commise ; je répondrai à Adrien que la Société ne peut l'accepter et qu'il a tort. Nous nous disputerons. Christ viendra nous mettre d'accord et trouvera un moyen de nous faire tomber sur lui, Adrien et moi, confusion qui, j'espère, se communiquera chez les autres. Nous tâcherons de la calmer, pour la réveiller plus grave encore. Dans une autre séance, où nous gouvernerons les choses de manière à amener tous les membres à donner leur démission, nous brûlerons les registres, les statuts, et la Société, publiquement désunie, nous la reformerons le lendemain même en nous réservant de l'épurer sévèrement [37]. »

Léon-Noël est invité à envoyer sa démission du poste de président. Mais comme, par lettres, la situation n'est pas assez claire, le « franc-noyau » fixe une rencontre avec lui à Etampes, le 28 avril, pour mettre au point leur position. Dans un message qu'ils cosignent, les trois amis prennent des airs de conspirateurs pour mettre en garde Léon-Noël : « Joue serré avec les Bisson, Emile se montre disposé à gouailler et à tirer parti de l'indiscrétion commise. Enfin tiens-toi ni à droite ni à gauche jusqu'à ce que notre route soit décidée. » Lelioux ajoute un post-scriptum : « Fais bien attention si les cachets ne sont pas rompus. Je n'ai pas de cire actuellement. Tu verras si les cachets ont été rompus par la perte d'empreinte qui porte mes initiales [38]. »

La réunion d'Etampes eut-elle lieu ? Il semble que non, d'après ce qu'écrit Murger à Léon-Noël le 18 mai : « Quant à ce qui touche la Société, une foule de circonstances nous ont empêchés de mener à fin sa destruction, chose qui demande beaucoup de prudence pour être bien faite et dont nous allons nous occuper dès aujourd'hui. Nous regrettons que tu ne nous aies pas fait parvenir ta démission écrite, elle aurait été un puissant moyen de dissolution [39]. » Léon-Noël se faisait-il tirer l'oreille parce qu'il n'avait pas l'argent du voyage ? Lelioux lui propose de lui envoyer dix francs après le 20 avril... Ou bien, parce qu'il était loin de ses camarades, restait-il sceptique sur l'intérêt des stratégies d'élimination et de reprise en main au sein d'un groupuscule ? En tout cas, début juillet 1842, Murger lui annonce la dissolution des Buveurs d'eau. Mais, même s'ils n'existent plus en tant que groupe constitué, les Buveurs d'eau continuent à se fréquenter, et à fréquenter ce qu'on a appelé plus largement la Bohème, dont ils constituaient le noyau dur.

Murger juge des Buveurs d'eau. 1855

Dans l'introduction du roman qu'il publie en 1855, *Les Buveurs d'eau*, Murger fait le procès de ses anciens amis. Il souligne certes les qualités de ces jeunes gens « qui, associant leurs espérances et leurs travaux, avaient entrepris de rétablir dans la vie d'artiste les traditions de travail indépendant et sérieux qui s'oublient si facilement surtout quand elles ont à lutter contre les entraînements de la vogue passagère, ou contre les séductions de l'industrie [40] ». Mais il leur reproche le splendide isolement qui, au nom de l'art, leur faisait mépriser toute autre réalité et ne pouvait mener qu'à la stérilité : « Reclus dans la pratique de leur art, le monde finissait pour eux aux murailles de leur chambre ou de leur atelier ; aussi devaient-ils subir l'influence de l'incognito, atmosphère malsaine qui engourdit les plus actifs, qui aigrit les plus pacifiques, qui asphyxie quelquefois. »

Le héros des *Buveurs d'eau* est Francis Bernier, jeune peintre qui expose pour la première fois chez un marchand. Il rencontre au Louvre Antoine « qui, avec son frère, était le fondateur et le membre le plus influent du club des Buveurs d'eau » : on a reconnu Joseph Desbrosses. Francis est reçu chez les Buveurs d'eau, où on lui rappelle que, pour respecter l'intégrité de l'art, aucun membre ne peut « se livrer à des productions dites de commerce, quel que soit d'ailleurs le bénéfice qu'il pourrait en retirer [41] ». Francis interroge le président : « A quoi peut-on reconnaître qu'on s'éloigne de cette intégrité ? Où s'arrête l'art ? Où commence le métier ? Quand on a du talent on le prouve dans toutes ses productions, et une œuvre ne perd aucun de ses mérites parce qu'elle a été payée. » La réponse est sévère : peindre pour vendre ses œuvres et gagner de l'argent empêche de se plonger dans l'étude sérieuse de son art, c'est une compromission.

Pour rapprocher Francis des austères Buveurs d'eau, Antoine veut qu'il loue un atelier moins cher que celui dont il dispose, dans le quartier moins à la mode de Notre-Dame-des-Champs. Comme Francis refuse, il est démissionné du groupe. Et il retrouve son destin naturel d'artiste médiocre, qui réussit et en profite avec bonheur. Ainsi Murger met-il en scène deux types d'artistes : à Francis, plutôt sympathique, parce que réaliste et modeste, s'opposent les Buveurs d'eau, donneurs de leçons, sectaires et hautains.

Les anciens Buveurs d'eau ou leurs sympathisants furent très peinés par le jugement de Murger. Si, après sa mort, Lelioux, Léon-Noël et Nadar publient une *Histoire de Murger pour servir à l'histoire de la vraie Bohème*, c'est dans l'espoir de rétablir leur vérité. Ce qui, selon eux, liait les Buveurs d'eau, c'était la solidarité. La Société avait pour but de mettre en commun l'activité et les relations de tous ses membres, afin qu'ils arrivent les uns par les autres. Elle ne cherchait pas, comme le prétendait Murger, à exclure toute activité rétribuée : « Nous réprouvions sans doute le mercantilisme, reconnaît Lelioux, mais comme but seulement et non comme moyen de vivre : Noël donnait des leçons de dessin ; Murger était secrétaire de M. Tolstoï et brochait des petits contes d'enfant pour *L'Age d'or*; je sténographiais des séances de justice de paix pour un journal judiciaire; Christ et Cabot dessinaient des ornements pour un marbrier; Gothique peignait des enseignes de sages-femmes, etc. [42]. »

Deux hommes de lettres en herbe : Champfleury et Murger

L'*Histoire de Murger...*, publiée en 1861, contient une partie des lettres adressées par Murger à Léon-Noël, de 1841 à 1845. A la même époque, Champfleury écrivait à ses parents, qui habitaient Laon. Leurs correspondances nous permettent de nous représenter assez précisément ce qu'était, dans ces années-là, l'existence des jeunes gens qui voulaient réussir dans les lettres.

Henry Murger, nous l'avons vu, gagne sa vie comme secrétaire du comte Tolstoï, depuis 1838-1839. Mais s'il parle peu de son gagne-pain, il parle souvent, en revanche, de son « travail », la littérature. Le 18 septembre 1841 : « Lelioux et Pottier m'ont conseillé de rogner toute la partie plaisante de mon conte ; j'y serais assez porté. Qu'en dis-tu ? » Le 6 décembre : « J'ai (aussi) produit dernièrement une grande pièce intitulée *Le Jour des Morts*, dont Lelioux et Pottier sont très satisfaits ; il y a progrès dans la forme. Je suis en train d'en faire une autre sous ce titre : *Souvenirs d'enfance*. C'est extrêmement difficile. J'en biffe quatre vers sur trois que je fais. Quitte à ne point la conserver pour publier, je veux la mener à fin, dans le seul but d'avoir raison de la difficulté. J'ai pris l'art tout à fait au sérieux maintenant : je dois donc devenir de plus en plus sévère pour mes élucubrations. »

Il compose avec difficulté. Il ne peut écrire que la nuit, en buvant beaucoup de café pour rester vigilant. Mais là s'arrête la comparaison avec Balzac, car Murger n'est nullement prolifique. En mai 1842, il a écrit, pour sa maîtresse du moment, un poème qui lui a demandé douze nuits de travail : « La veine *dorée*, dont Chénier parle, se fait désirer ! Aussi, je me suis décidé à entamer un volume de prose, que je soignerai, en attendant que la Muse veuille bien me faire l'amitié d'élire domicile sous mon toit. » Deux mois plus tard, le ton est plus optimiste : « La veine dorée est revenue et s'est présentée tout d'abord sous un petit air païen que je ne lui connaissais pas encore [...] Je suis devenu amoureux de la forme, que c'est effrayant » (8 juillet). C'est au point qu'il lit à haute voix les poètes latins, « que je ne comprends pas, mais dont la cadence métrique est pour moi pleine de charme ».

La prose est donc pour lui un pis-aller, qui peut, avec de la chance et des recommandations, être publiée dans de petits journaux et rapporter quelque argent. Mais le but auquel il tend est d'être reconnu poète. Ainsi, envoyé par son patron chez un certain Jouy, « jeune peintre assez connu », il engage avec lui une conversation sur l'art et il espère que le jeune homme, en relation avec des hommes de lettres influents (Théophile Gautier, Alphonse Karr, Eugène Briffault...), lui donnera l'occasion de se faire valoir auprès d'eux : « Tu comprends que c'est un moyen d'échanger quelques mots avec ces notabilités, près desquelles je pourrais, selon le tour de la conversation, arborer ma profession de *vates* [prophète, poète] » (11 juillet 1842).

Même si la prose lui vient plus facilement que les vers, reste l'angoissante question : où publier ses textes ? Murger tente sa chance, par l'intermédiaire de son ami Lelioux, dans deux journaux pour enfants qui appartiennent à Polydore Millaud, la *Gazette de la jeunesse* et *L'Age d'or, journal de l'enfance.* Le 6 mars 1842, il attend une réponse : « Lelioux m'a promis de s'occuper de mon article et de l'y [à la *Gazette*] faire recevoir, mais je n'espère pas qu'il réussisse ; je n'ose pas l'espérer du moins. » Finalement, l'affaire se fait mais Murger se sent exploité : « Tu trouveras encore un numéro de *L'Age d'or*, journal de Lelioux, dans lequel je dois m'escrimer à deux francs la page. O profanation ! A propos, la *Gazette de la jeunesse* m'a accepté mon article ; ça me fera une trentaine de francs à palper » (25 mars).

Il traverse des moments de découragement absolu : « Voilà trois mois et plus que je ne puis rien faire, que je suis incapable d'écrire vingt lignes raisonnables pour un misérable journal d'enfants ; trois mois que, comme un phtisique qui s'en va chercher le soleil, je cherche les émotions, quelles qu'elles soient, et que je ne réussis pas à me réchauffer à leur soleil. J'ai le cerveau vide, ami, et rien n'y remue plus qu'en une tombe. » Après un séjour d'un mois à l'hôpital, il se remet à écrire. En novembre, il a rédigé deux articles pour *L'Age d'or* et il est occupé à composer sur Marie, son premier amour, un poème dramatique qu'il a le projet d'envoyer à George Sand pour la *Revue indépendante.* Ce poème, qu'il intitule *Via dolorosa*, lui coûte sa place en avril 1843 : un samedi, il a voulu achever son prologue au lieu d'aller travailler et il est renvoyé par son patron.

En été 1843, au sortir d'un nouveau séjour à l'hôpital, Murger habite avec Champfleury, revenu à Paris en avril, après deux ans d'absence, et cette compagnie lui redonne du dynamisme. Champfleury a vingt-deux ans et, au printemps, il s'est cherché une position. Il parle alors à son père d'un fonds de libraire d'occasion disponible rue Saint-Jacques, qu'il achèterait avec un autre commis de librairie. Mais il leur faudrait trouver quatre mille francs chacun et les parents Fleury ne sont pas disposés à donner cet argent. Ils souhaiteraient pour leur fils une place de fonctionnaire : « Tu voudrais, écrit le jeune homme à son père, me faire entrer dans les contributions; mais à trente ans, je pourrais bien gagner 1 500 fr. Est-ce véritablement une position ? » Il est amusant de lire, dans l'une de ses lettres à l'éditeur Poulet-Malassis, que, dix ans plus tard, c'est exactement ce qu'il gagne comme homme de lettres.

A partir de septembre 1843, Champfleury ne parle plus d'autre chose que de ses entreprises littéraires. Sans doute la cohabitation avec Murger y est-elle pour quelque chose. Les deux jeunes gens rêvent ensemble de gagner leur vie dans les feuilletons et le théâtre : « On répète un vaudeville de Murger et de moi, au théâtre du Luxembourg, écrit-il le 18 septembre; nous avons déjà nos entrées et le mois de novembre verra luire cette grande œuvre. J'en ai une autre aux Délassements, qui est depuis cinq mois dans un *statu quo* désespérant... » Ce rêve-là met tellement mal à l'aise Murger que cet ex-Buveur d'eau éprouve le besoin de se justifier. Il prendra un pseudonyme pour ne pas compromettre son avenir poétique auquel il ne cesse de penser : « Je me dis que je pourrai me créer des relations, me faire des connaissances utiles pour mes travaux sérieux. » Mais il n'aura pas longtemps à s'excuser car leurs tentatives échouent. Le vaudeville *Pipelet et Cabrion* est refusé dans plusieurs théâtres. Quant au drame que Murger a commencé pour l'Odéon, il n'arrive pas à le terminer (9 janvier 1844). Il avait pourtant déjà tracé sa stratégie pour le placer : « En cas de refus, j'ajoute au drame un assassinat ou un accouchement, une violente tirade sur les gentilshommes infâmes qui ravissent l'honneur des pauvres filles, je construis un souterrain quelconque, et je porte le tout au Panthéon ou à Bobino sous un pseudonyme ébouriffant » (18 octobre 1843). *Les Mystères de Paris* étaient passés par là.

Champfleury, lui, ne s'étend pas sur ses échecs. Il joue à l'homme sérieux et responsable pour rassurer sa mère : « La portière dit que moi et Murger, nous sommes deux petits saints. Imagine-toi la vie la plus calme du monde ; le soir, quand je reviens du *Bulletin des Arts*, je reçois mes visites d'amis ou je vais au spectacle ; j'ai souvent des billets, et puis je me couche » (18 octobre). Mais il a surtout la sensation d'avoir trouvé sa voie, comme il l'écrit fin décembre : « Mes six premiers mois à Paris n'ont guère porté de résultats, parce que je marchais sans but ; mais depuis le commencement d'octobre, je sais à quoi m'en tenir, et j'espère que tout ira pour le mieux[43]. » Son but, ce sont ses activités littéraires, qui occupent bientôt toute la place : « Si je te disais que je me moque autant des bals masqués que je les aimais à Laon, que je n'ai pas mis le pied depuis deux mois dans aucune espèce de bal, tu ne le croirais peut-être que difficilement ; comprends donc bien qu'il faut que les passions sortent violemment quand on est dans un petit milieu ; et qu'à Paris j'ai assez d'autres choses qui me détournent de toutes ces absurdités[44] » (2 février 1844). Ainsi son retour à Paris s'avère-t-il de toute façon positif. Car Paris est une école de réalisme, on y perd ses principes, on y voit fonctionner de près les choses : « On apprend les affaires sans s'en douter ; on prend de l'aplomb, une chose dont j'avais besoin et qui sert infiniment ; ce qui paraîtrait vice en province est souvent appelé de la hardiesse, du bonheur, quand on réussit. Si l'on se doutait de l'affreux tripotage des journaux, de la vie de tout ce qui s'occupe de Lettres, on rabattrait bien de l'estime qu'on a pour tous ces grands noms[45]. »

La cohabitation de Champfleury et de Murger n'a duré que quelques mois mais elle a laissé des traces dans les feuilletons qu'ils écrivent. En mars 1847, les héros des *Scènes de la Bohème*, Rodolphe et Marcel, font leurs comptes. L'épisode semble fantaisiste mais, comme beaucoup d'autres, il sort tout droit du vécu de Murger; la preuve en est le feuilleton du 6 février 1848 dans *Le Corsaire-Satan*, où Champfleury reproduit leurs comptes pour le mois de novembre 1843 qu'il a retrouvés, consignés dans un petit cahier bleu. Alors qu'ils ont décidé de faire des économies, ils se ruinent en pipes, café, ruban et marmite, si bien qu'ils sont obligés de mettre au clou leurs vêtements et de vivre à crédit. Et pourtant, le 19 novembre, ils vendent des feuilletons... mais pour dix-huit sous seulement.

Journalistes

De 1844 et 1845 date la collaboration régulière de nos deux jeunes gens à la presse, *Le Corsaire-Satan* et *L'Artiste* principalement. En février 1844, Champfleury rencontre le directeur de *L'Artiste*, Arsène Houssaye, originaire comme lui de Laon : « Je lui ai envoyé un petit travail assez soigné, et mercredi prochain je dois le revoir. Si mon article paraît, ce me sera un grand honneur, car tu sais que *L'Artiste* est rédigé par les sommités littéraires. En outre je dois avoir une chronique d'arts pour chaque numéro, ce qui est un travail fixe » (25 février 1844). Houssaye est une puissance à laquelle il faut complaire. Champfleury a donc écrit sa biographie pour *Le Journal de l'Aisne*, que dirige à Laon son frère : « L'article sur Arsène Houssaye, qui n'est rien en apparence, doit me mener assez loin. Il m'a créé des relations qui, si elles ne sont pas maintenant très utiles, comme argent, le seront bien davantage comme avenir. Il a été excessivement content » (13 mars 1844). Comme Hugo et les autres, Houssaye est très soucieux de son image dans la presse de province et, plus encore, de *sa* province. Champfleury donne à *L'Artiste* des articles sur l'art ancien ; Murger, quant à lui, y publiera l'année suivante, deux poèmes d'abord, puis une nouvelle en prose, *Les Amours d'un grillon et d'une étincelle.* Mais tous deux vont surtout, à partir de 1845, écrire régulièrement des feuilletons pour *Le Corsaire-Satan.* Murger, s'éloignant de la poésie, s'y essaie à la fantaisie en prose qui lui vaudra le succès : « Pris d'une belle veine caustique, écrit-il à Léon-Noël, j'ai jeté une douzaine de *canards* dans la boîte du *Corsaire,* et j'ai l'agrément de les voir défiler les uns après les autres dans ce journal ; de quoi il va résulter une collaboration au susdit – où, comme un de mes amis qui y travaille, je moissonnerai trente à quarante francs par mois sans me gêner » (18 février 1845).

Leurs réactions vis-à-vis de leurs débuts dans la presse sont bien différentes, parce que Champfleury n'a pas, contrairement à Murger, de compte à régler avec la poésie. Il est heureux de progresser dans le monde des lettres mais à Paris, il a surtout compris que l'avancée est lente : « Je guette la première place venue à un journal politique, écrit-il à son père en 1844. Quand je parviendrai à faire du feuilleton convenablement, je gagnerai de l'argent. Mais ceci ne s'apprend pas en un jour. Il n'y a pas un des hommes que vous appelez jeunes gens, qui commence à se poser avant trente ans [46]. » Il faut du temps aussi pour tisser les relations nécessaires à la réussite : « Tel qui arriverait de province avec des talents supérieurs ne trouverait pas un morceau de pain, s'il n'a des amis. On n'arrive que par la camaraderie. » Son insistance sur le temps n'est évidemment pas innocente : ses parents, qui lui envoient une allocation mensuelle, lui font reproche d'être encore à leur charge à vingt-deux ans. Ajoutons que, parallèlement à son travail au *Corsaire-Satan*, de 1844 à 1848, comme rédacteur et correcteur d'épreuves, Champfleury, ami du mime Deburau, écrit des pantomimes pour le théâtre des Funambules.

Murger, qui ne reçoit aucune aide financière et, momentanément, n'a plus de travail – le comte Tolstoï va le reprendre à son service en 1844 – se trouve dans une situation beaucoup plus difficile que Champfleury. D'autant qu'il ne s'est pas tout à fait débarrassé du vieux préjugé des Buveurs d'eau à l'égard de la littérature commerciale. En publiant de la prose dans les journaux, il se met en contradiction avec les principes qu'il a proclamés bien haut et il s'empêtre dans ses vieux discours. A preuve les longues lettres qu'il adresse en 1844 à Mazuel, son camarade de pension devenu agrégé de philosophie et professeur en province.

Il écrit à Mazuel pour lui emprunter cinquante francs mais, avant d'en venir à cette demande, il se croit obligé de lui tracer un tableau pathétique de sa situation : « Plusieurs fois, moi et celui qui me gîtait, nous prenions de l'opium pour dormir afin de mettre à l'épreuve le sinistre axiome : qui dort dîne [...] J'étais littéralement abruti ; il n'y avait pas moyen de sortir de cette affreuse position, je ne pouvais ni chercher de place ni voir quelqu'un, étant alors dans un état de costume qui m'interdisait la rue dans la journée [...] Il faut véritablement avoir la volonté et la folie profondément ancrées dans l'esprit pour demeurer dans une pareille vie... mais j'ai trop fait pour reculer et, quoi qu'il arrive, je ne renierai pas mes dieux. Jusqu'à présent, j'ai vainement [orgueilleusement] résisté aux tentations et suis demeuré vierge de toute littérature de feuilleton [47]... » S'il est « demeuré vierge », ce n'est pas par un sublime refus de toute compromission, mais c'est par force, comme on sait.

Mazuel envoie cent francs, une admonestation et l'adresse d'un collège de Saint-Gaudens qui a besoin d'un pion : il a déjà, précise-t-il, recommandé Murger au directeur. Murger accueille très mal cette réponse et se drape dans sa dignité de poète offensé : « Quand tu me dis que je pourrais au moins mettre un peu d'ordre dans l'emploi de mon budget et vivre d'une façon plus rangée, on voit que tu ne sais guère comment je vis. Je ne vais ni au théâtre, ni au bal, ni au café, ni ailleurs. Je n'ai pas de maîtresse et je vis avec une austérité d'anachorète [...] Eh! grave professeur, si tu n'avais point revêtu si vite ta toge universitaire et que tu fusses resté six mois de plus à Paris, tu aurais mordu aux hameçons dorés de l'ambition littéraire et avec plus d'aisance que moi, peut-être. Tu aurais caressé ta folie comme je caresse la mienne. » Pour impressionner l'enseignant de province, Murger prend une position radicale, de poète entièrement dédié à la littérature, qui n'est plus la sienne à cette époque, si elle l'a jamais été. En 1845, il est heureux de placer des articles dans plusieurs journaux. La seule ombre au tableau est le sentiment qu'il lui faut, au nom du réalisme, mettre la poésie au second plan : « Mais! mais! je reconnais, si je veux faire mon trou, la nécessité de sacrifier à la vile prose – attendu qu'on la place et qu'on vous la paye » (18 février).

La littérature qui compte, pour Murger, c'est la poésie. Il est d'ailleurs très attaché à la forme classique. Ainsi écrit-il le 7 mai 1843 : « *Les Burgraves*, la chose est à peu près jugée, ne sont pas un chef-d'œuvre ; erreur magistrale, mais erreur ! – Saluons ! *Lucrèce*, oh ! c'est différent ! Et, bien que j'aie une rancune contre elle à cause de huit heures de queue – à deux fois – et d'un bon nombre de coups de crosse de fusil, je t'avouerai qu'elle m'a paru *épouvantablement* belle. Ponsard, vois-tu, est un poète qui va donner bien du tintouin à certaines gens. » Rappelons que la tragédie de Ponsard, dont la première avait eu lieu à l'Odéon le 22 avril, fut saluée comme la résurrection de la tragédie classique, alors que la chute des *Burgraves* de Hugo au Théâtre-Français, le 7 mars, était ressentie comme la mort du drame romantique. Il ne faudrait pas imaginer qu'un Buveur d'eau se rangeait forcément sous la bannière de Victor Hugo. De toute façon, parmi les romantiques, Murger préférait Musset.

Misères

A côté des préoccupations littéraires, ce qui tient le plus de place dans les lettres de Murger, c'est le manque d'argent, la maladie, la misère. Il est certes resté sans travail pendant plus d'un an, mais, curieusement, il se plaint tout autant de manquer d'argent quand il gagne sa vie. Malgré les quarante puis cinquante francs mensuels que lui verse le comte Tolstoï, il n'arrive jamais à joindre les deux bouts. Car il est tellement endetté que, dès qu'il touche un peu d'argent, il est obligé de l'utiliser pour calmer ses créanciers les plus exigeants. Il n'a souvent ni de quoi manger ni de quoi se vêtir. Le 18 septembre 1841 : « Je n'ai pas le sou, ce qui fait que je me promène en chaussons, ne pouvant avoir de bottes » ; le 6 mars 1842 : « Je te dirai que le jour où j'ai reçu ton paquet, il y en avait trois que je ne mangeais que du pain sec » ; le 26 juillet 1842, son seul pantalon présentable étant allé « où vont bien des pantalons » – c'est-à-dire au clou –, il est obligé d'accompagner sa maîtresse à Ville-d'Avray vêtu d'un haut-de-chausse. Quelquefois, il ne peut pas même, faute de costume, sortir de chez lui, nous l'avons vu.

Du coup, être à l'hôpital a un avantage : on y mange à sa faim. Le premier séjour de Murger à l'hôpital Saint-Louis date de l'hiver 1840-1841 : il est atteint d'un purpura dont les poussées le rendent rouge comme un homard, lui donnent de violents maux de tête et des vertiges. Il est à nouveau hospitalisé à trois reprises en 1842, puis, l'année suivante, reste plusieurs mois à Saint-Louis : « Après tout, écrit-il, je ne me déplais pas trop dans ce milieu. Si mauvaise qu'y soit la nourriture, elle a pour elle d'être certaine, et vaut, en somme, dix fois mieux que celle que je pourrais me donner. Je demande de la soupe jusqu'à deux et trois fois, mais il faut changer de costume chaque fois pour en obtenir, car ce n'est que par supercherie que l'on en obtient » (2 octobre 1842). Un mois plus tard, il a quitté Saint-Louis : « Mon dîner d'aujourd'hui et celui des jours suivants est rangé dans la catégorie des choses les plus problématiques. C'est au point que je regrette parfois l'hôpital » (10 novembre).

Le lot commun des Buveurs d'eau est la faim et la misère : « Les Desbrosses passent la moitié de la journée à ne pas manger et l'autre à crever de froid. Les chats se méfient d'eux [48] et, en fait de cheminée, ils ne possèdent que leurs pipes – bien des fois sans tabac. On parle souvent de toi, de ton ex-barbe, ô vandale ! de tes poèmes, ô grand homme ! A causer ainsi, le temps passe – mais l'appétit reste ; – et l'on va se coucher pour rêver que l'on dîne chez Véfour » (14 décembre 1841). Souvent, ils se succèdent à l'hôpital : en novembre 1842, Antoine Chintreuil et Léopold Desbrosses prennent, le jour même, la place de Murger. Mais c'est Joseph Desbrosses, atteint de phtisie, qui y fait les séjours les plus nombreux. Ils ont beau se serrer les coudes, ils n'ont pas grand-chose d'autre que leur désespoir à partager : « Je me vois enfoncé plus que jamais dans la plus atroce misère : nous vivons en commun, Chintreuil, Gothique et moi, et de quelle vie ? » écrit Murger le 12 août 1842 ; et le 15 avril 1843 : « Nous crevons de faim ; nous sommes au bout du rouleau. Il faut décidément se faire un trou quelque part ou se faire sauter la cervelle. »

Démuni de tout, on n'obtient pas forcément d'aide de sa propre famille. Ainsi Murger écrit-il de son père : « Il m'a vu sans pain, il ne m'en a pas offert, et cependant il avait de l'argent à moi. Il m'a vu en bottes déchirées, et il m'a fait comprendre qu'il n'était point flatté de mes visites » (22 septembre 1842). Ou encore : « Il m'a dit, l'autre jour, que dans ma position je ne devais pas avoir d'orgueil et que plutôt que de vivre ainsi je devrais me faire domestique. Cela n'est-il pas horrible, et n'y a-t-il pas de quoi devenir enragé ? » (30 juillet 1844.)

Mais il y a parfois de bonnes surprises. En 1842, les Desbrosses gagnent deux cents francs en vendant des œuvres à l'exposition du boulevard Bonne-Nouvelle, organisée pour les artistes refusés au Salon, tandis que Chintreuil, protégé par un député, obtient une commande du ministère. Le comte Tolstoï fait fabriquer une redingote pour Murger (septembre 1841) ou lui prête trois cent cinquante francs sur une bague envoyée par le tsar en remerciement d'un poème : « J'en ai frissonné de *défunte* ta cravate à *feu* mes souliers. J'ai couru tout d'un trait toucher ma traite chez Rothschild ; de là chez le libraire ; de là chez le tailleur ; de là au restaurant ; de là au théâtre ; de là au café ; de là chez moi, où je me suis plongé dans des draps neufs et dans une atmosphère de fumée parfumée » (21 mars 1842). La moindre somme est la bienvenue : « Mme Rothschild, à laquelle j'avais écrit pour la prier de me faire avoir une place par son mari, en a avisé son correspondant et lui a dit de me faire venir près de lui et de causer avec moi. Comme place, je n'ai rien pu avoir; mais on m'a offert 50 fr d'une façon assez délicate; et je les ai pris. – J'ai aussitôt couru me mettre en état de pouvoir sortir en plein soleil » (15 août 1844).

Ce qui leur permet de survivre, c'est l'optimisme quand même et l'humour. En mai 1843, lorsque Murger entre à l'hôpital, il est contraint d'abandonner sa mansarde, en liquidant ses meubles. A sa sortie de Saint-Louis, il n'aura pas d'endroit où aller mais, au lieu de s'en inquiéter, il préfère rêver : « J'ai en tête de vastes, de très vastes projets qui, s'ils réussissent, feront de moi un homme *conséquent* » (7 mai). Nous ne saurons rien sur ces « vastes projets » mais il avait raison de ne pas s'inquiéter puisqu'en octobre Champfleury lui propose de venir partager son deuxième étage, au 64 de la rue de Vaugirard. Ils se séparent trois mois plus tard et Murger va alors occuper, dans un hôtel garni de la rue des Canettes, la chambre de Nadar, hospitalisé à son tour. Par ailleurs, dans les circonstances les plus dramatiques, Murger fait des calembours. Sortant de l'hôpital, il écrit : « Me voici rentré dans la vie privée, et elle est, ma foi, bien nommée, car je suis en effet privé de tout » (10 novembre 1842). Ou encore, se retrouvant une fois de plus sans emploi aucun : « Encore quelques jours de cette position, et je me fais sauter la cervelle ou je m'engage – dans la marine. Pardonne-moi ces plaintes ! c'est le cri de la *fin* » (17 mars 1844).

Mais la misère finit par détériorer les relations les plus amicales. Le 9 janvier 1844, Murger annonce à Léon-Noël : « Je suis en froid avec les Desbrosses, sans savoir pourquoi, ni eux non plus. Ce sont eux toutefois qui ont commencé, bien qu'ils n'en conviennent pas; en définitive toutes nos sottes querelles ne sont nées que de notre misère commune. A l'heure qu'il est nous ne nous voyons plus, et je t'avoue que je ne chercherai pas à renouer. » Dans une lettre écrite à Champfleury après leurs trois mois de cohabitation, Murger exprime la même idée : « Ce qui arrive entre nous n'est pas l'effet d'une brouille, c'est le résultat d'une nécessité. Il n'y a pas de vie commune possible entre deux misères : les plus robustes dévouements y deviendraient de l'égoïsme et si Castor et Pollux n'avaient eu que 50 fr par mois pour vivre, tout porte à croire qu'au premier trimestre il y aurait eu de gros mots échangés, sinon des gourmades [49]. »

La mort à l'hôpital de Cabot et, plus encore, celle de Joseph Desbrosses en mars 1844 marquent la fin d'une époque. Les jeunes gens ressentent fortement la disparition de Christ, qui avait été l'inspirateur des Buveurs d'eau, comme si son destin symbolisait celui de toute la Bohème : « Ce pauvre Christ, après tout, a bien fait de mourir, écrit Charles Barbara à Léon-Noël [...] A la misère, les privations, les soucis, les déceptions, était venue se joindre une maladie incurable qui ne devait trouver son terme que dans la mort ou l'infirmité. Je lui croyais, comme toi, des moyens, des talents, de l'imagination, mais je soutiens que, vu les conditions dans lesquelles il était placé, il n'eût jamais réussi. Il eût peut-être végété encore longtemps dans cette misère sans nom qui, à la fois, ruine le corps et dessèche l'âme : à quoi bon? Oh! maintenant que nous sommes plus vieux, que, tout à coup épris de sentiments raisonnables, nous avons compris que nous faisions fausse route, avec quel serrement de cœur ne devons-nous pas penser à cette multitude de malheureux qui, dans l'espérance d'un nom, d'une fortune, de la liberté, s'en viennent dans la grand'ville, avec des pensées nobles, généreuses, pleins de candeur, de bonne foi et de courage, et arrivent insensiblement, par ce qu'ils voient, par ce qu'ils souffrent, à corrompre à la fois leur corps et leur âme, leurs pensées et leurs goûts [50] ! »

Symboliquement, 1844, l'année où meurt Joseph Desbrosses, est aussi l'année de naissance du *Corsaire-Satan*, petit journal où vont écrire nos jeunes gens, lieu de leur intégration dans le monde des lettres parisien. A partir de la mort de Christ, tous se mettent à s'interroger sur la Bohème. Les écrits de Champfleury et de Murger posent les mêmes questions que la lettre de Charles Barbara : la misère ne tue-t-elle pas forcément chez l'artiste les forces créatrices ? Y a-t-il pour les bohèmes un avenir autre que la mort ou le désespoir ?

Sociabilité

L'hôtel Pimodan

« Avec ces épileptiques, écrit Nadar, combien loin du sans-façon tout bonhomme, de la simplesse à la bonne franquette de mon autre bande de Bohème, " la bande à Murger " et de notre " Société des buveurs d'eau [51] "... » Il désigne ainsi Baudelaire et les jeunes gens qui l'entouraient. Champfleury fait la même distinction entre le groupe des bohèmes de 1839 et « un autre groupe de jeunes gens plus réellement doués, à la tête duquel se faisait remarquer Baudelaire, d'une bizarrerie déjà caractéristique [52] ». Il situe cet autre groupe en 1846.

Nadar raconte comment il a entendu parler de Baudelaire pour la première fois. Vers 1840, il se trouvait un soir au théâtre du Panthéon, en tant que critique de la *Revue et Gazette des Théâtres*. A côté de lui, Théodore de

Banville, qui était là pour *Le Siècle*. En lever de rideau, on donnait un vaudeville en un acte, où la petite soubrette était jouée par une débutante, Jeanne Duval. Banville, chasseur de femmes impénitent, partit avec la comédienne. Leur liaison dura trois mois. Jeanne vivait rue Saint-Georges, avec une femme de chambre, entretenue par un homme qui lui rendait visite chaque après-midi, de quatorze à seize heures. Banville fut stupéfait quand Jeanne lui montra les vers que « Monsieur » écrivait et lui apprit son âge – seulement deux ans de plus que lui. C'était Baudelaire. L'histoire est romanesque mais les choses se sont peut-être passées autrement : Nadar, lui-même grand coureur de jupons, aurait été pendant quelques semaines l'amant de Jeanne Duval en 1838-1839, quand elle jouait de petits rôles au théâtre de la Porte Saint-Antoine, et il l'aurait retrouvée quelques années après, chez Baudelaire, à l'hôtel Pimodan [53].

Revenons à Nadar et à sa première rencontre avec Baudelaire. Il était assis un jour au Luxembourg, en compagnie de Banville, Emile Deroy et Alexandre Privat d'Anglemont. Arriva Baudelaire, que Privat d'Anglemont présenta à ses camarades. Il était en dandy : habit noir très cintré à petites basques, pantalon étroit, bottes vernies, chapeau, cravate sang de bœuf, chemise blanche à col et manchettes larges, non empesés, gants rose pâle. Il emmena la bande chez lui, dans l'île Saint-Louis, 17, quai d'Anjou, où il logeait alors, au dernier étage d'une maison du XVIIe siècle, l'hôtel Pimodan (ou hôtel Lauzun) – il y habita d'octobre 1843 à septembre 1845. Vaste appartement un peu mansardé, mais plus confortable que ceux auxquels les jeunes gens étaient habitués : atmosphère parfumée, grand tapis et quelques tableaux. L'intimité fut immédiate : « On ne s'attachait pas aux vaines distinctions de la nuit et du jour pour tomber à toute heure sans façon les uns chez les autres [54]. » Et c'était d'autant plus étonnant que Baudelaire se montrait volontiers ironique et distant.

Baudelaire, en 1842, était de retour après un long voyage dans l'océan Indien imposé par son beau-père pour rompre avec ses habitudes parisiennes ruineuses. Il avait vingt et un ans et, comme tous les jeunes gens, était fasciné par *Les Cariatides* que venait de publier un poète de dix-neuf ans, Thédore de Banville. Les deux garçons firent connaissance, Banville accueillit Baudelaire dans la chambre qu'il occupait chez ses parents, rue Monsieur-le-Prince. Il y avait là Pierre Dupont et Alexandre Privat d'Anglemont. Celui-ci était un personnage original. Né à la Guadeloupe en 1815, dans une famille qui possédait des plantations de canne à sucre, il était venu à Paris en 1825, pour faire ses études au collège Henri-IV, d'où il sortit bachelier en 1833. Après quoi, il avait mené joyeuse vie au Quartier latin, en gaspillant l'argent envoyé par ses parents. Banville, qui l'a connu en 1841, le décrit comme un bel homme, élancé et très distingué, avec une longue chevelure crépue. Mais c'était un grand affabulateur : vingt fois Banville lui a entendu raconter son histoire, et elle était à chaque fois différente [55]. En 1843, ses revenus baissèrent, il lui fallut aller à Pointe-à-Pitre (où il resta moins de vingt-quatre heures, entre deux bateaux !) pour prendre connaissance des difficultés de la société familiale et signer son compte de tutelle. A partir de là, il dut publier de plus en plus d'articles dans les journaux pour gagner sa vie. Si l'on en croit une lettre de 1844, il menait une vie très irrégulière : « Quant à Privat, il sera bien plus difficile à joindre [que Baudelaire] car il n'a pas de domicile, c'est le plus mauvais sujet que je connaisse [56]... »

En avril 1842, par ailleurs, Baudelaire rencontra Emile Deroy, son voisin dans l'île Saint-Louis (il habitait à cette date quai d'Orléans et Deroy quai de

Béthune), dont il devint inséparable jusqu'à la mort du peintre, à l'âge de vingt-six ans, en 1846. Fils d'un lithographe, Emile Deroy était entré à l'Ecole des beaux-arts en 1837, dans l'atelier de Paul Delaroche. Deux ans après leur rencontre, le jeune peintre allait faire, en quatre séances à l'hôtel Pimodan, le portrait de Baudelaire, fine barbe et fine moustache, vêtu de noir, assis dans un fauteuil, regardant le spectateur d'un air dégagé, les mains posées de manière sophistiquée, bien plus proche du dandy que du bohème. Deroy peindra aussi une petite chanteuse des rues, la « mendiante rousse », qui a inspiré des vers à Banville comme à Baudelaire [57].

Nadar donne la liste de ceux qu'il voyait chez Baudelaire, littérateurs ou artistes en herbe : d'abord, ses camarades de collège, Le Vavasseur, Prarond et Philippe de Chennevières (qui écrivait sous le pseudonyme de Jean de Falaise) puis Pierre Dupont, d'origine prolétaire, qui composait des vers élégiaques avant de devenir un poète populaire avec *Les Bœufs* et *Le Chant des ouvriers*, Charles Asselineau, que Deroy présenta à Baudelaire au Salon de 1845, Charles Monselet, Hippolyte Babou, Théophile Silvestre, Edmond Duranty, Charles Barbara, qui partageait la passion de Baudelaire pour Edgar Poe, etc.

L'hôtel Pimodan devint une sorte de colonie où logeaient des artistes. Roger de Beauvoir campa au deuxième étage, d'avril 1844 à avril 1845. Sans aucun meuble : on ne trouvait, dans l'immense salon, qu'une armure complète, cheval et cavalier. Si bien qu'un jour il donna un souper où l'on pouvait manger et boire, mais pas s'asseoir : « Ces grandes pièces ressemblaient à des halles, on eût juré que les huissiers y avaient opéré une saisie [58]. » Le peintre Boissard de Boisdenier prit la place de Beauvoir en avril 1845. Il habitait jusque-là quai d'Anjou, mais fréquentait l'hôtel parce qu'il venait y visiter sa maîtresse, Joséphine Bloch, dite Marix, l'un des plus beaux modèles de Paris. Elle occupait, depuis la fin de 1844, un très petit appartement sous les combles. Boissard la fit descendre, au grand dam des locataires convenables qui eurent, ce printemps-là, une autre surprise encore : Elise Sergent, danseuse au bal Mabille, baptisée « la reine Pomaré », à la suite de démêlés avec la police, trouva refuge dans l'appartement de Baudelaire.

C'est chez Boissard qu'allait se réunir, une fois par mois, le Club des Haschichins, dont Gautier a longuement décrit la « fantasia » du 22 décembre 1845 [59]. L'atmosphère même de l'hôtel Pimodan contribuait à plonger le visiteur dans l'étrangeté. Tout y parlait d'une autre époque, le marteau sculpté de la porte, la cour pavée aux interstices remplis d'herbe, les hautes fenêtres à carreaux étroits, l'immense escalier Louis-XIV avec sa belle rampe, ses copies de tableaux italiens et espagnols, et son grand plafond à fresques mythologiques. Douze convives étaient là, qui avalèrent une confiture verdâtre – la dose de haschich – avant de dîner puis de s'enfoncer dans les bergères du salon pour se livrer à leurs hallucinations. Parmi eux, Alphonse Karr, Henri Monnier, Tony Johannot, Honoré Daumier (qui, en 1846, vint habiter 99 quai d'Anjou), Paul Chenavard, James Pradier, Nerval et Balzac. Mais Balzac note que sa volonté, résistant à la drogue, l'a empêché d'éprouver « tous les phénomènes [60] ».

Les cafés

Tous les jeunes artistes et littérateurs en herbe, qu'ils fussent proches de Murger, de Baudelaire ou d'autres, menaient le même genre de vie et dans les mêmes lieux : ils se croisaient sans cesse, non seulement dans les rédactions des journaux mais aussi dans des lieux publics, sur le Boulevard, dans les théâtres et les cafés. Précisons tout de suite qu'ils ne fréquentaient pas seulement ces endroits pour le plaisir de se retrouver en bande, causer et se divertir, mais aussi pour trouver des échos, anecdotes et potins susceptibles d'alimenter leurs chroniques. Ils transformaient même les cafés en lieux de travail, d'après Champfleury : « La bande arrivait avec des appétits féroces à neuf heures du matin pour n'en sortir qu'à minuit. Les uns lisaient, les autres jouaient, certains écrivaient par hasard, et la surprise des habitués fut considérable le jour où Fauchery, ayant transporté au café son attirail de graveur, essaya de se livrer à sa besogne journalière [61]. »

Les jeunes gens ne se répartissaient pas selon leurs tendances politiques ou littéraires dans tel ou tel café. En général, le même café était fréquenté par des groupes de sensibilité variée qui cohabitaient. On a, là-dessus, le témoignage de Charles de Ricault d'Héricault, un habitué de Dagneaux, café-restaurant du Quartier latin, rue de l'Ancienne-Comédie, non loin du café Procope. Ricault d'Héricault l'a fréquenté régulièrement pendant ses années d'études, entre 1847 et 1852. Les clients se différenciaient selon les étages : au rez-de-chaussée, des magistrats, des membres de l'Institut et d'autres notables ; au premier, des bourgeois du voisinage ; aux étages supérieurs, des étudiants aisés, des stagiaires, de jeunes avocats et médecins, quelques artistes et gens de lettres.

En 1847, Charles venait souvent le soir, avec d'autres étudiants du Pas-de-Calais : « Nous avions adopté une salle au deuxième étage, où nous avions la naïveté de croire que nous serions chez nous, en une espèce de club [62]. » Ils côtoyaient Banville, Le Vavasseur, Prarond et Edme Lepère, étudiant en droit qui, l'année précédente, avait improvisé une chanson devenue célèbre, *Le Vieux Quartier latin*, sur l'air de *T'en souviens-tu*, d'Emile Debraux. Publiée en 1853 dans *Chants et chansons de la Bohème*, et signée « un étudiant de quinzième année », cette chanson met, bien entendu, en scène les mansardes, les cafés et les grisettes. Les jeunes gens du deuxième étage virent bientôt arriver chez Dagneaux des bohèmes. Ricault d'Héricault les divise en « catégorie intermédiaire », c'est-à-dire bourgeois d'origine frayant avec la bohème, comme Auguste Vitu, Nadar, Baudelaire et Asselineau, qui, malgré ses quatre mille francs de rente, repoussait de toutes ses forces l'identité bourgeoise parce qu'il se voulait homme de lettres, et « bohème pure ». En tête de cette deuxième catégorie, Murger, « fort laid, d'une laideur vulgaire, très gauche, très petit et malpropre, une voix brisée, pas de cheveux, une longue barbe châtain et qui paraissait déteinte, les paupières qui pleuraient... » Puis Abadie, un Basque musicien et poitrinaire, Addeville, professeur de math déclassé, Privat d'Anglemont, Charles Monselet, Jean Wallon, le philosophe dont Murger s'est servi dans *La Vie de bohème*, les républicains Antoine Fauchery et Jean Journet. Les plus agressifs et agaçants de ces « bohèmes purs » étaient Courbet et Champfleury. Ricault d'Héricault traite Courbet d'« animal-peintre », gros, grand, balourd, grossier, hargneux ; quant à Champfleury, il lui prête des propos qui ne cadrent nullement avec la position que nous lui connaissons : « Il n'y a de véritable artiste que celui qui meurt de faim, etc. »

Le lieu de rendez-vous le plus fameux de nos bohèmes était le café Momus, situé 15, rue des Prêtres-Saint-Germain-l'Auxerrois, dans une maison à pignon du XVIe siècle, juste à côté du *Journal des Débats*. Sa clientèle accoutumée se répartissait comme chez Dagneaux, les artistes et les écrivains au second étage. La « demi-tasse » de café, c'est-à-dire l'express, ne coûtait que vingt-cinq centimes et les jeunes gens prétendaient rester attablés pendant des heures en n'ayant commandé, à sept ou huit, qu'une seule consommation [63]. Comme, en plus, ils se conduisaient en terrain conquis, voulant conserver une grande salle pour eux tout seuls, faisant du bruit, s'appropriant les journaux, terrorisant les autres clients, leurs relations avec le patron étaient forcément orageuses. Champfleury décrit une vengeance des jeunes gens, qui avaient d'abord transformé le café en chambre mortuaire, catafalque de tabourets empilés et têtes de morts dessinées sur les murs, puis étaient revenus avec six nourrices et six croque-morts. Murger, qui consacre l'un de ses feuilletons du *Corsaire* à « Un café de la bohème », passe en revue les doléances du patron. Mais le plus amusant est sans doute la lettre écrite de la main de Murger et signée de toute la bande (Desbrosses, A. Chintreuil, J. Fleury [Champfleury], Charles B[arbara], Henry Murger, Rozier, Fauchery, Jules Vigneron, L. Rozand, B. Hypolite) qui expose à M. Louvet, patron du Momus, leurs doléances [64]. Première doléance : « On remarque avec peine que les *Garçons* sont encore aveugles aux clartés de la science. Ils devront à l'avenir porter *du linge* et un diplôme de bachelier. » Deuxième protestation : « Le café a-t-il toutes les qualités hygiéniques ou littéraires qu'on a chacun droit de réclamer pour le prix élevé dc vingt-cinq centimes ? » La troisième revendication concerne les journaux : les habitués se plaignent de ne pas trouver chez Momus « des feuilles aussi estimables que bien rédigées : *Le Castor, La Table, Le Palamède, Le Tintamarre, La Revue asiatique,* surtout *Le Journal des Ponts et Chaussées...* » Le cinquième point porte sur les « embellissements du second étage » et détaille les désirs des signataires : « Tableaux, statues, idoles japonaises, jeux polonais, objets d'art, nacelles ou gondoles ; cristaux, laques de Chine ou de Genève, bibliothèque, jeux de tonneaux, papillons empaillés, fruits secs ou des Tropiques, *seiglarôs*, aloès ou autres ananas, panoplies, pianos ou instruments à vent, plancher en bitume... » La septième réclamation, qui traite du confort, est bâtie autour d'une sonorité : « Aux approches de l'hiver, ce vieillard sévère autant que sexagénaire, au manteau de neige et aux moustaches polaires, on espère des portières, des calorifères, des tapis verts contre les courants d'air et autres misères, ordinaires, extraordinaires et éphémères de l'atmosphère, pendant cette saison meurtrière pour les prolétaires de la classe ouvrière. » Le dixième et dernier article précise que « la lanterne devra porter sur ses flancs [un mot illisible] *A la fusion des Arts* et *A l'infusion des Lettres* ». Toujours les calembours chers à Murger et à sa bande.

L'autre café de la rive droite fréquenté par nos jeunes gens est le Divan Le Peletier, rue Le Peletier, presque en face de l'Opéra. Bien qu'il soit devenu célèbre surtout au début du second Empire, peut-être à cause du poème de Banville

> Ce fameux Divan est un van
> Où l'on vanne l'esprit moderne [65]...,

il a été ouvert au début de la monarchie de Juillet. Banville ajoute dans son commentaire : « Il n'y a pas d'endroit où l'on ait causé plus et bu moins de breuvages. » En 1845, *La Silhouette* y signale la présence du « grand discoureur plein d'idées » Paul Chenavard, de Petrus Borel, de l'éditeur Hetzel, de Nerval, de Gautier et de Fiorentino. Le Divan fermera ses portes le 14 octobre 1859.

Mais tout ce petit monde se retrouvait aussi beaucoup dans les cafés et brasseries du Quartier latin. Le café Tabourey, au coin de la rue de Vaugirard et de la rue

Molière (Rotrou actuellement) qui longe le théâtre de l'Odéon, était au début des années 1840 « un petit centre littéraire ». Il fut, en 1843, un point chaud de la vie théâtrale, au cœur de la bataille entre *Les Burgraves* et la *Lucrèce* de Ponsard. Jules Janin habitait juste au-dessus et Achille Ricourt, ancien directeur de *L'Artiste*, fervent défenseur de Ponsard, montait chez le critique du *Journal des Débats* pour le convaincre du génie de son protégé. Il y avait deux brasseries rue Hautefeuille, la Rotonde au 32 et la brasserie Andler au 28. Fondée en 1845, celle-ci sera, vers la fin de 1848, le lieu de réunion des « réalistes », avec leurs deux vedettes, Champfleury et Courbet. Courbet a fini, cette année-là, par louer un atelier tout à côté de la brasserie, mais, arrivé à Paris à l'automne 1839, à l'âge de vingt ans, il habitait depuis des années le Quartier latin (rues Saint-Germain-des-Prés, de Buci, de La Harpe). Violoniste à ses heures, Courbet appréciait la compagnie de Champfleury, Alexandre Schanne et Charles Barbara, tous instrumentistes. Il composait même des chansons croustillantes et les chantait volontiers chez Andler, comme Pierre Dupont et Gustave Mathieu. Il se plaisait à provoquer, en se moquant de « l'artisterie », c'est-à-dire l'idéal, les symboles, l'allégorie, la mythologie, Raphaël, Le Titien, Véronèse, Murillo... On l'avait un soir entendu déclarer, sa voix et son rire couvrant le tumulte de la salle : « Ingres, M. Scribe, Mlle Rachel, fichez-moi tout cela à l'eau dans un sac, et s'il s'en sauve un, ce sera un grand malheur pour l'humanité [66]. »

Les grisettes

La bohème est un monde d'hommes. Les femmes qui apparaissent à titre professionnel dans ce milieu d'artistes et de journalistes sont des modèles qui posent pour les peintres et les sculpteurs ou, très rarement, des femmes de lettres en herbe, comme George Sand à son arrivée à Paris. En revanche, à titre privé, les bohèmes ont des compagnes, qui sont souvent des grisettes.

Le mot a d'abord désigné une étoffe grise de peu de valeur portée par des jeunes filles de condition modeste avant de devenir, par métonymie, les jeunes filles elles-mêmes. Une grisette est, d'après la *Physiologie de la grisette*, « une jeune fille de seize à trente ans qui travaille, coud ou brode toute la semaine et s'amuse le dimanche [67] ». Elle travaille dans un atelier ou bien dans la mansarde où elle loge, au même étage que les artistes, les étudiants, les commis ou les employés qu'elle fréquente. La grisette est un véritable type littéraire, tantôt insouciante et infidèle comme la Musette de Murger, tantôt vertueuse comme la Rigolette des *Mystères de Paris* ou la Mimi Pinson de Musset. L'héroïne d'Eugène Sue a été peinte par Joseph-Désiré Court, en 1844, dans un tableau qui se trouve aujourd'hui au musée des Beaux-Arts de Rouen : assise à sa table, en train de coudre, elle lève vers ses serins un regard triste et pensif. Un petit foulard noué sous son menton laisse apparaître les bandeaux noirs de ses cheveux. Sur le rebord de sa fenêtre, un pot de fleurs. A l'arrière-plan, on aperçoit la Conciergerie... On pense au poème *Regard jeté dans une mansarde*, où Hugo, en 1839, évoque une jeune ouvrière cousant dans sa chambrette, à l'ombre d'une église gothique. La *Mimi Pinson* de Musset paraît en 1845 dans *Le Diable à Paris*, illustrée par une vignette de Gavarni qui montre deux hommes, portant l'un un béret, l'autre une coiffe molle, buvant du champagne et fumant avec leurs deux compagnes, dans une mansarde. Mimi Pinson est une ouvrière en linge très populaire dans son magasin, où l'on chante :

Mimi Pinson est une blonde,
Une blonde que l'on connaît;
Elle n'a qu'une robe au monde,
Landerirette!
Et qu'un bonnet.

Elle résiste aux jeunes gens qui viennent lui conter fleurette :

Les carabins, matin et soir,
Usent les manches de leurs vestes,
Landerirette!
A son comptoir.

Et si elle résiste, c'est, bien sûr, qu'elle rêve de mariage. Mimi est un déconcertant mélange de générosité et d'insouciance : elle vole de la galette et engage son unique robe pour secourir son amie Rougette qui meurt de faim; mais celle-ci ayant demandé de l'aide à un baron qui a « bien fait les choses », elles se retrouvent à Tortoni, en train de déguster une glace en riant. Le naïf étudiant en médecine qui voulait ramener au bien les deux grisettes en est stupéfait.

En février 1846, deux poèmes ont pour sujet la grisette. Le premier, signé Anaïs Segalas, se situe dans la veine d'exaltation du peuple qui sévissait durant les années 1840. C'est une véritable leçon de morale à cette « fauvette des greniers » qui aime trop les bals. « Bijou du peuple », elle ferait bien de prendre un parti vertueux en épousant l'ouvrier qui lui a demandé sa main :

Tous deux bénis du ciel,
Vous pourrez conquérir votre pain dans vos veilles :
Les maisons d'ouvriers sont des ruches d'abeilles,
C'est avec le travail qu'on les remplit de miel [68].

Le second texte, une ode de Banville intitulée *L'Amour à Paris*, a une tout autre tonalité, il est rempli de nostalgie. Un provincial, lisant dans des poésies les mots *rat*, *grisette* ou *lorette*, ressuscite ses souvenirs de jeunesse :

La grisette! Il revoit la petite fenêtre.
Les rayons souriants du jour qui vient de naître,
A leur premier réveil, comme un cadre enchanteur,
Dorent les liserons et les pois de senteur.

Apparaît « une tête charmante, un ange, une vignette ». Evocation discrètement érotique :

Elle va se lacer en chantant sa chanson,
Lisette ou l'*Andalouse* ou bien *Mimi Pinson*,
Puis tendre son bas blanc sur sa jambe plus blanche [69]..

Mais la grisette appartient déjà à un passé révolu :

La grisette, doux rêve! Elle avait ses apôtres,
Balzac et Gavarni mentaient comme les autres;
Mais un jour, Roqueplan, s'étant mis à l'affût,
Dit un mot de génie, et la *lorette* fut!

Les lorettes, baptisées par Nestor Roqueplan du nom du nouveau quartier de la prostitution, autour de Notre-Dame-de-Lorette, étaient plus visiblement vénales que les grisettes, plus « noceuses » et moins sentimentales :

Hurrah! les Aglaé! les Ida, les charmantes,
En avant! Le champagne a baptisé les mantes!
Déchirons nos gants blancs au seuil de l'Opéra!
Après, la Maison d'Or! Corinne chantera,
Et puis, nous ferons tous, comme c'est nécessaire,
Des mots qui paraîtront demain dans *Le Corsaire*!

L'apothéose de la grisette est la Mimi de Murger, qui meurt d'amour. L'évolution de son personnage entre le feuilleton, la pièce de théâtre et le roman est intéressante. Dans le feuilleton du *Corsaire-Satan*, les femmes sont relativement indifférenciées, frivoles et infidèles : Mimi, ouvrière en fleurs, délaisse Rodolphe, son amant poète, pour un gentilhomme breton qui l'entretient plus largement ; Musette s'offre de temps en temps une fantaisie sentimentale avec le peintre Marcel mais elle reste la prostituée de haut vol qu'elle a toujours été. Le vaudevilliste Théodore Barrière va persuader Murger de faire mourir d'amour Mimi à la scène. Minée par la tuberculose, et désespérée par l'oncle de Rodolphe, qui voudrait pour son neveu un mariage convenable, la grisette au grand cœur s'efface, comme la Dame aux camélias. Le roman des *Scènes de la vie de bohème* conjugue le feuilleton et la pièce de théâtre. Mimi trompe Rodolphe et les amants se séparent mais l'épilogue est tragique : la jeune femme revient mourante vers le poète avant d'accepter qu'on l'emmène à l'hôpital. Un quiproquo affreux accompagne la fin de la grisette : un interne, confondant les malades, écrit à Rodolphe qu'elle est morte ; il ne vient donc pas lui rendre visite. Elle mourra huit jours plus tard se croyant abandonnée et son corps finira dans la fosse commune, faute d'avoir été réclamé.

Un petit journal : *Le Corsaire-Satan*

« En 1840, il arriva qu'une douzaine de jeunes gens se trouvèrent réunis dans un petit journal qui s'appelait *Le Satan*, fondu très vite avec *Le Corsaire*. Ces douze jeunes gens ne se connaissaient pas, ils n'avaient entre eux que peu d'amitié, pas de camaraderie ; il n'y en avait pas deux qui s'entendissent en politique ; un faible lien de *romantisme* les faisait se réunir contre un vieillard, leur maître et rédacteur en chef, qui leur conseillait d'étudier Rivarol et Chamfort [70]. » C'est Champfleury, l'un des douze jeunes rédacteurs, qui témoigne ainsi, quelques années plus tard.

Le Corsaire-Satan est un quotidien de quatre pages, né le 7 septembre 1844 de la réunion du *Corsaire* et du *Satan*, qui, le 12 mars 1847, reprit le seul nom de *Corsaire*. Malgré son faible tirage (en 1846, le tirage moyen était de 856, contre 2 740 pour *Le Charivari*, 4 280 pour *Le National* et 32 885 pour *Le Siècle*, le journal le plus lu [71]), *Le Corsaire-Satan* fut, pendant quelques années, un journal puissant. Et cela grâce à son rédacteur en chef, Lepoitevin Saint-Alme, et à la jeune équipe dont il sut s'entourer. Philibert Audebrand se souvient : « Ces débutants tendaient tous au même but : la réputation et le moyen de vivre. Et cependant le langage, les habits, l'origine, la manière d'être étaient différents. Champfleury et Murger fumaient la pipe ; Théodore de Banville la cigarette ; Baudelaire, le cigare ; Privat d'Anglemont tirait de sa poche un croissant dont il dînait ; Alexandre Weill engageait des logomachies avec tous les autres. Tous criaient. Quelques-uns chantonnaient le fredon de l'opéra en vogue ; c'était un bruit à assourdir un cyclope. En s'approchant de moi, Fiorentino me disait à mi-voix : " Ce n'est pas un bureau de rédaction ; c'est un corps de garde, mais c'est l'avant-garde de l'avenir [72]. " »

On est renseigné sur *Le Corsaire-Satan* par son rival, *La Silhouette*, hebdomadaire dont le premier numéro parut le 5 janvier 1845. Les mêmes jeunes gens écrivaient en effet dans les deux journaux. Des chroniques de *La Silhouette*, intitulées « Boutiques de journaux », retracent l'histoire des organes de presse : celles des 3, 10, 17, 24 mai et 21 juin 1846 traitent du *Corsaire-*

Satan. Bien qu'anonymes, elles peuvent avec vraisemblance être attribuées à Auguste Vitu.

Le père Saint-Alme

« C'était un grand homme, tout droit, au maintien digne et distingué. Sa tête, un peu chauve sur le front, était encadrée de beaux cheveux blancs. Ses yeux étaient vifs et pétillants, sa bouche bienveillante, conteuse et fine ; ses moustaches de grognard toutes noires rajeunissaient sa physionomie et lui allaient fort bien. Son air était martial et sympathique, à la fois. Mais l'œil avait à ses recoins de petites rides diaboliques. » Tel est le souvenir que garde de Lepoitevin Saint-Alme Jules Viard, l'un des collaborateurs du *Satan*[73].

Fils d'un acteur devenu auteur dramatique sous la Révolution, Auguste Lepoitevin (1793-1854), qui prit le pseudonyme de Lepoitevin Saint-Alme, débuta dans le monde des lettres sous la Restauration. Il écrivit des pièces de théâtre, des romans – dont deux, *L'Héritière de Birague* et *Jean-Louis* (1822), en collaboration avec son ami Balzac – et se fit un nom dans *La Lorgnette, Le Mentor* et *Le Globe.* Mais c'est davantage comme entrepreneur de presse que comme écrivain qu'il est connu. En 1826, il racheta pour trois cents francs *Le Figaro* tout récemment fondé par Maurice Alhoy et Etienne Arago. Grâce à lui, le journal qui allait mourir devint prospère, avec la première génération de ses « enfants », Jules Janin, Michel Masson, Nestor Roqueplan, et Lepoitevin le revendit à Victor Bohain pour trente mille francs à la fin de 1827. Ayant englouti ses énormes bénéfices dans une entreprise industrielle, il lança, au début des années 1830, les mimodrames. Cette fois-ci, il perdit l'argent gagné dans des mines en Espagne. En décembre 1841, il créa *Le Nouveau Figaro*, qui disparut six mois plus tard. Sans doute s'associa-t-il alors aux *Coulisses* qui devinrent, le 16 février 1843, *Le Satan*.

Agé de cinquante ans à l'avènement du *Satan*, il avait l'ambition d'en faire un petit journal neuf. Et, dans ce but, il engagea de jeunes rédacteurs qui le surnommèrent « le père Saint-Alme ». Il s'opposait en cela à Anténor Joly, propriétaire d'une partie du journal, qui voulait employer des rédacteurs confirmés. Lepoitevin eut gain de cause et il trônait au milieu de ses « enfants de lettres [74] », ses journalistes en herbe qu'il payait fort mal – six centimes la ligne contre dix pour une feuille comparable, *Le Charivari* – et qu'il mettait à dure école, les obligeant à « livrer dix articles d'*éreintement* avant de pouvoir faire passer un article agréable à quelqu'un [75] » (et donc utile pour se créer des relations). Cependant, les journalistes transfuges de la poésie y trouvaient leur compte, comme l'écrit Théodore de Banville :

> Lyre d'argent, gagne-pain trop précaire,
> Dont les chansons n'ont qu'un maigre salaire,
> Je vous renie et je vous dis adieu.
> Mieux vaut cent fois jeter nos vers au feu,
> Et rédiger la prose du *Corsaire* [76].

Du Satan *au* Corsaire-Satan

Un procès fut la perte du *Satan*. Angèle-Inès Gonzalès, danseuse à la Porte Saint-Martin, apparaissait souvent dans la rubrique « Indiscrétions », sous la mention « Mlle A... » Se jugeant diffamée, elle attaqua le journal et obtint gain de cause : le gérant du *Satan*, Francisque Borel, frère de Petrus, fut condamné à la prison et à cinq cents francs d'amende. Il fut remplacé par Petrus, à qui revint également une part d'autorité dans la rédaction en chef. Décision absurde car Petrus, lent au travail et vivant sur une réputation ancienne, n'était guère adapté au journalisme contemporain. C'est alors que *Le Satan* fusionna avec *Le Corsaire* qui, lui aussi, périclitait. Ce quotidien, qui paraissait depuis 1822, avait, au lendemain de la révolution de Juillet, pris la place, dans l'opposition, du *Figaro* de Nestor Roqueplan, passé au pouvoir. En 1843, il mourait sous le coup d'une amende de dix mille francs suscitée par Emile de Girardin.

Le premier numéro du *Corsaire-Satan* paraît, nous l'avons dit, le 7 septembre 1844. Le 15 septembre, les journalistes du *Corsaire* quittent leurs bureaux du 15, rue du Faubourg-Montmartre pour s'installer avec « les petits Satan » 36, rue Neuve-Vivienne, au premier étage, au-dessus du grand café de l'Europe. Au début, le rapprochement est difficile. Ceux du *Satan* tiennent en effet à leur « position littéraire », ayant le sentiment d'incarner la modernité par opposition aux journalistes du *Corsaire*, « des gens regardés par eux comme les restes des *bousingots* de 1832 et qui, s'ils n'avaient plus de chapeau rouge, conservaient encore la plume de cette époque [77] ». Deux hommes du *Corsaire* trouvent grâce aux yeux des « petits Satan » : Pier-Angelo Fiorentino, critique musical et auteur de la rubrique « Causeries [78] », car il apprécie leur humour et fait lui-même des plaisanteries impitoyables, et Charles Virmaître, le caissier, maintes fois cité dans leur correspondance et leurs mémoires parce qu'ils le sollicitaient souvent pour obtenir des avances.

Les petits crétins

Tel est le nom amical que donnait Lepoitevin Saint-Alme à ses jeunes rédacteurs. Et en voici l'origine, d'après

Jules Viard. Un jour, une tragédienne, Mlle Maxime, vint se plaindre au rédacteur en chef des épigrammes lancées contre la tragédie par ses « irrévérencieux gamins ». Lepoitevin Saint-Alme prit vivement parti contre ses jeunes collaborateurs pour l'actrice, qui finit par taper du poing sur la table : « Oui, monsieur Saint-Alme ! vous êtes un homme de goût, vous !... mais vous avez un nombreux entourage... détestable ! Vous n'avez autour de vous que des... *petits crétins* ! – Vous avez dit le mot, Maxime !... ce sont d'affreux *petits crétins*[79]. »

« Petit crétin » étant un terme affectueux, il devint courant chez les journalistes de se traiter de « crétins » pour cause de divergences politiques, cela n'affectant nullement leur complicité : « On se dispute, on crie beaucoup et très fort, et la discussion n'est close qu'alors que chacun a traité son voisin de crétin ; " vous êtes un crétin et votre Napoléon aussi, et votre Fourier, et votre Saint-Simon et votre Guizot aussi ; crétin, crétin, crétin ! " Là-dessus, on va se promener sur le boulevard, on s'offre des cigares et M. Weill demande une définition de l'amour[80]. »

Des querelles littéraires perpétuelles opposaient les « petits crétins » romantiques à leur patron, vieux classique : « Oui, monsieur, criait l'autre jour le jeune Belzébuth, quoi que vous en disiez, Balzac est aussi grand que Corneille, s'il ne l'est davantage... – J'ai assez vécu ! J'ai assez vécu ! murmura sourdement M. Lepoitevin en retombant sur son fauteuil de cuir. Puis il écrivit gravement sur ses tablettes : " Aujourd'hui, 15 septembre 1845, à quatre heures moins le quart, il m'a été affirmé que M. de Balzac est plus grand que Corneille. " Quand je mourrai, ajouta-t-il, on retrouvera cela dans mes papiers : ce sera la honte de notre époque[81]. »

Style du Corsaire-Satan

Le « père Saint-Alme », avec ses rédacteurs, se voulait paternel et pédagogue. Il se prenait pour Pygmalion, prétendant avoir créé Balzac, Jules Janin ou Hippolyte Rolle (critique dramatique du *National* de 1830 à 1844) et avoir nourri au « biberon *Figaro* » la littérature contemporaine. Il faisait miroiter aux jeunes gens un avenir brillant puisqu'ils étaient élevés au « biberon *Satan*[82] ». A la sortie du journal, sur le boulevard, il continuait à leur donner des leçons : plutôt que de déclarer abruptement à quelqu'un « Vous êtes une canaille », il est plus amusant et moins dangereux d'insinuer « Est-ce que par hasard Monsieur *** serait une canaille ? » ou encore « Qui donc avance que Monsieur *** est une canaille ? Ce n'est pas nous qui voudrions prétendre... »

Il les formait au style rapide et incisif du journal. Il triait les mots, traits et anecdotes qu'Alfred Busquet, son « griffon » (spécialiste des « griffes », petites phrases méchantes et drôles), lui rapportait sur tous les sujets. Il faisait revoir à la jeune équipe la copie d'un ancien, qui venait du *Corsaire*, Eugène Briffault. Il appréciait l'esprit de ce feuilletoniste, auteur connu de chroniques parisiennes, « mais c'est du vieux petit journalisme ! Il tire à la ligne ! ... Serrez, serrez-moi cela[83] ! »

Le Corsaire-Satan et les autres petits journaux ont créé un véritable style littéraire : on y manie l'entrefilet, le paradoxe, l'ironie, on y aime le court et le percutant. Les *Scènes de la vie de bohème*, le feuilleton de Murger, qui juxtaposent des épisodes reliés par un canevas très lâche, pleins de calembours et de formules piquantes, en sont un bon exemple[84]. Mais, sous prétexte de faire rire, le petit journal pratiquait volontiers les attaques personnelles. Les anecdotes sur les événements et les gens dont on parlait dans Paris étaient pleines d'insinuations. Sans nommer personne, on donnait suffisamment de détails pour que les lecteurs reconnaissent les personnages. C'est pourquoi *Le Corsaire-Satan* était puissant et redouté : « Tu ne te doutes guère, écrit Champfleury à sa mère, de l'influence énorme qu'a un pareil journal, fort en réputation à Paris, très lu, beaucoup plus lu que *Le Charivari*. On vous craint comme le feu. Houssaye a bien tremblé il y a quelques jours [85]... » Chaque journaliste peut utiliser le harcèlement comme moyen de rétorsion : « Un homme m'ennuie, me fait un mauvais tour, j'entends un homme littéraire, j'ai le droit de le clouer six mois tous les jours dans *Le Corsaire* [86]. »

Ces attaques personnalisées frisaient le chantage et la délation et, ajoutées à l'atmosphère de dérision qui régnait au journal, finissaient par dégoûter les rédacteurs. Le 25 août 1847, un article signé A[lexandre] W[eill] soutient carrément que, loin d'être un domaine secret et respecté, la vie privée doit au contraire être connue de tout le monde, pour moraliser la société. La publicité donnée à la vie privée dans la presse aurait empêché bien des crimes, de ceux de Néron à celui du duc de Praslin, qui venait d'assassiner son épouse le 18 août. *Le Corsaire*, qui connaissait les « dérèglements » du duc, aurait dû les révéler, sauvant peut-être par là la vie de la duchesse. Ainsi toutes les indiscrétions sont-elles justifiées. Au bout de trois ans, les journalistes rejetèrent, d'après Champfleury, l'atmosphère délétère qui les entourait : « Tous nous avions pris en horreur, en haine, le *petit journal* où nous étions entrés avec tant d'ardeur. Nous avions reconnu le vide et le triste de cet esprit de mots si agréable à ceux qui lisent le matin en déjeunant ces malices. Nous sommes sortis du *petit journal* parce que nous étions honnêtes. Qu'on ne croie pas que le peu que nous gagnions soit entré pour quelque chose dans cette résolution [87]. »

L'image de l'artiste

Les jeunes rédacteurs du *Corsaire-Satan* mettent en scène dans leurs feuilletons, nous l'avons dit, le monde qu'ils connaissent, poètes, artistes, bohèmes. Leurs personnages sont d'ailleurs quasiment tous les mêmes : l'apprenti-artiste, la grisette, la portière... et leur mode de vie également : mansardes, déménagements à la hâte, amours éphémères, sans oublier leur goût pour les calembours. Privat d'Anglemont, décrivant « le Parisien de Paris » (21 février 1847), lui donne comme caractéristique la hardiesse, l'aplomb et l'esprit d'aventure. Son origine sociale est modeste, il n'est ni aristocrate ni grand bourgeois : « Le peintre décorateur, le poète chansonnier, le petit clerc et surtout la grisette et le flâneur, individualités complètement parisiennes, forment la majeure partie de la grande bohème des Parisiens de Paris. » Une telle liste semble un curieux mélange mais elle résume bien les différents pôles de l'existence des « petits crétins », qui ont été tour à tour petits clercs, rapins, poètes, qui flânent sur le boulevard et fréquentent les grisettes.

Le petit clerc ou le commis est particulièrement exposé à la tentation de devenir artiste. C'est une réalité sociologique : il a fait des études et, en même temps, il occupe une place plutôt misérable dans la société. Frustré, il rêve d'un destin plus exaltant. Ainsi l'employé de bureau à l'ambition ridicule et dérisoire campé par Murger [88]. Melchior gagne quarante francs par mois pour trois heures de travail quotidien. Mais il se veut surtout poète lyrique et rime avec ferveur dans sa mansarde. Si on essaie de le calmer, il répond « que les poètes sont les prêtres de l'humanité, et que, dût-il mourir en route, il ne renierait pas son culte, etc. » Il organise des lectures de ses vers : « C'était un spectacle vraiment bien curieux que ces réunions où un tas de gueux, paresseux comme des lazaronnes, jouaient sans rire avec les plus graves questions d'art et se drapaient prétentieusement dans le manteau de leur *sainte misère.* » On n'est pas vraiment poète si l'on n'est pas malade : Melchior réussit à entrer à l'hôpital et compose aussitôt une ode qu'il envoie à la *Revue des Deux Mondes*, persuadé que ses vers susciteront l'enthousiasme du public pour le poète martyr. Bien entendu, la revue ne publiera jamais l'ode. Melchior a écrit des poèmes à la gloire de sa maîtresse défunte, qu'il veut faire imprimer avec le montant d'un petit héritage. A cette occasion, il organise une soirée littéraire pour ses amis. L'un d'eux vient accompagné d'une maîtresse et c'est précisément la disparue que Melchior célébrait : elle était seulement entrée dans la « bohème galante ». La chute est gaiement réaliste : Melchior devient son amant « en prose » pendant quelques semaines et, plutôt que de publier ses vers, lui achète une robe et des bottines. Puis il apprend la tenue des livres, pour entrer comme commis chez un agent de change.

Ce qui caractérise l'artiste, dans les textes de nos feuilletonistes, c'est la vie précaire. Il y a deux façons de parler de cette précarité, la pittoresque et la tragique, la première l'emportant sur la seconde à mesure que *Chatterton* s'éloigne. Il reste, certes, des récits navrants, comme *Chien Caillou*, de Champfleury, qui paraît les 5 et 6 octobre 1845. Son modèle existe : Rodolphe Bresdin, né en 1822 [89]. Chien Caillou, jeune graveur talentueux, vit dans une mansarde, avec son lapin pour seul compagnon. Dans la pièce voisine vivent deux jeunes filles, Amourette et Nini qui, comme lui, meurent de faim. Il connaît un mois de bonheur avec Amourette, après quoi les deux sœurs sont mises à la porte de leur logis. Chien Caillou n'arrive pas à les retrouver, se désespère et tue son lapin qui, sentant sa tristesse, cherchait à le caresser. Pour finir, il devient aveugle et n'est plus qu'un numéro à l'hôpital [90].

Tout autre est la tonalité des feuilletons d'Henry Murger qui mettent en scène des artistes. Le premier date du 9 mars 1845. Il ne s'intitule pas encore « Scène de la Bohème », l'expression n'apparaissant pour la première fois que le 9 juillet 1846, mais formera cependant le deuxième chapitre du roman de 1851. Les personnages, Schaunard et Marcel, sont deux peintres en herbe qui tirent le diable par la queue mais plaisantent de leur misère. Lorsque Marcel, cherchant désespérément des vêtements pour aller dîner, évoque un emprunt possible à leurs amis, Schaunard lui répond : « Jeune insensé ! Oublies-tu que nous sommes passé le vingt du mois, et qu'à cette époque les habits de ces messieurs sont *cloués* et *surcloués* ? »

Les feuilletons suivants (le deuxième n'est publié que bien après le premier, le 6 mai 1846) campent Rodolphe, le poète, idéaliste mais rappelé à l'ordre de la réalité le jour du terme. Toute la journée, il arpente en vain Paris pour trouver cent francs. Quand il rentre chez lui le soir, à vingt-trois heures, il trouve sa chambre louée à quelqu'un d'autre ; par chance, c'est une jeune fille avec qui il a un flirt, elle veut bien le garder. Les jeunes artistes mis en scène par Murger sont donc, par définition, dépourvus d'argent et toujours à la recherche d'expédients. Mais leur dénuement n'est jamais pris au tragique. Certains épisodes sont même franchement burlesques. Ainsi Rodolphe, appréhendé pour vagabondage, reconnaît-il dans un sergent de la garde nationale l'un de ses oncles, poêlier-fumiste, qui, voulant améliorer la situation de son neveu, lui commande un livre, *Le Manuel du parfait fumiste*. Le poète sera nourri et logé et touchera trois cents francs à la remise du manuscrit. Enfermé par son oncle parce qu'il n'avance pas, Rodolphe creuse une trappe pour correspondre avec sa voisine du dessous, une jeune actrice qui l'aide à prendre la fuite.

La précarité n'est acceptable et ne peut être décrite avec légèreté que si elle est provisoire. Affaire de jeunesse, elle devient insupportable si elle s'éternise. Champfleury trace le portrait d'un « vieux rapin » dans *L'Artiste* du 1er décembre 1844 [91]. Canonnier était un ancien de 1830. Il avait perdu deux dents à la bataille d'*Hernani* et projeté de reléguer dans les greniers du Louvre les toiles de David, Guérin et Girodet. En bon Jeune-France, vêtu à la mode médiévale, il avait vécu dans un cénacle et peint des tableaux romantiques refusés par le jury du Salon. Puis sa période flamboyante avait pris fin. Douze ans après, n'ayant jamais connu le succès, Canonnier n'est plus que minable : « Les rapins excentriques n'existent que dans les vaudevilles. On ne voit aujourd'hui au Louvre que chapeau hors d'âge, pantalons et habits accommodés à l'huile, et souliers qui font trembler leurs propriétaires à la moindre pluie. »

Lorsqu'un rapin vieillit, il faut qu'il devienne un véritable artiste, exposé, reconnu, récompensé et payé. Ou qu'il se reconvertisse dans une autre activité. Un vieux rapin est forcément pathétique. Tout comme un vieil étudiant. Nadar raconte l'histoire de Lequeux qui, à l'issue de brillantes études de droit, n'avait pas voulu devenir avocat, pour ne pas quitter le Quartier latin dont il aimait l'atmosphère de camaraderie généreuse et drôle. Cependant le temps passait, les modes changeaient, Lequeux avait l'air ridicule avec son allure d'étudiant de 1832 – costume négligé, barbe inculte, grosse pipe. Pour oublier qu'il ne séduisait plus les jeunes gens, il s'abrutit dans l'alcool et glissa peu à peu vers la misère. Quinze ans plus tard, au fond d'une mansarde de la rue de La Harpe, il mourut de froid dans la malle qui lui servait de lit. Ainsi sombre-t-on, faute d'affronter à temps la réalité.

Nos bohèmes des années 1840 donnent de l'artiste une image nettement plus réaliste que celle du poète souffrant, victime de la société, qui emplissait les années 1830. L'artiste est responsable de son évolution et de sa carrière. Nadar, en 1845, publie en feuilleton *La Robe de Déjanire.* Roman de quatre jeunes gens, un rapin, deux poètes et un aristocrate désargenté et cynique. Seuls le rapin et l'un des poètes s'en tirent honorablement (l'aristocrate se conduit mal, séduit la compagne du rapin et meurt à quarante ans, usé par sa vie de libertinage ; l'autre poète, au lieu de travailler, séduit une femme mariée et l'entraîne dans la misère, tout en se prétendant méconnu et victime). Le rapin, qui a toujours beaucoup travaillé, connaît le succès avec ses peintures de bataille, obtient la Légion d'honneur et entre à l'Institut. La situation du poète est plus modeste : renonçant à ses rêves de gloire, il vit de sa place de copiste à l'Institut et va cultiver son jardin le dimanche. Il est vrai que, chez Nadar aux sympathies républicaines, le vrai héros n'est pas un artiste mais un ouvrier devenu imprimeur, républicain droit, intègre et généreux : il soutient jusqu'à l'impossible son frère, le soi-disant poète, indolent, veule et malhonnête et, respecté de tous, devient député pour que triomphe le bien et que s'améliore la société.

Conclusion

1848 : la mission sociale de l'artiste fait naufrage

1848 sonne la fin des illusions. La fin d'une certaine représentation de l'artiste née avec les romantiques. Artiste prophète, porteur de vérité et investi d'une mission sociale envers le Peuple dont il est le frère. Artiste victime, comme le prolétaire, des bourgeois. La révolution de 1848 va porter un coup fatal à l'idéalisation du Peuple. Ceux qui participaient à cette utopie et croyaient à la mission sociale du Poète adoptent une position de repli. George Sand en est un bon exemple.

Jusqu'à la mi-mai 1848, Sand est à Paris et s'implique beaucoup dans les affaires politiques de la République. Elle rédige pour le Gouvernement provisoire des numéros du *Bulletin de la République* et lance un journal, *La Cause du peuple.* Mais elle doit quitter brusquement la capitale après le coup d'Etat avorté du 16 mai, qui semble avoir été provoqué pour piéger les révolutionnaires. Albert, Barbès, Blanqui, Raspail sont arrêtés le soir même. Sand risquait d'être inquiétée parce que des témoins avaient cru la reconnaître dans une femme qui haranguait la foule.

Réfugiée à Nohant, Sand fait le point. Elle désavoue absolument les agitateurs qui cherchent à entraîner le peuple dans des aventures dangereuses. Raspail, Cabet, Blanqui et même Barbès, qui est pourtant son ami, sont des factieux, coupables d'avoir voulu « imposer au peuple par la surprise, par l'audace, une idée que le peuple n'a pas encore acceptée [1] ». Ils se conduisent comme des « chefs de secte », extrémistes, menant au fanatisme : « Ce n'est pas ainsi que les vraies idées font leur chemin. Au bout de trois mois d'une pareille usurpation philosophique, nous n'aurions pas été républicains, mais cosaques. » Quant au peuple, il l'a beaucoup déçue, parce qu'elle l'a vu sans maturité, prêt à suivre n'importe quel agitateur : « J'ai cru pendant un mois, six semaines peut-être, après février, que les temps étaient mûrs où l'humanité pouvait comprendre que son mal venait de l'inégalité et où, par l'instinct, le besoin et le vœu de presque tous, les mœurs allaient subir un changement *progressif* comme on dit, mais continu, rapide et même facile. Je suis détrompée aujourd'hui. Les hommes n'en sont pas là [2]. » Dans une autre lettre, elle parle du peuple « intelligent mais crédule et impressionnable », qu'on abrutit au lieu de l'éduquer et auquel on peut faire crier tout et son contraire : « Nous l'aimons comme l'on aime ce qui est malheureux, faible, trompé et sacrifié, comme on aime ce qui est jeune, ignorant, pur encore, et portant en soi le germe d'un avenir idéal [3]. » D'ailleurs, elle ne tarde pas à constater personnellement combien le peuple est manipulable : elle est en butte à « une bande considérable d'imbéciles de La Châtre qui parlent tous les jours de venir mettre le feu chez moi [4] ». Ils sont lâches et n'osent la menacer en face mais crient dans son dos « A bas les communisques ! »

Elle reste donc avec ce qu'elle appelle « mon idée », c'est-à-dire son rêve de progrès et d'égalité qui a momentanément fait naufrage. A son cousin qui lui reproche sa position extrémiste, elle répond en affirmant l'origine chrétienne de son engagement social : « J'aime le peuple, je veux l'égalité et la fraternité. Je pars du Christ pour y croire et pour espérer le règne de la justice et de la vérité sur la terre [...] Quels que soient les événements, les menaces, les dangers, les malheurs qui peuvent m'atteindre, je garde ma foi, et je serai jusqu'à ma dernière heure du parti des victimes contre les bourreaux [5]. » Mais les élections législatives à Paris vont lui apporter une seconde déception. Elle n'arrive plus à trouver d'excuses au peuple qui a placé en tête Louis-Napoléon Bonaparte, alors que les hommes d'extrême gauche sont si peu nombreux : « Je suis affligée profondément et presque irritée du mauvais usage que nos pauvres frères de la démocratie ont fait de leurs droits [6] », écrit-elle à Etienne Arago. Elle va encore plus loin avec Mazzini : « Pourquoi la bourgeoisie l'emporte-t-elle, quand le peuple est souverain, et que le principe de sa souveraineté, le suffrage universel, est encore debout ? Il faut enfin ouvrir les yeux, et cette vision de la réalité est horrible. La majorité du peuple français est aveugle, crédule, ignorante, ingrate, méchante et bête ; elle est bourgeoise enfin [7] ! »

Sand n'est pas de la race qui se désespère longtemps. Son bon sens va bientôt reprendre le dessus, elle se résigne : « Le peuple veut faire un nouvel essai de monarchie mitigée, il le fera à ses dépens, et cela l'instruira mieux que tous nos efforts. Pendant ce temps-là, nous reprendrons des forces dans le calme, nous apprendrons la patience dans les moyens, les partis s'épureront et l'écume se séparera de la lie. Enfin, la nation mûrira, car elle est moitié verte et moitié pourrie [8]... » L'art, dans un contexte pareil, ne sert plus à rien. Elle aborde par deux fois ce sujet avec Charles Poncy. En mai, comme il lui a parlé poésie, inspiration et génie, elle lui répond plutôt sèchement : « Je ne sais plus ce que c'est que l'*art*, et le soin de cultiver son propre talent. Cela est bon dans les jours de calme, dans le repos mélancolique de l'attente. Mais quand l'humanité combat, souffre et saigne, je me soucie fort peu de ma muse et de ma lyre. Ce n'est rien que d'être poète, il faut être homme avant tout, c'est-à-dire vivre à toute heure par le cœur et par la pensée de la vie de l'humanité [9]. » Six mois plus tard, sa lettre n'a plus rien d'un rappel à l'ordre, elle est tout à fait désabusée : « Ce n'est pas l'oubli des arts qui me tourmente. Il y a bien autre chose que l'art en ce monde. Il y a *tout* avant de songer à cette *dorure*, qui n'est qu'un effet, jamais une cause dans les destinées humaines. Pour mon compte, je travaille maintenant à mes heures, comme si de rien n'était, bien que cela ne rapporte plus ni argent, ni honneur. L'Art est un charmant passe-temps qui n'a pas besoin du public pour satisfaire l'artiste [10]... » L'art n'est donc plus l'instrument sérieux d'éducation du peuple et de progrès social et moral. Il se cantonne maintenant à la sphère privée. Dans ce domaine comme en politique, la seule loi est celle du réel. Et, en l'occurrence, le réel, ce sont les dettes que font sa fille et son mari, le sculpteur Clésinger, gouffre que la romancière s'épuise à combler. Abreuvée de déceptions à la fois publiques et privées, Sand s'est repliée – « Nohant est un refuge contre tout » – et continue à écrire pour faire vivre le monde dont elle a la charge.

Lamartine, lui aussi, se replie, après son échec à l'élection présidentielle du 10 décembre 1848. Il prend sa retraite de la scène publique, blessé par « la plus noire, la plus bête, la plus universelle ingratitude, dont les services inouïs d'un homme aient jamais été payés, et cela à la fois par la classe du peuple, que j'ai élevée, et par la bourgeoisie, la noblesse, que j'ai couvertes de mon corps trois mois durant [11]... » Lui aussi est criblé de dettes et va devoir écrire sans répit, pressé par la nécessité financière.

Mais, même déçu par le peuple, il essaie de lancer une littérature éducative à son usage, avec un journal mensuel, *Le Conseiller du peuple*, de 1849 à 1851, et un roman populaire, *Geneviève*, en 1850. Sans grand succès.

Seul parmi les romantiques qui avaient exalté le peuple, Hugo continue sa croisade. Elu député en juin 1848, il va évoluer dans ses opinions, de la droite à la gauche, prononce en juillet 1849 son fameux discours *Sur la misère*, est déçu que « le moment des hommes de pensée [12] » ne soit pas encore advenu et rejoint la figure des prophètes bibliques en prenant le chemin de l'exil.

L'heure est plutôt au scepticisme et à l'affirmation de la solitude hautaine de l'artiste – Baudelaire et Flaubert étant en cela les héritiers de Gautier, de sa haine pour le bourgeois et de son horreur pour l'art *utile*. Maxime Du Camp se souvient qu'en 1856, tous les dimanches, il retrouvait son groupe d'amis pour causer : « Chacun avait son dada [...] Celui de Gautier, de Flaubert et de Bouilhet était le même : l'art pour l'art [...] Là on prêchait la prédominance de l'artiste sur l'homme, et lorsque j'osais dire que c'était le bon moyen de ne faire que de l'ornementation, on m'appelait " bureaucrate ", ce qui était une grosse injure [13]. » Baudelaire cependant refusait le dénigrement simplificateur, jugeant vulgaire « l'argot d'atelier » qui faisait de « bourgeois » une injure. Non qu'il eût cherché à réhabiliter le bourgeois. Mais tout en criblant celui-ci de ses paradoxes railleurs, il rappelait à l'ordre artistes et critiques : pourquoi ne pas éduquer l'épicier, désireux d'apprécier l'art, en lui proposant un chef-d'œuvre de Delacroix au lieu du médiocre Cogniet habituel : « Il le digérera et ne s'en portera que mieux [14] ! »

Banalisation de la vie d'artiste

En même temps que s'efface la mystique de la mission sociale du Poète s'effectue un mouvement irréversible de banalisation de sa condition. Chacun peut prétendre, sinon à être un artiste, du moins à mener une « vie d'artiste » pendant un temps. D'où la réaction des artistes qui veulent être pris au sérieux : ils cherchent à se démarquer du pittoresque de la « vie d'artiste » et se revendiquent comme des professionnels respectables. L'évolution du discours sur la bohème est à lire dans cette perspective.

22 novembre 1849 : première représentation au théâtre des Variétés de *La Vie de bohème*, pièce en cinq actes écrite par Théodore Barrière et Henry Murger à partir des feuilletons que Murger publia dans *Le Corsaire-Satan* entre 1845 et 1849. Le drame connaît un très grand succès, si l'on en croit les journaux : « Tous les jours, aux Variétés, lit-on dans *Le National* du 6 décembre, même spectacle, même succès, mêmes recettes, c'est-à-dire *La Vie de bohème*, de frénétiques applaudissements, et chaque soir, 3 000 fr en caisse. »

La pièce met en scène Rodolphe, un jeune bourgeois poète, à qui son oncle veut faire épouser une riche veuve. Notre héros préfère s'enfuir avec une troupe de bohèmes, artistes et grisettes, et mener avec eux une existence irrégulière : dettes, faim, froid, amours de passage et gaieté. Ce qui frappe les journalistes, c'est la fraîcheur, la verve, l'entrain, en même temps que la délicatesse du ton : « C'est un cliquetis continuel de mots d'esprit ou de cœur ; ce sont des scènes originales, bouffonnes, naïves », écrit le critique du *Siècle*, qui dit encore : « C'est du vaudeville comme Beaumarchais en ferait s'il vivait de notre temps » (26 novembre). Théophile Gautier, dans *La Presse*, le même jour, souligne combien l'universalité du sujet rend la pièce efficace : « Cette Bohème-là se constitue toutes les fois que cinq ou six jeunes gens enthousiastes et amoureux se rencontrent, et c'est en cela que l'œuvre de M. Henry Murger, malgré son apparence capricieuse, est d'un intérêt si vrai et si général : c'est le tableau de la jeunesse avec ses joyeuses misères, ses généreuses folies, ses tendres erreurs et ses défauts charmants, qui valent mieux que les vertus de l'âge mûr. » Mimi, la grisette amoureuse de Rodolphe, meurt à la fin de l'acte V. Son amant sanglote : « O ma jeunesse! C'est vous qu'on enterre », contrepoint au refrain du premier acte, *carpe diem* chanté par la troupe des bohèmes :

> Aimons et chantons encore :
> La jeunesse n'a qu'un temps.

1851 : les *Scènes de la vie de bohème*, le roman que Michel Lévy a commandé à Murger, voient le jour. Le dernier chapitre, qui a pour titre « La jeunesse n'a qu'un temps », fait le point sur les héros un an après la mort de Mimi. Carolus Barbemuche a depuis longtemps renoncé à la bohème; Gustave Colline, le philosophe, s'est rangé après un riche mariage; les trois artistes ont réussi : Rodolphe le poète a fait paraître un livre dont la critique a parlé; Schaunard le musicien a publié un album de mélodies; Marcel le peintre a exposé deux tableaux au Salon et en a vendu un. Quant à Musette, l'ancienne maîtresse de Marcel, elle est venue enterrer sa vie de garçon chez lui, car elle va se marier bourgeoisement. La page de la bohème est donc tournée à jamais pour chacun d'eux. Mais cela n'a rien de triste. Et, lorsque Rodolphe demande à son ami s'il veut aller dîner rue du Four, dans leur gargote d'autrefois, Marcel répond sans hésiter : « Ma foi, non. Je veux bien consentir à regarder le passé, mais ce sera au travers d'une bouteille de vrai vin, et assis dans un bon fauteuil [15]. » Loin de regretter la bohème, il n'apprécie plus que le confort bourgeois.

Dans ce dernier cas, « la jeunesse n'a qu'un temps » signifie : la bohème est passée, nous avons changé de vie et c'est très bien ainsi. Aucune nostalgie. La condition de poète souffrant, d'artiste à l'existence précaire, ne mène pas à la mort si elle est cantonnée à la jeunesse. Elle n'a alors plus rien d'un destin tragique, elle fait au contraire partie de l'initiation à la vie. Chacun a droit à son heure artistique, chacun peut goûter au plaisir de l'inconfort et de l'insécurité et s'imaginer qu'il a du talent. Après quoi, soit on devient un artiste professionnel, sérieux et qui réussit, soit on rejoint un destin bourgeois ordinaire. La bohème est ainsi une période de marginalité reconnue, acceptée, digérée, inscrite dans le déroulement de l'existence bourgeoise, comme l'écrit Flaubert en 1850, à propos de son camarade Ernest Chevalier : « Ce brave Ernest ! le voilà donc marié, établi et toujours magistrat par-dessus le marché ! Quelle balle de bourgeois et de monsieur ! Comme il va bien plus que jamais défendre l'ordre, la famille et la propriété ! Il a du reste suivi la marche normale. Lui aussi, il a été artiste, il portait un couteau-poignard et rêvait des plans de drames. Puis ç'a été un étudiant folâtre du Quartier latin ; il appelait " sa maîtresse " une grisette du lieu que je scandalisais par mes discours, quand j'allais le voir dans son fétide ménage. Il pinçait le cancan à la Chaumière et buvait des bischops de vin blanc à l'estaminet Voltaire. Puis il a été reçu docteur. Là, le comique du sérieux a commencé, pour faire suite au sérieux du comique qui avait précédé. Il est devenu grave, s'est caché pour faire de minces fredaines, s'est acheté définitivement une montre et a *renoncé à l'imagination* (textuel) [16]. » La jeunesse bohème d'un bourgeois passe souvent pour une caricature de la posture d'artiste, critiquée au nom de la dignité de l'art. Mais elle est aussi une forme d'appropriation de l'identité artistique par la classe moyenne qui fait partie du processus d'évolution de notre société. Le but ultime de la démocratie, c'est que chacun ait droit à tout, y compris à ce qui semble le plus exceptionnel, la création.

L'artiste se professionnalise

Jean Gigoux, mort en 1894, était entré à l'Ecole des beaux-arts en 1828. Nous l'avons vu fréquenter l'Arsenal, il avait été l'ami de Delacroix, Vigny, Gautier, des Johannot et des Devéria. Comparant les Salons des années 1880 à ceux de sa jeunesse, il souligne combien les peintres sont différents parce que le marché a changé : « Certes, les jeunes gens de ce temps ne ressemblent guère aux rapins d'il y a cinquante ans. Ils n'en cherchent pas si long que nous. A quoi bon ? Le public paie leurs toiles telles qu'ils les produisent. [...] Le commerce des tableaux qui se fait aujourd'hui jusqu'en Australie était centralisé à Paris. Paris était le producteur et l'acheteur. On n'eût pas trouvé vingt francs dans toute la France, en dehors de Paris, d'un excellent tableau [17]. » Un artiste de la fin du siècle vit donc, selon Gigoux, à l'heure de l'élargissement et de l'internationalisation du marché. Il n'a pas besoin de se poser tant de questions sur l'art, c'est tout simplement un producteur qui trouve des débouchés pour son travail. Cette nouvelle situation économique entraîne, pour le peintre, un statut nouveau.

On a vu que la bohème était un temps où le bourgeois s'appropriait l'identité d'artiste, ou s'en donnait au moins l'allure. A l'inverse, les vrais artistes ne veulent plus avoir « l'air artiste », de peur que le public, plutôt que de prendre au sérieux leur œuvre, ne se concentre sur le pittoresque de leur personnage. Vers le milieu du siècle, ils cherchent à changer d'image de marque. Le terme de « bohème » change ainsi de sens. Contre le pittoresque et l'amateurisme, les artistes revendiquent le professionnalisme, le sérieux, le travail, la respectabilité. Cette revendication est particulièrement frappante chez ceux qui ont réellement vécu dans la bohème. Les « petits crétins » du *Corsaire-Satan* jugent avec sévérité le monde qui aurait pu les détruire : « *Le Corsaire-Satan*, écrit Hippolyte Castille, fut une espèce de collège d'adultes où l'on s'exerçait à toutes les malices de la plume. Cette petite école vivait dans la misère, le désordre et la raillerie, sous un chef sans éducation, sans génie et sans courage. Pour n'être pas devenus de méchantes bêtes à ce régime exécrable, il fallait que ces jeunes gens eussent au fond un bien bon naturel [18]. »

Champfleury, dès 1847, prend ses distances avec ses compagnons de bohème : « Pour moi, écrit-il à sa mère, je ne désire qu'une chose, c'est de pouvoir gagner une petite somme, juste de quoi vivre honnêtement, et tâcher de trouver une femme bien pot-au-feu qui voudra mener une vie tranquille. De tous mes anciens amis, je suis à peu près le seul qui pense de la sorte ; ils chantent la vie de bohème et se font fiers de la mener. C'est en réalité la vie la plus amère que de ne pas dîner, de n'avoir pas de bottes et de faire là-dessus des quantités de paradoxes. Le suprême bonheur pour moi sera de mener la vie de province à Paris, c'est-à-dire la vie réglée et tranquille avec tous les avantages des relations et la fréquentation des gens intelligents [19]... »

Le 12 avril 1849, Champfleury publie dans *Le Messager des Théâtres et des Arts* un article intitulé « De la

Bohème littéraire ». C'est une lettre ouverte à Jules de Prémaray, un critique qui, quelques jours auparavant, dans *La Patrie*, l'a sacré « roi de la Bohème », de ces jeunes gens « qui vivent de soleil et de poésie ». Champfleury récuse le titre et s'inscrit en faux contre la vision idyllique de la bohème littéraire : « Ces deux mots semblent pleins de jeunesse, de soleil et d'insouciance ; ils cachent une vieillesse terrible, des jours de brouillard continuel – et l'hôpital [...] La *Bohème*, monsieur, je vais vous dire ce que c'est. Elle se compose d'une bande d'individus, étranges littérateurs, vantards et menteurs, qu'on voit partout, qu'on rencontre partout, mais qui n'écrivent pas cent lignes par an. Ceux-là affichent hautement leurs titres de *littérateurs* et de *bohèmes* ; roulant sur le pavé de Paris depuis douze ans, ils forcent les relations d'hommes et de journaux et ne sont pas incapables de faire insérer des bouts d'articles et de réclames quelque part. Mais leur vie est pénible ! » Lui qui vit entièrement de sa plume n'a plus rien à voir avec ces amateurs pitoyables, c'est un écrivain professionnel. Champfleury a le souci de se différencier pour être pris au sérieux. Dans la notice qu'il envoie à son ami Nadar en 1853, pour son *Panthéon*, il rajoute à la liste de ses œuvres : « S'il te reste quelque sentiment humain, ne pas faire entrer les mots *fantaisie* ou *fantaisiste* dans ma légende. Je ne suis pas fantaisiste ! ni bohème ! ni réaliste ! ni romantique ! ni classique ! ni Jeune-France. Je suis un citoyen honnête, opulent, bien élevé, et plein de génie [20]. »

Une vingtaine d'années plus tard, Champfleury revient sur les années 1840 et le groupe des Buveurs d'eau. Il désire rétablir une vérité que *La Vie de bohème* a trahie : « Le livre de Murger donna la plus fausse idée d'un groupe d'écrivains et d'artistes que le public put croire toujours à la poursuite d'un dîner ou de quelque monnaie[21]... » C'est pourquoi il trace le portrait de Charles Barbara, qui, comme lui, avait une conduite tout à fait sérieuse : « Nous représentions l'ordre dans un groupe fatalement voué au désordre. Tous deux nous étions les *bourgeois* de la Bohème, autant par nos aspirations que par notre façon de vivre. » Et d'illustrer cette affirmation par leur emploi du temps : après avoir écrit le matin, chacun de leur côté, ils se rencontraient à la bibliothèque puis partaient suivre deux heures de cours publics au Collège de France, à la Sorbonne ou au Jardin des Plantes ; enfin ils couraient chez leur ami Alexandre Schanne pour leurs deux heures de musique quotidienne « sans compter trois fois la semaine des trios au piano dans une autre maison » – ils ont suivi ce rythme pendant dix ans et c'est ainsi qu'ils ont déchiffré toute la musique de chambre des maîtres allemands.

Murger, quant à lui, devient un écrivain pourvu de tous les signes de la reconnaissance officielle. En 1851, après le succès de *La Vie de bohème*, il signe deux contrats, l'un avec Michel Lévy, pour ses œuvres à venir, ce qui lui assure des revenus réguliers et garantit la publication de ce qu'il écrira, l'autre avec la *Revue des Deux Mondes*, à qui il donnera désormais en exclusivité ses romans et nouvelles, pour qu'ils paraissent en feuilleton avant d'être édités en volume. Compter parmi les rédacteurs de la *Revue des Deux Mondes* est une étape essentielle dans une carrière d'écrivain, une éclatante légitimation. En 1858, il reçoit la Légion d'honneur et sa mort à trente-huit ans, en 1861, est un événement très important dans le monde artistique et littéraire. Son enterrement est suivi, *Le Figaro* l'affirme, par plus de deux mille personnes, parmi lesquelles deux cent cinquante figures éminentes, de la littérature, du journalisme, du théâtre et des arts, et aussi des représentants officiels des ministres et des académiciens[22]. Les discours prononcés rendent hommage au poète de la jeunesse et du Quartier latin, qui rejoint au panthéon des bohèmes célèbres morts jeunes, comme Nerval et Musset. Une souscription est lancée pour ériger un monument sur sa tombe au cimetière Montmartre : *La Jeunesse effeuillant des roses* d'Aimé Millet est inaugurée un an plus tard [23].

Tout l'effort des artistes va donc consister à « se démarquer d'un stéréotype nocif à la bonne appréhension de leur œuvre [24] ». Ils veulent en finir avec les représentations pittoresques afin que le spectateur ne regarde plus le rapin mais le tableau qu'il peint. Citons deux de ces représentations stéréotypées. D'abord, un tableau d'Octave Tassaert, *Intérieur d'atelier* [25] (1845). Un jeune homme, vêtu d'une veste rouge à la poche béante et d'un pantalon élimé, dessine, assis par terre devant une cheminée où sont en train de cuire des pommes de terre qu'il vient d'éplucher. Autour de lui, du désordre : le chat et les bûches côtoient le chevalet et la boîte à couleurs. Ensuite, une photographie d'Alophe, *La Gloire et le Pot-au-feu* [26] (1858). Un peintre assis devant son chevalet, palette et pinceaux à la main gauche, pipe à la bouche et béret sur la tête, soulève de sa main droite le couvercle de la marmite posée sur son poêle. Une louche est accrochée au tuyau du poêle. Le cliché de l'artiste dans sa mansarde vulgarise l'art en le rapprochant dangereusement de la cuisine...

1867 : Manet, à l'occasion de l'Exposition universelle, organise une exposition particulière pour laquelle Zola lui rédige une brochure. Au Salon, le portrait de Manet par Fantin-Latour obtient un grand succès [27]. L'homme qui avait naguère fait scandale avec *Le Déjeuner sur l'herbe* et *Olympia* n'a rien d'un rapin débraillé. C'est un gentleman élégant, portant chapeau, cravate, canne et gants, un bourgeois très convenable. Et ce qu'écrit Zola pourrait être un commentaire du portrait : « La vie d'un artiste, en nos temps corrects et policés, est celle d'un bourgeois tranquille, qui peint des tableaux dans son atelier comme d'autres vendent du poivre derrière leur comptoir. La race chevelue de 1830 a même, Dieu merci ! complètement disparu, et nos peintres sont devenus ce qu'ils doivent être, des gens vivant la vie de tout le monde [28]. » Quelques années plus tard, Zola évoque son propre style de vie quasiment dans les mêmes termes : « Je travaille de la manière la plus bourgeoise. Mes heures sont fixées : le matin, je m'assieds à ma table, comme un marchand à son comptoir ; j'écris tout doucement, en moyenne trois pages par jour, sans recopier [...] En réalité, tous les véritables travailleurs, à notre époque, doivent être par nécessité des gens paisibles, éloignés de toute pose et qui vivent en famille, comme n'importe quel notaire d'une petite ville [29]. » En 1870, Fantin-Latour peint à nouveau Manet, au centre de *Un atelier aux Batignolles.* Autour de lui, un groupe d'artistes, à l'air grave et même sévère. Ils sont vêtus de sombre, l'ensemble du tableau est austère, sans aucun pittoresque. Image sérieuse de la nouvelle école [30].

Notes

INTRODUCTION (p. 7 à 23)

1. Armand de Pontmartin, *Mes Mémoires.* I *Enfance et jeunesse,* Paris, Calmann-Lévy, 1885, p. 246.
2. François Chon, *Impressions et Souvenirs,* Lille, L. Danel, 1882, p. 172.
3. Edgar Quinet, *Histoire de mes idées,* Paris, Flammarion, 1972, p. 177.
4. *Ibid.*, p. 178.
5. Claude Pichois et Jean Ziegler, *Baudelaire,* Paris, Julliard, 1987, p. 171.
6. Théophile Gautier, *Souvenirs du romantisme,* Paris, Ecole des loisirs/ Le Seuil, 1996, p. 8.
7. Ernest Legouvé, *Soixante ans de souvenirs,* Paris, J. Hetzel et Cie, 1888, p. 130.
8. *Ibid.*, p. 132.
9. *Ibid.*, p. 134.
10. *Souvenirs et notes biographiques,* par Désiré Nisard, Paris, Calmann-Lévy, 1888, I, p. 300-301.
11. Armand de Pontmartin, *op. cit.*, p. 246.
12. Charles Asselineau, *Bibliographie romantique,* Paris, P. Rouquette, 1872, p. 226.
13. François Chon, *op. cit.*, p. 174.
14. *Ibid.*
15. Armand de Pontmartin, *op. cit.*, p. 118.
16. Charles Desprez, *Souvenirs intimes,* Paris, Jouaust, 1881, p. 53.

17. *Ibid.*, p. 64.
18. Augustin Challamel, *Souvenirs d'un hugolâtre*, Paris, Jules Lévy, 1885, p. 119.
19. *Ibid.*, p. 130-131.
20. Théodore de Banville, *Odes funambulesques*, Paris, Charpentier, 1878, p. 179-180.
21. Armand de Pontmartin, *op. cit.*, p. 132.
22. George Sand, *Œuvres autobiographiques*, II, Paris, Gallimard, coll. « Bibliothèque de la Pléiade », 1971, p. 105.
23. *Ibid.*, p. 114.
24. *Ibid.*, p. 116.
25. *Ibid.*, p. 132.
26. *Ibid.*, p. 140.
27. *Ibid.*, p. 153.
28. George Sand, *Correspondance*, éditée par Georges Lubin, Paris, Garnier, I, 1964, p. 855.
29. *Ibid.*, p. 887.
30. *Ibid.*, p. 891-892.
31. *Ibid.*, p. 904-905.
32. Olinde Rodrigues, *Opinions littéraires, philosophiques et industrielles*, 1825, cité par Philippe Régnier, « Les Saint-Simoniens, le Prêtre et l'Artiste », in *Romantisme*, n° 67, 1990, p. 32.
33. José-Luis Diaz, « L'artiste romantique en perspective », in *Romantisme*, n° 54, 1986, p. 5-23, et Paul Bénichou, *Les Mages romantiques*, Paris, Gallimard, 1988.

LA SENSIBILITÉ ROMANTIQUE (p. 25 à 46)

1. André Chénier, *Œuvres complètes*, Paris, Gallimard, coll. « Bibliothèque de la Pléiade », 1958, p. XXXV.
2. *Correspondance d'Alfred de Vigny*, I, Paris, PUF, 1989, p. 141.
3. Victor Hugo, « Sur un poète apparu en 1820 », in *Œuvres*, XII, Paris, Furne et Cie, 1841, p. 74-77.
4. Jules Michelet, *Écrits de jeunesse*, Paris, Gallimard, 1959, p. 76.
5. *Ibid.*, p. 98.

6. Nicole Casanova, *Sainte-Beuve*, Paris, Mercure de France, 1995, p. 39.

7. Lamartine, *Nouvelles Confidences*, Paris, Michel Lévy frères, 1851, p. 359.

8. Maurice Toesca, *Lamartine ou l'amour de la vie*, Paris, Albin Michel, 1969, p. 178.

9. *Ibid.*, p. 186.

10. Lamartine, *op. cit.*, p. 315.

11. *Souvenirs du baron de Barante*, Paris, C. Lévy, 1890-1901, III, p. 148.

12. *Ibid.*, p. 150.

13. Fondé par M. de Lasteyrie qui, prévoyant l'importance que pouvait avoir la lithographie dans l'art du dessin, est allé en Allemagne s'engager comme simple ouvrier lithographe pour apprendre cette nouvelle technique *(Larousse du XIXe siècle)*.

14. Eliane Maingot, *Le Baron Taylor*, Paris, E. de Boccard, 1963, p. 33.

15. André Chastel, « La notion de patrimoine » et André Fermigier, « Mérimée et l'Inspection des monuments historiques », in *Les Lieux de mémoire*, I, Paris, Gallimard, coll. « Quarto », 1997.

16. Voir le tableau d'Ary Scheffer, *Les morts vont vite*, 1830, musée de Lille et *La Ballade de Lénore* d'Horace Vernet, 1839, musée des Beaux-Arts de Nantes.

17. Etienne-Jean Delécluze, *Souvenirs de soixante années*, Paris, Michel Lévy frères, 1862, p. 36-37.

18. Chateaubriand, *Le Génie du christianisme*, Paris, Gallimard, coll. « Bibliothèque de la Pléiade », 1978, p. 714.

19. *Ibid.*, p. 1102-1103.

20. *Conversations de Goethe avec Eckermann*, Paris, Gallimard, 1988, p. 345.

21. *Ibid.*, p. 291, 296, 566.

22. *Ibid.*, p. 198.

23. Mme de Staël, *De l'Allemagne*, Paris, Ernest Flammarion, 1908, I, p. 174. Quant au substantif *romantisme* dans une acception littéraire, il n'apparaît qu'en 1816, dans la *Gazette de France* et *Le Constitutionnel*, comme l'indique Jean-Jacques Goblot, *La Jeune France libérale,* Le Globe *et son*

groupe littéraire, 1824-1830, Paris, Plon, 1995, note p. 650. Jusqu'en 1824, le mot reste assez rare et on parle plus souvent du *romantique* ou du *genre romantique*. Stendhal, qui avait proposé, en 1823, *romanticisme*, néologisme à partir de l'italien, adopte *romantisme* en 1825.

24. Alfred de Musset, *La Confession d'un enfant du siècle*, Paris, Gallimard, coll. « Folio », 1973, p. 29.

25. Jean-Jacques Coulmann, *Réminiscences*, Genève, Slatkine reprints, 1973, I, p. 167.

26. *Conversations de Goethe avec Eckermann*, *op. cit.*, p. 69.

27. *Ibid.*, p. 227.

28. *Ibid.*, p. 169.

29. Gilbert Martineau, *Lord Byron, la malédiction du génie*, Paris, Tallandier, 1984, p. 89.

30. Chateaubriand, *Mémoires d'outre-tombe*, Paris, Gallimard, coll. « Bibliothèque de la Pléiade », 1951, I, p. 417-418.

31. Cité par Martineau, *op. cit.*, p. 124.

32. *Chefs-d'œuvre de lord Byron*, Paris, Librairie française et étrangère, 1847, p. 427.

33. Victor Hugo, *Œuvres poétiques*, I, Paris, Gallimard, coll. « Bibliothèque de la Pléiade », 1968, p. 671.

34. Catalogue de l'exposition *Géricault*, Paris, Grand Palais, octobre 1991-janvier 1992, p. 252.

35. *Chefs-d'œuvre de lord Byron*, *op. cit.*, p. 433.

36. Victor Hugo, *Œuvres poétiques*, I, *op. cit.*, p. 672.

37. *Ibid.*, p. 674.

38. Catalogue de l'exposition *Franz Liszt et le romantisme français*, Paris, musée Renan-Scheffer, 1986, p. 47.

39. Catalogue *Franz Liszt et le romantisme français*, *op. cit.*, p. 43. Géricault tira de la scène une lithographie, en collaboration avec Eugène Lami, dont un exemplaire se trouve au musée Carnavalet : voir catalogue *Géricault*, *op. cit.*, p. 197. On trouve également sur ce thème des croquis de Delacroix datant de 1824 (Alfred Robaut, *L'Œuvre complet d'Eugène Delacroix*, Paris, Charavay frères, 1885, p. 397-398).

40. Catalogue *Franz Liszt et le romantisme français*, *op. cit.*, p. 45.

41. *Ibid.*, p. 42.

TROIS ITINÉRAIRES : BERLIOZ, DELACROIX, HUGO, 1820-1830 (p. 47 à 90)

1. Eugène Delacroix, *Correspondance générale*, Paris, Plon, 1936-1938, I, p. 6.
2. Hubert Juin, *Victor Hugo*, Paris, Flammarion, 1980, I, p. 327-328.
3. *Victor Hugo raconté par un témoin de sa vie*, Paris, Librairie internationale, 1863, II, p. 5. Mais, selon Delécluze, c'est en 1825 que Chateaubriand aurait traité Hugo d'« enfant sublime », pour répondre à Charles X qui l'interrogeait sur le mérite du poète.
4. Victor Hugo, *Œuvres poétiques*, I, Paris, Gallimard, coll. « Bibliothèque de la Pléiade », 1968, p. 422.
5. Anne Ubersfeld, *Le Roman d'*Hernani, Paris, Comédie-Française-Mercure de France, 1985, p. 64.
6. Hubert Juin, *op. cit.*, p. 323.
7. *Ibid.*, p. 549.
8. *Victor Hugo raconté..., op. cit.*, II, p. 54.
9. Sur Jules Lefèvre, voir la notice de Paul Lacroix en tête de la réimpression d'un de ses romans, *Sir Lionel d'Arquenay*, Paris, Didot, 1883.
10. Soumet renoncera finalement au projet car il avait deux tragédies sur le feu, toutes deux jouées en novembre 1822, *Clytemnestre* au Théâtre-Français et *Saül* à l'Odéon.
11. *La Muse française*, Paris, Ambroise Tardieu, 1823-1824, I, p. 3.
12. Stendhal, *Racine et Shakespeare*, Paris, Kimé, 1994, p. 36.
13. Sainte-Beuve, *Portraits contemporains*, Paris, Didier, 1855, I, p. 409.
14. Hubert Juin, *op. cit.*, p. 437.
15. *Correspondance d'Alfred de Vigny*, I, Paris, PUF, 1989, p. 124.
16. Hubert Juin, *op. cit.*, p. 458.
17. *Correspondance de Delacroix, op. cit.*, I, p. 33.

18. *Ibid.*, IV, p. 124.

19. Philippe Grunchec, *Le Grand Prix de peinture. Les concours des prix de Rome de 1797 à 1863*, Paris, ENSBA, 1983, p. 71-79. L'organisation profondément démocratique de l'Ecole des beaux-arts au XIXe siècle y attirait plus de fils d'ouvriers ou de paysans que d'aristocrates et de bourgeois. D'où l'atmosphère assez « peuple » et les mœurs plutôt brutales qui y régnaient.

20. *Correspondance de Delacroix*, *op. cit.*, I, p. 140.

21. Delacroix, *Journal, 1822-1863*, Paris, Plon, 1980, p. 27.

22. Hector Berlioz, *Mémoires*, Paris, Flammarion, 1991, p. 94.

23. *Journal de Delécluze, 1824-1828*, Paris, Grasset, 1948, p. 63.

24. Hubert Juin, *op. cit.*, p. 433.

25. Alexandre Dumas, *Mémoires*, Paris, Plon, 1986, p. 297.

26. Edouard Charton, *Le Tableau de Cébès, Souvenirs de mon arrivée à Paris*, Paris, Hachette et Cie, 1882, p. 83.

27. Ernest Legouvé, préface de la traduction de *Don Juan* par Paul Lehodey, 1869, p. V, cité par Edmond Estève, *Byron et le romantisme français*, Paris, Boivin et Cie, 1929, p. 119.

28. Alexandre Dumas, *op. cit.*, p. 298.

29. *Ibid.*

30. *La Muse française*, *op. cit.*, II, p. 321-322.

31. *Ibid.*, « Sur George Gordon, lord Byron », p. 327-339.

32. *Les Années romantiques*, Paris, Réunion des musées nationaux, 1995, p. 100.

33. Victor Hugo, *Œuvres poétiques*, *op. cit.*, p. 265.

34. Guy Michaud et Philippe van Tieghem, *Le Romantisme*, Hachette, 1952, p. 51.

35. Victor Hugo, *Œuvres poétiques*, *op. cit.*, p. 277.

36. *Ibid.*, p. 291-293.

37. *Ibid.*, p. 404.

38. *Ibid.*, p. 365.

39. *Ibid.*, p. 372.

40. Berlioz, *op. cit.*, p. 70.

41. Tout ce qui concerne *Le Globe* vient de la remarquable étude de Jean-Jacques Goblot, *La Jeune France libérale,* Le Globe *et son groupe littéraire, 1824-1830,* Paris, Plon, 1995.

42. *Ibid.*, p. 95.

43. *Ibid.*, p. 376.

44. *Mercure du* XIX*e* *siècle,* « Epître aux Muses sur les romantiques », V, p. 1-9.

45. Stendhal, *Racine et Shakespeare, op. cit.*, p. 110.

46. Goblot, *op. cit.*, p. 384.

47. *Ibid.*, p. 378.

48. Berlioz, *op. cit.*, p. 112.

49. *Journal de Delécluze, op. cit.*, p. 455.

50. *Victor Hugo raconté..., op. cit.*, II, p. 165.

51. Alexandre Dumas, *op. cit.*, p. 355.

52. *Journal de Delécluze, op. cit.*, p. 465.

53. Berlioz, *op. cit.*, p. 254.

54. *Correspondance de Delacroix, op. cit.*, I, p. 199.

55. *Ibid.*, p. 211.

56. Maurice Sérullaz, *Delacroix,* Paris, Fayard, 1989, p. 113.

57. Maximilien Gauthier, *Delacroix,* Paris, Larousse, 1963, p. IX.

58. Maurice Sérullaz, *op. cit.*, p. 113.

59. *Correspondance de Delacroix, op. cit.*, I, p. 213.

60. Goblot, *op. cit.*, p. 529.

61. Hubert Juin, *op. cit.*, p. 531.

62. Théophile Silvestre, *Les Artistes français,* Paris, G. Crès, 1926, I, p. 28.

63. Maurice Sérullaz, *op. cit.*, p. 108.

64. *Victor Hugo raconté..., op. cit.*, II, p. 183.

65. *Correspondance de Delacroix, op. cit.*, I, p. 213.

66. Baudelaire, *Œuvres complètes,* Paris, Gallimard, coll. « Bibliothèque de la Pléiade », 1961, p. 1112-1113.

67. *Victor Hugo raconté..., op. cit.*, II, p. 162.

68. *Ibid.*, p. 168.

69. *Ibid.*, p. 169.

70. Berlioz, *op. cit.*, p. 139.

71. *Ibid.*, p. 145.

72. *Ibid.*
73. David Cairns, *Berlioz,* I, *La naissance d'un artiste,* Paris, Belfond, 1991, p. 415.
74. *Revue musicale,* 11 décembre 1830, 2e série, 4e année, X, p. 151.
75. Berlioz, *op. cit.*, p. 167.
76. *Correspondance de Delacroix, op. cit.*, I, p. 257.

CÉNACLES (p. 91 à 136)

1. *Larousse du* XIXe *siècle.*
2. Sainte-Beuve, « Vie, Poésies et Pensées de Joseph Delorme », in *Poésies complètes,* Paris, Charpentier et Cie, 1869, p. 62.
3. *Ibid.*, p. 64.
4. Charles de Rémusat, *Mémoires de ma vie,* Paris, Plon, II, 1959, p. 148.
5. *Journal de Delécluze, 1824-1828,* Paris, Grasset, 1948, p. 30.
6. Alexandre Dumas, *La Femme au collier de velours,* Pössneck, Librio, 1995, p. 133-134. Voir le portrait de Marie Nodier par Achille Devéria, vers 1829, dans le catalogue de l'exposition *Richesses de l'Arsenal, Deux siècles de passion littéraire,* bibliothèque de l'Arsenal, septembre-décembre 1997, p. 13.
7. Alexandre Dumas, *La Femme au collier de velours, op. cit.*, p. 146.
8. Mme Ancelot, *Les Salons de Paris, foyers éteints,* Paris, Jules Tardieu, 1858, p. 124.
9. Alexandre Dumas, *Mes Mémoires,* Paris, Plon, 1986, p. 428.
10. André Pavie, *Médaillons romantiques,* Paris, Emile-Paul, 1909, signale l'existence d'un *Album de mélodies romantiques* composées par Marie Mennessier-Nodier, paru à Paris, chez Troupenas, en 1831, avec des lithographies d'Eugène Devéria, Louis Boulanger, Camille Roqueplan, Tony Johannot, etc. Cet album n'a jamais été mis en vente, mais distribué aux hôtes de l'Arsenal.

11. Amaury-Duval (Eugène-Emmanuel-Amaury Pineu-Duval, dit), *Souvenirs 1829-1830*, Paris, Plon, Nourrit et Cie, 1885, p. 63-64.
12. Amaury-Duval, *L'Atelier d'Ingres*, Paris, Arthena, 1993, p. 356.
13. Amaury-Duval, *Souvenirs 1829-1830, op. cit.*, p. 169.
14. *Ibid.*, p. 16-17.
15. Anne Martin-Fugier, *La Vie élégante ou la formation du Tout-Paris, 1815-1848*, Paris, Fayard, 1990, p. 175-176.
16. Hubert Juin, *Victor Hugo*, Paris, Flammarion, 1990, I, p. 541-542.
17. Alfred de Musset, *Poésie complètes*, Paris, Gallimard, coll. « Bibliothèque de la Pléiade », 1957, p. 443-444.
18. *Correspondance croisée de Victor Hugo et de Charles Nodier*, Bassac, Plein Chant, 1987, p. 98.
19. Hubert Juin, *op. cit.*, I, p. 526.
20. Alexandre Dumas, *La Femme au collier de velours, op. cit.*, p. 155.
21. Nicole Casanova, *Sainte-Beuve*, Paris, Mercure de France, 1995, p. 67.
22. *Ibid.*, p. 64.
23. *Achille Devéria, témoin du romantisme parisien, 1800-1857*, Paris, musée Renan-Scheffer, 1985, p. 60-61.
24. *Paris ou le Livre des Cent et un*, Paris, Ladvocat,1831-1834,15 vol., II, p. 231.
25. Nicole Casanova, *op. cit.*, p. 84-85.
26. Maximilien Gauthier, *Achille et Eugène Devéria*, Paris, H. Floury, 1925, p. 44.
27. Hubert Juin, *op. cit.*, I, p. 580-581.
28. Victor Hugo, *Œuvres poétiques*, I, Paris, Gallimard, coll. « Bibliothèque de la Pléiade », 1968, p. 769.
29. Nicole Casanova, *op. cit.*, p. 81.
30. *Ibid.*, p. 86.
31. *Correspondance d'Alfred de Musset*, I, Paris, PUF, 1985, p. 29.
32. Anne Martin-Fugier, *La Vie élégante, op. cit.*, p. 268-274.
33. Frédéric Saulnier, *La Vie d'un poète, Edouard Turquety*, Paris, Jules Gervais-Nantes, Emile Grimaud, 1885, p. 74-75.

34. *Paris ou le Livre des Cent et un, op. cit.*, II, p. 127-128.
35. Nicole Casanova, *op. cit.*, p. 91-92.
36. Frédéric Saulnier, *op. cit.*, p. 58.
37. *Ibid.*, p. 87-88.
38. Quinze ans plus tard, Eugène Fromentin dresse, pour la *Revue organique des départements de l'Ouest*, le bilan de la pénétration romantique en province : « Les petits poètes servent de réflecteurs aux grands. Leur nombre s'accroît en raison des ressources poétiques et des besoins des localités. Nous avons dans ce moment en Languedoc, en Provence, en Bourgogne, en Bretagne des pléiades poétiques au service de M. de Lamartine et de M. Victor Hugo. Descendez plus bas encore, feuilletez les journaux de province, ajoutez à tout ce qui se publie la masse encore plus grande de ce qui reste inédit et vous verrez comment s'infiltre et jusqu'où se répand l'incroyable influence des chefs d'école » (*Œuvres complètes*, Paris, Gallimard, coll. « Bibliothèque de la Pléiade », 1984, p. 916).
39. Théodore Pavie, *Victor Pavie, sa jeunesse, ses relations littéraires*, Angers, P. Lachèse et Dolbeau, 1887, p. 56.
40. André Pavie, *op. cit.*, p. 39.
41. Claude Schopp, *Alexandre Dumas, le génie de la vie*, Paris, Fayard, 1997, p. 118-119.
42. Maurice Descotes, *L'Acteur Joanny et son journal inédit*, Paris, PUF, s. d. (1955), p. 60.
43. *Mémoires de Samson*, Paris, Ollendorff, 1882, p. 268.
44. Anne Ubersfeld, *Le Roman d'*Hernani, Paris, Comédie-Française/Mercure de France, 1985, p. 47-49.
45. Odile Krakovitch, *Hugo censuré, La liberté au théâtre au XIXe siècle*, Paris, Calmann-Lévy, 1985, p. 42-43.
46. Hugues Bouffé, *Mes souvenirs,* Paris, Dentu, 1880, p. 95.
47. Claude Pichois et Michel Brix, *Gérard de Nerval*, Paris, Fayard, 1995, p. 65.
48. Théophile Gautier, *Souvenirs du romantisme*, Paris, L'Ecole des loisirs/ Le Seuil, 1996, p. 19.
49. Théophile Gautier, *Portraits contemporains*, Paris, Charpentier, 1881, p. 8.
50. *Victor Hugo raconté par Adèle Hugo*, Paris, Plon, 1985,

p. 459. Cette citation ne se trouve pas dans la première édition, de 1863.

51. *Victor Hugo raconté par un témoin de sa vie*, Paris, Librairie internationale, 1863, II, p. 308.

52. *Ibid.*, p. 309-310.

53. Comtesse Dash, *Mémoires des autres*, Paris, A la librairie illustrée, 1896, III, p. 148.

54. Théophile Gautier, *Souvenirs du romantisme, op. cit.*, p. 135. Voir son autoportrait vers 1830 dans *Théophile Gautier, la critique en liberté*, rédigé par Stéphane Guégan et Jean-Claude Yon, Paris, Editions de la Réunion des musées nationaux, Dossiers du musée d'Orsay, n° 62, 1997, p. 81.

55. François Coppée, célébrant en 1880 le cinquantenaire d'*Hernani*, s'amuse à intégrer la formule dans son poème : « Ils étaient là, le ban avec l'arrière-ban,/ Fortifiés selon les règles de Vauban.../ Leurs noms ? Tous depuis lors sont devenus fameux./ C'étaient Balzac, rêvant la Comédie humaine,/ Delacroix, ce Titan, David, ce Cléomène,/ Gautier, dont le pourpoint aveuglait les rieurs,/ Berlioz, Devéria – j'en passe, et des meilleurs ! »

56. André Pavie, *op. cit.*, p. 116.

57. Louis Reybaud, *Jérôme Paturot à la recherche d'une position sociale*, Paris, Paulin/ Chamerot, 1845, p. 7.

58. André Pavie, *op. cit.*, p. 118.

59. Comtesse Dash, *op. cit.*, III, p. 151.

60. Anne Ubersfeld, *Le Roman d'*Hernani, *op. cit.*, p. 64.

61. Léon Séché, *Le Cénacle de Joseph Delorme, 1827-1830*, Paris, Mercure de France, 1912, I, p. 331.

62. *Le Moniteur*, 25 juin 1867.

63. Juste Olivier, *Paris en 1830, Journal*, Paris, Mercure de France, 1951, p. 58.

64. Hubert Juin, *op. cit.*, I, p. 589-590.

65. Antoine Fontaney, *Journal intime*, publié avec une introduction et des notes de René Jasinski, Paris, Les Presses françaises, 1925, p. 101.

66. *Ibid.*, p. 22.

DES ROMANTIQUES EXCESSIFS. LE PETIT CÉNACLE 1830-1833 (p. 137 à 167)

1. *Album Nerval*, Paris, Gallimard, coll. « Bibliothèque de la Pléiade », 1993, p. 70.

2. Théophile Gautier, *Souvenirs du romantisme*, Paris, L'Ecole des loisirs/ Le Seuil, 1996, p. 31.

3. *Ibid.*, p. 35.

4. *Œuvres complètes de Petrus Borel le lycanthrope*, préfacées et annotées par Aristide Marie, Paris, La Force française, 1922, III, p. 10.

5. *Paris ou le Livre des Cent et un*, Paris, Ladvocat, 1831-1834, 15 vol., VII, p. 61-86.

6. Théophile Gautier, *Souvenirs du romantisme, op. cit.*, p. 113.

7. A. Privat d'Anglemont, *Paris anecdote*, Paris, P. Rouquette, 1885, p. 150.

8. Portrait en tête du livre d'Adolphe Jullien, *Le Romantisme et l'éditeur Renduel*, Paris, Charpentier et Fasquelle, 1897.

9. Théophile Gautier, *Le Monde dramatique, Revue des spectacles anciens et modernes*, Paris, 1835, p. 29.

10. Théophile Gautier, *Histoire du romantisme suivie de Notices romantiques*, Paris, Editions d'aujourd'hui, 1978, p. 181.

11. Théophile Gautier, *Souvenirs du romantisme*, *op. cit.*, p. 41.

12. Théophile Gautier, *Revue universelle des Arts*, Paris, 1866, p. 72.

13. *Ibid.*, p. 86.

14. Théophile Gautier, *Souvenirs du romantisme, op. cit.*, p. 37.

15. Petrus Borel, *op. cit.*, III, p. 14.

16. La « camaraderie » pour désigner le Petit Cénacle est un emprunt à Henri de Latouche qui avait péjorativement appliqué le mot au Cénacle. Paul Bénichou, dans *Le Sacre de l'écrivain, 1750-1830*, Paris, Gallimard, 1996, p. 430, sou-

ligne que la « camaraderie » est comme une nouvelle chevalerie.

17. Gérard de Nerval, *Œuvres*, I, Paris, Gallimard, coll. « Bibliothèque de la Pléiade », 1974, p. 785-786.

18. Sainte-Beuve, *Nouveaux Lundis*, IX, p. 281, cité dans l'introduction de Philothée O'Neddy, *Feu et Flamme*, introduction et notes par Marcel Hervier, Paris, Edition des Presses françaises, 1926.

19. Théophile Gautier, *Souvenirs du romantisme, op. cit.*, p. 13.

20. Voir la gravure que Célestin Nanteuil a faite d'après Boulanger, dans *La vie de Bohème*, rédigé par Luce Abélès et Guy Cogeval, Paris, Editions de la Réunion des musées nationaux, Dossiers du musée d'Orsay, n° 6, 1986, p. 7.

21. Maximilien Gauthier, *Achille et Eugène Devéria*, Paris, H. Floury, 1925, p. 67.

22. Petrus Borel, *op. cit.*, II, p. 11.

23. *Ibid.*, p. 13.

24. *Ibid.*, I, p. 75.

25. *Ibid.*, II, p. 53-54.

26. *Ibid.*, p. 19.

27. *Ibid.*, p. 127.

28. Préface d'Aristide Marie aux *Œuvres complètes* de Petrus Borel, *op. cit.*

29. Le frontispice de la deuxième édition, en 1833, une eau-forte de Célestin Nanteuil, tient davantage du bric-à-brac romantique : le cartouche du titre, qui porte en son centre un ange guerrier, est encadré de têtes de morts, chevaliers en armes, jeunes filles, démons, klephtes, ossements, etc. En bas, un crucifix renversé.

30. Ternaux était l'homme d'affaires qui, sous l'Empire, avait implanté des élevages de moutons dans la banlieue parisienne.

31. L'orthographe de « Jeune-France » est variable à l'époque, on accorde parfois l'expression au pluriel. Le plus logique est de la laisser invariable, comme l'a précisé Paul Bénichou.

32. Voir la gravure *Un festin de Jeunes Frances* reproduite

dans Anne Ubersfeld, *Le Roman d'*Hernani, Paris, Comédie française/Mercure de France, 1985, p. 66.

33. En 1971, on les aurait appelés des « gauchistes » selon Paul Bénichou, « Jeune-France et bousingots, essai de mise au point », *Revue d'histoire littéraire de la France*, mai-juin 1971, p. 439-462.

34. A. de Pontmartin, *Mes Mémoires*, I, *Enfance et jeunesse*, Paris, Calmann-Lévy, 1885, p. 241-242.

35. Philothée O'Neddy, *op. cit.*, p. XXIV.

36. Arsène Houssaye, *Les Confessions, Souvenirs d'un demi-siècle*, Paris, Dentu, 6 vol., 1885-1891, I, p. 313.

37. Charles Asselineau, *Appendice à la seconde édition de la bibliographie romantique*, Paris, P. Rouquette, 1874, p. 301.

38. Claude Pichois et Michel Brix, *Gérard de Nerval*, Paris, Fayard, 1995, p. 83.

39. Paul Bénichou, « Jeune-France et bousingots... », *Revue d'histoire littéraire de la France*, *op. cit.*, p. 455.

40. Théophile Gautier, *Souvenirs du romantisme, op. cit.*, p. 128-129.

41. Eugène Sue, *La Coucaratcha*, Paris, Charles Gosselin, 1841, p. 231.

42. Petrus Borel, *op. cit.*, III, p. 11.

43. M. Lassailly, *Les Roueries de Trialph, notre contemporain avant son suicide*, Paris, Silvestre, 1833, p. 12.

44. Philothée O'Neddy, *op. cit.*, p. 23.

45. *Ibid.*, p. 6.

46. Théophile Gautier, *Portraits contemporains*, Paris, Charpentier, 1881, p. 9.

47. Théophile Gautier, *Les Jeunes-France, romans goguenards*, Paris, Séguier, 1995, p. 40.

48. *Ibid.*, p. 96.

49. *Ibid.*, p. 100.

50. O'Neddy, *op. cit.*, p. 130.

51. Théophile Gautier, *Souvenirs du romantisme, op. cit.*, p. 105.

LE DOYENNÉ (p. 169 à 190)

1. Balzac, *La Cousine Bette*, Paris, Gallimard, 1950, p. 178-179.

2. Gautier, « Marilhat », *Revue des Deux Mondes*, 1er juillet 1848, p. 56.

3. Catalogue de l'exposition *Gérard de Nerval*, Bibliothèque historique de la Ville de Paris, 1996, p. 25.

4. Alphonse Karr, *Le Livre de bord*, Paris, Calmann-Lévy, 1880, I, p. 45.

5. Edmond et Jules de Goncourt, *Gavarni, l'homme et l'œuvre*, Paris, Henri Plon, 1873, p. 90. Voir sa caricature en dandy par Benjamin Roubaud (1839) dans le catalogue de l'exposition *Benjamin Roubaud et le panthéon charivarique*, Paris, Maison de Balzac, 1988, p. 34.

6. Alphonse Karr, *op. cit.*, I, p. 85.

7. *Ibid.*, p. 105.

8. Derek P. Scales, *Alphonse Karr, sa vie et son œuvre*, Paris, Droz et Minard, 1959, p. 25.

9. E. et J. de Goncourt, *op. cit.*, p. 105.

10. Alphonse Karr, *op. cit.*, I, p. 84.

11. Prospectus du *Journal des Gens du Monde*, I, Paris, décembre 1833.

12. Arsène Houssaye, *Les Confessions, souvenirs d'un demi-siècle*, Paris, Dentu, 6 vol., 1885-1891, I, p. 291.

13. Gautier, *Portraits contemporains*, Paris, Charpentier, 1881, p. 10.

14. Claude Pichois et Michel Brix, *Gérard de Nerval*, Paris, Fayard, 1995, p. 100.

15. Gautier, *Revue des Deux Mondes, op. cit.*, p. 58.

16. Claude Pichois et Michel Brix, *op. cit.*, p. 408.

17. Arsène Houssaye, *op. cit.*, I, p. 300.

18. Claude Pichois et Michel Brix, *op. cit.*, p. 102.

19. Arsène Houssaye, *op. cit.*, I, p. 304.

20. *Ibid.*, p. 305.

21. *Ibid.*, p. 311.

22. *Ibid.*, p. 313.

23. *Ibid.*, p. 309-310.
24. Adolphe Jullien, *Le Romantisme et l'éditeur Renduel*, Paris, Charpentier et Fasquelle, 1897, p. 60.
25. Jacques P. Van Der Linden, *Alphonse Esquiros. De la bohème romantique à la république sociale*, Paris, Nizet, 1948, p. 27.
26. Nerval, *Œuvres complètes*, III, Gallimard, coll. « Bibliothèque de la Pléiade », 1993, p. 240.
27. Arsène Houssaye, *op. cit.*, I, p. 360-361.
28. Claude Pichois et Michel Brix, *op. cit.*, p. 196.
29. Gautier, *Portraits contemporains*, *op. cit.*, p. 11.
30. Gavarni, *Manières de voir et façons de penser*, précédé d'une étude sur Gavarni par Charles Yriarte, Paris, E. Dentu, 1869, p. 50-51.
31. Arsène Houssaye, *op. cit.*, I, p. 357.
32. *Ibid.*, IV, p. 299.

L'ARTISTE ET LA SOCIÉTÉ BOURGEOISE (p. 191 à 232)

1. George Sand, *Correspondance*, IV, éditée par Georges Lubin, Paris, Garnier, 1968, p. 51.
2. *Ibid.*, note p. 24.
3. Voir plus haut, p. 17 et suivantes.
4. Anne Martin-Fugier, *La Vie élégante ou la formation du Tout-Paris, 1815-1848*, Paris, Fayard, 1990, chap. II et *La vie quotidienne de Louis-Philippe et de sa famille, 1830-1848*, Paris, Hachette, 1992.
5. Maurice Regard, *L'Adversaire des romantiques, Gustave Planche*, Paris, Nouvelles Editions latines, 1955, p. 61.
6. *L'Artiste*, 2e semestre 1832, IV, p. 81.
7. *Ibid.*, 1833, V, p. 170.
8. *Ibid.*, 2e semestre 1835, X, « Du commerce d'objets d'art », p. 236-238.
9. Antoine Etex, *Les Souvenirs d'un artiste*, Paris, Dentu, 1877, p. 185-186.
10. *L'Artiste*, 2e semestre 1834, VIII, p. 95-96.
11. *Ibid.*, 1er semestre 1836, XI, p. 257-268.